Java 7 - Ensino Didático

Sérgio Furgeri

Java 7 - Ensino Didático

2ª Edição Revisada e Atualizada

érica | Saraiva

Dados Internacionais de Catalogação na Publicação (CIP)
(Câmara Brasileira do Livro, SP, Brasil)

Furgeri, Sérgio

Java 7: ensino didático / Sérgio Furgeri. – 2. Ed. -- São Paulo : Érica, 2012.

Bibliografia.
ISBN 978-85-365-0278-6

1. Java (Linguagem de programação para computadores) I. Título.

12-01345 CDD-005.133

Índice para catálogo sistemático:

1. Java: Linguagem de programação: Computadores: Processamento de dados 005.133

Coordenação Editorial:	Rosana Arruda da Silva
Capa:	Maurício S. de França
Editoração e Finalização:	Conceição Vieira Demetrio
	Rosana Ap. A. dos Santos
	Carla de Oliveira Morais
	Flávio Eugenio de Lima

2ª Edição
9ª Reimpressão: 2015

Editora Érica | Uma Empresa do Grupo Saraiva
Rua Henrique Schaumann, 270
Pinheiros - São Paulo - SP - CEP: 05413-010
Fone: (11) 3613-3000
www.editoraerica.com.br

Fabricante

Produto: **Java 7**
Fabricante: Oracle
Sites: http://www.oracle.com
http://www.oracle.com/technetwork/java/javase/

Endereço no Brasil
Av. Alfredo Egídio de Souza Aranha, 100 - 7º andar - Chácara Santo Antonio
04726-170 - São Paulo - SP
Fone: (11) 5189-1000
Site: http://www.oracle.com/br/

Requisitos de Hardware e de Software

Hardware

- 512 MB de RAM (mínimo); 2 GB de RAM (recomendado);
- 1 GB de espaço em disco rígido;
- Acesso à Internet.

Software

- Windows XP, Windows Vista, Windows 7 ou Linux;
- Programa para descompactar arquivos em formato Zip, de preferência o Winzip versão 8.0 ou superior;
- Um browser (*Internet Explorer* 6.0 ou superior, Mozzila, FireFox, Google Chrome, Opera ou outro equivalente);
- Editor de texto;
- Ambiente de desenvolvimento JDK 7 ou superior;
- Servidor Apache Tomcat, versão 7.0.22 ou superior;
- MySQL Server 5.5 ou superior;
- NetBeans 7.0.1 ou superior.

Pacotes (Java Packages) - disponíveis no site da Editora Érica

- jsr-310.jar - Manipulação de Data e Hora
- mysql-connector-java-5.1.8-bin.jar ou superior - Driver de Conexão ao MySQL
- servlet-api.jar - Criação de Servlets

Sobre o Material Disponível na Internet

O material disponível na Internet contém todos os exemplos e o banco de dados do livro, além de diversos exercícios resolvidos. Possui também alguns pacotes adicionais (Java Packages: jsr-310.jar - Manipulação de Data e Hora; mysql-connector-java-5.1.8-bin.jar - Driver de Conexão ao MySQL; servlet-api.jar - Criação de Servlets) usados em exemplos.

Para acessá-lo, é necessário possuir instalados em sua máquina Windows 2000, Windows XP, Vista ou 7, MySQL Server 5.5, JDK 7 e Servidor Apache Tomcat 7.0 ou superior. Você pode optar também por utilizar o NetBeans descrito no Apêndice A.

Exemplo_1_2ed.exe - 4.400 KB

Exemplo_2_2ed.exe - 4.140 KB

Exemplo_3_2ed.exe - 4.390 KB

Pacotes_adicionais_2ed.exe - 1,080 KB

Procedimento para Download

Acesse o site da Editora Érica Ltda.: www.editoraerica.com.br. A transferência dos arquivos disponíveis pode ser feita de duas formas:

- **Por meio do módulo pesquisa**. Localize o livro desejado, digitando palavras-chave (nome do livro ou do autor). Aparecem os dados do livro e os arquivos para download. Com um clique os arquivos executáveis são transferidos.
- **Por meio do botão "Download"**. Na página principal do site, clique no item "Download". É exibido um campo no qual devem ser digitadas palavras-chave (nome do livro ou do autor). Aparecem o nome do livro e os arquivos para download. Com um clique os arquivos executáveis são transferidos.

Procedimento para Descompactação

Primeiro passo: após ter transferido os arquivos, verifique o diretório em que se encontram e dê um duplo clique neles. Aparece uma tela do programa WINZIP SELF-EXTRACTOR que conduz ao processo de descompactação. Abaixo do Unzip To Folder há um campo que indica o destino dos arquivos que serão copiados para o disco rígido do seu computador.

C:\ JAVA7 ENSINO DIDATICO

Segundo passo: prossiga a instalação, clicando no botão Unzip, o qual se encarrega de descompactar os arquivos. Logo abaixo dessa tela aparece a barra de status que monitora o processo para que você acompanhe. Após o término, outra tela de informação surge, indicando que os arquivos foram descompactados com sucesso e estão no diretório criado. Para sair dessa tela, clique no botão OK. Para finalizar o programa WINZIP SELF-EXTRACTOR, clique no botão Close.

Dedicatória

Aos meus filhos Lucas, Daniel e à minha esposa Ivone, presentes de Deus para minha vida.

"O sábio ouvirá e crescerá em conhecimento,
e o entendido adquirirá sábios conselhos."
Provérbios 1:5

"O coração do entendido adquire o conhecimento,
e o ouvido dos sábios busca a sabedoria."
Provérbios 18:15

Agradecimentos

Primeiramente a Deus, não apenas por Ele me dar conhecimento (e muita paciência) para redigir mais um livro, mas por cuidar de mim todos os dias. Toda noite em que me deito na cama agradeço a Ele por mais um dia, por tantas coisas que tenho feito, pelas oportunidades profissionais, pelo convívio com meus alunos, enfim, tudo.

A minha esposa e filhos por terem paciência comigo, pois o tempo que gastei escrevendo fez-me investir menos tempo neles. Para nós que somos autores, preocupa assistir ao filme 2012, não pelas catástrofes ou pela destruição do planeta Terra, mas pelos problemas familiares vividos pelo escritor Jackson Curtis (interpretado pelo ator John Paul Cusack). Ele se dedicou tanto à escrita que acabou perdendo sua família.

Ao pessoal da Editora Érica pela confiança, por apoiar o autor nacional e dar-me a oportunidade de desenvolver mais este trabalho.

A Mariana por ter ajudado na edição do livro.

Finalmente, agradeço a você, leitor, por ter escolhido este livro como objeto de estudo.

A palavra de Deus diz no livro de Salmos 1:3: **"Pois será como a árvore plantada junto a ribeiros de águas, a qual dá o seu fruto no seu tempo; as suas folhas não cairão, e tudo quanto fizer prosperará".** Peço que você, leitor, confie nessa palavra!

Sumário

Sobre o Autor

Sua carreira na área de informática iniciou-se em 1983, quando começou a programar na linguagem Basic, utilizando o microcomputador TK-85. Desde então vem se aperfeiçoando na área, mais especificamente em tecnologias voltadas à programação de computadores.

Atua há muitos anos como professor de ensino técnico e superior em várias disciplinas da área de informática, principalmente em tecnologias voltadas à Internet. Atua também como analista de sistemas, desenvolvendo softwares comerciais em várias linguagens de programação. Já realizou palestras em diversas regiões do país. Trabalhou muitos anos como coordenador do curso técnico em Informática na Fundação Indaiatubana de Educação e Cultura. Atualmente é professor pleno da FATEC Indaiatuba, responsável pelas disciplinas Análise e Projeto de Sistemas de Informação, Banco de Dados Distribuídos, Projeto de Data Warehouse e Engenharia de Software. É revisor de materiais técnicos da área de computação e produz material instrucional para cursos de Ensino a Distância (EaD) pelo Centro Paula Souza. Atua na coordenação do Polo de Ensino a Distância da FATEC Indaiatuba. Leciona na Fundação Indaiatubana de Educação e Cultura (FIEC) e ministra aulas de pós-graduação no Centro Universitário Anchieta, em Jundiaí.

É mestre em Gerenciamento de Sistemas de Informação, formado pela PUC-Campinas, desde 1999. É também mestre em Ciência da Informação, formado pela PUC-Campinas, desde 2006. Atualmente é doutorando em Engenharia Biomédica pela UMC.

Autor de outras obras na área de informática:

- Modelagem de Sistemas Orientados a Objetos - Ensino Didático, publicado pela Editora Érica em 2013.
- Java 6 - Ensino Didático, publicado pela Editora Érica em 2008.
- Java 2 - Ensino Didático, publicado pela Editora Érica em 2002.
- Redes - Teoria e Prática, publicado pela Editora Komedi em dezembro de 2007.
- Hardware - Montagem e Manutenção, publicado pela Editora Komedi em 2006.
- Business to Business - Aprenda a desenvolver aplicações B2B com Java e XML, lançado pela Editora Érica em fevereiro de 2001.
- Ensino Didático da Linguagem XML, publicado pela Editora Érica em julho de 2001.

Autor de obras em outras áreas do conhecimento:

- Bibliociência - uma reflexão bíblica, científica e tecnológica dos fatos atuais, lançado pela Editora Selecta em setembro de 2007.

Autor de outros artigos relevantes:

- Criação de um Data Mart e geração de relatórios a partir do SQL Server Analysis Services 2008. SQL Magazine, v. Ed. 99, p. 20-36, 2012.
- Fragmentação no SQL Server 2005, revista SQL Magazine nº 62 e 63.
- OntoArt - Ontologia em XML para descrição de artigos, revista Arquivística.net, 2006.
- O Papel das Linguagens de Marcação para a Ciência da Informação, revista Transinformação, 2006.
- MobCom: uma plataforma para consultas via dispositivos móveis, Web Móbile, 2006.

Prefácio

Os profissionais da área de informática não têm descanso. A cada dia surgem novas ferramentas, tornando praticamente impossível e estressante acompanhar todas as evoluções tecnológicas. No mundo do desenvolvimento de sistemas existe uma série de linguagens de programação. Apenas para citar, dentre as modernas linguagens, podemos destacar Java, .Net, Ruby, Scala, Pynton, Lua, entre muitas outras. Em **outubro** de 2011, o site tiobe (www.tiobe.com) apontava que as quatro linguagens de programação mais usadas eram **Java**, C, C++ e PHP.

Diante desse contexto se encontra a linguagem Java como uma das mais usadas e importantes inovações dos últimos anos. Seu sucesso tem sido muito grande e seu aprendizado não pode ser descartado, em especial para iniciantes e profissionais desenvolvedores da área da computação.

Muitas pessoas espalhadas pelo globo, inclusive eu, devem ter investido bastante tempo no aprendizado da linguagem Java, perdendo muitas horas de sono. Mesmo com todo esse esforço, vale a pena. O resultado final da elaboração de aplicações é muito motivante e compensador, que você vai perceber no decorrer da leitura.

Muitas coisas na vida acontecem por acaso e o mesmo ocorreu com a linguagem Java, uma vez que, originalmente, ela não foi concebida para a utilização na Internet. Inicialmente, Java foi elaborada para ser usada em aparelhos eletrodomésticos, entretanto seu destino e desenvolvimento têm direcionado a linguagem para as mais diversas aplicações. Uma conferência nos Estados Unidos, no final da década passada, apresentou como novidade um anel dotado de um programa em Java que, ao ser inserido em uma máquina de café, possibilitava personalizá-lo de acordo com as características do usuário. Com isso notamos que não há limites para a linguagem Java, sendo restrita apenas à criatividade.

Quando ocorreu o surgimento da linguagem Java, houve uma verdadeira revolução em termos de desenvolvimento de *software*, sobretudo nos ligados à Internet. Uma das grandes vantagens da linguagem se referia à inclusão de programas que podiam ser transportados pela Internet e executados na máquina local do usuário, os chamados Applets. Várias pesquisas apontam que o crescimento e a aceitação de Java tendem a continuar nos próximos anos.

Nesse momento, qualquer pessoa pode participar do desenvolvimento da linguagem Java. O site **OpenJDK** (openjdk.java.net) permite que uma pessoa se torne um colaborador do desenvolvimento Java, ou seja, a partir da versão 7 ela se tornou *open source*. James Gosling, o criador do Java, desligou-se da Oracle (detentora do Java) em abril de 2010.

Sem dúvida esta publicação é uma iniciativa que vem ao encontro das atuais necessidades de conhecimento dos profissionais de informática em termos de linguagem de programação. Não perca mais tempo, comece hoje mesmo a aprender essa fascinante linguagem. Encare esta obra como um ponto de partida, porque há muitos detalhes que você precisa aprender sobre Java.

Algumas pessoas me questionam por abordar os conceitos de orientação a objetos somente na metade do livro (capítulo 7), uma vez que praticamente todos os livros de Java o fazem logo no início. Minha prática do dia a dia como professor da linguagem, o próprio sucesso do livro e os comentários dos leitores mostraram-me que os alunos se adaptam melhor à orientação a objetos se já possuírem certa experiência com a linguagem. Não vejo nenhum problema nisso, pois o mais importante é facilitar o aprendizado dos alunos.

Este livro é uma atualização do *Java 6 - Ensino Didático* e contém diversas modificações e melhorias. Vamos destacar as principais mudanças:

- Todas as figuras do livro foram refeitas de forma a facilitar a interpretação dos assuntos abordados.
- Os exercícios do livro foram modificados, para trazer novos desafios ao leitor.
- No capítulo 1 os procedimentos para instalação do kit de desenvolvimento foram alterados, considerando os sistemas operacionais Windows 2000, Windows XP, Vista e 7. Os procedimentos para instalação em versões anteriores do Windows (9x) foram retirados do livro, pois o JDK 1.7 não é mais compatível com esses sistemas.
- Umas das novas funcionalidades propostas pelo Java 7 são as estruturas switch com suporte para Strings. O capítulo 3 descreve uma nova possível sintaxe para essa estrutura. Na segunda edição, esse mesmo capítulo apresenta duas novidades relacionadas ao uso da estrutura try: o uso de mais de um catch numa mesma declaração e o uso de try-with-resources.
- O capítulo 7 traz, na segunda edição, conceitos de superpacotes (superpackages), um recurso que deveria estar disponível a partir da versão 7, mas, quando a primeira edição deste livro foi escrita, não existia suporte para compilar superpackages.
- O capítulo 8 foi modificado, com novos exemplos práticos utilizando interfaces gráficas com o pacote Swing.
- O capítulo referente à manipulação de data e hora foi melhorado, passando a abordar funcionalidades da JSR-310. Essa nova API busca trazer várias facilidades e corrigir problemas de utilização de classes e métodos relacionados à manipulação com data e hora.
- O capítulo 12 trata da manipulação de banco de dados, utilizando o banco MySQL Server 5.5 em vez do Microsoft Access 2000. Uma grande melhoria, já que o banco MySQL é gratuito e muito utilizado, em especial no ambiente web.
- No site da Editora Érica você encontra exercícios resolvidos correspondentes aos capítulos 1 a 10.
- O apêndice A discute o uso do NetBeans na criação de projetos em Java.

1

Java 7 - Linguagem e Plataforma

Objetivos deste capítulo

- Possibilitar ao leitor compreender a importância da linguagem Java para os dias atuais, sobretudo no desenvolvimento da Internet;
- Descrever as principais características da linguagem Java;
- Descrever os procedimentos necessários para o desenvolvimento de aplicações em Java;
- Fornecer ao leitor o primeiro contato com a linguagem Java.

1.1 Breve Histórico da Linguagem Java

Linguagem Java? Um nome relativamente estranho para uma linguagem de programação se comparado a Pascal, Cobol, Basic e diversos outros nomes de linguagem. Ele surgiu por acaso, quando a equipe de engenheiros da Sun, a criadora do Java, foi tomar café na esquina. Como numa reunião de amigos, começaram a chamar a linguagem de Java, inspirados pelo nome da cidade de onde provinha o café que tomavam. Talvez a equipe nem imaginasse que o nome seria conhecido mundialmente.

Na realidade, não existe muito consenso entre os escritores americanos com relação à verdadeira história da linguagem, o que para nós não importa muito. Alguns autores afirmam que o nome Java se deve a um passeio que o pessoal da Sun fez numa ilha da Indonésia. Bem, como já comentado, isso não importa! O que vale a pena é aprender essa incrível linguagem!

Originalmente, a linguagem foi concebida para utilização em pequenos dispositivos eletrônicos inteligentes; entretanto, com as dificuldades de financiamento desse setor na época e, principalmente, devido ao surgimento da Internet a partir de 1993, novas oportunidades apareceram e a Sun "entrou de cabeça" nessa área.

A partir de 1995, a Sun anunciou o Java, não apenas como mais uma linguagem de programação, mas como uma nova plataforma de desenvolvimento. Desta forma, Java começou a ser utilizada na elaboração de páginas para a *World Wide Web*, proporcionando uma produção com conteúdo interativo e dinâmico, inicialmente com o uso de *applets* com imagens em movimento.

Desde o ano de 1996 até hoje, a linguagem Java não para de crescer, produzindo soluções desde pequenas aplicações até aplicativos corporativos, controle de servidores WWW etc. Atualmente, Java está "invadindo" celulares, *pagers*, PDAs e, aparentemente, a invasão deve continuar nos próximos anos. Esse fato é interessante, pois aparentemente Java está voltando a suas origens. Como já foi dito, inicialmente foi concebida para utilização em pequenos equipamentos.

Diversas versões da ferramenta surgiram. Atualmente, o principal kit de desenvolvimento em Java está na versão 7, elaborada pela empresa Sun, adquirida pela Oracle em abril de 2009. O número 7 (presente em Java 7) se refere ao número da versão do Kit de desenvolvimento em Java (JDK).

Como o leitor pode observar, a linguagem está evoluindo, tornando o processo de aprendizado e atualização uma tarefa relativamente difícil, pois toda semana surge algo novo sobre Java. Seja bem-vindo ao mundo Java!

1.2 A Linguagem Java

É bem provável que o leitor já tenha ouvido falar da linguagem Java diversas vezes. Basta ler uma revista especializada na área de informática que lá está ela. A linguagem tem tido muito sucesso no mercado e diversas ferramentas têm surgido para manipular ou gerar código Java.

A própria Microsoft manteve o Visual J++ como uma de suas ferramentas de desenvolvimento, aparentemente sem muito sucesso, sofrendo vários processos por parte da Sun, o que provocou seu desaparecimento na nova versão do Microsoft Studio. Mais adiante a Microsoft desenvolveu a linguagem C#, uma tentativa de fazer frente ao sucesso da linguagem Java. Praticamente todos os principais fabricantes de *software* sentiram a necessidade de lançar no mercado alguma ferramenta para manipular o Java, o que mostra sua força e longevidade para os próximos anos no ambiente das linguagens de programação mais usadas.

Um dos motivos da grande aceitação da linguagem Java e que a tornou tão atraente é o fato de que programas podem ser executados virtualmente em qualquer plataforma, aceitos em qualquer tipo de computador (ou outros aparelhos). Com Java o processamento pôde deixar de ser realizado apenas no lado do servidor, como era a Internet no princípio, passando a ser executado também no cliente (entenda-se browser).

O aspecto da utilização de Java em multiplataforma é muito importante, porque os programadores não necessitam ficar preocupados em saber em qual máquina o programa será executado, uma vez que um mesmo programa pode ser usado num PC, num Mac ou em um computador de grande porte. É muito melhor para uma empresa desenvolver um *software* que possa ser executado em "qualquer lugar", independente da máquina do cliente. Seguindo essa mesma linha, a maioria das linguagens de programação desenvolvidas recentemente também são multiplataforma.

Java pode atuar em conjunto com outras linguagens, como é o caso de HTML, em que as aplicações podem ser embutidas em documentos HTML, podendo ser transmitidas e utilizadas na Internet. Os programas escritos em Java funcionam como um acessório (chamado de Applet) que é colocado no computador do usuário no momento que ele acessa um *site* qualquer, isto é, o computador do usuário passa a executar um programa armazenado no servidor web que é transferido para sua máquina no momento do acesso.

Num certo *site* o usuário pode executar um programa para a compra de um veículo e, logo em seguida, ao acessar outro site, executar outro programa para consultar o extrato bancário; tudo escrito em Java e executado em sua máquina local. Não é fabuloso? Certamente você não vê a hora de começar a programar em Java. Tenha calma, durante os capítulos do livro você será guiado passo a passo nesse sentido.

A linguagem Java também tem sido usada para a criação de processos automáticos na web. Os processos envolvidos na atualização de notícias, por exemplo, aquelas que aparecem a cada minuto em um site qualquer, são aplicações que podem ser desenvolvidas a partir do Java. Existe uma infinidade de exemplos que poderia ser citada, entretanto apenas se convença de que Java é importante para a Internet e, principalmente, para você e sua carreira.

Um outro aspecto a ser observado sobre a linguagem Java é sua semelhança com a linguagem C++, tanto no que diz respeito à sintaxe dos comandos utilizados quanto na característica de ser orientada a objetos. A programação orientada a objetos é hoje universalmente adotada como padrão de mercado. Muitas linguagens tradicionais foram aperfeiçoadas para implementar essa nova forma de trabalho, e Java já nasceu assim.

Em função do grande sucesso e aceitação que Java obteve no mercado, foram desenvolvidos muitos *frameworks* que visam à facilitação e automação do processo de desenvolvimento de software. Um *framework* pode ser entendido como um ambiente de trabalho que torna transparente o processo de desenvolvimento, isto é, o desenvolvedor normalmente não precisa se preocupar em como "as coisas" funcionam e como elas se integram umas com as outras, o próprio ambiente se encarrega disso, reduzindo o trabalho e o tempo de desenvolvimento do software. Existem muitos *frameworks* (talvez centenas) desenvolvidos para Java, dentre os quais podemos citar Struts, JSF, JUnit, Jasper Reports, Hibernate, Prevayler, Spring, GWT, MyFaces. Cada *framework* traz sua contribuição para o aprimoramento no desenvolvimento de aplicações em Java e exige muita dedicação por parte dos profissionais da área.

Não temos por objetivo apresentar nenhum *framework* no decorrer do livro, mas é importante que o leitor saiba que num ambiente real de desenvolvimento de sistemas talvez exista a necessidade de utilizar *frameworks*.

Outra questão importante se refere às edições da linguagem Java, isto é, a divisão existente entre os diferentes ambientes em que o Java pode ser empregado. As principais divisões da linguagem Java são:

- **JSE** (*Java Standard Edition*): pode ser considerada como o *core* (a base principal) da linguagem, projetada para execução em máquinas simples e estações de trabalho.
- **JEE** (*Java Enterprise Edition*): voltada para o desenvolvimento de aplicações baseadas em servidor, tais com páginas JSP (*JavaServer Pages*), Servlets, XML (*Extensible Markup Language*) etc.
- **JME** (*Java Micro Edition*): projetada para dispositivos com menor poder de processamento e memória, tais com dispositivos móveis, celulares etc.
- **JavaFX**: uma plataforma que suporta o desenvolvimento de aplicações ricas que podem ser executadas em vários dispositivos diferentes, tornando as interfaces gráficas mais interativas e dinâmicas. Fornece suporte a qualquer biblioteca Java, o que torna possível a criação de interfaces gráficas para diversos ambientes, incluindo desktop, browser, celulares, TVs, videogames, entre outros.

1.3 As Características da Linguagem Java

A linguagem Java possui diversas características que podem gerar páginas e páginas de conceitos, entretanto esses detalhes não serão discutidos, pois o objetivo maior é praticá-los por meio da programação em Java. No decorrer dos capítulos, diversos desses conceitos são demonstrados na prática, pois é o que interessa. As principais características enfocadas neste livro se referem à orientação a objetos, portabilidade, suporte à comunicação em rede e acesso remoto a banco de dados. Sobre essas características será fornecida uma breve descrição em seguida:

- **Orientação a objetos:** é um paradigma de programação já sólido no mercado e a maioria das linguagens de programação atuais permite trabalhar dessa forma. Como conceito inicial, imagine a orientação a objetos como uma prática de programação que torna possível elaborar um software a partir da geração de objetos que se comunicam entre si. Esses objetos podem simular, apesar de não ser apenas isso, um objeto do mundo real, como um automóvel, uma casa, uma pessoa etc. Mais à frente será apresentado o conceito de classe, um trecho de código a partir do qual os objetos são criados. Imagine a classe como uma fôrma de pão que possibilita fazer pães com as mesmas características da fôrma.
- **Portabilidade:** Java é uma linguagem multiplataforma, ou seja, uma mesma aplicação pode ser executada em diferentes tipos de plataforma sem a necessidade de adaptação de código. Essa portabilidade permite que um programa escrito na linguagem Java seja executado em qualquer sistema operacional que possua uma máquina virtual Java.
- **Multithreading:** *threads* (linhas de execução) são o meio pelo qual se consegue fazer com que mais de um evento aconteça simultaneamente em um programa. Assim, é possível criar servidores de rede multiusuário, em que cada *thread*, por exemplo, cuida de uma conexão de um usuário ao

servidor, isto é, um mesmo programa pode ser executado várias vezes ao mesmo tempo e cada execução pode processar uma instrução em um ponto diferente do mesmo programa.

- **Suporte à comunicação:** uma das vantagens do Java é fornecer um grande conjunto de classes com funcionalidades específicas, ou seja, muitos detalhes de programação são encapsulados em classes já prontas. Nesse contexto, a linguagem oferece um conjunto de classes para programação em rede, o que agiliza a implementação de sistemas multiusuários. Tais classes são desenvolvidas para suportar tecnologias avançadas de comunicação, como protocolos TCP/IP *(Transport Control Protocol/Internet Protocol)*, HTTP, FTP *(File Transfer Protocol)*, entre outros.

Diversas outras características poderiam ser citadas, tais como robustez, segurança, alto desempenho etc., entretanto, conforme já declarado, este não é o objetivo.

1.4 Criação de Programas em Java

Na verdade, o título desta seção soa meio estranho porque em Java dizemos que vamos criar uma classe, não um programa, mas como Java é uma linguagem de programação, cremos que o termo programa não seja tão absurdo. Seja como for, classe ou programa, sua digitação pode ser realizada por meio de um editor de textos qualquer, ou de uma ferramenta específica para isso, gerando o código-fonte do programa (ou da classe).

Depois de digitado, esse programa deve passar por um processo de análise do código, a fim de que seja verificada a existência de erros de sintaxe. Esse processo é chamado de compilação e é realizado por meio de um compilador Java, normalmente o compilador presente no kit de desenvolvimento da Sun. Todo programa Java deve ser compilado, assim como ocorre com outras linguagens de programação, como Pascal, C, entre outras.

Com o compilador é realizada a tradução do programa escrito em Java para uma linguagem intermediária chamada Java *bytecodes* - um código independente de plataforma que é decifrado por um interpretador Java, isto é, para que um programa em Java seja executado, é necessário possuir uma outra ferramenta chamada interpretador, responsável por executar o programa escrito em Java em que cada instrução do *bytecode* é interpretada e executada no computador.

A Figura 1.1 ilustra a sequência de desenvolvimento de um programa em Java. Como um programa em Java deve ser criado na forma de uma classe, conceito estudado mais à frente, deste ponto em diante os programas serão chamados de classes.

Conforme pode ser observado na Figura 1.1, uma classe em Java (código-fonte) pode ser digitada em um editor de textos qualquer e deve ser salva com a extensão Java.

A seguir, uma ferramenta realiza sua compilação (compilador). Caso ocorram erros no processo de compilação, o programa-fonte deve ser corrigido e compilado novamente enquanto persistirem os erros. Quando não existirem mais erros de compilação, será gerado um arquivo com extensão .class (o arquivo com os *bytecodes*), a ser executado por um interpretador Java ou pelo *browser*, caso o programa seja utilizado na Internet. Na maioria das principais ferramentas de desenvolvimento, o processo de compilação é automático, isto é, ocorre durante a digitação do código-fonte. A compilação vai sendo executada automaticamente durante a digitação da mesma forma que o corretor ortográfico dos editores de texto.

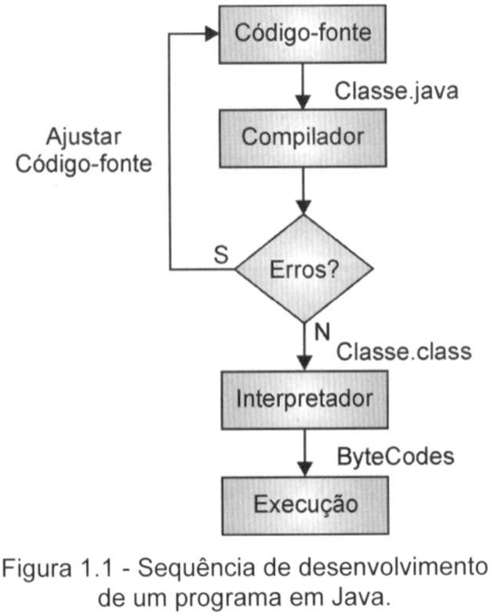

Figura 1.1 - Sequência de desenvolvimento de um programa em Java.

1.5 A Plataforma Java

Plataforma é um ambiente de *software* ou *hardware* no qual um programa roda. A maioria das plataformas é formada pelo conjunto *hardware* e um Sistema Operacional, isto é, um conjunto de *hardware* e *software* que atuam juntos. Java difere da maioria das outras plataformas porque é composta apenas de um *software* operando sobre uma outra plataforma qualquer.

No mundo dos computadores existem muitas plataformas, como Microsoft Windows, Macintosh, Solaris, OS/2, UNIX e NetWare. Normalmente, para que um mesmo programa funcione em diferentes plataformas, é necessário que ele seja compilado separadamente, isto é, ele deve ser compilado na plataforma em que será executado. Uma aplicação que é executada sobre uma plataforma pode não funcionar sobre outra, porque o arquivo foi criado para uma plataforma específica.

Java é uma nova plataforma de *software* que possibilita que um mesmo programa seja executado em diversas plataformas, talvez a característica mais importante dessa linguagem. Os *bytecodes* gerados pelo processo de compilação contêm instruções para uma máquina virtual, independente de uma máquina física. Um programa escrito na linguagem Java é compilado e gera um arquivo de *bytecodes* (com extensão .class), que pode ser executado onde quer que a plataforma Java esteja presente, em qualquer sistema operacional subjacente. Em outras palavras, o mesmo programa pode ser executado em qualquer sistema operacional que execute a plataforma Java.

Uma analogia relacionada à plataforma Java pode ser visualizada na Figura 1.2, em que o mesmo programa Java é executado em diferentes plataformas.

Enquanto cada plataforma possui sua própria implementação da máquina virtual Java, existe somente uma especificação padronizada para a máquina virtual, proporcionando uma interface uniforme para aplicações de qualquer *hardware*. A Sun criou um *slogan* para a plataforma Java: "*Write Once, Run Anywhere*"℠, ou seja, uma vez criada a aplicação, ela pode ser executada em qualquer máquina, desde obviamente que exista a máquina virtual correspondente.

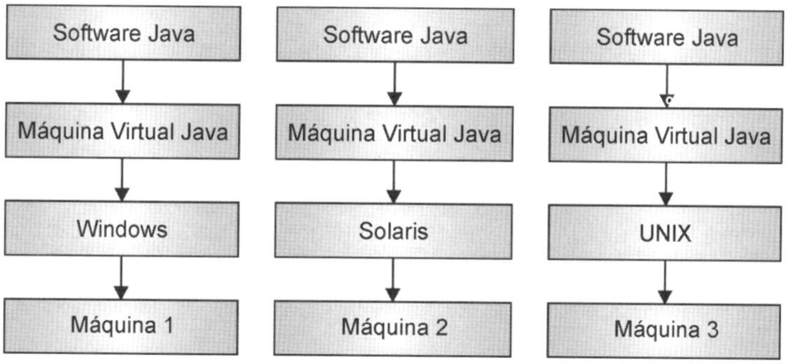

Figura 1.2 - Um mesmo programa Java executado em plataformas diferentes.

O desenvolvimento da plataforma Java permitiu o surgimento de outras linguagens de programação que rodam sob a máquina virtual. É o caso de Groovy, uma linguagem que possibilita a geração de *bytecodes* em Java, ou seja, é possível criar um programa em outra linguagem e gerar um arquivo de *bytecodes* como se o programa tivesse sido criado em Java. Essa característica torna possível que outras linguagens ampliem o poder do próprio Java.

1.6 Ambiente de Desenvolvimento

Este item apresenta um esboço das ferramentas básicas necessárias para a elaboração, compilação e execução de aplicações em Java.

Como qualquer outra linguagem, há muitos ambientes de desenvolvimento que suportam Java. Existe uma infinidade de ferramentas que pode deixar o desenvolvedor em dúvida na hora de escolher o ambiente adequado de trabalho. No momento, as duas principais ferramentas de desenvolvimento Java são NetBeans (https://netbeans.org/) e Eclipse (http://www.eclipse.org); ambas podem ser utilizadas gratuitamente. O apêndice A apresenta uma breve introdução ao uso do NetBeans. Este livro não aborda em profundidade nenhuma ferramenta de desenvolvimento, pois o foco está no *kit* de desenvolvimento JDK e na linguagem Java em si, não no uso de uma ferramenta. Apesar disso, alertamos para o seguinte fato: num ambiente real de desenvolvimento de sistemas em Java é essencial a utilização de uma ferramenta de desenvolvimento, por isso é importante o leitor considerar o uso de uma das ferramentas citadas.

O livro procura direcionar o leitor a preocupar-se em entender os aspectos da linguagem e não detalhes operacionais de uma ferramenta, tornando o aprendizado mais simples. Mesmo assim, conforme já citado, o leitor deve aprimorar seus conhecimentos usando alguma ferramenta de desenvolvimento.

Observação

Existem diversas ferramentas presentes no JDK da Oracle (veja os arquivos existentes na pasta "bin" do Java). No entanto, este livro utiliza apenas as ferramentas essenciais para o desenvolvimento de aplicações. Dentre elas citamos o compilador (javac), o interpretador (java) e o visualizador de *applets* (*appletviewer*). O JDK não oferece um ambiente visual para o desenvolvimento de aplicações. Por questões de produtividade é indicado utilizar um ambiente visual, como, por exemplo, as IDEs NetBeans e Eclipse. Para a digitação do código-fonte das classes em Java, a única ferramenta realmente necessária é um pequeno editor de textos (como o bloco de notas do Windows).

1.6.1 Instalação do Java

Existem diversas maneiras de preparar o ambiente para o desenvolvimento de aplicações em Java. Consideraremos inicialmente apenas o kit de ferramentas da Oracle: o JDK. Para detalhes sobre instalação e utilização da ferramenta NetBeans, consulte o apêndice A.

Na época em que este livro foi escrito, a Oracle fornecia download gratuito de sua ferramenta a partir do endereço http://www.oracle.com/technetwork/java/javase/downloads/index.html. O nome do kit de ferramentas que você deve baixar é "JDK 7", ou ainda uma outra versão mais recente, caso se encontre disponível. Na Figura 1.3 você pode ver um link com o nome "Java Plataform (JDK) 7u1". Clique nesse item para acessar a página de download do Java 7. A letra u presente em "7u1" se refere a update, isto é, Java 7 update 1.

Figura 1.3 - Download do JDK na plataforma Windows.

Os procedimentos para instalação do JDK no Windows são os seguintes:

1. Faça o *download* da versão correspondente ao Sistema Operacional instalado em sua máquina. Em nosso caso instalaremos a versão para Windows x86. Ao clicar no botão Accept Licence Agreement, aparece a tela referente à Figura 1.4. Clique no link de download e será transferido o arquivo de instalação. Como você pode notar, existem versões para várias plataformas (Windows, Linux, Solaris etc.).

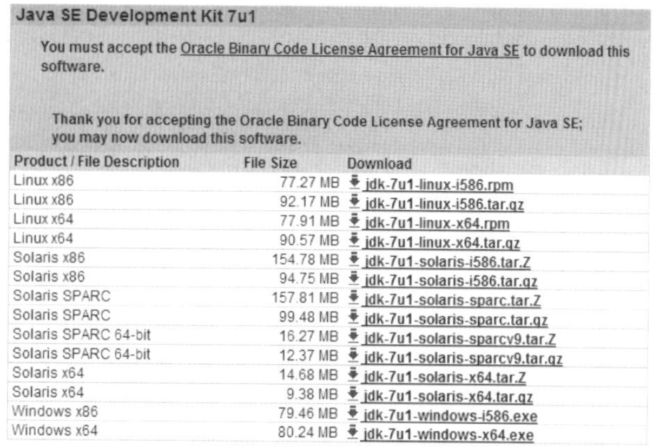

Figura 1.4 - Download do JDK na plataforma Windows.

O processo de instalação é bastante simples. Ao clicar no arquivo transferido pelo processo de download, aparece uma janela de boas-vindas. Para prosseguir a instalação, pressione o botão "Next". A seguir surge uma nova janela, Figura 1.5. Por meio dela você pode selecionar os itens que serão instalados em sua máquina. Vamos entender cada um desses itens:

- **Development Tools:** contém as ferramentas de desenvolvimento (compilador, interpretador etc.), essenciais para o desenvolvimento de aplicações em Java. Após o término da instalação, essas ferramentas estarão armazenadas numa pasta chamada "bin" dentro do diretório principal do Java.
- **Demos and Samples:** contém diversos exemplos de aplicações feitas em Java. Em nosso caso não instalaremos esse item, pois eles não serão necessários no livro.
- **Source Code:** contém o código-fonte das classes em Java. A Oracle passou a disponibilizar os códigos-fonte em Java a partir da versão 7 da linguagem. Após o término da instalação, as classes estarão armazenadas num arquivo compactado chamado "src" dentro do diretório principal do Java.
- **Public JRE:** trata-se da máquina virtual (JRE é Java Runtime Environment) necessária para a execução de aplicações em Java. Ela acompanha o JDK e por padrão é instalada no diretório "c:\arquivos de programas\Java\jre7" (o usuário pode escolher outro local, se preferir). Dependendo da máquina do usuário, esse diretório pode ser "c:\Program Files\Java\jre7".

Como o leitor pode observar pela Figura 1.5, no caso selecionamos todos os itens, exceto "Demos and Samples". Faça a escolha que preferir e pressione o botão Next.

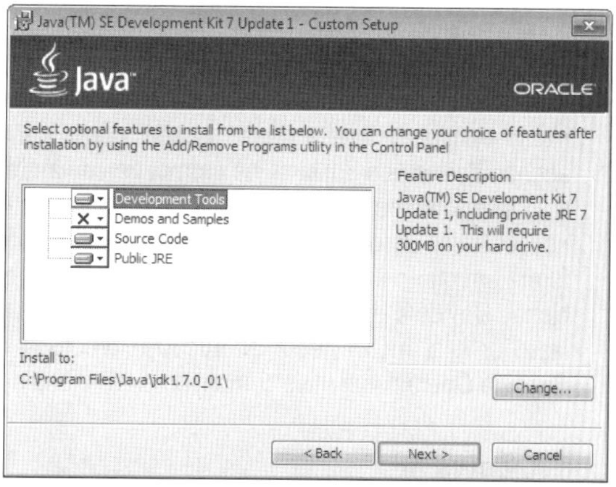

Figura 1.5 - Itens de instalação do JDK.

- A próxima janela que aparece na Figura 1.6 solicita que o usuário defina o caminho da instalação do JRE, conforme já informamos. Essa janela só aparecerá se você selecionou o item "Public JRE" na janela do passo anterior. Pressione o botão Next para manter a pasta padrão de instalação do JRE.

Figura 1.6 - Caminho do JRE.

Ao encerrar a instalação, você pode registrar o JDK no site da Oracle. O processo de instalação transfere todas as ferramentas e outros pacotes da linguagem para sua máquina. Ao instalar o JDK, é criada uma pasta com todos os arquivos do kit de ferramentas da Sun. O caminho padrão da instalação é "C:\Arquivos de programas\Java**jdk1.7**". Dependendo da versão instalada, uma pasta de nome diferente será criada. Quando este livro foi escrito, a versão da ferramenta JDK estava na **1.7.0_01**. Provavelmente a Oracle disponibilizará outras versões em breve, como, por exemplo, jdk1.7.0_02, jdk1.7.0_03 e assim por diante. Como já dissemos, o número 01, 02, 03 ao final do nome se refere ao número do update. Ao instalar o JDK, são criadas diversas pastas, mostradas na Figura 1.7.

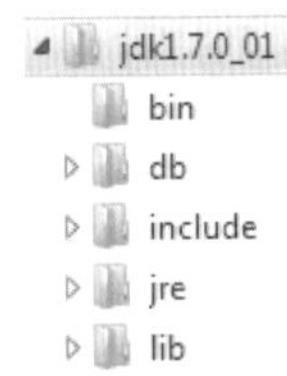

Figura 1.7 - Pastas criadas pela instalação do JDK.

Observe que a pasta jdk1.7.0_01 é a principal em que estão todas as outras (a Oracle chama-a de JAVA_HOME). Dependendo da versão do JDK instalada, essa pasta pode ter nomes e conteúdos diferentes. Concentre-se no nome da versão que você baixou.

2. Realize as configurações das variáveis de ambiente, o que depende do Sistema Operacional em que você está instalando o JDK. Os procedimentos apresentados se referem à configuração para o ambiente Windows. Vale a pena ressaltar que a configuração das variáveis de ambiente é necessária apenas para o uso do Java via prompt de comando (que é o caso de todos os exemplos do livro). Caso o leitor opte por utilizar uma IDE (como NetBeans ou Eclipse), os procedimentos seguintes não são necessários. Os procedimentos para a correta configuração do Java variam de acordo com a plataforma em que o kit de ferramentas será instalado e também em função da versão do Sistema Operacional. Devido a essas inúmeras variações, seria um processo muito cansativo detalhar cada uma delas. Por este motivo, será abordado o processo de instalação apenas para o ambiente Windows, Sistema Operacional mais comum para a maioria dos leitores.

Windows XP

No Windows XP, devemos configurar as variáveis de ambiente pelo Painel de Controle. Defina as variáveis, seguindo os procedimentos:

1. Acesse o Painel de Controle.
2. Abra o item Sistema.
3. Clique na guia Avançado, em seguida no botão Variáveis de ambiente.
4. Em Variáveis de usuário, clique no botão Novo. As variáveis de ambiente podem também ser definidas em Variáveis do sistema em vez de Variáveis de usuário, como sugerido. A diferença é que, quando definidas em Variáveis de usuários, elas funcionam somente para o seu usuário, e em Variáveis de sistema funcionam para todos os usuários.
5. Surge a janela Nova variável de usuário. No campo Nome da variável coloque o nome da variável que será incluída, por exemplo, **JAVA_HOME**, e no campo Valor da variável coloque o caminho referente à variável que você nomeou: "C:\Arquivos de programas\Java\ jdk1.7.0_01" (sem as aspas). Clique no botão OK. A Figura 1.8 apresenta essa janela.

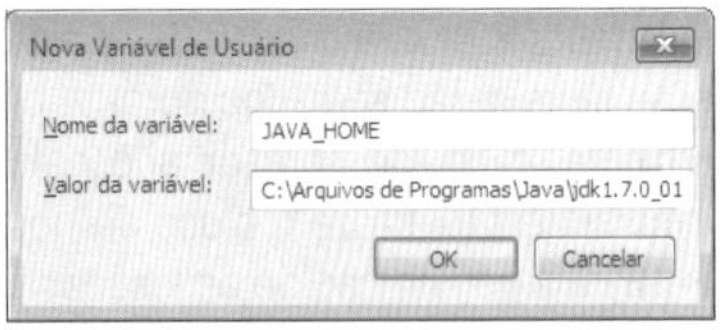

Figura 1.8 - Configuração de variável no Windows XP.

6. Faça o mesmo procedimento de inclusão com as variáveis **path** e **classpath**, definindo os seus nomes e incluindo os valores correspondentes:

   "C:\Arquivos de programas\Java**jdk1.7.0_01**\bin" para a variável **path**

   "C:\Arquivos de programas\Java**jdk1.7.0_01**\lib;.;" para a variável **classpath**
7. Verifique se a instalação foi realizada com sucesso. Entre em um diretório qualquer no *prompt* de comando (botão Iniciar - Acessórios - Prompt de comando) e digite "**javac**" seguido da tecla **Enter**. Se aparecer uma mensagem como "javac não é reconhecido como um comando interno", é porque as variáveis de ambiente não foram configuradas de maneira correta ou o Java não foi instalado corretamente. Se isso ocorrer, refaça a os procedimentos de instalação, verificando principalmente as configurações das variáveis de ambiente. Se, ao digitar "**javac**", aparecer uma tela com instruções de *Help* do Java, significa que a instalação e a configuração foram realizadas com sucesso.

Windows Vista e 7

1. Acesse o Painel de Controle.
2. Abra o item Sistema e Manutenção. Para Windows 7, Sistema e Segurança.
3. Abra o item Sistema.
4. Ao lado esquerdo, no menu Tarefas, clique em Configurações Avançadas do Sistema, em seguida no botão Variáveis de ambiente.
5. Agora siga os procedimentos descritos anteriormente para o Windows XP a partir do passo 4.

Observações

Em função de constantes atualizações do JDK, o leitor deve atentar para o número da versão da ferramenta, carregada no processo de *download*, de maneira a fazer sua correta instalação. O mesmo nome da pasta principal (exatamente o mesmo nome) deve ser inserido nas variáveis de ambiente. O trecho em negrito descrito na configuração das variáveis de ambiente (no passo 6) será variável, dependendo da versão instalada.

Atenção especial deve ser dada quando a instalação for realizada no Windows Vista e no Windows 7. Se o *firewall* nativo estiver ativado, talvez seja necessário desbloquear o Java. Se o Java estiver bloqueado, pode ocorrer um erro referente à violação de acesso por parte da máquina virtual quando ele for executado.

1.7 Primeiro Contato com Java

Inicialmente, para fornecer o primeiro contato com a linguagem, será apresentada uma classe em Java que escreve uma mensagem qualquer na tela. Apesar de o exemplo ser simples, ele contém os itens fundamentais para a criação de qualquer aplicação em Java: elaboração do código, compilação e execução. Esses itens serão seguidos durante o processo de elaboração das aplicações. Conforme mencionado anteriormente, o código apresentado pelo programa (classe) pode ser digitado em qualquer editor de textos. Como sugestão, utilize o bloco de notas, um editor simples e rápido que atende a todos os requisitos mínimos para a construção de aplicações em Java.

Antes de testar seu primeiro programa em Java (uma classe), vamos elaborar uma pasta em seu disco rígido para armazenar o exemplo. Utilize o Windows Explorer, selecione o disco C (Disco Local C) e crie uma pasta com o nome "Java7". A seguir, digite o código seguinte referente à classe **Ola**.

```
class Ola{
   public static void main (String[] args){
       System.out.println("Inicio do aprendizado");
       System.out.println("Ensino Didatico da Linguagem Java");
   }
}
```

Exemplo 1.1 - Uma classe que envia dados à tela.

Considerando que o leitor possui o JDK corretamente instalado em sua máquina, vamos compilar e executar o Exemplo 1.1.

Para compilar e verificar o resultado do programa, siga os passos 1 e 2:

1. Salve o código do Exemplo 1.1 com o nome "Ola.java" na pasta Java7, criada anteriormente. Se você estiver usando o bloco de notas, acesse o menu Arquivo, escolha a opção Salvar, na caixa de diálogo que se abre vá até o item Salvar como Tipo e selecione Todos os arquivos. A seguir, digite o nome Ola.java (cuidado com a letra O, que deve ser maiúscula) e pressione o botão Salvar.
2. Entre na janela de prompt (no Windows XP pressione o botão Iniciar - Acessórios - Prompt de comando), acesse a pasta Java7 (cd\Java7, seguido por Enter) e chame o compilador Java para esse arquivo, digitando o comando **javac Ola.java**, seguido por Enter. Veja a Figura 1.9.

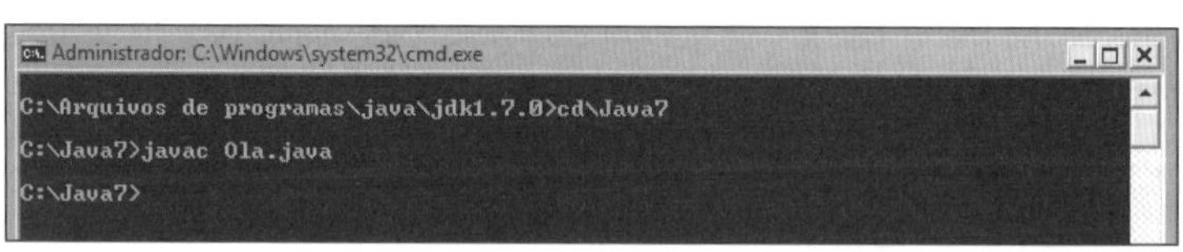

Figura 1.9 - Primeiro programa em Java (prompt de comando).

Se nenhum erro de compilação ocorreu, nenhuma mensagem é apresentada em tela e a pasta Java7 recebe um novo arquivo após a compilação: "Ola.class". O leitor pode ver isso digitando o comando "dir" (na janela de prompt), seguido por ENTER. Veja a Figura 1.10.

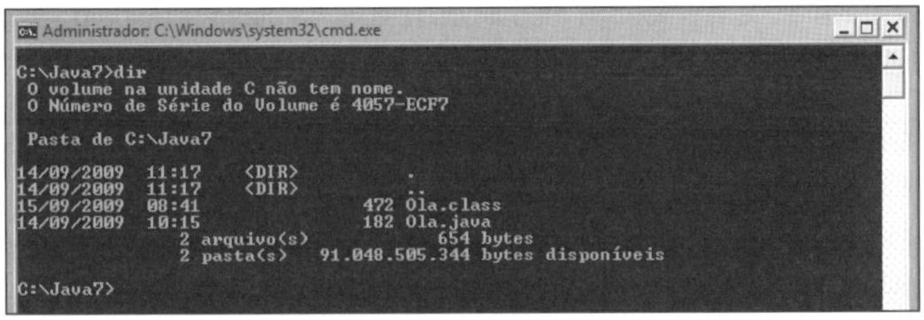

Figura 1.10 - O arquivo "Ola.class" recebido na pasta Java7.

O arquivo "Ola.class" contém os *bytecodes*, já comentados anteriormente. Caso algum erro de compilação tenha ocorrido, é necessário alterar o código-fonte e compilá-lo novamente. Se for este o caso, corrija o erro e volte ao passo 1.

Uma vez compilado corretamente, chame o interpretador Java na janela de prompt usando o comando **java Ola**, seguido por Enter. Observe que a extensão .class do arquivo deve ser omitida.

Esse processo deve ser o mesmo sempre que forem criadas aplicações, isto é, deve-se inicialmente executar o processo de compilação por meio de **javac** e, após todos os erros serem corrigidos, executar a classe por intermédio de **java** seguido do nome da classe.

Dica

Procure salvar os arquivos em Java com o mesmo nome definido na classe. Por exemplo, se você criar uma classe com o nome Veiculo (class Veiculo), salve-a com o nome Veiculo.java. Esse procedimento é obrigatório quando uma classe é declarada como pública (**public** class Veiculo), além de evitar confusão por parte do programador no momento da execução da classe. Se você salvar a classe com outro nome, terá de usar nomes diferentes no processo de compilação e na execução. Suponha que salve a classe Veiculo com o nome Automóvel.java. Para compilar a classe, você deve usar "javac Automovel.java", no entanto para executar, deve usar "java Veiculo". Isso se deve ao fato de que o processo de compilação gera o arquivo .class com o nome definido na classe e não com o nome com o qual o arquivo foi salvo. Para evitar maiores problemas, todas as classes do livro deste ponto em diante serão declaradas como públicas (do tipo public).

Após a execução do Exemplo 1.1, as duas mensagens são impressas na tela, conforme demonstra a Figura 1.11.

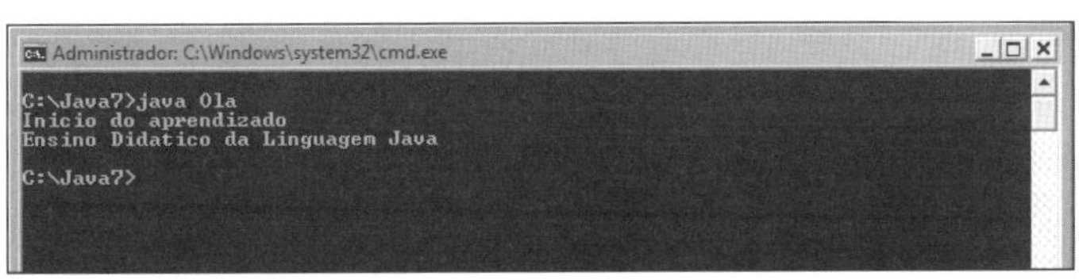

Figura 1.11 - Compilação e resultado da execução do Exemplo 1.1.

Observação

Um dos maiores problemas de programar em Java, algo que tira o sono dos programadores, refere-se à sensibilidade maiúscula/minúscula das palavras usadas. Basta trocar uma só letrinha que o compilador já aponta erros e a classe não pode ser executada. Para que o Exemplo 1.1 seja compilado e executado de forma satisfatória, as letras devem ser digitadas como aparecem, levando em consideração se são maiúsculas ou minúsculas. Os desenvolvedores em Java nomeiam as classes seguindo a convenção "**Camel Case**", uma maneira padronizada de escrever palavras compostas. Por exemplo, o nome de uma classe sempre inicia com letra maiúscula (no Exemplo 1.1, String e System). Caso o nome da classe possua mais de uma palavra, cada palavra é iniciada em maiúscula (exemplos: **I**mprime**T**exto, **G**rava**A**rquivo**E**m**D**isco.

Toda classe em Java exige a presença da palavra reservada **class** seguida do nome da classe. Como convenção definida pela Sun, todo nome de classe inicia-se com letra maiúscula. Este livro também utiliza esse padrão. Um par de chaves envolve todo o código da classe - sempre uma classe em Java possui uma chave que envolve o código. Existem muitos detalhes envolvidos na criação de classes que trataremos no decorrer dos exemplos do livro.

Toda classe executável, isto é, toda classe que será interpretada e executada deve, obrigatoriamente, possuir o **método main** (principal), invocado quando a classe é executada. No Exemplo 1.1, quando a classe for executada, será invocado o método main que possui duas instruções para envio de mensagens na tela (System.out.println). Não é exatamente uma instrução simples e sim uma classe da linguagem que possui um método especializado em saída de dados, mas vamos por partes.

A linha do método principal possui o formato public static void main(String[ ] args). Todas as classes executáveis precisam ter essa linha. A única coisa que pode ser alterada na linha é a variável args que pode receber outro nome de acordo com o desejo do programador. A seguir, é feita uma análise um pouco mais detalhada dessa linha. Mesmo que alguns termos pareçam estranhos, o leitor não deve se preocupar, pois a sequência de aprendizado durante os próximos capítulos traz mais clareza.

public

É um qualificador usado em diversos identificadores em Java (classes, atributos, métodos), e no exemplo foi usado antes do método main. Se a palavra public fosse colocada antes do nome da classe, isso indicaria que a classe Ola seria visível por outras classes (outras classes poderiam utilizar a classe Ola). O mesmo ocorre com o método main, que pode ser utilizado por outras classes; ele será visível a outras classes. Isso é útil quando uma classe necessita utilizar alguma funcionalidade de outra, característica muito comum na linguagem Java. As questões de visibilidade são tratadas mais à frente no capítulo sobre orientação a objetos.

static

Trata-se de um qualificador que indica que o método pertence à classe (ele é estático à classe que o definiu). Ainda é muito cedo para que o leitor possa compreender o funcionamento do qualificador static. Voltaremos ao assunto no capítulo referente à orientação a objetos.

void

É o valor de retorno do método. Quando não há nenhum valor a ser retornado por quem chamou o método, ele retorna void, uma espécie de valor vazio que deve ser especificado. Este livro apresenta um capítulo voltado aos métodos, item muito importante para o aprendizado de Java. Vamos demonstrar que os métodos podem retornar valores, isto é, processar alguma informação e retornar um valor de resultado. Quando um método retorna um resultado, ele não possui o qualificador void, conforme será mostrado.

main

Este é o nome do método que indica ao compilador o ponto inicial da execução da classe. É o método principal, em que todas as variáveis, argumentos e instruções são interpretados e processados para a execução do programa.

(String[ ] args)

É o argumento do método principal (main); trata-se de um vetor de *strings* responsável por receber valores que podem ser processados internamente à classe. Imagine que a classe Ola possa receber uma frase e mostrá-la na tela pausadamente, letra a letra. Essa frase seria passada ao vetor args, ou seja, args é a porta de entrada a partir da qual a classe Ola pode se comunicar com o "mundo externo", isto é, com outras classes. Mais adiante são demonstrados diversos exemplos que recebem argumentos. Outra variação existente nessa sintaxe é inverter a posição dos colchetes ([ ]) que aparecem do lado direito da palavra String. Poderia ser usado o formato "**String args[ ]**", cujo resultado obtido seria o mesmo, isto é, trata-se da declaração de um vetor de *strings*.

{ ... }

"Abre-chaves" e "fecha-chaves" delimitam um bloco de código semelhante ao BEGIN e END de outras linguagens como Pascal. No Exemplo 1.1 a classe Ola envolve todas as instruções da classe, inclusive o método main. Esse exemplo possui apenas o método main, entretanto uma classe pode envolver diversos métodos.

Exercícios para Fixação do Conteúdo

As questões seguintes têm apenas uma resposta correta.

1. Complete as lacunas em cada uma das frases seguintes:
   a) A empresa criadora da linguagem Java foi a _______.
   b) O comando __________ possibilita executar uma aplicação em Java.
   c) O comando javac possibilita realizar a ___________ de classes escritas em Java.
   d) Em uma aplicação Java todas as classes _____________ necessitam do método main.
   e) Depois de realizado o processo de compilação, é gerado um arquivo de ________________ com a extensão ___________.
   f) Toda classe executável deve, obrigatoriamente, possuir o método ___________________________.
   g) A linha do método principal possui o formato ___________________.
2. A instrução em Java utilizada para definir o nome da classe é:
   a) public
   b) void
   c) main
   d) class
3. Um dos principais motivos que contribuiu para o desenvolvimento da linguagem Java foi:
   a) O nome da linguagem.
   b) O desenvolvimento da Internet.
   c) A linguagem é relativamente simples.
   d) O desempenho da linguagem em termos de velocidade.
4. Por que a utilização de Java em multiplataforma é muito importante para os programadores?

5. Qual das características seguintes não diz respeito à linguagem Java?
   a) Pode ser executada em qualquer computador, independente de existir uma máquina virtual Java instalada.
   b) É uma linguagem compilada e interpretada.
   c) É uma linguagem com suporte à orientação a objetos.
   d) É uma linguagem com um bom nível de segurança.
6. A sequência de desenvolvimento de uma classe em Java é:
   a) Compilação, digitação e execução.
   b) Digitação, execução e compilação.
   c) Digitação, compilação e execução.
   d) Digitação, execução e testes de funcionamento.
7. Cite um nome de linguagem que pode ser executada a partir da máquina virtual Java.
8. Para a linguagem Java, as variáveis PATH e CLASSPATH correspondem a:
   a) Variáveis usadas em um programa Java.
   b) Uma variável de ambiente e um caminho para a execução dos programas Java.
   c) Um caminho para encontrar as classes e um caminho para encontrar os aplicativos da linguagem Java.
   d) Um caminho para encontrar os aplicativos e um caminho para encontrar as classes da linguagem Java.
9. Qual é a função do compilador Java?
10. O que é JDK e para que serve?
    a) JDK é uma ferramenta de desenvolvimento e serve para proporcionar uma interface amigável com o usuário.
    b) É uma ferramenta de desenvolvimento e serve para compilar arquivos.
    c) É um kit de ferramentas e serve para proporcionar uma interface amigável com o usuário.
    d) É um kit de ferramentas e serve para o desenvolvimento de aplicações em Java.

Seu próximo passo

Neste ponto o leitor já possui os conhecimentos básicos da linguagem Java, reconhecendo a sua importância, seu impacto e crescimento por meio da Internet, suas principais características e vantagens de utilização. O próximo capítulo aborda o início do aprendizado em Java, considerando que o leitor é novato no assunto, ou seja, são fornecidos os subsídios necessários para o aprendizado inicial da linguagem Java.

2

Aspectos Fundamentais de Java

Objetivos deste capítulo

- Fornecer o primeiro contato com a linguagem Java por meio de pequenos exemplos;
- Descrever os principais tipos de dados e operadores;
- Demonstrar a declaração de variáveis e sua utilização;
- Enumerar os principais conversores de tipo usados em Java;
- Demonstrar diferentes formas de entrada de dados em Java.

2.1 Tipos de Dados

Antes de começarmos, vamos fazer uma pequena analogia. Um caminhão pode transportar diferentes objetos, cada um deles pode exigir uma embalagem diferente para ser armazenado. Em função disso, cada objeto pode exigir um espaço físico diferente no compartimento de carga. Ao sair de viagem com o caminhão, seu Francisco carrega diversos produtos alimentícios, todos acondicionados em embalagens especiais. Isso é importante para que os produtos permaneçam bem acomodados no compartimento de carga. Desta forma, seu Francisco tem certeza de que os produtos chegarão ao destino da mesma maneira como iniciaram a viagem, isto é, suas características permanecerão as mesmas, os produtos chegarão ao destino de maneira intacta, sem sofrerem nenhum dano.

Para que o exposto seja verdade, é essencial utilizar a embalagem correta para cada tipo de produto. Por exemplo, a embalagem usada para transporte de bananas será diferente da usada para peras. O que aconteceria se seu Francisco tentasse colocar uma melancia numa caixa destinada a guardar caquis? A embalagem ideal para acondicionar caquis não pode ser a mesma usada para melancias, que seriam muito grandes para a embalagem; não é possível guardar uma melancia numa caixa de caquis.

De forma semelhante, em computação existem diferentes tipos de dados (tipos numéricos, caracteres, textuais etc.), e cada um precisa de um espaço diferente na memória do computador, cada um exige uma "embalagem" adequada para seu armazenamento. Cada embalagem pode ser considerada um tipo de dado diferente.

Considere que seja necessário armazenar na memória do computador os seguintes dados de uma pessoa: nome, sexo e idade. O nome contém uma sequência de caracteres, o sexo contém uma única letra (M ou F) e a idade um valor numérico. Note que cada informação a ser armazenada exige uma "embalagem" diferente: o sexo apenas uma letra (uma embalagem pequena), o nome uma sequência de letras (uma embalagem maior), já a idade deve manter um valor numérico inteiro (uma embalagem de tipo diferente). Para armazenar esses dados, um programa deve definir variáveis, isto é, identificadores de um determinado tipo de dado.

Resumindo, antes de utilizar variáveis (a embalagem) é necessário definir que tipo de dado elas vão armazenar. Caso seja necessário armazenar a quantidade em estoque de um determinado produto, pode-se declarar uma variável do tipo inteira, ou para armazenar valores monetários, é possível declarar uma variável do tipo double e assim por diante. Os tipos de dados em Java são portáveis entre todas as plataformas de computadores que suportam essa linguagem. Mais detalhes sobre variáveis são fornecidos na próxima seção.

Na maioria das linguagens, quando um tipo de dado é utilizado, por exemplo, um tipo inteiro, pode ser que para uma determinada plataforma esse número seja armazenado com 16 bits e em outra com 32 bits. Em Java isso não ocorre, uma vez que um tipo de dado terá sempre a mesma dimensão, independentemente da plataforma utilizada. Este e muitos outros recursos de portabilidade de Java permitem que os programadores escrevam programas sem conhecer a plataforma de computador em que eles serão executados.

A Tabela 2.1 demonstra os tipos de dados, considerados os tipos primitivos da linguagem, utilizados na criação de variáveis.

Tipo	Quantidade de bits	Valores
char	16	'\u0000' a '\uFFFF'
byte	8	–128 a + 127
int	32	–2.147.483.648 a +2.147.483.647
short	16	–32.768 a + 32.767
long	64	–9.223.372.036.854.775.808 a +9.223.372.036.854.775.807
float	32	–3.40292347E+38 a +3.40292347E+38
double	64	–1.79769313486231570E+308 a +1.79769313486231570E+308
boolean	8	true ou false

Tabela 2.1 - Os tipos primitivos em Java.

Quando os recursos de *hardware* da máquina eram mais limitados, existia a preocupação de reduzir ao máximo a quantidade de memória utilizada por um programa; não que isso não ocorra hoje, mas antigamente era prioritário. Analisando a Tabela 2.1, um programador chegaria à conclusão de que para armazenar a idade de uma pessoa deveria ser utilizado o tipo byte, pois possui uma faixa de valores suficiente para armazenar a idade que uma pessoa normal pode atingir, dispensando outros tipos numéricos que ocupariam mais espaço na memória.

2.2 Definição de Variáveis e Constantes

Uma variável ou constante é um tipo de identificador cujo nome, escolhido pelo programador, é associado a um valor pertencente a um certo tipo de dado. Em outras palavras, um identificador é a localização da memória (um endereço ou vários deles) capaz de armazenar o valor de um certo tipo, para o qual se dá um nome (o nome da variável, constante, objeto etc.) que usualmente descreve seu significado ou propósito. Desta forma, todo identificador possui um nome, um tipo e um conteúdo. Os identificadores não podem utilizar as palavras reservadas da linguagem Java, assim como ocorre com outras linguagens de programação. A relação de palavras reservadas do Java é apresentada na Tabela 2.2.

abstract	default	goto *	package	this
assert ***	do	if	private	throw
boolean	double	implements	protected	throws
break	else	import	public	transient
byte	enum ****	instanceof	return	try
case	extends	int	short	void
catch	false	interface	static	volatile
char	final	long	strictfp **	while
class	finally	native	super	
const *	float	new	switch	
continue	for	null	synchronized	

* não usado
** adicionado à versão 1.2
*** adicionado à versão 1.4
**** adicionado à versão 1.5

Tabela 2.2 - Palavras reservadas em Java.

Observação

As palavras reservadas em Java referem-se a nomes de instruções utilizadas na linguagem que não podem ser usadas como nomes de identificadores (variáveis, objetos etc.). O número de palavras reservadas aumentou em decorrência das diferentes versões do Java.

A linguagem Java exige que todos os identificadores tenham um tipo de dado definido antes de serem utilizados no programa, ou seja, eles devem ser obrigatoriamente declarados, independentemente do ponto do programa, seja no início, no meio ou no final, desde que antes de sua utilização no programa. Essa característica difere da maioria das linguagens de programação. Pascal, por exemplo, possui uma área exclusiva para a declaração das variáveis.

2.2.1 Declaração de Variáveis

Quando as variáveis são declaradas, a linguagem Java atribui a elas valores padrão, a menos que especificado de maneira contrária pelo programador. Atribui-se a todas as variáveis dos tipos ***char***, ***byte***, ***short***, ***int***, ***long***, ***float*** e ***double*** o valor **0** por *default*. Já às variáveis do tipo ***boolean***, por *default*, atribui-se ***false***. Entretanto, dependendo do ponto do programa em que a variável é utilizada, torna-se obrigatória sua inicialização com algum valor, mesmo que a linguagem possua esses valores padrão. O Exemplo 2.1 apresenta uma classe que utiliza todos os tipos de dados primitivos.

```
package cap02;
public class TiposPrimitivos {
    public static void main(String args[]) {
        char sexo = 'f';
        byte idade = 89;
        short codigo = 256;
        float nota = 9.4f;
        int alunos = 100, classes = 10;
        long habitantes = 9050100;
        double dolar = 2.62;
        boolean alternativa = false;
        System.out.println("\n sexo:" + sexo + " idade:" + idade + " codigo:" + codigo);
        System.out.println("\n nota:" + nota + " alunos:" + alunos + " classes:" + classes);
        System.out.println("\n habitantes:" + habitantes + " dolar:" + dolar + " alternativa:" + alternativa);
    }
}
```

Exemplo 2.1 - Listagem dos tipos primitivos.

As variáveis devem ser definidas antes de serem utilizadas, sendo possível inicializá-las com um valor no momento de sua declaração, conforme mostra o Exemplo 2.1. As variáveis do mesmo tipo podem ser declaradas na mesma linha desde que separadas por vírgula (no exemplo, **int** na linha 8). Quando for necessário definir uma nova variável com um tipo de dado diferente, por convenção se utiliza uma nova linha (no caso, **long** na linha 9).

As variáveis também possuem sensibilidade, isto é, ao declarar uma variável com o nome **dolar**, ela deve ser utilizada sempre da mesma forma. Não pode ser usada como Dolar, DOLAR, dOlar ou qualquer outra variação, apenas com todas as letras minúsculas, como realizado em sua declaração.

Os nomes de variáveis devem começar com letra, caractere de sublinhado (_) ou cifrão ($). Não é permitido iniciar o nome de uma variável com número. Por convenção a linguagem Java utiliza o seguinte padrão para nomear as variáveis (e outros identificadores):

- Quando o nome da variável for composto apenas por um caractere ou palavra, os caracteres devem ser minúsculos;
- Quando o nome da variável tiver mais de uma palavra, a primeira letra, da segunda palavra em diante, deve ser maiúscula. Todos os outros caracteres devem ser minúsculos.

Exemplos de nomes de variáveis: a, a1, $preco, nome, valorVenda, codigoFornecedor.

Outro ponto a ser observado se refere à utilização do ponto e vírgula (;) no final da maioria das linhas de código (linhas contendo instruções). Esta é outra obrigatoriedade da linguagem, porém nem todas as linhas necessitam do encerramento com ponto e vírgula. Somente a prática do dia a dia fará com que o leitor ganhe experiência nesse aspecto. É aconselhável que, à medida que os exemplos forem apresentados, o leitor procure prestar atenção nas linhas que não necessitam de encerramento.

Antes de realizarmos o processo de compilação, vamos criar uma pasta para armazenar os exemplos do capítulo 2. Utilizando o Windows Explorer, selecione a pasta Java7 (elaborada no Capítulo 1) e crie uma pasta com o nome cap02 dentro dela. Em seguida, salve o código do Exemplo 2.1 com o nome TiposPrimitivos.java na pasta cap02, conforme apresenta a Figura 2.1.

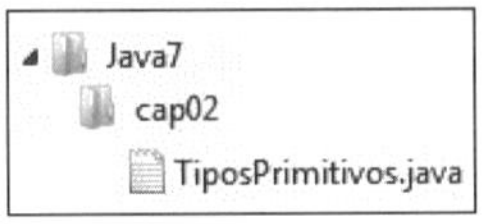

Figura 2.1 - A classe TiposPrimitivos.java na pasta cap02.

Para compilar e verificar o resultado do programa, siga os passos 1 e 2:

1. Entre na janela de *prompt*, acesse a pasta Java7 e chame o compilador Java para esse arquivo digitando o comando **javac cap02/TiposPrimitivos.java** seguido por Enter. Veja a Figura 2.2.

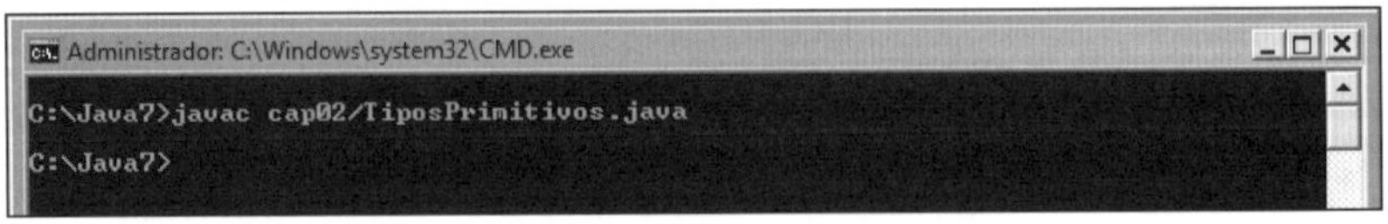

Figura 2.2 - Tela de compilação do Exemplo 2.1.

2. Uma vez compilado corretamente, chame o interpretador Java na janela de *prompt* usando o comando **java cap2/TiposPrimitivos** seguido por Enter, conforme a Figura 2.3.

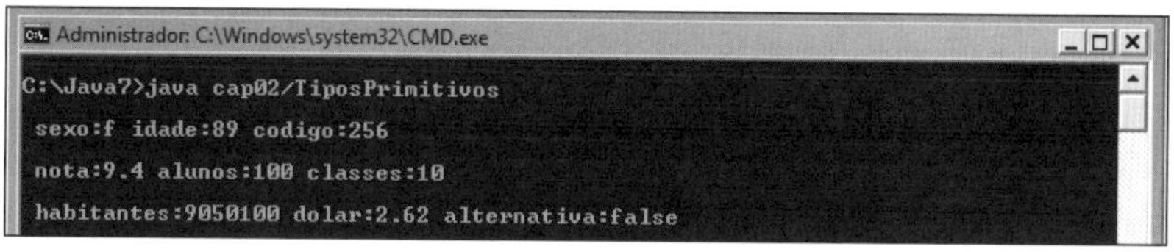

Figura 2.3 - Tela de execução do Exemplo 2.1.

2.2.2 Declaração de Constantes

Uma constante é um tipo de variável que não pode alterar seu conteúdo depois de ter sido inicializado, ou seja, o conteúdo permanece o mesmo durante toda a execução do programa. Na realidade não existem constantes em Java, o que existe é um tipo de variável com comportamento semelhante a uma constante de outras linguagens. Em Java, essa variável é definida como **final**. Essas constantes são usadas para armazenar valores fixos, geralmente definidos no início de uma classe. Em Java, padronizou-se identificar as variáveis do tipo final com todas as letras maiúsculas. Exemplos de valores constantes são: o valor de PI na matemática (3.14), o valor da aceleração na física (9.81 m/s2), a quantidade de milissegundos existentes em um segundo (1.000) etc. Veja os exemplos seguintes de declaração de variáveis do tipo final:

```
final double PI = 3.14;
final int MILISEGUNDOSPORSEGUNDO = 1000;
```

Caso um segundo valor seja atribuído a uma variável final no decorrer da classe, o compilador gera uma mensagem de erro. Não é obrigatório inicializar o conteúdo de uma variável final no momento de sua declaração. É possível realizar esses dois processos em locais distintos, conforme apresentado em seguida.

```
final int MILIMETROSPORCENTIMETRO;
.
.
.
MILIMETROSPORCENTIMETRO = 10;
```

2.3 Comentários

Os comentários são linhas adicionadas ao programa que servem para facilitar seu entendimento por parte do programador, ou ainda por uma outra pessoa que o consulte. Essas linhas não afetam o programa em si, pois não são consideradas parte do código. O Java aceita três tipos de comentário: de uma linha, de múltiplas linhas e de documentação.

Para inserir comentários de linha única utilizam-se // (duas barras) em qualquer local do programa e tudo o que estiver escrito depois desse sinal e na mesma linha será considerado um comentário.

Para inserir comentários que envolvam várias linhas, utiliza-se /* (barra asterisco) para demarcar o início e */ (asterisco barra) para o final, ou seja, tudo o que estiver entre esses dois sinais será considerado comentário.

O terceiro tipo é semelhante ao comentário de múltiplas linhas, entretanto tem o propósito de possibilitar a documentação do programa por meio de um utilitário (**javadoc**) fornecido pela Oracle junto com o JDK. Esse tipo de comentário inicia-se com /** e é encerrado com */.

O Exemplo 2.2 demonstra a utilização desses três tipos de comentários.

Normalmente, o comentário de documentação é posicionado imediatamente antes do elemento a ser documentado e seu conteúdo é extraído automaticamente pelo javadoc. Essa ferramenta gera páginas em formato HTML com os comentários organizados da mesma forma que a documentação fornecida com o JDK. Se você quiser executar o Exemplo 2.2, não se esqueça de salvá-lo na pasta cap02. Para compilar acesse a pasta Java7 pelo *prompt* e digite o comando **javac cap2/Comentários.java**. Para executar: **java cap2/Comentários**.

```java
package cap02;
/** ExemploComentarios:
Essa classe demonstra a utilizacao de variaveis em uma classe
em Java. Sao declaradas variaveis do tipo int e double.
O exemplo tambem demonstra como imprimir o conteudo das variaveis na tela
 */
public class Comentarios {
    public static void main(String args[]) {
        int matricula = 1089, idade = 20; // declaracao de variaveis do tipo inteiro
        double dolar = 2.62;
        /* As linhas seguintes enviam o conteudo das
        variaveis para a tela */
        System.out.println("Matricula: " + matricula + ", idade: " + idade + ", dolar: " + dolar);
    }
}
```

Exemplo 2.2 - A utilização de comentários.

Este livro não trata da elaboração da documentação das classes por meio do utilitário javadoc. Se o leitor tiver curiosidade, apenas para ter uma ideia da funcionalidade do javadoc, basta digitar na linha de *prompt* o comando **javadoc cap2/Comentarios**. Com isso diversos arquivos em HTML são gerados automaticamente a partir da classe do Exemplo 2.2.

2.4 Operadores

A linguagem Java oferece um amplo conjunto de operadores destinados à realização de operações aritméticas, lógicas e relacionais, com a possibilidade de formar expressões de qualquer tipo. Além dos operadores matemáticos (aritméticos), existem também operadores lógicos e relacionais, conforme abordado em seguida.

2.4.1 Operadores Aritméticos

A Tabela 2.3 demonstra os operadores aritméticos usados na linguagem Java:

Função	Sinal	Exemplo
Adição	+	x + y
Subtração	–	x – y
Multiplicação	*	x * y
Divisão	/	x / y
Resto da divisão inteira	%	x % y
Sinal negativo	–	–x
Sinal positivo	+	+x
Incremento unitário	++	++x ou x++
Decremento unitário	--	--x ou x--

Tabela 2.3 - Operadores aritméticos em Java.

Entre os operadores presentes na Tabela 2.3, talvez os de decremento (--) e incremento (++) causem alguma dúvida, principalmente para os programadores iniciantes, sobretudo aqueles que não conhecem a linguagem C, uma vez que esses operadores não são comuns na maioria das linguagens. Entretanto, sua utilização é extremamente simples. Como o próprio nome diz, o operador de incremento incrementa (aumenta) o valor de uma variável qualquer em um, ou seja, supondo que uma variável chamada idade possua o conteúdo 10, ao receber o operador de incremento (idade++), seu conteúdo passa a ser 11 (10+1). O mesmo vale para o operador de decremento, logicamente reduzindo em um o conteúdo da variável.

O Exemplo 2.3 mostra uma classe em Java com a utilização de alguns operadores. Os comentários aparecem no próprio programa com barras duplas ('//'). Em Java, para imprimir diversas variáveis na tela uma ao lado da outra, é utilizado o operador de concatenação (+), ao contrário de outras linguagens que utilizam a vírgula (,) como separador. Na linha 8, por exemplo, a sequência ("X = " + x) indica que o trecho entre aspas será enviado para a tela concatenado com (+) o conteúdo da variável x. Para enviar uma frase qualquer para a tela, é necessário colocá-la entre aspas; já para enviar o conteúdo de uma variável, as aspas não devem ser utilizadas.

```
1   package cap02;
2   public class OperadoresAritmeticos{
3     public static void main (String args[]){
4       // declaracao e inicializacao de variaveis
5       int x = 10;       int y = 3;
6       // varias operacoes com as variaveis
7       System.out.println("X = "+ x);
8       System.out.println("Y = "+ y);
9       System.out.println("-X = "+(-x));
10      System.out.println("X/Y = "+(x/y));
11      System.out.println("Resto de X por Y = "+ (x%y)); // resulta 1
12      System.out.println("Inteiro de X por Y = "+ (int)(x/y)); // resulta 3
13      System.out.println("X + 1 = "+ (++x)); // resulta 11
14    }
15  }
```

Exemplo 2.3 - Listagem dos operadores aritméticos.

Outro ponto a ser observado no Exemplo 2.3 se refere à utilização do método println da classe System. Conforme indica a Figura 2.3, para cada método println usado ocorre uma mudança de linha na tela. Essa característica é controlada pelas letras ln inseridas no final do método println, isto é, o método imprime o que está entre parênteses e em seguida imprime um final de linha. A próxima informação a ser impressa aparece na outra linha. Caso seja necessário imprimir diversos valores na mesma linha, além de utilizar o operador de concatenação, pode-se utilizar o método println sem o ln no final da seguinte forma: System.out.print ("Dados a serem impressos").

Ao compilar e executar corretamente o Exemplo 2.3, aparece a tela de execução da Figura 2.4.

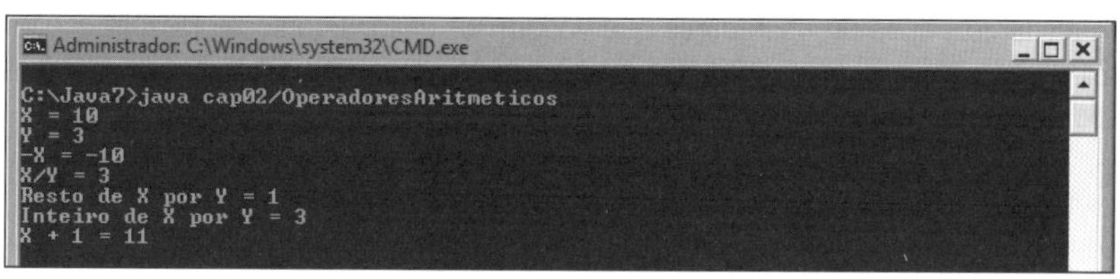

Figura 2.4 - Tela de execução do Exemplo 2.3.

2.4.2 Operadores Relacionais

Os operadores relacionais possibilitam comparar valores ou expressões, retornando um resultado lógico verdadeiro ou falso. A Tabela 2.4 demonstra os operadores relacionais usados em Java e sua utilização é apresentada no capítulo 3.

Função	Caractere(s) utilizado(s)	Exemplo
Igual	==	x == y
Diferente	!=	x != y
Maior que	>	x > y
Maior ou igual a	>=	x >= y
Menor que	<	x < y
Menor ou igual a	<=	x <= y

Tabela 2.4 - Operadores relacionais em Java.

Dica

Cabe observar a utilização do sinal de igualdade (==) para a comparação de variáveis ou expressões. Pelo fato de o sinal de igual simples (=) ser utilizado na maioria das outras linguagens de programação, boa parte dos iniciantes em Java troca o duplo igual (==) pelo sinal de atribuição (igual simples). Isso nem sempre acarreta erro de compilação, gerando resultados imprevisíveis. Procure prestar muita atenção em sua utilização nas classes.

2.4.3 Operadores Lógicos

São operadores que permitem avaliar o resultado lógico de diferentes operações aritméticas em uma expressão. Os operadores lógicos usados em Java são demonstrados na Tabela 2.5 e sua utilização é apresentada no capítulo 3.

<table>
<tr><th>Função</th><th>Caractere(s) utilizado(s)</th><th>Exemplo</th></tr>
<tr><td>E lógico ou AND</td><td>&&</td><td>x && y</td></tr>
<tr><td>Ou lógico ou OR</td><td>||</td><td>x || y</td></tr>
<tr><td>Negação ou NOT</td><td>!</td><td>!x</td></tr>
</table>

Tabela 2.5 - Operadores lógicos em Java.

Existem ainda dois tipos de operadores que podem ser usados como se fossem operadores relacionais: & e |. Eles são bitwise e operam com a lógica binária como bits. Java possui diversos operadores bitwise não abordados no livro por serem menos usados.

2.4.4 Sequências de Escape

A linguagem de programação Java também possui algumas sequências de escape, que são atalhos utilizados para representar um caractere especial como, por exemplo, uma quebra de linha (\n). Observe a Tabela 2.6.

Sequência	Caractere especial
\b	Espaço
\f	Form feed
\n	Nova linha
\r	Retorno
\t	Tabulação
\"	Aspas duplas
\'	Aspas simples
\\	Barra invertida

Tabela 2.6 - Sequências de escape.

2.5 Passagem de Parâmetros

Uma aplicação em Java pode receber valores a partir do *prompt*, isto é, no momento em que ela é executada. Quando um parâmetro é recebido por uma classe, ele pode ser manipulado internamente e usado em um procedimento qualquer. O Exemplo 2.4 demonstra a utilização da passagem de parâmetros a um programa. Ele apresenta na tela as palavras que o usuário digitar no momento da execução da aplicação.

```
1 package cap02;
2 public class PassagemDeParametros {
3     public static void main(String args[]) {
4         System.out.println(args[0] + " " + args[1]); /* imprime o primeiro e o
5                                                         segundo argumento na tela */
6     }
7 }
```

Exemplo 2.4 - A utilização da passagem de parâmetros.

Ao executar o Exemplo 2.4, o usuário deve colocar o comando no seguinte formato:

```
java cap02/PassagemDeParametros argumento1 argumento2
```

Exemplo: `java cap02/PassagemDeParametros Aprendendo Java`

Ao digitar esta linha de comando, obviamente depois de a classe ter sido compilada, são impressos na tela os dois argumentos inseridos pelo usuário. Essas palavras são passadas à aplicação por meio do vetor *args* existente na linha do método *main* (no caso linha 3). A variável *args* é um vetor do tipo *String* (na realidade, *String* não é um tipo primitivo como int ou float e sim uma classe) que possui o primeiro elemento do vetor com índice 0 (zero). Sendo assim, cada palavra digitada no *prompt*, separada por um espaço, é armazenada em um índice do vetor *args* (args[0] armazena o primeiro argumento, args[1] o segundo e assim sucessivamente).

Para que este exemplo funcione corretamente, o usuário deve digitar pelo menos duas palavras na linha de comando; caso contrário, um erro é apresentado no momento da execução, por meio da geração de uma exceção da linguagem (item tratado mais adiante). Esse fato ocorre porque o programa foi elaborado para imprimir na tela os dois primeiros argumentos passados (args[0] e args[1]). A Figura 2.5 demonstra a tela de resultado da execução do Exemplo 2.4. Observe que foram fornecidas duas palavras no momento da execução, que foram impressas na tela.

Figura 2.5 - Tela de execução do Exemplo 2.4.

A palavra Aprendendo foi armazenada em args[0] e a palavra Java foi armazenada em args[1]. Como dissemos, o espaço em branco separa os argumentos, mas se você digitar as palavras entre aspas duplas como, por exemplo, "Aprendendo Java", mesmo havendo um espaço entre as palavras, elas serão consideradas um argumento único. Experimente executar novamente fornecendo as palavras: Aleluia! "Estou aprendendo Java". Nesse caso Aleluia! será o primeiro argumento e "Estou aprendendo Java", o segundo.

Para que o leitor vá se acostumando à linguagem, é importante alterar este exemplo, trabalhando com mais de dois parâmetros. Apesar de o exemplo tratado ser relativamente simples, ele se refere a uma importante característica da linguagem Java: a passagem de parâmetros entre métodos. No capítulo referente à orientação a objetos veremos que isso recebe o nome de mensagem entre objetos.

2.6 Conversão de Tipos

O exemplo anterior demonstrou que todos os dados recebidos como argumentos em uma aplicação referem-se a valores do tipo *String*. Essa característica gera um inconveniente no caso de ser necessária a utilização de valores de outro tipo. Em diversas aplicações em Java é preciso realizar a conversão dos diversos tipos primitivos existentes. A linguagem Java possui uma série de classes que realizam essa tarefa.

A Tabela 2.7 apresenta algumas das principais formas de conversão de tipos. As palavras principais usadas na conversão aparecem em negrito. No decorrer do livro, diversas vezes serão utilizados esses conversores de tipos.

Supondo a variável x	Converter em	y recebe o valor convertido
int x = 10	float	float y = **(float)** x
int x = 10	double	double y = **(double)** x
float x = 10.5	int	int y = **(int)** x
String x = "10"	int	int y = **Integer.parseInt**(x)
String x = "20.54"	float	float y = **Float.parseFloat**(x)
String x = "20.54"	double	double y = **Double.parseDouble**(x)
String x = "Java"	Vetor de bytes	byte b[] = **x.getBytes**()
int x = 10	String	String y = **String.valueOf**(x)
float x = 10.35	String	String y = **String.valueOf**(x)
double x = 254.34	String	String y = **String.valueOf**(x)
byte x[] – (x é um vetor de bytes)	String	String y = **new String**(x)

Tabela 2.7 - As conversões mais usadas em Java.

O Exemplo 2.5 demonstra a criação de uma classe que recebe o valor de três notas (nota1, nota2 e trabalho) e calcula a média entre as notas, utilizando o conversor de tipo *String* para double. Para que este exemplo seja executado com sucesso, existe a necessidade de o usuário entrar com três dados numéricos na linha de comando, conforme apresenta a Figura 2.6.

```
1  package cap02;
2  public class ConversaoDeTipos {
3      public static void main(String args[]) {
4          double nota1, nota2, trabalho, media;
5          nota1 = Double.parseDouble(args[0]);
6          nota2 = Double.parseDouble(args[1]);
7          trabalho = Double.parseDouble(args[2]);
8          media = (nota1 + nota2 + trabalho) / 3;
9          System.out.println("Media = " + media);
10     }
11 }
```

Exemplo 2.5 - Conversão de tipos.

Funcionalidades mais importantes do Exemplo 2.5:

- **Linha 4:** contém a declaração das variáveis usadas na classe.
- **Linhas 5 a 7:** os parâmetros são transferidos para as variáveis com seus tipos devidamente convertidos por meio de Double.parseDouble().
- **Linha 8:** é realizado o cálculo da média.
- **Linha 9:** a média é impressa na tela.

```
Administrador: C:\Windows\system32\cmd.exe
C:\Java7>java cap02/ConversaoDeTipos 9.5 10.0 7.5
Media = 9.0
```

Figura 2.6 - Tela de execução do Exemplo 2.5.

2.7 Entrada de Dados pelo Teclado

Uma aplicação provavelmente não receberá dados pelo *prompt* durante a execução. O mais comum é receber os dados do usuário por meio do teclado. Esta seção apresenta três classes diferentes que permitem realizar esse processo: **DataInputStream**, **BufferedReader** e **Scanner**.

2.7.1 Uso da Classe DataInputStream

O Exemplo 2.6 aprimora o Exemplo 2.5, recebendo as notas do usuário e em tempo de execução e realizando sua validação por meio da classe DataInputStream.

```
1   package cap02;
2   import java.io.*;
3   public class EntradaComDataInputStream {
4       public static void main(String args[]) {
5           String s = "";
6           float nota1 = 0, nota2 = 0, trabalho = 0, media = 0;
7           DataInputStream dado;
8           try {
9               System.out.println("Entre com a nota 1");
10              dado = new DataInputStream(System.in);
11              s = dado.readLine();
12              nota1 = Float.parseFloat(s);
13
14              System.out.println("Entre com a nota 2");
15              dado = new DataInputStream(System.in);
16              s = dado.readLine();
17              nota2 = Float.parseFloat(s);
18
19              System.out.println("Entre com a nota do Trabalho");
20              dado = new DataInputStream(System.in);
21              s = dado.readLine();
22              trabalho = Float.parseFloat(s);
23
24              media = (nota1 + nota2 + trabalho) / 3;
25              System.out.println("Media : " + media);
26          }
27          catch (IOException erro) {
28              System.out.println("Houve erro na entrada de dados" + erro.toString());
29          }
30          catch (NumberFormatException erro) {
31              System.out.println("Houve erro na conversao, digite apenas caracteres numericos"
32                      + erro.toString());
33          }
34      }
35  }
```

Exemplo 2.6 - Entrada de dados com a utilização da classe DataInputStream.

Ao ser executada, a classe do Exemplo 2.6 solicita os três valores ao usuário (nota1, nota2 e trabalho) e no final demonstra a média dos valores digitados, conforme a Figura 2.7.

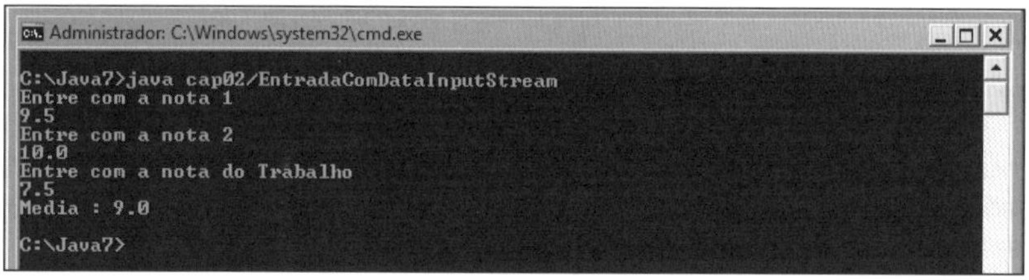

Figura 2.7 - Tela de execução do Exemplo 2.6.

Funcionalidades mais importantes do Exemplo 2.6:

- **Linha 2:** contém uma diretiva de compilação, isto é, um apontamento para uma classe externa que será usada durante o processo de compilação. A declaração import indica que determinado pacote de classes deve ser carregado no momento da compilação. Isso é necessário quando uma classe precisa utilizar recursos já definidos em outras classes. O exemplo utiliza o pacote java.io que contém uma série de classes especializadas em entrada e saída de dados. É usada a classe **DataInputStream** que pertence ao pacote java.io. Entenda o pacote como um grupo de classes de mesmo tipo armazenadas em uma pasta qualquer. O asterisco presente em import java.io.* indica que devem ser carregadas todas as classes do pacote java.io. Uma alternativa é realizar a declaração da seguinte forma: import java.io.DataInputStream, indicando que será utilizada apenas a classe DataInputStream.

Observações

A linguagem Java possui um pacote de classes padrão carregado toda vez que uma classe é compilada. Trata-se do pacote java.lang. Se esse pacote default não fosse carregado automaticamente, mesmo para enviar qualquer informação na tela por meio de System.out.println, seria necessário declarar explicitamente a diretiva. No caso da classe System, seria necessária a seguinte declaração: import java.lang.System.

No programa, * não gera *overhead* (sobrecarga) e normalmente é utilizado para reduzir o tamanho do código. A utilização do * pode gerar certa confusão, uma vez que ele deve ser usado apenas para identificar um grupo de classes e não um grupo de pacotes. Por exemplo, suponha que um programa utiliza os pacotes java.util.* (o asterisco indica todas as classes do pacote util) e java.net.* (o asterisco indica todas as classes do pacote net). Não é possível utilizar java.* achando que os dois pacotes (util e net) serão incorporados ao programa. O estudo mais detalhado de pacotes e da declaração import é realizado no capítulo 7.

- **Linha 7:** declara um objeto chamado **dado** a partir da classe DataInputStream. Não se preocupe com isso ainda. Em outro capítulo são detalhados a criação e o funcionamento de classes e objetos. No momento, entenda DataInputStream como uma classe que possibilita a entrada de dados via teclado.
- **Linha 8:** contém o bloco **try** (tente). Bloco é um trecho de código delimitado por abre e fecha chaves. O bloco try sempre atua em conjunto com um ou vários blocos catch. No exemplo o bloco try é formado pelo conjunto de todas as instruções localizadas entre as linhas 8 e 26. O capítulo 3 detalha a utilização das instruções try-catch. Por enquanto, entenda que o interpretador Java tentará executar o bloco try e se algum erro ocorrer, a execução do programa será desviada para um dos blocos catch, dependendo do erro gerado na aplicação. Neste exemplo pode ocorrer um erro de entrada de dados pelo teclado (*IOException*) e um erro na conversão de *String* em float (*NumberFormatException*).
- **Linha 10:** o objeto **dado** recebe o que foi digitado pelo usuário por meio da linha **new DataInputStream(System.in)**. Essa linha pode gerar algum tipo de erro, uma vez que manipula troca de dados entre um periférico (teclado) e a memória. Caso ocorra algum erro, a execução do programa será desviada para a linha 27 que trata de erros de entrada e saída de dados.
- **Linha 11:** a variável **s** recebe o conteúdo texto do objeto dado. Essa linha contém o método **readLine()** da classe **DataInputStream** responsável por ler uma linha de texto que foi digitada pelo usuário e atribuí-la à variável s. Observa-se que esse método foi descontinuado pela Oracle. Por este motivo, ao compilar a classe, aparece uma observação (Note) alertando que o método é *deprecated*, isto é, trata-se de um método obsoleto. No entanto, mesmo com essa observação gerada pelo compilador, a classe pode ser executada normalmente. Utilizamos o método readLine da classe DataInputStream para que o leitor possa identificar o significado de *deprecated*. A própria Oracle recomenda que seja utilizado o método readLine, porém da classe BufferedReader, conforme apresenta o Exemplo 2.7.
- **Linha 12:** o conteúdo da variável s é convertido em uma variável numérica do tipo float por meio de **Float.parseFloat**. Nesse momento pode ocorrer um erro de conversão, caso o usuário tenha digitado um conteúdo diferente de número. Caso ocorra algum erro, a execução do programa é desviada para a linha 30 que trata de erros de conversão de tipos.
- **Linhas 14 a 17 e 19 a 22:** são praticamente idênticas às linhas 9 a 12. A diferença se refere à utilização de outras variáveis.

2.7.2 Uso da Classe BufferedReader

A seguir é apresentado o Exemplo 2.7, similar a 2.6, porém utilizando o método **readLine** da classe **BufferedReader**. O resultado da execução é idêntico ao Exemplo 2.6.

```
package cap02;
import java.io.*;
public class EntradaComBufferedReader {
    public static void main(String args[]) {
        String s = "";
        float nota1 = 0, nota2 = 0, trabalho = 0, media = 0;
        BufferedReader dado;
        try {
            System.out.println("Entre com a nota 1");
            dado = new BufferedReader(new InputStreamReader(System.in));
            s = dado.readLine();
            nota1 = Float.parseFloat(s);

            System.out.println("Entre com a nota 2");
            dado = new BufferedReader(new InputStreamReader(System.in));
            s = dado.readLine();
            nota2 = Float.parseFloat(s);

            System.out.println("Entre com a nota do Trabalho");
            dado = new BufferedReader(new InputStreamReader(System.in));
            s = dado.readLine();
            trabalho = Float.parseFloat(s);

            media = (nota1 + nota2 + trabalho) / 3;
            System.out.println("Media : " + media);
        }
        catch (IOException erro) {
            System.out.println("Houve erro na entrada de dados" + erro.toString());
        }
        catch (NumberFormatException erro) {
            System.out.println("Houve erro na conversao, digite apenas caracteres numericos"
                    + erro.toString());
        }
    }
}
```

Exemplo 2.7 - Entrada de dados com a utilização da classe BufferedReader.

2.7.3 Uso da Classe Scanner

Outra possibilidade de entrada de dados pelo usuário se refere ao uso da classe Scanner, disponível a partir da versão J2SE 5.0. A grande vantagem dessa classe é possuir diversos métodos para leitura de tipos de dados diferentes, característica que facilita o desenvolvimento do código. Da mesma forma que na classe BufferedReader, você consegue ler a linha inteira digitada pelo usuário, porém a classe Scanner é mais simples de se utilizar. Observe o Exemplo 2.8.

Apesar de os Exemplos 2.6, 2.7 e 2.8 funcionarem perfeitamente, não são adequados para o atual padrão de ambiente gráfico. Além disso, a experiência nos mostra que os leitores e alunos preferem solicitar dados no modo gráfico. A seção seguinte apresenta uma forma mais agradável de entrada de dados durante a execução de uma aplicação em Java por meio da classe JOptionPane.

```
package cap02;
import java.util.*;
public class EntradaComScanner {
    public static void main(String args[]) {
        float nota1 = 0, nota2 = 0, trabalho = 0, media = 0;
        try {
            System.out.println("Entre com a nota 1");
            Scanner sc = new Scanner(System.in);
            nota1 = sc.nextFloat();

            System.out.println("Entre com a nota 2");
            sc = new Scanner(System.in);
            nota2 = sc.nextFloat();


            System.out.println("Entre com a nota do Trabalho");
            sc = new Scanner(System.in);
            trabalho = sc.nextFloat();


            media = (nota1 + nota2 + trabalho) / 3;
            System.out.println("Media : " + media);
        }
        catch (NumberFormatException erro) {
            System.out.println("Houve erro na conversão, digite apenas caracteres numericos"
                    + erro.toString());
        }
    }
}
```

Exemplo 2.8 - Entrada de dados com a utilização da classe Scanner.

2.8 Caixa de Diálogo para a Entrada de Dados

A linguagem Java dispõe de uma forma gráfica para receber dados do usuário. Trata-se da utilização de caixas de diálogo, no caso a caixa gerada a partir da classe JOptionPane, vista em detalhes no capítulo 9. O fato de receber dados de forma gráfica parece dar mais motivação aos iniciantes em Java. Por este motivo, os exemplos seguintes utilizam essa forma para entrada de dados do usuário. O Exemplo 2.9 refaz os exemplos anteriores, porém empregando a classe JOptionPane para entrada de dados.

```
package cap02;
import javax.swing.JOptionPane;
public class EntradaComJOptionPane {
    public static void main(String args[]) {
        String aux = "";
        float nota1 = 0, nota2 = 0, trabalho = 0, media = 0;
        try {
            aux = JOptionPane.showInputDialog("Entre com a nota 1");
            nota1 = Float.parseFloat(aux);

            aux = JOptionPane.showInputDialog("Entre com a nota 2");
            nota2 = Float.parseFloat(aux);

            aux = JOptionPane.showInputDialog("Entre com a nota do trabalho");
            trabalho = Float.parseFloat(aux);

            media = (nota1 + nota2 + trabalho) / 3;
            JOptionPane.showMessageDialog(null, "Media : " + media);
        }
        catch (NumberFormatException erro) {
            JOptionPane.showMessageDialog(null, "Houve erro na conversao, digite apenas caracteres numericos"
                    + erro.toString());
        }
        System.exit(0);
    }
}
```

Exemplo 2.9 - Entrada de dados com a utilização da classe JOptionPane.

Ao ser executada, a classe do Exemplo 2.9 solicita os três valores ao usuário (nota1, nota2 e trabalho) e apresenta a média dos valores digitados em janelas gráficas similares à da Figura 2.8.

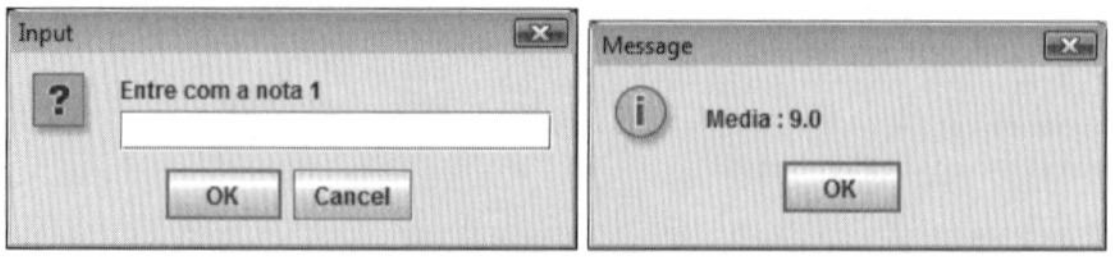

Figura 2.8 - Telas de execução do Exemplo 2.9.

Funcionalidades diferentes do Exemplo 2.9 em relação aos exemplos anteriores:

- **Linha 2:** contém a declaração import referente à importação da classe JOptionPane. Diferentemente do Exemplo 2.8, em que foi definida a importação de todas as classes do pacote (uso do *), neste exemplo optou-se pela importação de uma única classe, no caso a JOptionPane.
- **Linhas 8, 11 e 14:** utilizam o método showInputDialog da classe JOptionPane, responsável por abrir a caixa de diálogo e permitir a digitação do valor da nota. O valor digitado é armazenado em uma variável do tipo String chamada aux. Como JOptionPane retorna um valor do tipo String (mesmo que seja digitado um valor numérico), ele precisa ser convertido em número por meio de Float.parseFloat.
- **Linha 18:** contém a utilização do método showMessageDialog da classe JOptionPane responsável por abrir a caixa de diálogo e apresentar o valor da média. Observe a diferença entre os métodos showInputDialog e showMessageDialog. Enquanto o primeiro permite a digitação de um valor, o outro apenas apresenta um valor na caixa.
- **Linha 24:** utiliza System.exit(0), responsável por encerrar a aplicação.

Exercícios para Prática da Linguagem Java

1. Usando a classe BufferedReader para entrada de dados, crie uma classe que receba o valor da base e da altura de um triângulo retângulo e mostre sua área. Observação: A área de um triângulo retângulo é calculada por meio da fórmula: área = base * altura / 2.
2. Usando a classe Scanner para entrada de dados, faça uma classe que simule a abertura de uma conta bancária cujo saldo inicial seja zero. A seguir, simule um depósito num valor qualquer e mostre o saldo atual. Depois disso, simule uma retirada (débito) qualquer e apresente o saldo final.
3. Usando a classe JOptionPane para entrada de dados, elabore uma classe que realize o cálculo do peso ideal. O peso ideal é dado pelo IMC (Índice de Massa Corporal). Considere a tabela seguinte:

Índice IMC	Descrição
Menor que 18,5	Peso abaixo do normal
Entre 18,5 e 24,4	Peso ideal
Entre 24,5 e 29,9	Pré-obesidade
Entre 30 e 34,9	Obesidade classe I
Entre 35 e 39,9	Obesidade classe II (severa)
Maior que 39,9	Obesidade classe III (mórbida)

Para calcular o IMC use a fórmula IMC = peso / altura². Solicite o peso e a altura do usuário, faça o cálculo e apresente a mensagem correspondente. Veja o resultado da execução na Figura 2.9.

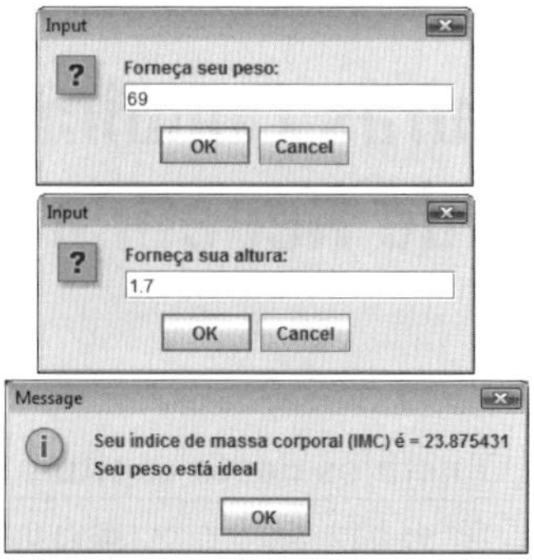

Figura 2.9 - Tela de execução do exercício 2.3.

4. Usando a classe JOptionPane para entrada de dados, elabore uma classe que receba dois valores numéricos (v1 e v2) e apresente em tela o resultado das quatro operações matemáticas básicas entre eles, ou seja, soma, subtração, multiplicação e divisão.
5. Um usuário possui Internet banda larga com velocidade fixa de 2 Mb (2 megabits) por segundo. Usando a classe JOptionPane para entrada de dados, elabore uma classe que receba o tamanho do arquivo em bytes e apresente a quantidade de segundos necessária para fazer o *download*. Considere que 8 bits equivalem a 1 byte. Observe o resultado da execução na Figura 2.10.

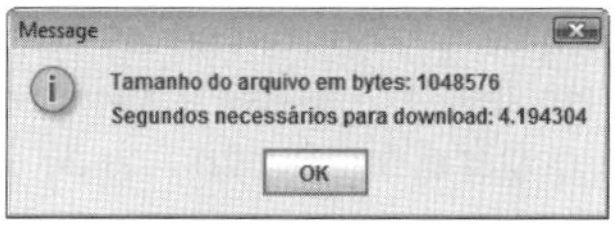

Figura 2.10 - Tela de execução do exercício 2.5.

Outros exercícios resolvidos podem ser encontrados no site da Editora.

Seu próximo passo

Este capítulo demonstrou os aspectos fundamentais da linguagem Java de forma bem simples, abordando os tipos de dados primitivos da linguagem, a declaração de variáveis, os operadores, a passagem de parâmetros e o uso do teclado para a entrada de dados. É importante que o leitor resolva todos os exercícios propostos, pois eles foram elaborados e direcionados para facilitar o progresso nos estudos do capítulo seguinte. O próximo passo trata dos comandos condicionais e estruturas de controle em Java.

3

Estruturas Condicionais e de Repetição

Objetivos deste capítulo

- Fornecer conhecimentos suficientes para que o leitor possa utilizar corretamente as estruturas condicionais;
- Demonstrar a utilização das estruturas de repetição;
- Esclarecer as diferenças entre as estruturas de repetição;
- Fornecer uma visão geral de exceções durante a execução de um programa e os tratamentos de erro.

3.1 Estruturas Condicionais

As estruturas condicionais existem em todas as linguagens de programação e possibilitam que a execução de um programa seja desviada de acordo com certas condições. Os comandos condicionais (ou ainda instruções condicionais) usados em Java são **if-else** e **switch-case**. Essas duas estruturas de desvio existentes na linguagem possibilitam executar diferentes trechos de um programa com base em certas condições.

3.1.1 A Estrutura if-else

O **if**, em conjunto com o **else**, forma uma estrutura que permite a seleção entre dois caminhos distintos para execução, dependendo do resultado (verdadeiro ou falso) de uma expressão lógica. Nesse tipo de estrutura, se a condição for verdadeira, são executadas as instruções que estiverem posicionadas entre os comandos if/else. Sendo a condição falsa, são executadas as instruções que estiverem após a instrução else. A sintaxe para a utilização do conjunto if else é demonstrada em seguida. Observe que a condição sempre deve aparecer entre parênteses, item obrigatório na linguagem Java.

```
if (<Condição>) {
   <Instruções para condição verdadeira>
}
else {
   <Instruções para condição falsa>
}
```

Assim como a maioria das instruções em Java, o conjunto if-else deve ser utilizado com minúsculas e, caso haja apenas uma instrução a ser executada, tanto no if como no else, o uso das chaves é desnecessário. Lembre-se de que as chaves são utilizadas quando um bloco de instruções precisa ser executado, isto é, mais do que uma instrução.

A estrutura if-else apresentada não é a única válida, pois existem três maneiras diferentes de se criar essa estrutura:

- if sem o else
- if com o else
- if com o else aninhado

Os exemplos seguintes demonstram esses três tipos de estrutura.

Estrutura 1: if sem else

O Exemplo 3.1 mostra um uso prático do if sem a presença do else. Trata-se de uma classe em que o usuário fornece uma letra (S ou N) que é apresentada em tela com uma mensagem do tipo "Letra Fornecida: S". Caso a letra fornecida não seja S ou N, a mensagem apresentada será diferente, como, por exemplo, "Letra Fornecida: F **é inválida**". Note que o trecho em negrito aparece somente se a letra fornecida não for S nem N.

```
1  package cap03;
2  import javax.swing.JOptionPane;
3  public class If {
4      public static void main(String[] args) {
5          String resposta = JOptionPane.showInputDialog("Forneça sua resposta: S (SIM) ou N (NÃO)");
6          String men = "Letra Fornecida: " + resposta;
7          if (!resposta.equals("S") && !resposta.equals("N")){
8              men = men + " é inválida! ";
9          }
10         JOptionPane.showMessageDialog(null, men);
11         System.exit(0);
12     }
13 }
```

Exemplo 3.1 - Listagem da classe If.

Funcionalidades comentadas do Exemplo 3.1:

Quando este exemplo for executado, o usuário deve entrar com uma letra (S ou N) por meio da caixa de diálogo gerada pela classe JOptionPane.

- **Linha 5:** conforme abordado no capítulo anterior, o método showInputDialog da caixa de diálogo JOptionPane permite que um valor seja fornecido pelo usuário. Esse valor é armazenado na variável resposta. Como se notou, a caixa de diálogo possui os botões *OK* e *Cancel*. Caso o usuário pressione o botão *Cancel*, o valor da variável resposta será nulo (null). Como esse exemplo não realiza esse tratamento, caso o usuário pressione o botão *Cancel*, será gerado um erro na execução da classe. Essa funcionalidade é tratada no próximo exemplo.
- **Linha 6:** A variável men armazena o texto "Letra fornecida: " acumulado com o conteúdo da variável resposta. Supondo que o usuário tenha digitado a letra S, o conteúdo da variável men será "Letra Fornecida: S". O conteúdo dessa variável é apresentado no final da execução da classe. Esse texto será modificado em tempo de execução e seu conteúdo pode variar dependendo da interação do usuário.
- **Linha 7:** contém a instrução **if** responsável por verificar se a letra, digitada pelo usuário, é diferente de S e de N. Observe que o comparador de igualdade de uma String não é o duplo igual (==) e sim o método equals. Observe também o caractere exclamação (!) que significa negação, isto é, se o conteúdo da variável resposta não for S nem N. Veja ainda o operador lógico E (&&) usado para agrupar os dois testes condicionais, ou seja, a comparação do if será verdadeira se

as duas condições forem verdadeiras. Se isso ocorrer, a linha 9 é executada e o conteúdo da variável men acumulado com o texto " é inválida!". Note que esse texto será acumulado somente se a letra fornecida pelo usuário não for S nem N.

- **Linha 10:** mostra o conteúdo da variável men por meio do método showMessageDialog da classe JOptionPane.
- **Linha 11:** encerra a aplicação.

Dica

> Para realizar várias comparações em um mesmo if, podem ser utilizados os operadores lógicos nas seguintes formas: if (x>y && x>7), if (x>y || x>z || x>k). Todas as comparações devem estar entre parênteses.

A Figura 3.1 ilustra a execução do Exemplo 3.1.

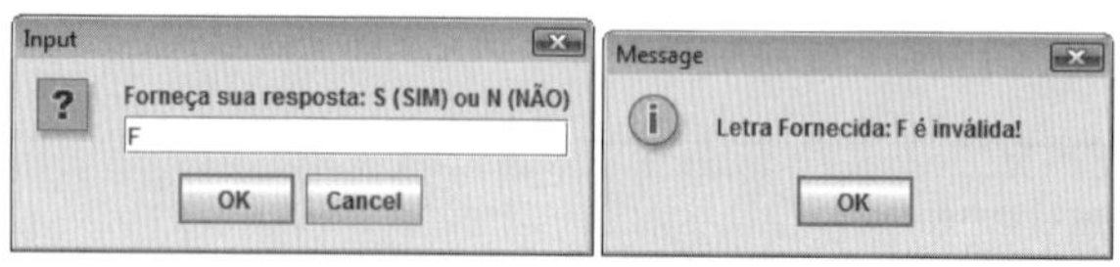

Figura 3.1 - Tela de execução do Exemplo 3.1 com letra inválida.

O Exemplo 3.2 mostra um uso prático do if-else com duas comparações usadas para validar as entradas do usuário. Este exemplo realiza três validações. Em primeiro lugar, verifica se o usuário realmente entrou com um valor na caixa de diálogo, depois verifica se o valor digitado é numérico, logo a seguir verifica se esse valor está entre 0 e 10 (a faixa de valores possíveis, uma vez que uma nota deve assumir apenas valores entre 0 e 10).

```java
package cap03;
import javax.swing.*;
public class IfComElse {
    public static void main(String args[]) {
        String aux = JOptionPane.showInputDialog("Forneça um valor numérico entre 0 e 10");
        if (aux != null) {
            try {
                float x = Float.parseFloat(aux);
                if (x >= 0 && x <= 10) {
                    JOptionPane.showMessageDialog(null, "Nota = " + x + ", valor válido!");
                }
                else {
                    JOptionPane.showMessageDialog(null, "Nota = " + x + ", valor inválido!");
                }
            }
            catch (NumberFormatException erro) {
                JOptionPane.showMessageDialog(null, "Digite apenas valores numéricos - \n"
                        + erro.toString());
            }
        }
        System.exit(0);
    }
}
```

Exemplo 3.2 - Listagem da classe IfComElse.

Funcionalidades comentadas do Exemplo 3.2:

Quando este exemplo for executado, o usuário deve entrar com um valor numérico entre 0 e 10 na caixa de diálogo gerada pela classe JOptionPane.

- **Linha 5:** conforme abordado no capítulo anterior, o método showInputDialog da caixa de diálogo JOptionPane permite que um valor seja fornecido pelo usuário. Esse valor é armazenado na variável aux. Como se notou, a caixa de diálogo possui os botões *OK* e *Cancel*. Caso o usuário pressione o botão *Cancel*, o valor da variável aux será nulo (null).
- **Linha 6:** verifica se o usuário pressionou o botão *Cancel* da caixa de diálogo presente na linha 5, ou seja, se o valor de aux é diferente de nulo (!=null). Se for diferente de nulo, executa o trecho entre chaves composto pelas linhas 7 a 20.

  O bloco **try catch** (entre as linhas 7 e 15) é o responsável por verificar se o usuário digitou um valor numérico, uma vez que valores indevidos provocam erros de conversão. Maiores detalhes sobre o bloco try catch são apresentados na seção 3.2 deste capítulo.
- **Linha 9:** contém a instrução **if** responsável por verificar se o valor da nota, digitado pelo usuário, está compreendido entre os valores 0 e 10. Se a comparação for verdadeira, envia uma mensagem positiva (linha 10); caso seja falsa, executa a instrução **else** (linha 12) e envia uma mensagem negativa (linha 13).

A Figura 3.2 ilustra a execução do Exemplo 3.2.

Figura 3.2 - Tela de execução do Exemplo 3.2.

```
package cap03;
import javax.swing.*;
public class IfComElseAninhado {
    public static void main(String args[]) {
        String diaDaSemana = JOptionPane.showInputDialog("Forneça um valor inteiro entre 1 e 7");
        if (diaDaSemana != null) {
            try {
                int dia = Integer.parseInt(diaDaSemana);
                if (dia == 1)
                    diaDaSemana = "Domingo";
                else if (dia == 2)
                    diaDaSemana = "Segunda";
                else if (dia == 3)
                    diaDaSemana = "Terça";
                else if (dia == 4)
                    diaDaSemana = "Quarta";
                else if (dia == 5)
                    diaDaSemana = "Quinta";
                else if (dia == 6)
                    diaDaSemana = "Sexta";
                else if (dia == 7)
                    diaDaSemana = "Sábado";
                else
                    diaDaSemana = "Dia da Semana Desconhecido!";

                JOptionPane.showMessageDialog(null, diaDaSemana);
            } catch (NumberFormatException erro) {
                JOptionPane.showMessageDialog(null, "Digite apenas valores numéricos - \n" + erro.toString());
            }
        }
        System.exit(0);
    }
}
```

Exemplo 3.3 - Listagem da classe IfComElseAninhado.

O Exemplo 3.3 mostrou um uso prático do if-else aninhado, simulando os dias da semana. Este exemplo realiza três validações. Assim como o exemplo anterior, este verifica se o usuário realmente entrou com um valor na caixa de diálogo, depois confere se o valor digitado é numérico, logo a seguir verifica se esse valor está entre 1 e 7 (a faixa de valores possíveis, uma vez que existem sete dias na semana).

3.1.2 A Estrutura switch-case

A estrutura switch-case se refere a uma outra modalidade de desvio da execução do programa de acordo com certas condições, semelhante ao uso da instrução if. Ao trabalhar com uma grande quantidade de desvios condicionais contendo instruções if, pode-se comprometer a inteligibilidade do programa, dificultando sua interpretação. A estrutura switch-case possibilita uma forma mais adequada e eficiente de atender a esse tipo de situação, constituindo-se uma estrutura de controle com múltipla escolha.

A estrutura switch-case equivale a um conjunto de instruções if encadeadas, fornecendo maior inteligibilidade. Sua sintaxe é a seguinte:

```
switch (<expressão>){
  case 1: instruções; break;
  case 2: instruções; break;
  case 3: instruções; break;
  default: instruções;
}
```

Na primeira linha do **switch** é avaliado o resultado da expressão, que é comparado nas diretivas case, executando o bloco de instruções quando a expressão coincidir com o valor colocado ao lado direito do case. Em outras palavras, supondo que o valor da expressão seja igual a 2, serão executadas as instruções **localizadas entre case 2: e break**. A cada case o programa compara o valor da expressão com o valor colocado no case. Caso os valores sejam iguais, todas as instruções são executadas até que se encontre uma instrução break, que encerra o **switch** e faz a execução do programa desviar para o ponto após a chave de encerramento do **switch**. O programa percorre todas as diretivas case até que uma delas seja igual à expressão inserida no **switch**. Caso nenhuma diretiva **case** possua o valor correspondente da expressão, serão executadas as instruções localizadas na diretiva **default** que é opcional.

O Exemplo 3.4 demonstra de forma clara a utilização da estrutura switch-case, simulando os dias da semana, em que o usuário entra com um número inteiro e o programa retorna o dia correspondente por extenso.

Funcionalidades comentadas do Exemplo 3.4:

- **Linha 6:** verifica se o usuário entrou com um valor por meio da caixa de diálogo.
- **Linha 10:** switch **(dia)** significa: procure nas instruções case envolvidas pelas chaves se existe o conteúdo armazenado na variável dia.

Observe que toda linha do case necessita da instrução break em seu final. Essa instrução faz com que a execução da classe seja transferida para a linha 20.

Caso nenhuma condição seja satisfeita, isto é, se o usuário entrou com um número diferente de 1 a 7, então a instrução default é executada (linha 18).

A Figura 3.3 apresenta a execução dos Exemplos 3.3 e 3.4, cujo valor fornecido foi inválido.

```
1   package cap03;
2   import javax.swing.*;
3   public class SwitchCase {
4       public static void main(String args[]) {
5           String diaDaSemana = JOptionPane.showInputDialog("Forneça um número inteiro entre 1 e 7:");
6           if (diaDaSemana != null) {
7               try {
8                   int dia = Integer.parseInt(diaDaSemana);
9                   String extenso = "";
10                  switch (dia) {
11                      case 1:  extenso = "Domingo";  break;
12                      case 2:  extenso = "Segunda";  break;
13                      case 3:  extenso = "Terça";    break;
14                      case 4:  extenso = "Quarta";   break;
15                      case 5:  extenso = "Quinta";   break;
16                      case 6:  extenso = "Sexta";    break;
17                      case 7:  extenso = "Sábado";   break;
18                      default: extenso = "Dia da Semana Desconhecido!";
19                  }
20                  JOptionPane.showMessageDialog(null, "Número fornecido: " + extenso);
21              } catch (NumberFormatException erro) {
22                  JOptionPane.showMessageDialog(null, "Digite apenas valores numéricos inteiros!\n"
23                          + erro.toString());
24              }
25          }
26          System.exit(0);
27      }
28  }
```

Exemplo 3.4 - Listagem da classe SwitchCase.

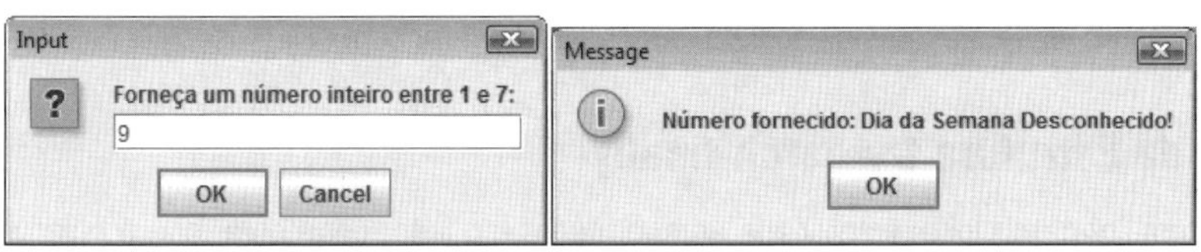

Figura 3.3 - Tela de execução dos Exemplos 3.3 e 3.4.

3.1.3 Novidades do Java 7 - switch com String

Uma das novas funcionalidades adicionadas ao Java 7 é a criação da estrutura switch com suporte para Strings. Até a versão 6 do Java, as estruturas switch-case suportavam apenas os tipos primitivos: byte, short, char, int etc. Veja o trecho de código seguinte, que mostra como usar um String para testar uma condição na estrutura switch-case. Você pode inserir esse trecho no exemplo anterior 3.4 a partir da linha 26.

```
        String so = JOptionPane.showInputDialog("Digite o nome do Sistema Operacional");
        switch (so) {
            case "Windows": {
                JOptionPane.showMessageDialog(null, "O SO Windows foi criado por Bill Gates.");
                break;
            }
            case "Linux": {
                JOptionPane.showMessageDialog(null, "O SO Linux foi criado por Linus Torvalds.");
                break;
            }
            default: {
                System.out.println("Sistema Operacional desconhecido.");
            }
        }
```

Trecho de switch-case com uma String.

3.2 Exceções em Java

As exceções em Java referem-se aos erros que podem ser gerados durante a execução de um programa. Como o nome sugere, trata-se de algo que interrompe a execução normal do programa. Em Java, as exceções são divididas em duas categorias: Unchecked (não verificadas) e Checked (verificadas).

3.2.1 Unchecked Exception

Nesse tipo de exceção o compilador Java não verifica o código-fonte para determinar se a exceção está sendo capturada. Sendo assim, o tratamento desse tipo de exceção é opcional. A linha 8 do exemplo anterior apresenta o uso de uma exceção não verificada (a conversão de String em inteiro). Apesar de termos tratado o erro de conversão pela estrutura try-catch, isso é opcional. Mesmo se a estrutura try-catch for retirada, a classe continua compilando normalmente. Outros exemplos de exceção desse tipo são o acesso a um índice inexistente num array e o uso do método de um objeto que ainda não foi instanciado (nulo). Esses itens são estudados mais à frente.

3.2.2 Checked Exception

Ao contrário de Unchecked Exception, nesse tipo de exceção o compilador Java verifica o código-fonte para determinar se a exceção está sendo capturada. Se uma exceção verificada não for capturada (não estiver sendo tratada no código-fonte), o compilador acusa a possível exceção e obriga o programador a tratá-la. Essa exceção pode ser tratada de duas maneiras: por meio da estrutura try-catch-finally ou por meio da cláusula throws. Nos exemplos do livro vamos nos deparar com diversas exceções desse tipo.

3.2.3 Uso da Estrutura try-catch-finally

A estrutura **try-catch** foi exemplificada anteriormente e o leitor pôde notar que o objetivo de sua utilização é a previsão de erros de execução. Essa estrutura tem como função desviar a execução de um programa caso ocorram certos tipos de erro, predefinidos durante o processamento das linhas, e evitar que o programador precise fazer testes de verificação e avaliação antes de realizar certas operações. Quando um erro ocorre, ele gera uma exceção que pode ser tratada pelo programa. A estrutura try-catch-finally pode ser usada tanto com Unchecked Exceptions como com Checked Exceptions.

Existem muitas exceções que podem ser geradas pelas mais diversas classes e enumerá-las seria um processo dispendioso e desnecessário, pois as exceções que devem ser obrigatoriamente tratadas (Checked Exceptions) são apontadas pelo próprio compilador. Neste livro, as exceções serão devidamente comentadas toda vez que uma exceção diferente for usada.

A estrutura try-catch-finally possui a seguinte sintaxe:

```
try{
    <conjunto de instruções>
}
catch (Nome da exceção){
    <tratamento do erro 1>
}
catch (Nome da exceção){
    <tratamento do erro 2>
}
catch (Nome da exceção){
    <tratamento do erro n>
}
finally{
    <conjunto de instruções>
}
```

Toda vez que a estrutura **try** é utilizada, obrigatoriamente em seu encerramento (na chave final) deve existir pelo menos um **catch**, a não ser que ela utilize a instrução **finally**. A sintaxe apresentada pode ser interpretada como: tente executar o conjunto de instruções do try que estão entre as chaves; se houver algum erro, execute seu tratamento no catch. Depois de tratado o erro, a execução do programa continua a partir do final do último catch. O finally é opcional e fornece um conjunto de códigos que é sempre executado, independente de uma exceção ocorrer ou não.

A estrutura try pode não conter nenhum bloco catch, porém o bloco finally torna-se obrigatório. Bem, na verdade isso mudou um pouco no Java 7, mas vamos por partes. Antes do Java 7 existiam três possibilidades de utilização: try-catch, try-catch-finally ou ainda try-finally. O objetivo do finally é manter códigos para liberação de recursos, adquiridos em seu bloco try correspondente. Um exemplo prático de sua utilização é mostrado mais adiante na manipulação de arquivos texto, em que o bloco finally será utilizado para fechar um arquivo após abri-lo, ou seja, liberar um recurso externo depois de adquiri-lo.

Durante a execução de um programa, caso nenhuma exceção ocorra, os blocos catch não são executados e o controle prossegue para o bloco finally, que libera o recurso e passa a executar a primeira instrução após o bloco finally. Caso ocorra alguma exceção, a execução do programa é desviada para o grupo de instruções catch antes de passar pelo finally.

Os erros gerados pelo programa sempre estão relacionados com as classes usadas. Por exemplo, o método parseFloat da classe Float (Float.parseFloat) pode gerar um erro de conversão numérica (NumberFormatException), isto é, esse tipo de erro pode ser tratado quando essa classe for usada. Não faz sentido verificar se ocorrerá um erro de entrada e saída de dados (IOException) quando a classe Float for utilizada. Portanto, o tratamento de erros deve ser realizado de forma coerente, de acordo com as classes utilizadas no programa.

Dica

Um erro muito comum entre os iniciantes na linguagem Java é usar a estrutura try sem adicionar nenhum catch. Isso gera erro de compilação, pois ao usar try, é obrigatória a presença de pelo menos um catch. Outro erro comum é esquecer-se de encerrar a chave do try antes de iniciar um catch. Quando isso ocorre, o compilador apresenta uma mensagem de erro do tipo "try without catch", ou seja, se o catch for inserido no try, o compilador vai achar que ele nem existe.

O Exemplo 3.5 demonstra duas exceções em Java. Ele recebe dois números inteiros e realiza as quatro operações básicas entre eles.

Funcionalidades comentadas do Exemplo 3.5:

- **Linhas 5 a 8:** encarregam-se da digitação do primeiro valor numérico. Caso nenhum valor seja fornecido (usuário pressionou a tecla Cancel), a execução do programa é encerrada. As linhas 9 a 12 fazem o mesmo procedimento para o segundo valor numérico.
- **Linha 21:** realiza o tratamento da exceção **ArithmeticExcetion** que ocorre quando um erro matemático (aritmético) acontece. No caso, o erro pode ocorrer na divisão de um número inteiro por zero.
- Outra exceção se refere a **NumberFormatException** que ocorre na conversão de formatos numéricos (linha 25), erro já conhecido pelo leitor. Neste caso, o erro ocorre caso o usuário não forneça um número inteiro válido.
- Se houver qualquer um dos erros apontados durante o processamento das instruções presentes no **try**, automaticamente a execução do programa é direcionada para o **catch** com o tratamento da devida exceção.

- **Linhas 22 a 23 e 26 a 27:** mostram as mensagens de erro pelo método showMessageDialog da classe JOptionPane. Observe que foram adicionados dois novos argumentos ao método showMessageDialog: "Erro", referente ao título da Janela, e JOptionPane.ERROR_MESSAGE, referente ao ícone de erro (um X em vermelho) localizado no canto esquerdo da caixa de diálogo.

```
1  package cap03;
2  import javax.swing.*;
3  public class TryCatch {
4      public static void main(String args[]) {
5          String aux1 = JOptionPane.showInputDialog("Forneça o valor do 1° número:");
6          if (aux1 == null) {
7              System.exit(0);
8          }
9          String aux2 = JOptionPane.showInputDialog("Forneça o valor do 2° número:");
10         if (aux2 == null) {
11             System.exit(0);
12         }
13         try {
14             int num1 = Integer.parseInt(aux1);
15             int num2 = Integer.parseInt(aux2);
16             JOptionPane.showMessageDialog(null, "Soma = " + (num1 + num2));
17             JOptionPane.showMessageDialog(null, "Subtração = " + (num1 - num2));
18             JOptionPane.showMessageDialog(null, "Multiplicação = " + (num1 * num2));
19             JOptionPane.showMessageDialog(null, "Divisão = " + (num1 / num2));
20         }
21         catch (ArithmeticException erro) {
22             JOptionPane.showMessageDialog(null, "Erro de divisao por zero!\n" + erro.toString(),
23                     "Erro", JOptionPane.ERROR_MESSAGE);
24         }
25         catch (NumberFormatException erro) {
26             JOptionPane.showMessageDialog(null, "Digite apenas números inteiros!\n" + erro.toString(),
27                     "Erro", JOptionPane.ERROR_MESSAGE);
28         }
29         System.exit(0);
30     }
31 }
```

Exemplo 3.5 - Listagem da classe TryCatch.

A Figura 3.4 apresenta os dois tipos de erro que podem ocorrer, dependendo dos argumentos fornecidos durante a execução do programa.

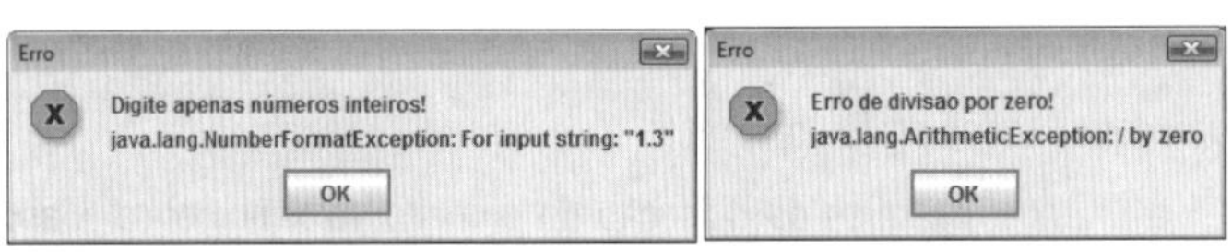

Figura 3.4 - Parte da tela de execução do Exemplo 3.5.

Para que o leitor possa verificar o funcionamento do finally, modifique o trecho final do Exemplo 3.5, inserindo o trecho conforme a listagem seguinte.

```
25         catch (NumberFormatException erro) {
26             JOptionPane.showMessageDialog(null, "Digite apenas números inteiros!\n" + erro.toString(),
27                     "Erro", JOptionPane.ERROR_MESSAGE);
28         }
29         finally {
30             JOptionPane.showMessageDialog(null, "Final da execução!");
31         }
32         System.exit(0);
33     }
34 }
```

Exemplo 3.5 final - Acrescentando o bloco finally.

Ao executar o exemplo, agora com o uso do **finally**, a linha 30 sempre será executada, isto é, é emitida a mensagem "Final da execução", independentemente de existirem erros ou não durante o processo de execução.

3.2.4 Novidades do Java 7 - Mais de uma Exceção no mesmo Catch e try-with-resources

Uma das novas funcionalidades inseridas no Java 7 é a possibilidade de tratar mais de uma exceção num único catch. Com isso, as linhas 21 a 28 do Exemplo 3.5 poderiam ser tratadas no mesmo catch:

```
21          catch (ArithmeticException | NumberFormatException erro) {
22              JOptionPane.showMessageDialog(null, "Erro\n" + erro.toString(),
23                      "Erro", JOptionPane.ERROR_MESSAGE);
24          }
```

Observe o uso do caractere pipe (|) que funciona como o operador lógico OU (OR), isto é, se ocorrer a primeira exceção OU a segunda, execute o bloco referente ao tratamento de erro. Obviamente, neste caso, os dois erros seriam tratados no mesmo bloco.

Outra novidade do Java 7 se refere à declaração try-with-resources, uma maneira diferente de implementar try que declara um ou mais recursos dentro de parênteses (recurso é um objeto que deve ser fechado após o encerramento do programa). Ainda é precoce achar que o leitor consiga entender perfeitamente a utilização dessa nova declaração try-with-resources, mas, apenas para ilustrar, vamos fazer uma comparação. Veja os trechos ilustrados a seguir; eles são similares.

```
// trecho 1 - sem o uso do finally
public static String lerPrimeiraLinha(String caminho) throws IOException {
  try (BufferedReader br = new BufferedReader(new FileReader(caminho))) {
    return br.readLine();
  }
}

// trecho 2 - com o uso do finally
public static String lerPrimeiraLinhaComFinally(String caminho) throws IOException {
  BufferedReader br = new BufferedReader(new FileReader(caminho));
  try {
    return br.readLine();
  }
  finally {
    if (br != null) br.close();
  }
}
```

O trecho 1 utiliza a nova declaração try-with-resources. Observe que o trecho "BufferedReader br = new BufferedReader(new FileReader(caminho))" está entre parênteses. O br (um objeto) será encerrado automaticamente quando o try for executado, ele não precisa ser declarado no programa. Já no trecho 2, que utiliza o try convencional, é obrigatório o uso do finally para encerrar o objeto br. Como dissemos, ainda é cedo para o leitor compreender tudo isso, mas saiba que a partir do Java 7 existe uma nova maneira simplificada de utilizar a declaração try.

Neste ponto cabe uma observação importante. Em diversos exemplos posteriores no livro utilizaremos a declaração try convencional por questões de compatibilidade com as versões anteriores do Java, isto é, a grande maioria dos exemplos usados no livro funciona também em versões anteriores ao Java 7.

3.2.5 Uso da Cláusula throws

Em alguns momentos, pode ocorrer de o programador não querer realizar controle sobre uma exceção, isto é, não desejar tratar um erro. A linguagem Java permite ao programador que um erro seja descartado, mesmo que ele ocorra, entretanto é preciso que esse fato seja informado na declaração do método. Esse processo pode ser realizado pela cláusula **throws**. Observe o Exemplo 3.6. Ele apresenta uma alternativa para entrada de dados pelo teclado (veja Exemplo 2.6) sem a obrigatoriedade do tratamento da exceção IOException.

```
1  package cap03;
2  import java.io.*;
3  public class UsoDoThrows {
4      public static void main(String args[]) throws IOException {
5          BufferedReader dado;
6          System.out.println("Entre com seu nome");
7          dado = new BufferedReader(new InputStreamReader(System.in));
8          System.out.println("Seu nome e: " + dado.readLine());
9      }
10 }
```

Exemplo 3.6 - Listagem da classe UsoDoThrows.

Funcionalidades comentadas do Exemplo 3.6:

- **Linha 4:** especifica que a exceção IOException não será tratada no método main (**throws IOException**). Leia a observação seguinte a respeito desse assunto. Esse fato torna desnecessário definir a estrutura try-catch para tratar esse erro, mesmo sendo uma exceção considerada obrigatória pela linguagem Java. Experimente compilar o exemplo sem a cláusula throws IOException. Aparece a seguinte mensagem de erro: *must be caught or declared to be thrown.* O compilador está informando que existem duas possibilidades para corrigir o erro: ou realiza seu tratamento (com try catch, por exemplo), ou o define como descartado, conforme fizemos neste exemplo por meio da cláusula throws.

As linhas restantes foram descritas anteriormente nos Exemplos 2.6, 2.7 e 2.8.

Observação

Na verdade, ao usar a cláusula throws, o erro não é descartado e sim postergado. No momento fica difícil explicar esse conceito, uma vez que é necessário primeiro estudar a criação de métodos. Para tentar ilustrar esse caso, suponha que outra classe tivesse chamado o método main da classe do Exemplo 3.6. Essa outra classe deveria fazer o tratamento do erro IOException destacado na cláusula throws, isto é, como ele foi postergado pelo Exemplo 3.6, ele deveria ser tratado na outra classe.

3.2.6 Uso da Instrução throw

Conforme comentado anteriormente, a linguagem Java possui muitas exceções, incluindo sua geração e tratamento. Sendo assim, seu estudo detalhado precisaria ser definido em um livro à parte. O objetivo deste item é apenas demonstrar que um desenvolvedor Java pode criar suas próprias exceções e dispará-las no momento que necessitar.

A instrução throw é utilizada para disparar uma exceção, isto é, ela pode forçar que uma determinada exceção ocorra. O Exemplo 3.7 mostra como é possível utilizar a instrução throw para gerar uma exceção. Nesse exemplo, o usuário deve fornecer uma nota entre 0 e 10. Caso insira um valor fora dessa faixa, o programa força uma exceção (veja na linha 9 o uso da instrução throw). Na linha 12 a exceção é tratada. O disparo dessa exceção pode ser realizado sempre que um valor inválido for fornecido.

```
package cap03;
import javax.swing.JOptionPane;
public class InstrucaoThrows {
    public static void main(String[] args) {
        float nota = Float.parseFloat(
                JOptionPane.showInputDialog("Forneça uma nota entre 0 e 10"));
        try {
            if (nota < 0 || nota > 10) {
                throw new Exception("Fora da faixa permitida (0 a 10)");
            }
            // continuar a execução normalmente
        } catch (Exception erro) {
            JOptionPane.showMessageDialog(null, erro.toString());
        }
        System.exit(0);
    }
}
```

Exemplo 3.7 - Listagem da classe InstrucaoThrows.

A Figura 3.5 apresenta o resultado obtido com a execução do Exemplo 3.7.

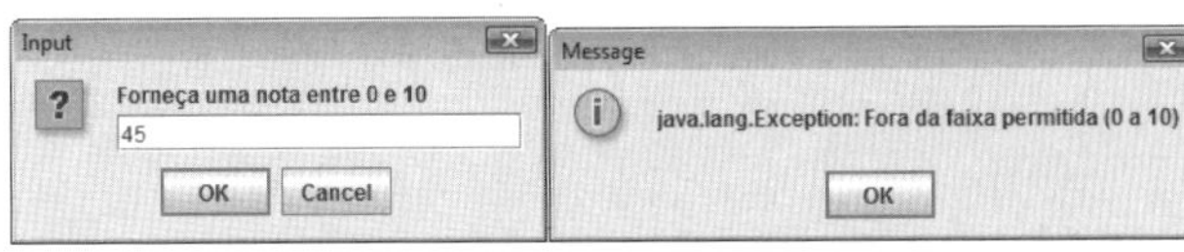

Figura 3.5 - Tela de execução do Exemplo 3.7.

3.2.7 Uso de getMessage e printStackTrace

Em determinadas aplicações torna-se necessário descobrir o tipo de erro e em que linha do programa ele ocorreu. Para reconhecer esses erros, são utilizados os métodos getMessage e printStackTrace (a definição e a criação de métodos são estudadas em detalhes no capítulo 5). O método getMessage serve para retornar a mensagem armazenada numa exceção qualquer. Já o método printStackTrace retorna o tipo de exceção gerado e informa em que linha da classe ocorreu o erro.

O Exemplo 3.8 traz uma pequena demonstração, com fins didáticos, para que o leitor compreenda mais claramente a utilização dos métodos getMessage e printStackTrace.

```
1  package cap03;
2  public class GetMessageEPrintStackTrace {
3      public static void main(String args[]) {
4          int x = 10;
5          try {
6              int y = x / 0; // gera uma excecao
7          }
8          catch (Exception erro) {
9              System.out.println(erro.getMessage());
10             erro.printStackTrace();
11         }
12     }
13 }
```

Exemplo 3.8 - Listagem da classe GetMessageEPrintStackTrace.

Funcionalidades comentadas do Exemplo 3.8:

- **Linha 6:** produz uma exceção de divisão por zero (x/0), a qual será tratada na linha 8 por meio de **catch (Exception erro)**. Note que não foi definida a exceção aritmética ArithmeticException, como feito anteriormente. Quando for utilizado **Exception** em um bloco catch, qualquer exceção gerada, isto é, qualquer tipo de exceção será tratado nesse bloco. Isso equivale a dizer que Exception pode ser considerado uma exceção default, caso o desenvolvedor não queira tratar todos os tipos de erro que podem ser gerados durante a execução de um programa.

- **Linha 9:** o método getMessage se encarrega de retornar o erro ocorrido (no caso: / by zero - divisão por zero).
- **Linha 10:** o método printStackTrace retorna diversas informações: o tipo de exceção, a mensagem de erro, o nome da classe que gerou o erro, o nome do método em que o erro ocorreu e o número da linha do programa. No exemplo são retornadas as seguintes informações: *java.lang.ArithmeticException* (tipo da exceção), */ by zero* (mensagem de erro), *cap03.GetMessageEPrintStackTrace* (pacote.nome da classe), *main* (nome do método) e 6 (linha em que ocorreu o erro).

A Figura 3.6 apresenta os resultados obtidos com a execução do Exemplo 3.8:

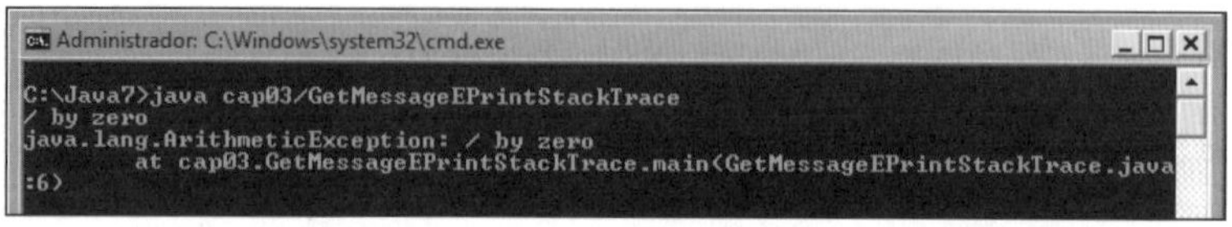

Figura 3.6 - Tela de execução do Exemplo 3.8.

3.3 Laços de Repetição

Os laços de repetição (looping) formam uma importante estrutura nas linguagens de programação por possibilitarem a repetição da execução de um bloco de instruções em um programa. Eles determinam que um certo bloco seja executado repetidamente até que uma condição específica ocorra. A repetição é uma das estruturas mais usadas em programação, possibilitando a criação de contadores, temporizadores, rotinas para classificação, obtenção e recuperação de dados. A criação de laços de repetição em Java é feita a partir das estruturas **for**, **while** e **do-while**.

3.3.1 Uso do Laço for

A instrução **for** é um tipo de contador finito, isto é, ela realiza a contagem de um valor inicial conhecido até um valor final também conhecido. Contém uma variável de controle do tipo contador, que pode ser crescente ou decrescente e possui a seguinte sintaxe:

- **for (**inicialização**;** condição**;** incremento ou decremento**)**

Em que:

- **Inicialização:** é o valor inicial da variável de controle do laço.
- **Condição:** contém uma expressão booleana que será usada para controlar a continuidade do laço. Deve conter o valor final que a variável de controle pode assumir dentro do laço.
- **Incremento ou decremento:** é o passo com que a variável de controle será acrescida ou decrescida. Esse incremento pode ser realizado por meio de uma variável inteira ou com ponto flutuante, permitindo pequenos incrementos decimais.

Exemplo:

```
for (int cont=0; cont<10; cont++){
   <conjunto de instruções>
 }
```

Esta sintaxe pode ser interpretada como: inicialize a variável cont com zero e repita o conjunto de instruções enquanto o valor de cont for menor que 10. Cada vez que o conjunto de instruções é executado, o valor do cont é incrementado (cont++). Observe que a variável cont pode ser declarada e inicializada na própria estrutura do **for**. Quando isso ocorre, a variável passa a ter escopo local ao **for**, isto é, seu valor é reconhecido apenas dentro da estrutura em que foi declarada (entre as chaves de abertura e encerramento). Após o encerramento do laço, a variável perde sua referência e não pode mais ser usada, salvo se declarada novamente. Se você desejar usar o valor de uma variável após o encerramento do laço, basta declará-la antes de iniciar o laço, isto é, antes da linha que define o **for**.

Outros exemplos de laços de repetição usando **for**:

- `for (double x=5; x<=10; x=x+0.5)` → faz o valor de x variar de 5 até 10 com passo de 0.5, ou seja, 5.0 - 5.5 - 6.0 - 6.5 - .... 9.5 - 10.0.
- `for (int x=10; x>=0; x=x-2)` → faz o valor de x variar de 10 até 0 com passo de –2, ou seja, 10 - 8 - 6 - 4 - 2 - 0.
- `for (int x=a; x<=b; x++)` → faz o valor de x variar de **a** até **b** com passo de 1.

O Exemplo 3.9 mostra uma forma de uso bem simples da estrutura **for** para fazer uma contagem progressiva de 0 até 9.

```
package cap03;
public class ContadorProgressivoFor {
    public static void main(String args[]) {
        for (int i = 0; i < 10; i++) {
            System.out.print(i + " ");
        }
        System.out.println("\nAcabou!");
    }
}
```

Exemplo 3.9 - Listagem da classe ContadorProgressivoFor.

A Figura 3.7 exibe o resultado obtido com a execução do Exemplo 3.9.

Figura 3.7 - Tela de execução do Exemplo 3.9.

O Exemplo 3.10 demonstra o uso do **for** na simulação de um relógio.

```
package cap03;
public class Relogio {
    public static void main(String args[]) {
        int horas, minutos, segundos;
        for (horas = 0; horas < 24; horas++) {
            for (minutos = 0; minutos < 60; minutos++) {
                for (segundos = 0; segundos < 60; segundos++) {
                    System.out.println(horas + "h:" + minutos + "min:" + segundos + "s");
                    try {
                        Thread.sleep(1000);
                        if (segundos == 10)
                            System.exit(0);
                    }
                    catch (InterruptedException erro ) {
                        erro.toString();
                    }
                }
            }
        }
        System.exit(0);
    }
}
```

Exemplo 3.10 - Listagem da classe Relogio.

Funcionalidades comentadas do Exemplo 3.10:

- **Linhas 5 a 7:** contêm os laços de repetição para o controle das horas (0 a 23), minutos (0 a 59) e segundos (0 a 59). Um ponto a ser observado é a possibilidade de criação de um laço de repetição dentro do outro. Quando isso ocorre, o laço interno é executado n vezes, de acordo com o número de vezes definido pelo laço superior. Como exemplo, observe as linhas 7 a 17. O laço mais interno (s) controla os segundos e é executado 60 vezes a cada minuto (o laço superior). Da mesma forma, o laço dos minutos será executado 60 vezes a cada hora (o laço superior).
- **Linha 10:** contém Thread.sleep(1000); que invoca um temporizador que espera mil milissegundos (um segundo) até a execução da próxima instrução. Esse procedimento pode gerar uma exceção e por isso deve ser usado dentro de um bloco try, ou pode ser desconsiderado caso você prefira usar a cláusula throws, citada anteriormente. No último caso, o exemplo ficaria um pouco mais resumido: deveria ser adicionado "throws InterruptedException" ao final da linha 3 e retiradas as linhas 9 e 13 a 16. O uso de Thread talvez não seja a melhor forma de se criar uma temporização; para isso existem outras classes como Timer e TimerTask, cujo estudo foge aos objetivos. Também não é objetivo estudar threads. Além disso, o uso do método sleep dentro de um laço de repetição não é muito recomendado por questões de desempenho.
- **Linhas 11 e 12:** controlam o final da execução do relógio. Quando o relógio contar dez segundos, o programa é encerrado por meio de System.exit(0). Sempre que for necessário forçar o encerramento de um programa, o método exit pode ser usado. Outra forma de encerrar uma aplicação em Java é pressionar CTRL+C no prompt do sistema operacional. Se você estiver usando uma IDE (*NetBeans, Eclipse*) existe um botão específico para isso.

Os resultados obtidos ao executar o Exemplo 3.10 podem ser vistos na Figura 3.8.

Figura 3.8 - Tela de execução do Exemplo 3.10.

3.3.2 Uso do Laço while

O while é outro laço condicional, isto é, um conjunto de instruções que são repetidas enquanto o resultado de uma expressão lógica (uma condição) é avaliado como verdadeiro. Veja sua sintaxe em seguida:

```
while (<condição>){
  <conjunto de instruções>
}
```

A instrução while avalia o resultado da expressão (condição) antes de executar as instruções do bloco { }, assim é possível que as instruções nunca sejam executadas, caso a condição seja inicialmente falsa. Um problema típico, relacionado à avaliação da condição while, é o laço infinito. Caso a condição nunca se torne falsa, o laço será repetido infinitamente.

Há outro tipo de laço condicional, o chamado do-while, que é bem parecido com o while, porém o conjunto de instruções é executado antes da avaliação da expressão lógica. Isso faz com que essas instruções sejam executadas pelo menos uma vez. Veja como a sintaxe do do-while é bem parecida com a do while:

```
do{
  <conjunto de instruções>
}
while (<condição>);
```

A utilização da estrutura while ou do-while fica a critério do desenvolvedor, pois com as duas formas é possível chegar a resultados semelhantes.

O Exemplo 3.11 demonstra a utilização das estruturas while e do do-while.

Funcionalidades comentadas do Exemplo 3.11:

Este exemplo recebe um número do usuário e inicia sua contagem regressiva até zero, pausadamente, decrescendo de um em um.

- **Linha 6:** o usuário digita um número que será armazenado na variável limite. Caso ocorra algum erro de conversão, o direcionamento do programa é alterado para NumberFormatException (linha 20), conforme abordamos anteriormente.
- **Linha 8:** o valor da variável limite é armazenado na variável contador. Isso foi realizado para manter o valor fornecido pelo usuário que será utilizado mais à frente na classe.
- **Linhas 9 a 12:** uma vez que a variável contador receba um número inteiro positivo, é realizada sua contagem decrescente até o valor zero por meio da estrutura while. Caso seja fornecido um valor negativo, a contagem não é realizada porque a expressão do while será falsa. A cada ciclo (chamado também de iteração) o valor da variável contador é impresso na tela (linha 10) e decrementado (linha 11) até **–1,** quando o laço termina, pois **–1** não é maior ou igual a zero.
- **Linha 14:** o valor da variável contador é zerado para que a contagem progressiva do próximo laço inicie do zero, já que até a linha anterior o valor da variável contador é **–1**.
- **Linhas 15 até 18:** contêm o laço do-while. Como já dito, o do-while executa o bloco de instruções pelo menos uma vez e depois verifica a condição de sua expressão. No caso, o valor da variável contador varia de zero até o valor que o usuário forneceu inicialmente, armazenado na variável limite, portanto a contagem será progressiva.

```
1   package cap03;
2   import javax.swing.JOptionPane;
3   public class ContadorWhile {
4       public static void main(String args[]) {
5           try {
6               int limite = Integer.parseInt(JOptionPane.showInputDialog(
7                       "Digite a quantidade"));
8               int contador = limite;
9               while (contador >= 0) {
10                  System.out.println(contador);
11                  contador--;
12              }
13              System.out.println("Fim do contador regressivo\n");
14              contador = 0;
15              do {
16                  System.out.println(contador);
17                  contador++;
18              } while (contador <= limite);
19              System.out.println("Fim do contador progressivo");
20          } catch (NumberFormatException erro) {
21              System.out.println("Nao foi fornecido um numero inteiro valido!\n" +
22                      erro.toString()); // se o argumento for invalido
23          }
24          System.exit(0);
25      }
26  }
```

Exemplo 3.11 - Listagem da classe ContadorWhile.

A Figura 3.9 apresenta o resultado do Exemplo 3.11 executado.

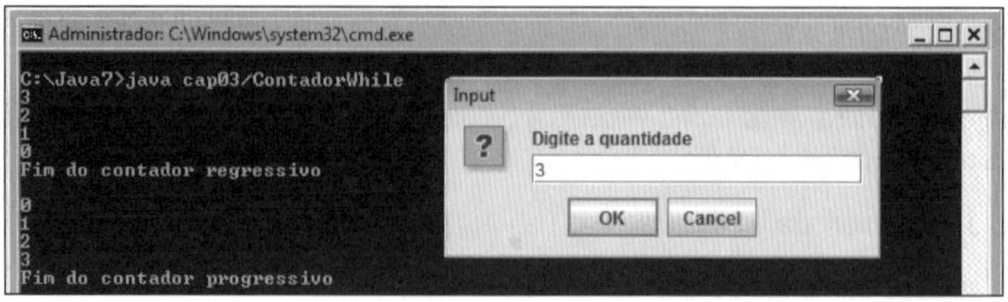

Figura 3.9 - Tela de execução do Exemplo 3.11.

Exercícios para Prática da Linguagem Java

1. Usando JOptionPane, elabore uma classe que receba o valor de um produto e um código de desconto. O desconto deve ser calculado de acordo com o código fornecido conforme a Tabela 3.1.

Código	% desconto
1	5
2	10
3	20
4	50

Tabela 3.1

Utilizando a estrutura switch-case, apresente em tela o novo valor do produto depois de ser realizado o desconto. Caso o código do desconto fornecido não exista, deve ser emitida uma mensagem de aviso.

A Figura 3.10 ilustra a execução do exercício 3.1. Observação: para quebrar uma linha dentro da caixa de diálogo, utilize "\n".

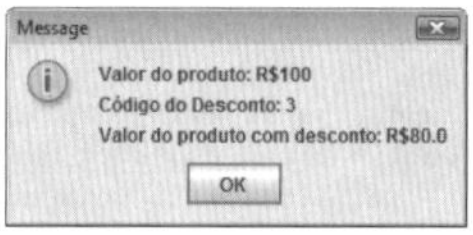

Figura 3.10 - Tela de execução do exercício 3.1.

2. Faça uma classe que receba quatro idades diferentes e mostre a menor e a maior idades, conforme indica a Figura 3.11.

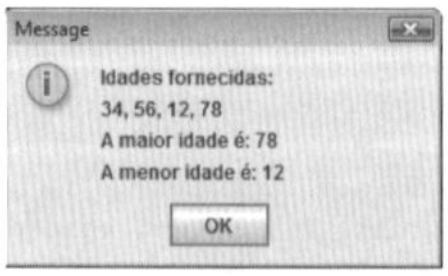

Figura 3.11 - Tela de execução do exercício 3.2.

3. Elabore uma classe em que o usuário fornece dois números e uma letra correspondente à operação desejada de acordo com a Tabela 3.2.

Letra	Operação
A	Soma
B	Subtração
C	Multiplicação
D	Divisão

Tabela 3.2

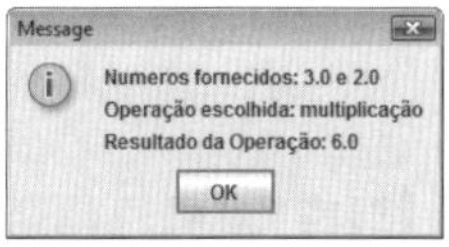

Figura 3.12 - Tela de execução do exercício 3.3.

4. Faça uma classe que solicite uma senha, simulando um caixa eletrônico. Considere que a senha é Java. Caso o usuário forneça a senha correta, apresentar a mensagem "Senha Válida"; caso contrário, "Senha Inválida". Se o usuário fornecer a senha incorreta três vezes seguidas, o programa deve apresentar a mensagem "Cartão Cancelado".

5. Faça uma classe que apresente em tela a soma de todos os números ímpares compreendidos entre 1 e 1000 (1 + 3 + 5 + ... + 999).

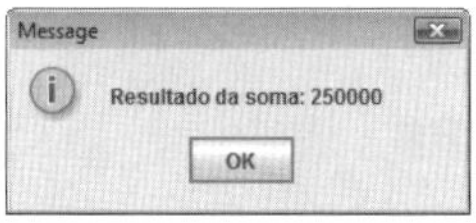

Figura 3.13 - Tela de execução do exercício 3.5.

Outros exercícios resolvidos podem ser encontrados no site da Editora.

Seu próximo passo

Este capítulo demonstrou os comandos condicionais, as estruturas de controle em Java e o tratamento de exceções. Não passe para o próximo capítulo se você ainda sente dificuldades nos exemplos e exercícios propostos. Se precisar, releia o capítulo e refaça todos os exemplos. É importante que as dúvidas não se acumulem para facilitar o progresso nos estudos do capítulo seguinte. O próximo passo trata dos tipos de funções matemáticas e de manipulação de strings.

4

Operações Matemáticas e de String

Objetivos deste capítulo

- Demonstrar as principais operações matemáticas em Java e seu uso prático;
- Apresentar mecanismos de internacionalização e formatação da linguagem Java;
- Introduzir técnicas de simulação por meio da geração aleatória de números;
- Demonstrar os principais métodos para manipulação de strings em Java e seu uso prático.

4.1 Operações Matemáticas

A linguagem Java possui uma classe chamada **Math** que contém diversos métodos especializados em realizar cálculos matemáticos. Observe a seguinte sintaxe:

```
Math.<nome do método>(<argumentos ou lista de argumentos>)
```

Os métodos da classe Math são estáticos (vistos mais à frente) e por isso seguem a notação "Classe.nome do método". Não é necessário importar a classe Math em um programa para poder utilizar seus recursos, pois ela já faz parte do pacote java.lang, disponível com o Java.

A classe Math faz a definição de duas constantes matemáticas, sendo **Math.PI** - o valor de pi (π = 3.14159265358979323846) e **Math.E** que se refere ao valor da base para logaritmos naturais (2.7182818284590452354). A seguir, são apresentados os métodos mais comuns da classe Math.

4.1.1 Método ceil

O método ceil tem como função realizar o arredondamento de um número (do tipo float ou double) para o seu próximo inteiro. Sua sintaxe é a seguinte:

```
Math.ceil(<valor>)
```

O Exemplo 4.1 demonstra a utilização do método ceil da classe Math, que é chamado para realizar o arredondamento do número tipo double entre parênteses, representado neste caso por uma variável (linhas 7 a 9). As variáveis entre parênteses compõem o argumento (do tipo double) do método ceil, este retorna um tipo double contendo o resultado arredondado. A Figura 4.1 exibe a tela de resultados do Exemplo 4.1.

```
package cap04;
import javax.swing.JOptionPane;
public class ArredondamentoParaCima {
    public static void main(String args[]) {
        double n1 = 5.2, n2 = 5.6, n3 = -5.8;
        JOptionPane.showMessageDialog(null, "Arredondando com ceil: " +
                "\n" + n1 + "=" + Math.ceil(n1) +
                ",    " + n2 + "=" + Math.ceil(n2) +
                ",    " + n3 + "=" + Math.ceil(n3));
        System.exit(0);
    }
}
```

Exemplo 4.1 - Utilização da classe ArredondamentoParaCima.

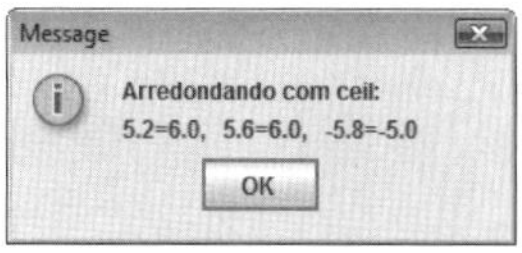

Figura 4.1 - Tela de execução do Exemplo 4.1.

4.1.2 Método floor

Assim como ceil, o método floor também é utilizado para arredondar um número, mas para o seu inteiro anterior. Sua sintaxe é a mesma do método ceil:

```
Math.floor(<valor>)
```

O Exemplo 4.2 mostra o uso do método floor e a Figura 4.2 exibe a tela de resultados do Exemplo 4.2.

```
package cap04;
import javax.swing.JOptionPane;
public class ArredondamentoParaBaixo {
    public static void main(String args[]) {
        double n1 = 5.2, n2 = 5.6, n3 = -5.8;
        JOptionPane.showMessageDialog(null, "Arredondando com floor: " +
                "\n" + n1 + "=" + Math.floor(n1) +
                ",    " + n2 + "=" + Math.floor(n2) +
                ",    " + n3 + "=" + Math.floor(n3));
        System.exit(0);
    }
}
```

Exemplo 4.2 - Listagem da classe ArredondamentoParaBaixo.

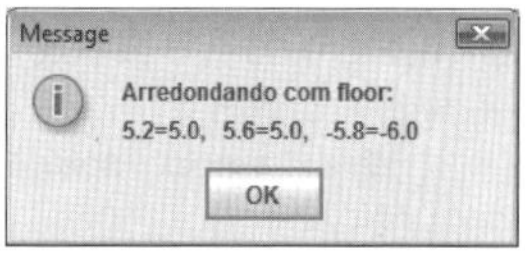

Figura 4.2 - Tela de execução do Exemplo 4.2.

4.1.3 Métodos max e min

Utilizamos o método max para verificar o maior valor entre dois números, que podem ser do tipo double, float, int ou long. A sua sintaxe é a seguinte:

```
Math.max(<valor1>,<valor2>)
```

O método min fornece o resultado oposto do método max, sendo então utilizado para obter o valor mínimo entre dois números. Do mesmo modo que o método max, esses números também podem ser double, float, int ou long. A sua sintaxe é a mesma do método max:

```
Math.min(<valor1>,<valor2>)
```

O Exemplo 4.3 mostra a utilização dos métodos max e min:

```
package cap04;
import javax.swing.JOptionPane;
public class MaiorMenor {
    public static void main(String args[]) {
        float num1 = Float.parseFloat(
                JOptionPane.showInputDialog("Forneça o primeiro número"));
        float num2 = Float.parseFloat(
                JOptionPane.showInputDialog("Forneça o segundo número"));
        JOptionPane.showMessageDialog(null, "Números fornecidos: " + num1 + " , " + num2 +
                "\nO maior é " + Math.max(num1, num2) +
                "\nO menor é " + Math.min(num1, num2));
        System.exit(0);
    }
}
```

Exemplo 4.3 - Listagem da classe MaiorMenor.

O cálculo do maior e do menor número pode ocorrer entre dois números do mesmo tipo de dado ou não, ou seja, pode-se obter o maior entre dois números do tipo double, entre dois números do tipo int ou entre um do tipo double e outro do tipo int. A Figura 4.3 apresenta a tela com os resultados do Exemplo 4.3.

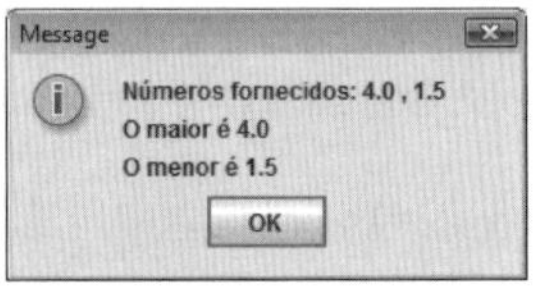

Figura 4.3 - Tela de execução do Exemplo 4.3.

4.1.4 Método sqrt

O método sqrt da classe Math realiza o cálculo da raiz quadrada de um número. O resultado obtido é um número do tipo double. Veja sua sintaxe:

```
Math.sqrt(<double>)
```

O Exemplo 4.4 mostra a utilização do método sqrt.

```
package cap04;
import javax.swing.JOptionPane;
public class RaizQuadrada {
    public static void main(String args[]) {
        float num1 = Float.parseFloat(
                JOptionPane.showInputDialog("Forneça o número"));
        JOptionPane.showMessageDialog(null, "Raiz quadrada com sqrt: " +
                "\n" + num1 + " = " + Math.sqrt(num1));
        System.exit(0);
    }
}
```

Exemplo 4.4 - Listagem da classe RaizQuadrada.

Não é possível realizar o cálculo da raiz quadrada com números negativos. Caso isso ocorra, é retornado um valor NaN (inexistente). A Figura 4.4 apresenta o Exemplo 4.4 executado.

Figura 4.4 - Tela de execução do Exemplo 4.4.

4.1.5 Método pow

O método pow da classe Math realiza a potenciação (elevar uma base a uma potência). Sua sintaxe é a seguinte:

```
Math.pow(<valor da base>,<valor da potência>)
```

O Exemplo 4.5 demonstra o uso do método pow.

```java
package cap04;
import javax.swing.JOptionPane;
public class Potencia {
    public static void main(String args[]) {
        float base = Float.parseFloat(
                JOptionPane.showInputDialog("Forneça o valor da base"));
        float potencia = Float.parseFloat(
                JOptionPane.showInputDialog("Forneça o valor da potência"));
        JOptionPane.showMessageDialog(null, "Potência com pow: " +
                "\nValor da base = " + base +
                "\nValor da potência = " + potencia +
                "\nResultado = "+Math.pow(base,potencia));
        System.exit(0);
    }
}
```

Exemplo 4.5 - Listagem da classe Potencia.

A Figura 4.5 apresenta o resultado obtido ao executar o Exemplo 4.5.

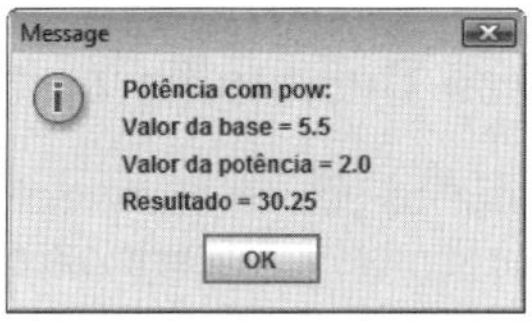

Figura 4.5 - Tela de execução do Exemplo 4.5.

4.1.6 Método random

O método random da classe Math é utilizado para gerar valores de forma aleatória. Toda vez que o método random é chamado, sorteia-se um valor do tipo double entre 0.0 e 1.0 (o valor 1 nunca é sorteado). Nem sempre essa faixa de valores é suficiente numa aplicação real. Por exemplo, para simular o sorteio de números entre 0 e 99 para um jogo de loteria qualquer, torna-se necessário o sorteio de números inteiros aleatórios no intervalo de 0 a 99. Para que esses números possam ser sorteados, é preciso utilizar o operador de multiplicação (*) em conjunto com o método random. Com isso torna-se possível definir o intervalo em que o número será sorteado. O conversor (int) também pode ser usado para truncar a parte do ponto flutuante (a parte depois do ponto decimal) para que um número inteiro seja gerado, da seguinte forma:

```
(int)(Math.random() * 100)
```

Com isso seriam gerados números inteiros entre **0** e **99**, atendendo plenamente à necessidade exposta. O Exemplo 4.6 demonstra o uso do método random para simular a geração de quatro cartões de loteria com seis números cada.

```
1  package cap04;
2  import javax.swing.JOptionPane;
3  public class CartaoLoteria {
4      public static void main(String[] args) {
5          for (int cartao = 1; cartao <= 4; cartao++) { //controla o número do cartão
6              String numerosCartao = "";
7              for (int numCartao = 1; numCartao <= 6; numCartao++) { //controla os números de cada cartão
8                  int num = (int) (Math.random() * 100);
9                  numerosCartao += num + "   ";
10             }
11             JOptionPane.showMessageDialog(null, "Números do cartão: " + cartao +
12                     "\n" + numerosCartao);
13         }
14         System.exit(0);
15     }
16 }
```

Exemplo 4.6 - Listagem da classe CartaoLoteria.

No Exemplo 4.6 o primeiro loop for (linha 5) é o responsável pela contagem de um a quatro (os quatro cartões). O segundo loop for (linha 7) é o responsável pela contagem de um a seis (os seis números de cada cartão). Um possível resultado para uma execução do Exemplo 4.6 aparece na Figura 4.6.

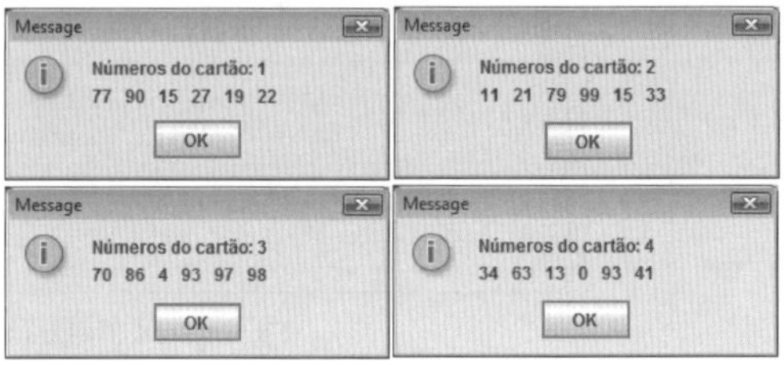

Figura 4.6 - Tela de execução do Exemplo 4.6.

Com isso apresentamos alguns métodos da classe Math, mas existem diversos outros métodos cujo estudo foge dos objetivos desta obra.

4.1.7 Formatação com a Classe DecimalFormat

Os cálculos matemáticos, em especial os que envolvem multiplicação e divisão, podem gerar resultados com muitas casas decimais. Isso nem sempre é necessário e esteticamente correto, pois apresentar um resultado com muitas casas decimais não é muito agradável nem legível à maioria dos usuários. Por exemplo, considere duas variáveis do tipo double: x=1 e y=6. Ao realizar a divisão de x por y, aparece na tela o resultado 0.16666666666666666, que não é o mais adequado para se apresentar na tela. Seria mais conveniente mostrar o resultado formatado com duas ou três casas decimais. Para realizar a formatação, é necessário definir um modelo de formatação, conhecido pelo nome de *pattern*. Considere *pattern* como o estilo de formatação que será apresentado sobre um valor numérico. Em outras palavras, você terá de informar ao compilador qual estilo de formatação deve ser usado para apresentar o número. Para definir o *pattern* são usados caracteres especiais; veja os mais usados na Tabela 4.1.

Caractere	Significado
0	Imprime o dígito normalmente, ou caso ele não exista, coloca 0 em seu lugar. Exemplo: sejam as variáveis int x=4, y=32 e z=154, ao usar o *pattern* "000", o resultado impresso na tela seria x → 004, y → 032 e z → 154.
#	Imprime o dígito normalmente, desprezando os zeros à esquerda do número. Exemplo: sejam as variáveis double x=0.4 e y=01.34, ao usar o *pattern* "##.##", o resultado impresso na tela seria x → .4, y → 1.34.
.	Separador decimal ou separador decimal monetário (depende do sistema usado).
–	Sinal de número negativo.

Tabela 4.1 - Caracteres mais usados na definição de patterns.

Para realizar a formatação foi usada a classe **DecimalFormat** no Exemplo 4.7.

```java
1  package cap04;
2  import java.text.DecimalFormat;
3  public class FormatacaoDeNumeros {
4      public static void main(String args[]) {
5          DecimalFormat df = new DecimalFormat();
6          short idade = 38;
7          df.applyPattern("000");
8          System.out.println(df.format(idade));
9          int quantidade = 9750;
10         df.applyPattern("#0,000");
11         System.out.println(df.format(quantidade));
12         long estoque = 198564;
13         df.applyPattern("#,##0,000");
14         System.out.println(df.format(estoque));
15         float altura = 1.74f;
16         df.applyPattern("#0.00");
17         System.out.println(df.format(altura));
18         double peso = 70.25;
19         df.applyPattern("#0.00");
20         System.out.println(df.format(peso));
21         String valorEmReais = "2583.75";
22         df.applyPattern("R$ #,##0.00");
23         System.out.println(df.format(Double.parseDouble(valorEmReais)));
24     }
25 }
```

Exemplo 4.7 - Listagem da classe FormatacaoDeNumeros.

Funcionalidades comentadas do Exemplo 4.7:

- **Linha 2:** importa a classe **DecimalFormat** do pacote java.text, uma vez que ela não pertence ao conjunto de classes default do pacote java.lang.
- **Linha 5:** declara o objeto df da classe DecimalFormat que será usado para realizar a formatação dos números por meio do método format (df.format). Essa linha poderia conter a definição do *pattern* no momento da inicialização do objeto df. Uma definição válida poderia ser: **DecimalFormat df = new DecimalFormat ("000")**. É possível observar que a definição do *pattern* pode ser realizada dentro dos parênteses.
- **Linha 7:** contém a definição do *pattern* pelo método **applyPattern** (df.applyPattern("000")). Essa instrução define que todos os números impressos a partir do objeto df serão formatados com três dígitos, mesmo que eles possuam menos que isso, conforme exemplificado na Tabela 4.1. As linhas 10, 13, 16, 19 e 22 redefinem o *pattern*, aplicando novas formatações ao objeto df, isto é, aos números que serão impressos por meio do método format.
- **Linha 22:** exibe uma maneira de formatar um número a partir de um formato string. A variável valorEmReais (linha 21) armazena um conteúdo do tipo string, que não pode ser manipulado diretamente pela classe DecimalFormat. Para que isso seja possível, o valor string é convertido no tipo double pelo método parseDouble da classe Double (**Double.parseDouble(valorEmReais)**).

O resultado da execução do Exemplo 4.7 aparece na Figura 4.7.

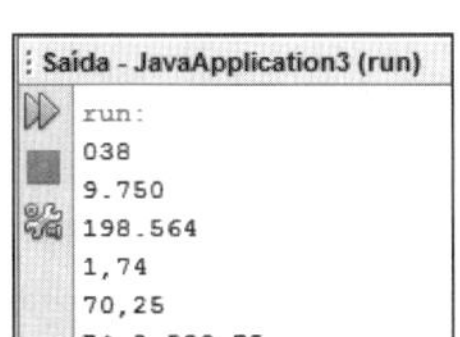

Figura 4.7 - Tela de execução do Exemplo 4.7.

4.1.8 Internacionalização com a Classe Locale

A linguagem Java é utilizada no mundo todo. Em função disso, um mesmo software feito em Java pode ser utilizado por usuários espalhados pelo globo. Cada país ou região adota certos formatos para representação monetária, apresentação de datas etc., os quais são definidos pelo sistema operacional da máquina e ficam armazenados como configurações locais. O separador de decimais, por exemplo, pode ser um ponto (.) ou uma vírgula (,) dependendo da região.

A classe Locale permite identificar certas propriedades da máquina em que o software é executado. Desta forma, torna-se possível utilizar os recursos do Java, configurando determinados formatos de maneira automática. Observe o Exemplo 4.8.

```
1  package cap04;
2  import java.text.DecimalFormat;
3  import java.util.Locale;
4  import javax.swing.JOptionPane;
5  public class ConfiguracoesRegionais {
6      public static void main(String args[]) {
7          DecimalFormat df = new DecimalFormat();
8          Locale local = Locale.getDefault();
9          double valor = 1370.25;
10         if (local.getCountry().equals("BR")) {
11             df.applyPattern("R$ #,##0.00");
12         }
13         JOptionPane.showMessageDialog(null, "Configuracoes do Sistema Operacional:" +
14             "\nSigla: " + local.getCountry() +
15             "\nPais: " + local.getDisplayCountry() +
16             "\nIdioma: " + local.getDisplayLanguage() +
17             "\nTeclado: " + local.getDisplayName() +
18             "\nvalor: " + df.format(valor));
19         System.exit(0);
20     }
21 }
```

Exemplo 4.8 - Listagem da classe ConfiguracoesRegionais.

Funcionalidades comentadas do Exemplo 4.8:

- **Linhas 2 e 3:** importam as classes **DecimalFormat** do pacote java.text e **Locale** do pacote java.util, ambas essenciais ao funcionamento do exemplo.
- **Linha 7:** declara e cria o objeto **df** da classe DecimalFormat que será usado para formatar um valor monetário, dependendo da região em que a classe é executada.
- **Linha 8:** declara e cria o objeto **local** da classe Locale que será usado para identificar as configurações do sistema operacional da máquina do usuário. Nessa linha o objeto local passa a armazenar todas as configurações default do sistema operacional.
- **Linha 10:** faz uma comparação usando o método **getCountry()** que retorna a sigla do país configurado no sistema operacional. Caso seja Brasil (sigla BR), aplica um *pattern* (linha 11) para formatar um valor monetário em reais, de acordo com o padrão brasileiro. Outras comparações, de outros países, poderiam existir para adequar o formato monetário à região.
- **Linhas 14 a 17:** contêm a impressão das configurações regionais por meio dos métodos **getCountry()** que retorna a sigla do país, **getDisplayCountry()** que retorna o nome do país, **getDisplayLanguage()** que retorna o idioma do país e **getDisplayName()** que retorna a linguagem do teclado.
- **Linha 18:** imprime o valor monetário de acordo com o formato estabelecido (se existissem diversas comparações para países diferentes).

O resultado da execução do Exemplo 4.8 aparece na Figura 4.8.

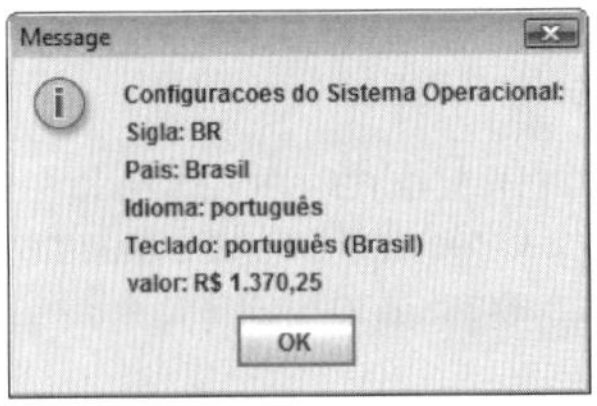

Figura 4.8 - Tela de execução do Exemplo 4.8.

4.2 Operações com Strings

String é um tipo texto que corresponde à união de um conjunto de caracteres. Em Java, uma variável do tipo string é uma instância da classe String, isto é, gera objetos que possuem propriedades e métodos, diferente dos tipos primitivos como int, float, double etc. Não se preocupe com esses termos no momento, pois eles são estudados em mais detalhes no capítulo 7 (definições da orientação a objetos). Essas strings podem ser manipuladas de várias formas. Por exemplo, é possível verificar seu comprimento, retirar uma parte dela, acessar ou mudar caracteres individuais. As strings constituem uma cadeia de caracteres entre aspas. Exemplo: frase = "Linguagem Java". Da mesma forma que as operações matemáticas, existem diversos métodos para manipulação de strings, os quais acompanham a seguinte sintaxe:

```
<Nome da string>.<nome-do-metodo>(<argumentos>)
```

A seguir, são apresentados os métodos mais comuns (e mais usados) da classe String.

4.2.1 Método length

O método length é utilizado para retornar o tamanho de uma determinada string, incluindo também os espaços em branco presentes nela. Esse método retorna sempre um valor do tipo int. Veja sua sintaxe:

```
<Nome da string>.length()
```

O método length é muito utilizado para ler os caracteres de uma variável do tipo String do início ao fim. Isso torna possível realizar a busca de caracteres ou palavras.

O Exemplo 4.9 usa o método length para apresentar o tamanho de um variável do tipo String.

```
package cap04;
import javax.swing.JOptionPane;
public class TamanhoDaFrase {
    public static void main(String args[]) {
        String frase = JOptionPane.showInputDialog("Forneça uma frase");
        int tamanho = frase.length();
        JOptionPane.showMessageDialog(null, "Frase: " + frase +
            "\nQuantidade de Caracteres: " + tamanho);
        System.exit(0);
    }
}
```

Exemplo 4.9 - Listagem da classe TamanhoDaFrase.

A linha 5 contém a declaração da string **frase**. Conforme citado anteriormente, na realidade **frase** não é uma variável e sim um objeto, pois uma variável não pode conter métodos atrelados a ela; objetos podem. A linha 6 contém a utilização de length por meio de **frase.length()**, isto é, retorna o número de caracteres armazenado na variável frase digitada pelo usuário.

Em vez de empregar frase.length() poderia ser utilizada uma forma literal, como, por exemplo, **tamanho="Aprendendo Java".length()**. O resultado seria o mesmo, isto é, a quantidade de letras da frase. A Figura 4.9 mostra o resultado obtido ao executar o Exemplo 4.9:

Figura 4.9 - Tela de execução do Exemplo 4.9.

4.2.2 Método charAt

O método charAt é usado para retornar um caractere de determinada string de acordo com um índice especificado entre parênteses. Esse índice refere-se à posição do caractere na string, sendo **0** (zero) o índice do primeiro caractere, **1** (um) o do segundo e assim por diante. O método charAt é útil quando for necessário verificar a existência de um caractere na string. Por exemplo, suponha que uma determinada string só possa conter números - o método charAt pode ser usado para verificar a existência de dígitos numéricos nessa string. A sintaxe do método charAt é a seguinte:

```
<string>.charAt(<índice>)
```

O Exemplo 4.10 mostra o uso do método charAt.

Veja na Figura 4.10 os resultados desse exemplo. Considerando a digitação das palavras "Aprendendo Java", repare que o caractere de índice 1 é o "**p**", pois o índice começa do zero. As linhas 7 a 9 são responsáveis por apresentar o trecho equivalente aos índices de número 11 a 14, cujos caracteres correspondem à palavra Java armazenada na variável frase.

```
1  package cap04;
2  import javax.swing.JOptionPane;
3  public class CaracteresDaFrase {
4      public static void main(String args[]) {
5          String frase = JOptionPane.showInputDialog("Forneça uma frase");
6          String trecho = "";
7          for (int i = 11; i <= 14; i++) {
8              trecho += frase.charAt(i);
9          }
10         JOptionPane.showMessageDialog(null, "Frase: " + frase +
11             "\nCaractere 2: " + frase.charAt(1) +
12             "\nTrecho: " + trecho);
13         System.exit(0);
14     }
15 }
```

Exemplo 4.10 - Listagem da classe CaracteresDaFrase.

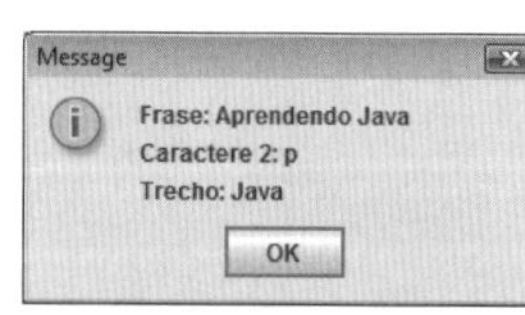

Figura 4.10 - Tela de execução do Exemplo 4.10.

4.2.3 Métodos toUpperCase e toLowerCase

Os métodos toUpperCase e toLowerCase são utilizados para transformar todas as letras de uma determinada string em maiúsculas ou minúsculas. O método toUpperCase transforma todos os caracteres de uma string em maiúsculos. O método toLowerCase transforma todos os caracteres de uma string em minúsculos. Sua sintaxe é a seguinte:

```
<string>.toUpperCase()   ou   <string>.toLowerCase()
```

O Exemplo 4.11 demonstra o uso dos métodos toUpperCase e toLowerCase e dispensa maiores detalhes, dada a simplicidade dessas duas funções. A única observação se refere ao fato de que esses métodos não alteram o valor original da string. Mesmo aplicando os métodos das linhas 8 e 9, o conteúdo das variáveis permanece o mesmo, isto é, a transformação ocorre apenas com fins de impressão em tela. Se for necessário alterar o conteúdo de uma variável string, substituindo seu valor original pelo transformado, a própria variável deve receber o valor de sua transformação, por exemplo, **palavra1 = palavra.toLowerCase()**.

A Figura 4.11 destaca os resultados obtidos com a execução do Exemplo 4.11.

```
1  package cap04;
2  import javax.swing.JOptionPane;
3  public class TransformacoesNaFrase {
4      public static void main(String args[]) {
5          String frase = JOptionPane.showInputDialog("Forneça uma frase");
6          JOptionPane.showMessageDialog(null, "Frase: " + frase +
7              "\nTodas em Maiúsculas: " + frase.toUpperCase() +
8              "\nTodas em Minúsculas: " + frase.toLowerCase());
9          System.exit(0);
10     }
11 }
```

Exemplo 4.11 - Listagem da classe TransformacoesNaFrase.

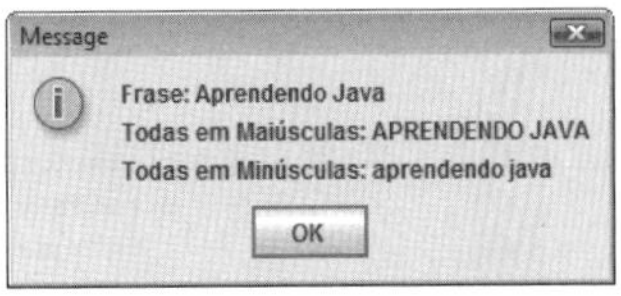

Figura 4.11 - Tela de execução do Exemplo 4.11.

4.2.4 Método substring

O método substring retorna a cópia de caracteres de uma string a partir de índices inteiros especificados. A sintaxe de substring é a seguinte:

```
<string>.substring(<índice inicial>,[<índice final>])
```

O primeiro argumento especifica o índice a partir do qual se inicia a cópia dos caracteres (da mesma forma que charAt, o índice inicia-se em **0**). O segundo argumento é opcional e especifica o índice final, em que termina a cópia dos caracteres, entretanto o índice final deve especificar um índice além do último caractere. Para facilitar entendimento, considere a variável frase com o seguinte conteúdo:

Frase	L	I	N	G	U	A	G	E	M		J	A	V	A	
Índice	0	1	2	3	4	5	6	7	8	9	10	11	12	13	14

Cada caractere de uma variável string é indexado a partir do 0 (zero). Vamos apresentar alguns exemplos:

1. `String x = frase.substring(10)` → x recebe o conteúdo "JAVA", pois ao passar apenas o primeiro argumento para o método substring, ele retorna da posição informada (no caso 10, a posição da letra J) até o último caractere da string.

2. `String x = frase.substring(3)` → x recebe o conteúdo "GUAGEM JAVA", isto é, do caractere de índice 3 até o último caractere da string frase.

3. `String x = frase.substring(3,9)` → x recebe o conteúdo "GUAGEM", isto é, do caractere de índice 3 até o caractere de índice 8.

4. `String x = frase.substring(0,1)` → x recebe o conteúdo "L", isto é, do caractere de índice 0 até o caractere de índice 0.

5. `String x = frase.substring(10,14)` → x recebe o conteúdo "JAVA", isto é, do caractere de índice 10 até o caractere de índice 13.

Se os índices especificados estiverem fora dos limites da string, neste caso é gerado o erro **StringIndexOutOfBoundsException**. No exemplo, se você usar frase.substring(10,20), ocorre o erro citado, uma vez que não existe índice 20. O Exemplo 4.12 apresenta o uso do método substring.

```
package cap04;
import javax.swing.JOptionPane;
public class PedacosDaFrase {
    public static void main(String args[]) {
        try {
            String frase = JOptionPane.showInputDialog("Forneça uma frase");
            JOptionPane.showMessageDialog(null, "Frase: " + frase +
                    "\n(0,2): " + frase.substring(0, 2) +
                    "\n(3,8): " + frase.substring(3, 8) +
                    "\n(9,11): " + frase.substring(9, 11) +
                    "\n(12,14): " + frase.substring(12, 14));
        } catch (StringIndexOutOfBoundsException erro) {
            JOptionPane.showMessageDialog(null, "A frase de ter pelo menos 15 caracteres \n" +
                    erro.toString());
        }
        System.exit(0);
    }
}
```

Exemplo 4.12 - Listagem da classe PedacosDaFrase.

A Figura 4.12 exibe o resultado do Exemplo 4.12.

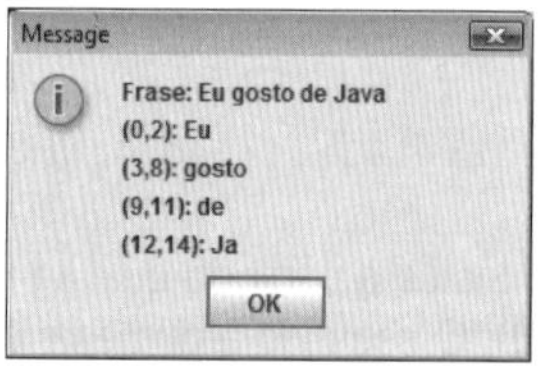

Figura 4.12 - Tela de execução do Exemplo 4.12.

4.2.5 Método trim

O método trim remove todos os espaços em branco que aparecem no início e no final de uma determinada string, porém não são removidos os espaços entre as palavras. Sua sintaxe é a seguinte:

```
<string>.trim()
```

O Exemplo 4.13 mostra a utilização do método trim.

```
package cap04;
import javax.swing.JOptionPane;
public class RetirandoEspaços {
    public static void main(String args[]) {
        String frase = JOptionPane.showInputDialog("Forneça uma frase");
        frase = "     " + frase + "     ";
        JOptionPane.showMessageDialog(null,
                "\nCom espaços: " + "-" + frase + "-" +
                "\nSem espaços: " + "-" + frase.trim() + "-");
        System.exit(0);
    }
}
```

Exemplo 4.13 - Listagem da classe RetirandoEspaços.

A variável frase armazena uma string com espaços em branco no início e no final. Quando não é utilizado o método trim, os espaços permanecem na string; em contrapartida, ao usar trim, os espaços desaparecem. O método frase.trim() não retirou realmente os espaços em branco da variável, ou seja, apenas foi mostrado na tela um trim da variável, que consequentemente a exibe sem os espaços em branco, mas a variável em si ainda continua com os espaços no seu início e no seu final. Para que realmente os espaços sejam retirados, é necessário que o resultado de trim seja atribuído à própria variável, como a seguinte instrução: **frase=frase.trim()**. Isso tornaria a variável livre dos espaços em branco. A Figura 4.13 exibe os resultados obtidos com a execução do Exemplo 4.13:

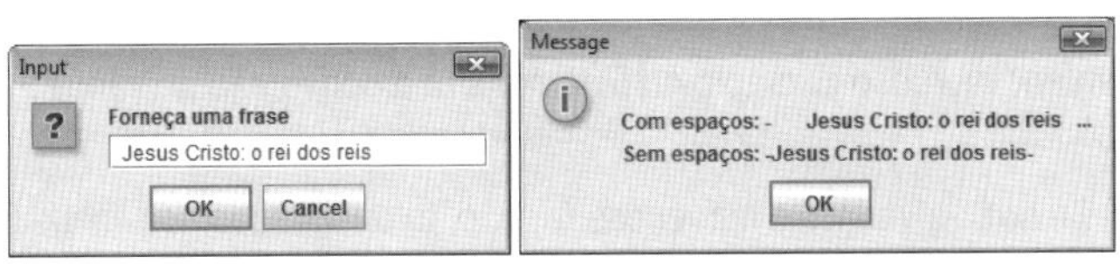

Figura 4.13 - Tela de execução do Exemplo 4.13.

4.2.6 Método replace

O método replace é utilizado para substituição de caracteres, ou grupo de caracteres, em uma determinada string. Para isso é necessário informar o(s) caractere(s) que deseja substituir e por qual(is) caractere(s) ele(s) será(ão) substituído(s). Caso não haja na string nenhuma ocorrência do caractere a ser substituído, a string original é retornada, isto é, não ocorre nenhuma alteração. Veja sua sintaxe:

```
<string>.replace(<caracteres a serem substituídos>,<substituição>)
```

O Exemplo 4.14 mostra o uso do método replace:

```
package cap04;
import javax.swing.JOptionPane;
public class TrocandoCaracteres {
    public static void main(String args[]) {
        String frase = JOptionPane.showInputDialog("Forneça uma frase");
        JOptionPane.showMessageDialog(null, "Frase: " + frase +
                "\nRetirando os espaços: " + frase.replace(" ", "") +
                "\nSubstituindo a por u: " + frase.replace("a", "u"));
        System.exit(0);
    }
}
```

Exemplo 4.14 - Listagem da classe TrocandoCaracteres.

No Exemplo 4.14, a linha 5 declara uma String chamada frase que recebe uma frase fornecida pelo usuário. A linha 6 é responsável por apresentar a frase digitada. As linhas 7 e 8 substituem um caractere por outro (" " por "" e "a" por "u". Da mesma forma que trim, o método replace não altera o conteúdo da variável. Para fazer com que uma variável receba o resultado de uma troca de caracteres, faça o seguinte: String <variável>=<string>.**replace(**<caracteres a serem substituídos>, <substituição>**)**. Veja os resultados obtidos no Exemplo 4.14 por meio da Figura 4.14:

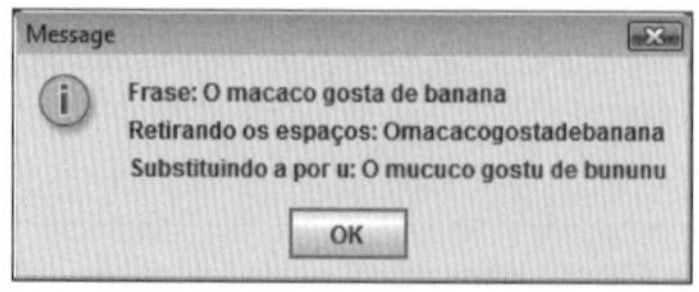

Figura 4.14 - Tela de execução do Exemplo 4.14.

4.2.7 Método valueOf

O método valueOf é usado para converter diversos tipos de dados em strings. Esse método aceita vários tipos de argumento (números ou cadeia de caracteres) e transforma-os em strings. Uma das sintaxes possíveis para o método valueOf é:

```
String.valueOf(<nome da variável a ser convertida>)
```

Para facilitar o entendimento, o Exemplo 4.15 demonstra a conversão de vários tipos numéricos com o uso do método valueOf.

No Exemplo 4.15 todas as variáveis numéricas (a, b, c, d) declaradas nas linhas 5 a 8 são convertidas e acumuladas em uma variável String (x) nas linhas 9 e 10. Essa mesma funcionalidade pode ser obtida sem o uso do método valueOf, isto é, por meio da concatenação das variáveis com o operador de concatenação (+), conforme demonstrado em seguida:

```
String x = a + " " +  b + " " + c + " " + d;
```

A Figura 4.15 mostra os resultados obtidos com a execução do Exemplo 4.15:

```
1  package cap04;
2  import javax.swing.JOptionPane;
3  public class ConversaoParaString {
4      public static void main(String args[]) {
5          int a = 1000;
6          long b = 5000;
7          float c = 20.45f;
8          double d = 15.432;
9          String x = String.valueOf(a) + " " + String.valueOf(b) + " " +
10                     String.valueOf(c) + " " + String.valueOf(d);
11         JOptionPane.showMessageDialog(null, x);
12         System.exit(0);
13     }
14 }
```

Exemplo 4.15 - Listagem da classe ConversaoParaString.

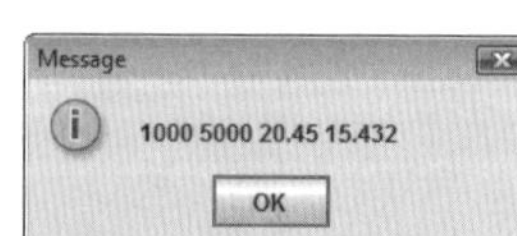

Figura 4.15 - Tela de execução do Exemplo 4.15.

4.2.8 Método indexOf

O método indexOf é usado para localizar caracteres ou substrings em uma String. Quando realizamos a busca de uma palavra em um texto, usamos algo parecido com o funcionamento de indexOf, isto é, ele busca uma palavra e retorna a posição onde ela se encontra. Você já sabe que um texto (ou uma String) é indexado a partir do número zero. Caso haja sucesso na busca, é retornado um número inteiro referente à posição do texto (o índice) onde o caractere foi encontrado, ou a posição do texto onde se inicia a substring localizada. Caso haja insucesso na busca, isto é, caso o caractere ou substring não tenha sido encontrada, é retornado o valor inteiro –1. De qualquer modo, o retorno de indexOf sempre será um número inteiro (o valor do índice, ou –1). A sintaxe geral para utilização do método indexOf é:

```
String.indexOf(<caractere ou substring a ser localizada, [posição inicial]>)
```

Existem várias maneiras de utilizar o método indexOf, conforme indica o Exemplo 4.16.

```
1  package cap04;
2  import javax.swing.JOptionPane;
3  public class BuscaLetraNaFrase {
4      public static void main(String args[]) {
5          String frase = "Livro Java 7 - Ensino didatico";
6          char caractere = 'a';
7          JOptionPane.showMessageDialog(null, "Frase: " + frase +
8                  "\nÍndices: " + frase.indexOf(caractere) +
9                  ", " + frase.indexOf(caractere, 10) +
10                 ", " + frase.indexOf("Ensino") +
11                 ", " + frase.indexOf("Java", 15));
12         System.exit(0);
13     }
14 }
```

Exemplo 4.16 - Listagem da classe BuscaLetraNaFrase.

No Exemplo 4.16, a linha 5 contém o texto que será usado nas pesquisas. A linha 6 armazena a letra 'a' na variável caractere. A letra 'a' será buscada no texto armazenado na variável frase. As formas de busca são as seguintes:

- **Linha 8:** busca o caractere 'a' no texto e retorna o índice referente à sua primeira ocorrência. No caso, retorna o índice 7.
- **Linha 9:** busca o caractere 'a' no texto a partir do índice 10 e retorna o índice referente à sua primeira ocorrência. No caso, retorna o índice 25. Na realidade, a primeira ocorrência do caractere 'a' seria na posição 7, entretanto foi solicitado que a busca iniciasse na posição 10.
- **Linha 10:** busca a substring "Ensino" no texto e retorna o índice referente à sua primeira ocorrência. No caso, retorna o índice 15.
- **Linha 11:** busca a substring "Java" no texto a partir da posição 15 e retorna o índice referente à sua primeira ocorrência. Como não existe a palavra "Java" após a posição 15, é retornado o valor –1 (busca sem sucesso). O mesmo princípio é aplicado quando você procura uma palavra em um editor de textos e ele não a encontra.

A Figura 4.16 mostra os resultados obtidos com a execução do Exemplo 4.16:

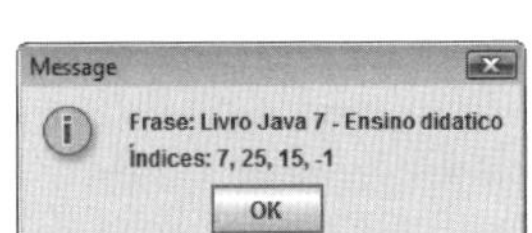

Figura 4.16 - Tela de execução do Exemplo 4.16.

Exercícios para Prática da Linguagem Java

1. Crie uma classe que simule a jogada de um dado de seis lados (números de 1 a 6). Veja o resultado do lançamento na Figura 4.17.

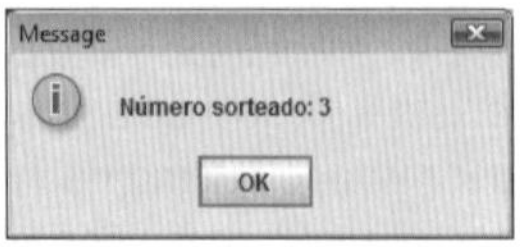

Figura 4.17 - Tela de execução do exercício 4.1.

2. Um vendedor camarada oferece pequenos descontos na venda de seus produtos. Faça uma classe que receba um valor de venda e um percentual de desconto. Além de calcular o desconto, o valor final deve ser arredondado para baixo, isto é, para o valor inteiro anterior, de acordo com a Figura 4.18.

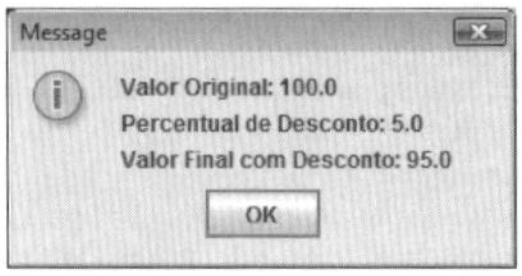

Figura 4.18 - Tela de execução do exercício 4.2.

3. Crie uma classe que gera um número aleatoriamente (entre 0 e 9) por Math.random. Em seguida, solicite do usuário a digitação de um valor entre 0 e 9 e verifique se o número sorteado é igual ao número fornecido pelo usuário. Apresente o resultado em tela como mostra a Figura 4.19.

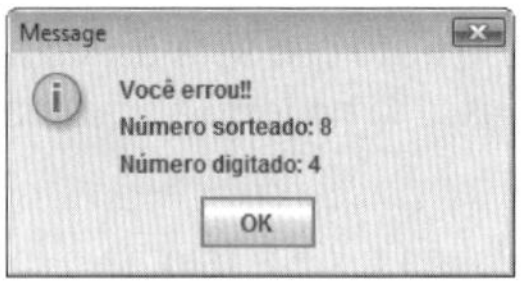

Figura 4.19 - Tela de execução do exercício 4.3.

4. Construa uma classe que receba uma frase qualquer e mostre essa frase sem nenhuma vogal, como indica a Figura 4.20.

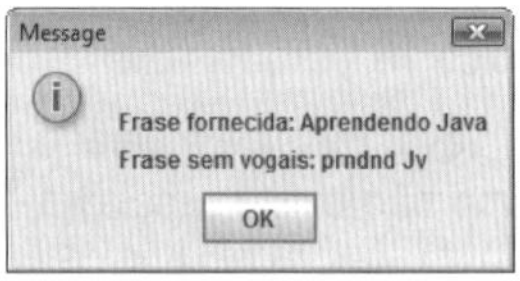

Figura 4.20 - Tela de execução do exercício 4.4.

5. Elabore uma classe que receba uma palavra e uma frase. A seguir, apresente quantas vezes essa palavra existe na frase, conforme a Figura 4.21.

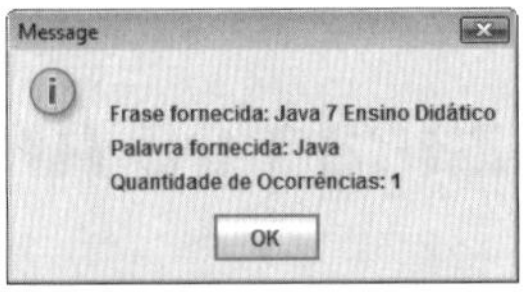

Figura 4.21 - Tela de execução do exercício 4.5.

Observação: Outros exercícios resolvidos podem ser encontrados no site da Editora.

Seu próximo passo

Este capítulo abordou as principais funções matemáticas e de string utilizadas em Java, e o leitor se deparou com exemplos práticos dessas funções. O próximo capítulo aborda a criação e a manipulação de *arrays* e alguns exemplos práticos de sua utilização.

5

Utilização de Arrays

Objetivos deste capítulo

- Apresentar os diversos tipos de arrays;
- Definir os aspectos fundamentais da necessidade do uso de arrays;
- Demonstrar a praticidade da utilização de arrays;
- Fornecer conceitos que permitam ao leitor desenvolver aplicações mais consistentes e com código reduzido.

5.1 Definição

Suponha que seja necessário armazenar e manipular dezenas de nomes de pessoas num programa de computador. De acordo com o que estudamos até aqui seriam necessárias dezenas de variáveis, cada uma armazenando um nome diferente, como, por exemplo, nome1="Lucas", nome2="Daniel" e assim por diante. Em vez disso, é possível a declaração de apenas uma variável indexada, chamada array. Em outras palavras, podemos definir uma variável cujos elementos são referenciados por um índice no seguinte formato: nome[0]="Lucas", nome[1]="Daniel" etc. O número entre colchetes se refere ao índice que diferencia os conteúdos da variável. Talvez o leitor não tenha notado, mas estamos usando um array desde o primeiro exemplo em Java,) pois **String[] args** nada mais é do que um array de elementos do tipo String. Os arrays podem ser unidimensionais (com uma única dimensão, conhecido como vetor) ou bidimensionais (com duas dimensões, conhecido por matriz). A Figura 5.1 ilustra exemplos de arrays unidimensional e bidimensional.

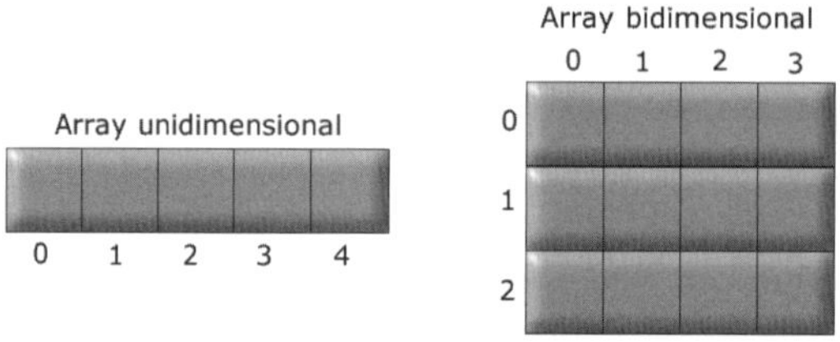

Figura 5.1 - Exemplos de arrays unidimensional e bidimensional.

Observe que, em Java, o primeiro elemento do array sempre possui índice 0 (zero). Maiores detalhes são apresentados nas seções seguintes.

5.2 Arrays Unidimensionais

Os arrays unidimensionais são os que possuem apenas um índice para acessar seu conteúdo. Eles são declarados da seguinte maneira:

```
Tipo-de-dado[] nome-do-array = new Tipo-de-dado[quantidade], em que:
```

- **Tipo-de-dado** → pode ser qualquer tipo de variável.
- **Nome-do-array** → um nome válido; as mesmas regras para nomes das variáveis.
- **quantidade** → a quantidade de elementos que o array pode manipular.

Exemplos:

- **int[] numeros=new int[10];** → cria um array com o nome **numeros** que contém **10** elementos do tipo **int** e seu índice varia de 0 a 9.
- **String[] meses= new String[12];** → cria um array com o nome **meses** que contém **12** elementos do tipo **String** e seu índice varia de 0 a 11.

Para atribuir o valor a um elemento do array, deve-se indicar o índice desejado dentro dos colchetes, como nos exemplos seguintes:

```
numeros[0] = 100;        numeros[5] = 38;         numeros[8] = 17;
meses[0] = "Janeiro";    meses[3] = "Abril";      meses[11] = "Dezembro";
```

O Exemplo 5.1 demonstra a utilização de um array unidimensional para armazenar dez números aleatórios gerados com random, método estudado no capítulo anterior.

```
1  package cap05;
2  public class ArrayNumeros {
3      public static void main(String[] args) {
4          int[] numeros = new int[10];
5          for (int i=0;i<10;i++){
6              numeros[i]=(int) (Math.random()*100);
7              System.out.println(numeros[i]);
8          }
9          System.exit(0);
10     }
11 }
```

Exemplo 5.1 - Utilização da classe ArrayNumeros.

Funcionalidades comentadas do Exemplo 5.1:

- **Linha 4:** declara o array unidimensional chamado numeros contendo dez elementos (índices de 0 a 9).
- **Linha 5:** contém um laço de repetição com a instrução **for** que faz com que as linhas 6 a 8 sejam executadas dez vezes. O valor da variável "i" inicia em zero e é incrementado em 1 até o limite estabelecido pelo laço.
- **Linha 6:** armazena no array numeros um valor gerado aleatoriamente por meio do método random. A cada ciclo de execução do laço o número gerado é armazenado num elemento diferente do array. Na primeira vez o número é armazenado em numeros[0], na segunda em numeros[1] e assim sucessivamente.
- **Linha 7:** imprime em tela o número gerado que foi armazenado no elemento do array.

Os arrays podem ser criados e inicializados de outra maneira. Em vez de usar o operador **new** para criar um array, é possível definir os elementos do array entre chaves e separados por vírgula. Esses elementos devem ser do mesmo tipo da variável definida como array. A sintaxe é:

```
Tipo-de-dado[] nome-do-array = { valores separados por vírgulas }
```

O Exemplo 5.2 demonstra a utilização de um array para armazenar os dias da semana.

```
1  package cap05;
2  public class ArraySemana {
3      public static void main(String[] args) {
4          String[] semana = {"Domingo","Segunda","Terça","Quarta","Quinta","Sexta","Sábado"};
5          for(int i=0;i<semana.length;i++){
6              System.out.println(semana[i]);
7          }
8          System.exit(0);
9      }
10 }
```

Exemplo 5.2 - Utilização da classe ArraySemana.

Funcionalidades comentadas do Exemplo 5.2:

- **Linha 4:** declara o array unidimensional chamado semana contendo os sete dias da semana por extenso (índices de 0 a 6).
- **Linha 5:** contém um laço de repetição com a instrução **for** que faz com que a linha 6 seja executada sete vezes, imprimindo o conteúdo dos elementos do array.

5.3 Arrays Bidimensionais

Um array bidimensional possui dois índices e possibilita que os valores sejam armazenados na forma de matrizes. A linguagem Java não suporta arrays bidimensionais como as outras linguagens (no formato linha, coluna, por exemplo), entretanto é possível obter a mesma funcionalidade criando um array de arrays. Os de uso mais comum são os que envolvem dois arrays, mas é possível criar arrays com quantas dimensões forem necessárias. Esses arrays devem ser declarados da seguinte maneira:

```
Tipo-do-dado nome-do-array[][] = new tipo-do-dado [<indice1>] [<indice2>]
```

O Exemplo 5.3 demonstra o uso de um array bidimensional para armazenar seis números.

```
1  package cap05;
2  import javax.swing.JOptionPane;
3  public class ArrayBidimensional {
4      public static void main(String[] args) {
5          int[][] matriz = new int[2][3];
6          matriz[0][0] = 1;      matriz[0][1] = 2;      matriz[0][2] = 3;
7          matriz[1][0] = 4;      matriz[1][1] = 5;      matriz[1][2] = 6;
8          int soma = 0;
9          for (int linha=0;linha<2;linha++)
10             for (int coluna=0;coluna<3;coluna++){
11                 System.out.println(matriz[linha][coluna]);
12                 soma += matriz[linha][coluna];
13             }
14          JOptionPane.showMessageDialog(null, "Soma dos elementos da matriz: " + soma);
15          System.exit(0);
16     }
17 }
```

Exemplo 5.3 - Utilização da classe ArrayBidimensional.

Funcionalidades comentadas do Exemplo 5.3:

- São armazenados seis números no array **matriz** (linhas 6 e 7) no formato de uma matriz, conforme apresenta a Tabela 5.1.

	0	1	2
0	1	2	3
1	4	5	6

Tabela 5.1 - Forma de armazenamento no array.

- **Linhas 9 e 10:** contém dois laços de repetição com a instrução **for**, um percorrendo as linhas e outro, as colunas da matriz.
- **Linha 12:** a variável **soma** acumula os valores de todos os elementos de **matriz**.

O exemplo seguinte demonstra o uso de um array de três dimensões para criar duas matrizes. As duas matrizes possuem seis números cada. Ao final, imprimem-se em tela a soma dos números ímpares (armazenados na matriz 1) e também a soma dos números pares (armazenados na matriz 2).

```
1  package cap05;
2  import javax.swing.JOptionPane;
3  public class ArrayDuasMatrizes {
4      public static void main(String[] args) {
5          int[][][] cubo = new int[2][3][2];
6          //dados da matriz 1        //dados da matriz 2
7          cubo[0][0][0] = 1;         cubo[0][0][1] = 2;
8          cubo[0][1][0] = 3;         cubo[0][1][1] = 4;
9          cubo[0][2][0] = 5;         cubo[0][2][1] = 6;
10         cubo[1][0][0] = 7;         cubo[1][0][1] = 8;
11         cubo[1][1][0] = 9;         cubo[1][1][1] = 10;
12         cubo[1][2][0] = 11;        cubo[1][2][1] = 12;
13
14         int somaPares = 0, somaImpares = 0;
15         for (int linha=0;linha<2;linha++)
16             for (int coluna=0;coluna<3;coluna++)
17                 for (int matriz=0;matriz<2;matriz++){
18                 System.out.println(cubo[linha][coluna][matriz]);
19                 if(matriz==1)
20                     somaPares += cubo[linha][coluna][matriz];
21                 else
22                     somaImpares += cubo[linha][coluna][matriz];
23             }
24         JOptionPane.showMessageDialog(null, "Soma dos elementos pares: " + somaPares
25                 + "\nSoma dos elementos ímpares: " + somaImpares);
26         System.exit(0);
27     }
28 }
```

Exemplo 5.4 - Utilização da classe ArrayDuasMatrizes.

Funcionalidades comentadas do Exemplo 5.4:

- **Linha 5:** declara o array de três dimensões chamado cubo contendo duas matrizes com seis posições cada.
- **Linhas 15 a 17:** contêm três laços de repetição usados para somar os números pares e ímpares na matriz. O laço da linha 15 percorre as linhas, o laço da linha 16 percorre as colunas e **o laço** da linha 17 manipula uma matriz de cada vez. Em outras palavras, a sequência de leitura será: o primeiro elemento da matriz 1 ([0,0,0]), o primeiro elemento da matriz 2 ([0,0,1]), o segundo elemento da matriz 1 ([0,1,0]), o segundo elemento da matriz 2 ([0,1,1]) e assim sucessivamente.
- **Linha 19:** verifica se a matriz a ser considerada é a dos números pares (matriz==1). Se verdadeiro, executa a linha 20 acumulando o valor na variável somaPares; caso contrário (se matriz==0), executa a linha 22 acumulando o valor na variável somaImpares.

5.4 Busca em Arrays

Outro aspecto pertinente ao uso de um array se refere à busca de um valor entre seus elementos. Existem diversas maneiras de realizar esse processo em Java e não queremos esgotar as possibilidades, apenas apresentar uma maneira de fazer isso. O exemplo seguinte solicita ao usuário a digitação de uma cor e verifica se ela está armazenada em um dos elementos do array.

```
1   package cap05;
2   import javax.swing.JOptionPane;
3   public class ArrayPesquisaCor {
4       public static void main(String[] args) {
5           String[] cores = {"verde", "amarelo", "azul", "vermelho", "preto"};
6           String cor = JOptionPane.showInputDialog("Forneça uma cor");
7           String mensagem = "Cor não encontrada";
8           for(String elemento:cores){
9               if(elemento.equals(cor)){
10                  mensagem = "Cor encontrada";
11                  break;
12              }
13          }
14          JOptionPane.showMessageDialog(null, mensagem);
15          System.exit(0);
16      }
17  }
```

Exemplo 5.5 - Utilização da classe ArrayPesquisaCor.

Funcionalidades comentadas do Exemplo 5.5:

- **Linha 5:** declara um array chamado cores contendo cinco cores diferentes: verde, amarelo, azul, vermelho e preto.
- **Linha 7:** atribui um valor inicial à variável mensagem. Consideramos inicialmente que a cor fornecida pelo usuário não existe no array cores.
- **Linha 8:** contém um laço de repetição com a instrução **for** que faz com que as linhas 9 a 13 sejam executadas várias vezes, dependendo da quantidade de elementos do array. A estrutura desse laço **for** contém uma sintaxe reduzida (usada neste caso para percorrer todos os elementos do array). A cada ciclo do **for**, a variável elemento recebe um conteúdo diferente armazenado num elemento do array cores.
- **Linha 9:** compara a string digitada pelo usuário com cada um dos elementos do array, dependendo do ciclo de execução do laço for. Ao encontrar a cor correspondente, atribui um novo valor à variável mensagem (linha 10) e quebra o laço de repetição por meio da instrução break (linha 11).

5.5 A Classe Arrays

A classe Arrays permite manipular os elementos de um array (ordená-los ou realizar uma pesquisa com eles). O Exemplo 5.6 demonstra a utilização da classe Arrays para ordenar dois tipos de arrays: um array de nomes de pessoas e um array de números gerados aleatoriamente.

```
1  package cap05;
2  import java.util.*;
3  public class ArrayOrdena {
4      public static void main(String[] args) {
5          String[] nomes = {"Lucas","Daniel","Julia","Tatiana","Izabela","Matheus"};
6          Arrays.sort(nomes);
7          for(String nome: nomes){
8              System.out.println(nome);
9          }
10         int[] numeros = new int[10];
11         for (int i=0;i<10;i++){
12             numeros[i]=(int)(Math.random()*100);
13         }
14         Arrays.sort(numeros);
15         for(int numero: numeros){
16             System.out.println(numero);
17         }
18         System.exit(0);
19     }
20 }
```

Exemplo 5.6 - Utilização da classe ArrayOrdena.

Funcionalidades comentadas do Exemplo 5.6:

- **Linha 5:** declara o array chamado nomes contendo seis nomes: Lucas, Daniel, Julia, Tatiana, Isabela e Matheus (índices de 0 a 5).
- **Linha 6:** ordena o array nomes por ordem alfabética pelo método **sort** da classe Arrays.
- **Linhas 7 a 9:** contém um laço de repetição com a instrução **for** que faz com que a linha 8 seja executada várias vezes, dependendo da quantidade de elementos do array, para imprimir em tela todos os elementos do array.
- **Linhas 10 a 13:** detalhadas no Exemplo 5.1.
- **Linha 14:** ordena o array numeros em ordem crescente pelo método **sort** da classe Arrays.
- **Linhas 15 a 17:** realizam o mesmo processo das linhas 7 a 9, porém com a variável numero recebendo cada elemento do array numeros e imprimindo em tela todos os elementos do array.

Exercícios para Prática da Linguagem Java

1. Elabore uma classe que receba dez nomes de pessoas por meio de showInputDialog, armazene esses nomes em um array de dez elementos, sorteie um ganhador e imprima o seu nome em tela, conforme apresenta a Figura 5.2.

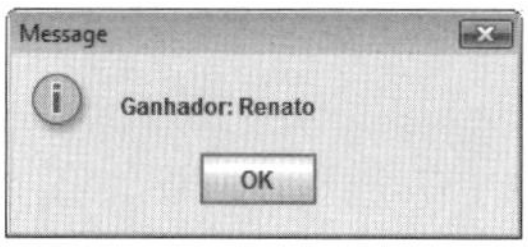

Figura 5.2 - Tela de execução do exercício 5.1.

2. Crie uma classe que receba dez números por meio de showInputDialog, armazene esses números em um array de dez elementos e apresente em tela as somas dos números, o maior e o menor.

3. Faça uma classe que gere aleatoriamente mil números inteiros quaisquer e os armazene num array bidimensional (considere 50 linhas e 20 colunas). A seguir, peça para o usuário digitar um número para ser pesquisado no array. Informe ao usuário se o número existe ou não no array.

4. Faça uma classe contendo um array bidimensional que recebe o nome e o sexo de cinco pessoas; a seguir o usuário fornece o sexo das pessoas que devem ser apresentadas em tela.

5. Faça uma classe que simule a ocupação de quartos de um hotel. Considere que existem cinco andares e dez quartos por andar. O objetivo é saber se um quarto está ou não ocupado. A classe deve possuir um menu com as opções: 1-Imprimir lista de quartos, 2-Definir ocupação e 3-Sair. A opção 1 lista todos os quartos, informando se estão ou não ocupados, a opção 2 permite definir o status "ocupado" ou "livre" para qualquer um dos quartos. A opção 3 encerra o programa.

Seu próximo passo

Este capítulo apresentou uma pequena introdução à utilização de arrays, uma técnica que facilita o desenvolvimento de sistemas, reduzindo o tamanho do código. No entanto, o leitor deve ter ciência de que existem outras estruturas mais complexas para tratamento de dados, não abordadas na obra. Trata-se das coleções (Collections) cujo tratamento foge ao escopo do livro, mas que são estruturas muito utilizadas em Java.

O próximo capítulo apresenta a criação de métodos e a troca de mensagens entre eles. De forma geral, ele fornece os subsídios necessários para que você mesmo possa criar seus métodos, compreendendo os conceitos de modularidade e reaproveitamento de código.

6

Criação de Métodos em Java

Objetivos deste capítulo

- Identificar os principais métodos usados em Java;
- Explicar as vantagens de uso dos métodos;
- Introduzir o conceito de modularidade a partir da criação de métodos;
- Fornecer subsídios para que o leitor possa criar seus próprios métodos;
- Descrever os mecanismos necessários para a troca de dados entre os métodos.

Até este ponto do livro, em todos os exemplos apresentados sempre foi declarado apenas o método **main**, obrigatório em todas as classes executáveis a partir da linha de comando (*prompt*). Também já utilizamos diversos métodos nos capítulos anteriores (matemáticos, de strings etc.). Este capítulo apresenta os conceitos básicos para a elaboração e utilização de métodos. Espera-se que o leitor adquira conhecimentos suficientes para criar seus próprios métodos.

Métodos são trechos de código que permitem modularizar um sistema, isto é, são pequenos blocos que, juntos, compõem um sistema maior. Os métodos recebem um determinado nome e podem ser chamados várias vezes durante a execução de uma classe, ou seja, é uma sub-rotina que pode ser invocada toda vez que sua funcionalidade for necessária em um trecho da classe ou ainda a partir de uma outra classe. Os principais motivos que levam a utilizar métodos se referem à redução do tamanho total de código de um sistema, à melhoria da modularização do sistema (cada trecho de código realiza uma tarefa) e à facilitação e agilização do processo de manutenção. Considere o método um programa autossuficiente que possui internamente todas as definições necessárias para seu funcionamento, no entanto ele compõe um sistema maior do qual é membro. O método pode ser comparado ao setor de uma empresa especializado numa determinada tarefa.

Para ilustrar estes conceitos, imagine um grande sistema (envolvendo muitas classes em Java) em que existe a necessidade de verificar se uma data é válida. Imagine ainda que em diversas aplicações isso deve ser realizado, isto é, a mesma validação de data deve ser feita em diversas classes. Um programador pouco experiente talvez repita o mesmo trecho de programa em várias classes no sistema. Isso não é bom, pois além de o código dos programas ficar maior, pode ser preciso alterar algo na rotina. Por exemplo, a data era considerada com dois dígitos para o ano e depois foi necessário tratá-la para ser aceita com quatro dígitos. É preciso alterar todas as classes que utilizam essa validação.

Suponha que em 15 classes diferentes, com diversos métodos distintos em cada uma, essa rotina fosse utilizada. Seria necessário alterar e compilar as 15 classes novamente. Por outro lado, se essa rotina de validação estivesse armazenada na forma de método em uma classe, todas as outras classes poderiam usar (importar) esse método. E melhor ainda, caso alterações no método fossem necessárias, apenas ele seria alterado e todas as classes que o utilizam seriam atualizadas automaticamente. Caso este exemplo não tenha sido muito bem compreendido, não se preocupe, pois os exemplos seguintes vão tornar os conceitos mais claros.

Um método pode invocar outro método, isto é, durante a execução do método1 pode ser necessária a execução do método2 que pode invocar o método3 e assim por diante. Todo método possui uma declaração e um corpo, cuja estrutura simplificada é formada por:

```
qualificador tipo-do-retorno nome-do-método ([lista-de-parâmetros]){
   códigos do corpo
}
```

Sendo:

- **Qualificador:** conhecido também pelo nome de modificador, define a visibilidade do método. A Oracle o define como "nível de acesso" (*accessLevel*) do método. Trata-se de uma forma de especificar se o método é visível apenas à própria classe em que está declarado, ou pode ser visualizado (e utilizado) por classes externas. O qualificador do método pode ser do tipo:
  - **public:** o método é visível por qualquer classe. É o qualificador mais aberto no sentido de que qualquer classe pode usar esse método.
  - **private:** o método é visível apenas pela própria classe. É o qualificador mais restritivo.
  - **protected:** o método é visível pela própria classe, por suas subclasses e pelas classes do mesmo pacote.

  Vamos estudar o funcionamento desses qualificadores e outros conceitos anteriores no decorrer deste capítulo e do capítulo 7 referente à orientação a objetos. Existem ainda outros qualificadores menos usados não citados no livro.

- **Tipo-de-retorno:** refere-se ao tipo de dado retornado pelo método. Métodos que não retornam valores devem possuir nesse parâmetro a palavra **void**. Sempre que void for usada em uma declaração de método, nenhum valor é retornado após sua execução, isto é, o método atua como uma *procedure* de outras linguagens de programação. Um método pode ter como retorno qualquer tipo primitivo (int, float, double etc.), um array ou ainda um objeto qualquer.

- **Nome-do-método:** pode ser qualquer palavra ou frase, desde que iniciada por uma letra. Se o nome for uma frase, não podem existir espaços em branco entre as palavras. Como padrão da linguagem Java, o nome de um método sempre inicia com uma palavra com letras minúsculas. Se outras palavras forem necessárias, elas devem iniciar com maiúsculas. São exemplos de nomes de métodos de acordo com o padrão da linguagem: imprime, imprime**F**rase, grave**A**rquivo**T**exto. É importante dar aos métodos nomes sugestivos, ou seja, que identificam facilmente a tarefa executada por eles.

- **Lista-de-parâmetros:** trata-se de uma lista de variáveis opcionais, que podem ser recebidas pelo método para tratamento interno. Quando um método é invocado (chamado), ele pode receber valores de quem o chamou. Esses valores podem ser manipulados internamente e devolvidos ao emissor da solicitação. Esse processo pode ser comparado ao de uma fabricação industrial: entra matéria-prima (os valores passados ao método) e sai um produto acabado (o retorno do método). A Figura 6.1 apresenta uma analogia entre métodos com e sem retorno. Observe que, ao chamar um método, uma classe pode passar diversos valores (parâmetros) que são recebidos pelo método para processamento. O método da parte de cima da figura (com retorno) realiza o processamento e devolve um resultado para quem o chamou, já o método da parte de baixo (sem retorno) apenas processa os valores de entrada e realiza alguma tarefa interna. Um mesmo método pode receber diferentes tipos de variáveis, desde primitivos até objetos complexos. Os valores recebidos por um método podem também ser chamados de argumentos, como demonstra a Figura 6.1.

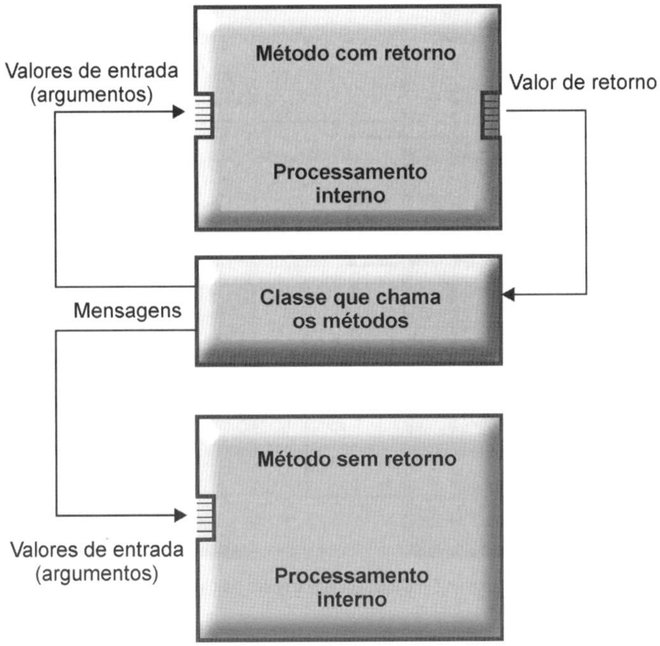

Figura 6.1 - Analogia do funcionamento dos métodos.

- **Códigos do corpo:** trata-se dos códigos implementados em Java que realizam os processos internos e retornam os valores desejados, isto é, constituem o programa do método.

O nome do método e a lista de parâmetros formam a **assinatura** do método, algo que o identifica de maneira única. Toda vez que um método for invocado (chamado), a assinatura deve ser obedecida, uma maneira que torna possível identificar um método em relação aos demais. Se a assinatura for diferente, ou seja, se qualquer um dos componentes não coincidir com a declaração, o método não pode ser utilizado. Voltaremos a falar da assinatura à medida que os exemplos forem analisados. Existem ainda outros aspectos referentes à declaração de métodos que serão citados em momento oportuno, como, por exemplo, o uso da palavra **static**.

Uma classe pode possuir diversos métodos, que podem ser invocados (chamados) a partir da própria classe ou a partir de outras classes. A Figura 6.2 ilustra essa característica.

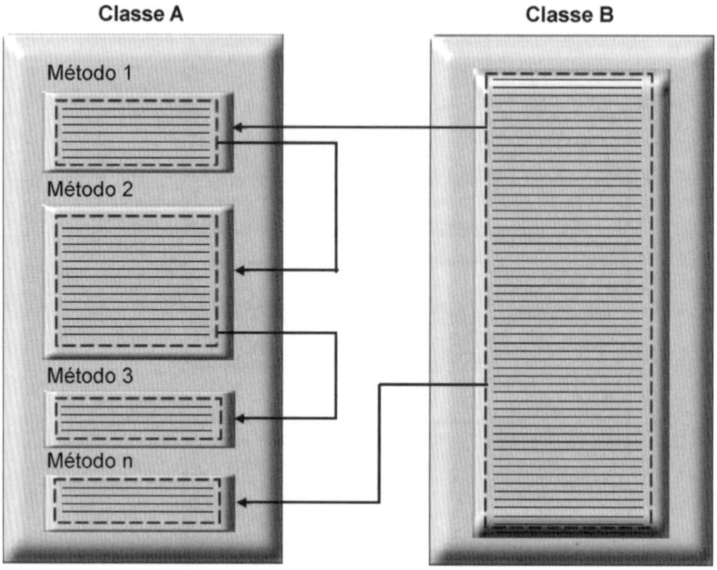

Figura 6.2 - Classe com diversos métodos.

6.1 Métodos sem Retorno

Não retornam valores e são semelhantes às *procedures* encontradas em outras linguagens de programação, como Pascal. Os métodos que não retornam valores devem ser definidos como **void**. Desta forma, todos os métodos sem retorno acompanham a seguinte estrutura:

```
qualificador void nome-do-método ([lista-de-parâmetros]){
    //códigos do corpo
}
```

Para ilustrar um método sem retorno observe a parte inferior da Figura 6.1 novamente. Um método desse tipo pode receber valores, executar procedimentos internos, mas não dar nenhum retorno para quem o chamou. Considere que um chefe (A) peça para um subordinado (B) executar uma tarefa. O subordinado executa a tarefa com os dados fornecidos (dependendo do caso pode ser que nenhum dado seja enviado), mas não dá nenhum retorno ao chefe. O chefe apenas confia que o subordinado vai executar a tarefa. A e B podem estar localizados na mesma classe ou em classes diferentes.

O Exemplo 6.1 mostra uma classe que contém o método main e mais seis métodos que não retornam nenhum valor. Note que todos os métodos possuem a declaração void.

Os aspectos comentados do Exemplo 6.1 são:

- O exemplo segue a forma convencional, isto é, ao ser executado, é invocado automaticamente o método main. É muito comum em Java um método chamar o outro. Neste caso o método main vai chamar os outros seis métodos presentes na classe. Quando isso ocorre, a execução do método é suspensa e inicia-se a execução do outro método. Ao finalizar a execução do método chamado, a execução do programa retorna na linha imediatamente posterior à linha do método que realizou a chamada. Veja um exemplo no próximo tópico.

```
1  package cap06;
2  public class MetodosSemRetorno {
3      public static void main(String args[]) {
4          imprimir();
5          imprimirTexto("Ola");
6          quadrado(10);
7          somar(10, 20);
8          maior(10, 20, 30);
9          sexo('F');
10     }
11     public static void imprimir() {
12         System.out.println("Aprendendo a Linguagem Java");
13     }
14     public static void imprimirTexto(String texto) {
15         System.out.println(texto);
16     }
17     public static void somar(int a, int b) {
18         System.out.println(a + b);
19     }
20     public static void quadrado(int a) {
21         System.out.println(Math.pow(a, 2));
22     }
23     public static void maior(int a, int b, int c) {
24         System.out.println(Math.max(c, Math.max(a, b)));
25     }
26     public static void sexo(char c) {
27         if(c=='F')
28             System.out.println("Feminino");
29         else if(c=='M')
30             System.out.println("Masculino");
31         else
32             System.out.println("Sexo desconhecido");
33     }
34 }
```

Exemplo 6.1 - Listagem da classe MetodosSemRetorno.

- **Linha 4:** invoca o método imprimir presente na linha 11, ou seja, a execução de main será suspensa e o programa "pula" para a linha 11. O método imprimir imprime a mensagem da linha 12 e retorna a linha 5, linha imediatamente posterior à linha 4 que chamou o método. Veja que o método imprimir não recebe nenhum valor. Se algum valor fosse recebido, existiria pelo menos uma variável declarada dentro dos parênteses. Neste caso, dizemos que o método imprimir não possui nenhum parâmetro para recebimento de dados. Ele não é muito útil, pois toda vez que é chamado imprime a mesma mensagem em tela.

- **Linha 5:** invoca o método imprimirTexto presente na linha 14, o qual recebe uma frase e a imprime em tela na linha 15. Veja que o método imprimirTexto recebe um valor do tipo String por meio da variável texto declarada entre parênteses. Dizemos que esse método possui um parâmetro do tipo String para recebimento de dados, no caso um texto qualquer. Esse método é melhor do que o anterior, visto que pode imprimir uma mensagem diferente na tela, dependendo do dado de entrada.

- **Linha 6:** invoca o método quadrado presente na linha 20, o qual recebe um número e através do método pow da classe Math calcula o quadrado desse número e o imprime em tela na linha 21. Veja que o método quadrado recebe um valor do tipo int por meio da variável "a" declarada entre parênteses. Dizemos que esse método possui um parâmetro do tipo int para recebimento de dados, no caso um número qualquer.

- **Linha 7:** invoca o método somar presente na linha 17, o qual recebe dois números, efetua a soma deles e imprime em tela (linha 18). Esse método recebe dois valores do tipo int por meio das variáveis "a" e "b" declaradas dentro dos parênteses. Dizemos que esse método possui dois parâmetros do tipo int para recebimento de dados, no caso dois números inteiros.

- **Linha 8:** invoca o método maior presente na linha 23, o qual recebe três números e através do método max da classe Math verifica o maior valor entre dois números (a e b). Após a obtenção do primeiro resultado, verifica o maior valor encontrado (a ou b) com c. Em seguida imprime o resultado em tela na linha 24. Veja que o método maior recebe três valores do tipo int por meio das variáveis a, b e c declaradas dentro dos parênteses. Dizemos que esse método possui três parâmetros do tipo int para recebimento de dados, no caso três números inteiros.
- **Linha 9:** invoca o método sexo presente na linha 23, o qual recebe uma letra e através da estrutura if-else permite a seleção entre três caminhos distintos (se a letra recebida for F, M ou outra qualquer) e de acordo com o resultado, imprime em tela uma das três saídas do método (linhas 28, 30 e 32). Veja que o método sexo recebe um valor do tipo char por meio da variável "c" declarada dentro dos parênteses. Dizemos que esse método possui um parâmetro do tipo char para recebimento de dados, no caso um caractere qualquer.
- Ao encerrar a execução da linha 9, o programa é finalizado.

Outros comentários importantes a respeito de métodos:

1. A chamada de um método deve corresponder exatamente à sua declaração, ou melhor, à sua assinatura. Quando invocado, o método deve possuir o mesmo nome e o mesmo número de parâmetros. Observe a assinatura do método imprimir (linha 11). Ele possui o nome imprimir e não recebe nenhum tipo de parâmetro (nada dentro dos parênteses). Agora observe a invocação desse método na linha 4. Veja que nenhum valor está sendo enviado entre parênteses. Analise o Exemplo 6.1 e verifique que toda vez que um método é invocado, sua assinatura é respeitada. Caso isso não ocorra, o compilador registra um erro.
2. Conforme descrito anteriormente, quando declarada a palavra reservada **void**, significa que não existe um valor de retorno. O resultado dos métodos apresentados não é atribuído a nenhuma variável, pois eles não têm retorno. Os métodos foram declarados como públicos (public), como já discutido, o que possibilita que eles sejam utilizados externamente à classe em que foram declarados.
3. Note que a ordem em que os métodos da classe são declarados não influencia em nada a sequência de execução. O primeiro método definido no exemplo é imprimir (linha 11), mas nada mudaria se ele fosse o último a ser declarado, no lugar de sexo (linha 26).
4. Outro aspecto a ser considerado é o uso da palavra static em todas as declarações dos métodos do Exemplo 6.1. O uso de static é mais explorado no próximo capítulo; por enquanto apenas entenda que isso permite acessar os métodos a partir de outras classes, conforme veremos no Exemplo 6.2.
5. Um método pode receber vários parâmetros do mesmo tipo ou não. Como exemplo, veja as declarações seguintes:
   - **public static void imprimeVariasVezes (String frase, int quantidade)** → informa que o método recebe um parâmetro do tipo String (frase) e um parâmetro do tipo inteiro (quantidade). Suponha que internamente o método imprima a frase várias vezes na tela, dependendo do valor da variável quantidade.
   - **public static void tela(double arg1, int arg2, float arg3, String arg4)** → informa que o método recebe um parâmetro do tipo double (arg1), um parâmetro do tipo inteiro (arg2), um parâmetro do tipo float (arg3) e um parâmetro do tipo String (arg4).

6.2 Métodos com Retorno de Valores

Nos exemplos anteriores os métodos utilizados não retornaram nenhum valor (void), podendo ser comparados às *procedures* de outras linguagens de programação. Este item aborda métodos que retornam valores, os quais podem ser comparados às *functions* de outras linguagens. Os métodos com retorno observam a seguinte estrutura:

```
qualificador tipo-de-retorno nome-do-método ([lista-de-parâmetros]){
   // códigos do corpo
    return (valor-de-retorno)
}
```

Esta estrutura é praticamente a mesma dos métodos sem retorno, com a diferença de que o retorno é realizado por meio da instrução **return**, ao final do código do corpo. Após o return deve ser colocado o conteúdo a ser retornado, tipicamente uma variável ou uma fórmula. O uso dos parênteses após a instrução return é opcional.

Por exemplo:

```
public static int multiplica(int x, int y){
return x * y;
}
```

```
package cap06;
public class MetodosComRetorno {
    public static void main(String[] args) {
        System.out.println(somar(2,3));
        System.out.println(pares(100));
        System.out.println(diaPorExtenso(3));
        System.out.println(contaLetrasA("Banana"));
    }
    public static double somar(double a, double b){
        return a + b;
    }
    public static String pares(int valor){
        String retorno="";
        for (int a=0;a<=valor;a=a+2){
            retorno+=a+" ";
        }
       return retorno;
    }
    public static String diaPorExtenso(int dia){
       String extenso = "Domingo";
       if (dia == 2) extenso = "Segunda";
       else if (dia == 3) extenso = "Terça";
       else if (dia == 4) extenso = "Quarta";
       else if (dia == 5) extenso = "Quinta";
       else if (dia == 6) extenso = "Sexta";
       else if (dia == 7) extenso = "Sábado";
       else extenso = "dia não reconhecido";
       return extenso;
    }
   public static int contaLetrasA(String palavra){
        int quantidade=0;
        palavra = palavra.toUpperCase();
        for (int a=0;a<palavra.length();a++){
            if(palavra.charAt(a)=='A')
                quantidade++;
        }
       return quantidade;
    }
}
```

Exemplo 6.2 - A classe MetodosComRetorno.

A especificação desse método declara que ele receberá dois parâmetros inteiros (x,y) e retornará um número também do tipo inteiro (**int**), no caso a multiplicação entre os dois valores. Esse valor é retornado pela instrução return x * y. Os valores recebidos e retornados não precisam ser necessariamente do mesmo tipo, conforme aparece neste exemplo. Podem existir métodos que recebem números e retornam uma String, recebem inteiros e retornam números com ponto flutuante, ou qualquer outra combinação.

O Exemplo 6.2 demonstrou a utilização de diversos métodos que retornam valores.

Aspectos importantes do Exemplo 6.2:

- Ao rodar a aplicação, o método main é executado e invoca os quatro métodos existentes na classe (somar, pares, diaPorExtenso e contaLetrasA), e todos eles retornam valores. Observe o uso da instrução **return** no final de cada método (linhas 10, 17, 28 e 37). O resultado do retorno dos métodos é impresso em tela nas linhas 4 a 7. O resultado da execução do método, retornado por meio de return, é substituído no mesmo ponto onde o método foi chamado.
- **Linha 9:** contém a especificação do método somar: public static double **somar**(double a, double b). Ele recebe dois valores do tipo double (a e b) e retorna a soma desses valores na linha 10. Observe que o tipo de dado de retorno (colocado após a instrução return) deve ser o mesmo definido na especificação do método; no caso foi definido que o retorno do método somar é um tipo double. Veja que a assinatura do método (definida na especificação do método na linha 9) e sua invocação (na linha 4) são idênticas.
- **Linha 12:** contém a especificação do método pares: public static String **pares**(int valor). Ele recebe um valor do tipo int (valor) e retorna uma String (linha 17) com todos os números pares compreendidos entre 0 e esse valor.
- **Linha 19:** contém a definição do método diaPorExtenso: public static String **diaPorExtenso**(int dia). Ele recebe um valor do tipo int (dia) e retorna o dia da semana por extenso por meio da linha 28.
- **Linha 30:** contém a especificação do método contaLetrasA: public static int **contaLetrasA** (String palavra). Ele recebe um valor do tipo String (palavra) e retorna um valor inteiro referente à quantidade de letras "a" contidas no valor recebido (linha 37).

Os métodos representam um dos mais importantes recursos de programação, uma vez que sua funcionalidade pode ser reaproveitada em diferentes programas. Por exemplo, é possível a criação de métodos especializados para a entrada de dados, pois um método possibilita a digitação de dados do tipo inteiro, outro de dados do tipo double, outro de dados String e assim por diante. Com isso, toda vez que uma entrada via teclado for necessária, um método pode ser invocado.

Observação

O conceito de assinatura do método é muito importante. Sempre preste atenção à declaração feita ao método para poder invocá-lo. Se o método possui vários parâmetros de entrada, como os apresentados nos Exemplos 6.1 e 6.2, o número de parâmetros (e o tipo deles) deve coincidir com a declaração.

6.3 Recursividade

Os programas são geralmente estruturados com métodos que chamam uns aos outros, o que facilita a resolução de muitos problemas, além de reduzir consideravelmente o tamanho do código. A recursividade ocorre quando um método chama a si próprio, direta ou indiretamente, por meio de outro método. Para entender corretamente o funcionamento desse tipo de método, é necessário muita dedicação por parte dos desenvolvedores, pois sua utilização pode ser extremamente complexa. Devido a essa dificuldade, este livro apenas cita esse aspecto com um pequeno exemplo. Seu estudo aprofundado foge dos objetivos do livro.

```
1  package cap06;
2  public class Recursividade {
3      public static void main(String args[]) {
4          for (long i = 0; i <= 10; i++) {
5              System.out.println(i + "! = " + fatorial(i));
6          }
7      }
8      public static long fatorial(long num) {
9          if (num <= 1) {
10             return (1);
11         }
12         else {
13             return (num * fatorial(num - 1));
14         }
15     }
16 }
```

```
0! = 1
1! = 1
2! = 2
3! = 6
4! = 24
5! = 120
6! = 720
7! = 5040
8! = 40320
9! = 362880
10! = 3628800
```

Exemplo 6.3 - Listagem da classe Recursividade.

O Exemplo 6.3 mostra uma recursividade gerada para imprimir o fatorial dos números inteiros de 0 a 10. Conforme citado, seu funcionamento não é detalhado, uma vez que não faz parte do propósito do livro.

No Exemplo 6.3 a linha 13 contém uma chamada ao próprio método **fatorial**, isto é, ele chama a si mesmo. Cada vez que o método é chamado o valor da variável num é diminuído em 1. O resultado da execução desse exemplo aparece na figura ao lado direito do código.

6.4 Sobrecarga

A linguagem Java permite que vários métodos sejam definidos com o mesmo nome, desde que eles tenham uma assinatura diferente, ou seja, essas diferenças podem ser com base no número, nos tipos ou na ordem de parâmetros recebidos. Quando um método sobrecarregado é chamado, o compilador avalia e seleciona o método mais adequado à situação, examinando a assinatura correspondente, portanto os métodos sobrecarregados são utilizados para realização de tarefas semelhantes sobre tipos de dados diferentes.

Sem se dar conta disso, o leitor já utilizou a sobrecarga várias vezes. Considere **System.out.println()**. O método println pode receber diversos dados como parâmetro, isto é, ora pode-se enviar um dado inteiro para ser impresso, ora pode ser enviado um tipo double, ou ainda string. Isso foge às regras de definição dos métodos, uma vez que ele deve receber o mesmo tipo de dado declarado. Sendo assim, como o método println() pode receber dados de tipos diferentes? Isso é possível por meio da sobrecarga de métodos.

O Exemplo 6.4 demonstra um método de nome **area** declarado três vezes.

Funcionalidades comentadas do Exemplo 6.4:

- As linhas 4 a 6 invocam o método **area**. Cada linha passa uma quantidade diferente de parâmetros. Quando é passado apenas um parâmetro, o compilador compreende que deve ser executado o método da linha 8, pois apenas um valor está sendo enviado. Da mesma forma, quando são enviados dois valores, é executado o método da linha 11 e quando são enviados três valores, é executado o método da linha 14. O fato de todos os valores enviados serem números inteiros é pura coincidência, pois qualquer tipo de dado pode ser declarado.
- As linhas 8, 11 e 14 declaram métodos com o mesmo nome (**area**), mesmo retorno (double), no entanto com quantidades de parâmetros do tipo int diferentes (1, 2 e 3). Isso caracteriza o uso de sobrecarga.

- Ao executar o exemplo, você vê em tela três cálculos de área diferentes, cada um deles retornado por um método diferente.

```
package cap06;
public class AreaComSobrecarga {
    public static void main(String args[]) {
        System.out.println("área de um quadrado..." + area(3));
        System.out.println("área de um retangulo.." + area(3, 2));
        System.out.println("área de um cubo......." + area(3, 2, 5));
    }
    public static double area(int x) {
        return (x * x);
    }
    public static double area(int x, int y) {
        return (x * y);
    }
    public static double area(int x, int y, int z) {
        return (x * y * z);
    }
}
```

Exemplo 6.4 - A classe AreaComSobrecarga.

6.5 Acesso a Métodos de Outras Classes

Até este ponto só foi demonstrado o acesso a métodos da própria classe, com exceção dos métodos internos da própria linguagem Java. Essa característica, apesar de útil, não é exatamente a mais usada em Java; o mais comum é que um método seja acessado externamente, isto é, ele é declarado em uma classe externa e sua funcionalidade é reaproveitada por qualquer outra classe. Já utilizamos métodos externos diversas vezes, como, por exemplo, os das classes Math e String.

Qualquer método do tipo static criado em uma classe pode ser utilizado em outra classe usando o formato **nome-da-classe.nome-do-método**. Com isso um método necessita ser criado apenas uma vez em uma única classe. Esse recurso é muito importante, pois uma vez que o método foi criado, ele pode ser reutilizado em outra aplicação; basta chamar a classe em que ele se encontra.

Observação

Para que a invocação de um método de outra classe seja possível, é necessário que a classe utilizada esteja no mesmo diretório da classe que contém o método, e estejam declaradas a variável de ambiente *classpath*, no sistema operacional onde o Java está instalado, e a sequência de caracteres ;.; (ponto e vírgula, ponto, ponto e vírgula). Desta forma, uma classe externa pode ser encontrada no diretório default. Se a classe estiver localizada numa pasta diferente, torna-se necessário o uso da diretiva import.

O Exemplo 6.5 mostra o uso de métodos de outras classes já desenvolvidas em exemplos anteriores deste capítulo (Exemplos 6.1 e 6.2) para imprimir um texto, somar duas variáveis, mostrar o dia da semana por extenso e a quantidade de caracteres "a" presente em uma palavra. Observe como é possível utilizar as classes de outros exemplos para criar um aplicativo, economizando linhas de código e ganhando tempo.

No Exemplo 6.5, nas linhas 4 e 5 são invocados os métodos **imprimirTexto()** e **somar()** da classe MetodosSemRetorno. Nas linhas 6 e 7 são invocados os métodos **diaPorExtenso()** e **contaLetraA()** definidos na classe MetodosComRetorno. Cada um desses métodos é chamado primeiramente pelo nome da classe em que se situam e em seguida pelo nome do método. Voltamos a frisar que a utilização de um método de outra classe, sem a criação de um objeto, só é possível pelo fato de o método ter sido declarado como static. A criação de objetos é estudada no próximo capítulo.

```
package cap06;
public class UsaMetodos {
    public static void main(String[] args) {
        MetodosSemRetorno.imprimirTexto("Usando métodos de outra classe");
        MetodosSemRetorno.somar(20, 30);
        System.out.println(MetodosComRetorno.diaPorExtenso(5));
        System.out.println(MetodosComRetorno.contaLetrasA("Macacada"));
    }
}
```

Exemplo 6.5 - Listagem da classe UsaMetodos.

Vale a pena ressaltar que esse recurso de reaproveitamento de código não é exclusivo da linguagem Java, pois outras linguagens de programação também possuem recursos semelhantes.

O próximo exemplo traz a classe **EntradaDeDadosComMetodos**, em que existem vários métodos específicos para entrada de dados via teclado. Eles podem ser chamados por outras classes quantas vezes forem necessárias. Os métodos do Exemplo 6.6 são os seguintes:

```
package cap06;
import javax.swing.*;
public class EntradaDeDadosComMetodos {
    static String aux = "";
    public static float leNumeroFloat(float minimo, float maximo) {
        float n = 0;
        while (true) {
            try {
                aux = JOptionPane.showInputDialog("forneça um valor entre 0 e 10");
                n = Float.parseFloat(aux);
                if (n < minimo || n > maximo) {
                    JOptionPane.showMessageDialog(null, "Entrada fora da faixa permitida !!");
                }
                else {
                    break; // encerra o loop infinito
                }
            }
            catch (NumberFormatException erro) {
                JOptionPane.showMessageDialog(null, "Digite apenas valores numéricos !!\n"
                        + erro.toString());
            }
        }
        return n;
    }
    public static int leNumeroInt(int minimo, int maximo) {
        int n = 0;
        while (true) {
            try {
                aux = JOptionPane.showInputDialog("forneça um valor inteiro entre "
                        + minimo + " e " + maximo);
                n = Integer.parseInt(aux);
                if (n < minimo || n > maximo) {
                    JOptionPane.showMessageDialog(null, "Entrada fora da faixa permitida !!");
                }
                else {
                    break; // encerra o loop infinito
                }
            }
            catch (NumberFormatException erro) {
                JOptionPane.showMessageDialog(null, "Digite apenas valores numéricos !!\n"
                        + erro.toString());
            }
        }
        return n;
    }
    public static String leString() {
        aux = JOptionPane.showInputDialog("forneça um nome");
        return aux;
    }
}
```

Exemplo 6.6 - A classe EntradaDeDadosComMetodos.

- **Linha 5:** `leNumeroFloat` → possibilita a leitura de um número do tipo float dentro de um valor mínimo e um máximo, definidos no momento em que o método é chamado.
- **Linha 25:** `leNumeroInt` → possibilita a leitura de um número do tipo inteiro dentro de um valor mínimo e máximo, definido no momento em que o método é chamado.
- **Linha 46:** `leString` → possibilita a leitura de um texto qualquer.

Apesar de a classe EntradaDeDadosComMetodos possuir vários métodos, ela não é executável, pois não possui o método main. Ela só é executada a partir de outras classes e você **não pode executá-la** usando java cap06/EntradaDeDadosComMetodos, conforme sempre temos feito.

A classe EntradaDeDadosComMetodos contém **na linha 4** a declaração da variável aux do tipo static. Isso se deve ao fato de que essa variável foi declarada para ser usada por todos os métodos (escopo global) os quais são também do tipo static (métodos de classe). Uma variável não estática não pode ser usada dentro de um método estático se foi declarada fora dele. Se a variável aux fosse declarada dentro dos métodos, não seria necessário defini-la como static, no entanto ela teria de ser declarada em todos os métodos. Não descreveremos o funcionamento da classe EntradaDeDadosComMetodos, visto que não existem novidades que não tenham sido abordadas anteriormente.

O Exemplo 6.7 utiliza os métodos da classe EntradaDeDadosComMetodos. As chamadas aos métodos estão localizadas **nas linhas 5 a 8.**

```
1  package cap06;
2  import javax.swing.*;
3  public class ChamaMetodos {
4      public static void main(String args[]) {
5          String nome = EntradaDeDadosComMetodos.leString();
6          int idade = EntradaDeDadosComMetodos.leNumeroInt(0, 120);
7          float n1 = EntradaDeDadosComMetodos.leNumeroFloat(0, 10);
8          float n2 = EntradaDeDadosComMetodos.leNumeroFloat(0, 10);
9          float media = (n1 + n2) / 2;
10
11         JOptionPane.showMessageDialog(null, "Nome: " + nome+
12                                        "\nIdade: " + idade +
13                                        "\nNota 1: " + n1 +
14                                        "\nNota 2: " + n2 +
15                                        "\nMédia: " + media);
16     }
17 }
```

Exemplo 6.7 - A classe ChamaMetodos.

A Figura 6.3 apresenta os resultados obtidos com a execução do Exemplo 6.7.

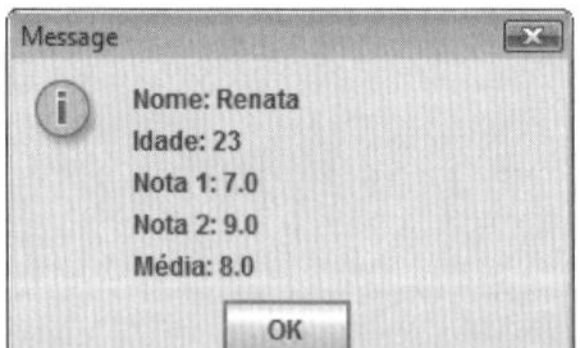

Figura 6.3 - Tela de execução do Exemplo 6.7.

6.6 Métodos que Manipulam Arrays

Os métodos vistos até o momento manipularam apenas tipos primitivos simples (e String). Na prática, podem existir métodos que manipulam estruturas mais complexas. Apresentamos neste ponto um método que recebe um array, manipula os elementos desse array internamente e retorna outro array. A sintaxe usada é a mesma; a única diferença é a presença dos colchetes indicando a definição do array.

Funcionalidades comentadas do Exemplo 6.8:

- **Linhas 4 a 9 e 17 a 21:** contêm comentários dos métodos buscaMaior e ordenaPalavras. Os comentários são muito importantes para a documentação dos métodos, pois facilitam a compreensão de seu funcionamento, em especial quando o desenvolvimento de um sistema é realizado por uma equipe.
- **Linha 10:** contém a especificação do método buscaMaior. Ele recebe um array de números e retorna (linha 15) o maior dos números presentes no array.
- **Linha 22:** contém a especificação do método ordenaPalavras. Ele recebe um array de elementos do tipo String e retorna esse mesmo array, porém com os elementos organizados em ordem alfabética.

```
1  package cap06;
2  import java.util.*;
3  public class MetodosComArray {
4      /**
5       * Recebe um arrays de números e retorna o maior deles,
6       * deve conter pelo menos um elemento no arrays senão gera erro.
7       * @param numeros = os números a serem comparados
8       * @return = o maior número
9       */
10     public static double buscaMaior(double[] numeros){
11         double maior = numeros[0];
12         for (int i=1;i<numeros.length;i++){
13             maior = Math.max(maior, numeros[i]);
14         }
15         return maior;
16     }
17     /**
18      * recebe um array de palavras e retorna ordenados em ordem crescente
19      * @param palavras = as palavras a serem ordenadas
20      * @return = o array ordenado
21      */
22     public static String[] ordenaPalavras(String[] palavras){
23         Arrays.sort(palavras);
24         return palavras;
25     }
26 }
```

Exemplo 6.8 - A classe MetodosComArray.

O Exemplo 6.9 apresenta uma classe que utiliza os métodos do Exemplo 6.8.

```
1  package cap06;
2  public class UsaMetodosComArray {
3      public static void main(String[] args) {
4          double[] numeros = {12.4,3.4,9,7.3,6.6};
5          double maior = MetodosComArray.buscaMaior(numeros);
6          System.out.println(maior);
7
8          String[] nomes = {"Ivone","Carlos","Lila","Alzira","Bruno","Fabio","Rita"};
9          String[] retorno = MetodosComArray.ordenaPalavras(nomes);
10         for (int i=0;i<retorno.length;i++){
11             System.out.println(retorno[i]);
12         }
13     }
14 }
```

Exemplo 6.9 - A classe UsaMetodosComArray.

Funcionalidades comentadas do Exemplo 6.9:

- **Linhas 4 a 6:** essas linhas contêm o código necessário para inicializar um array de números (linha 4) que será enviado ao método buscaMaior (linha 5). Na linha 6 é impresso em tela o maior número presente no array números **que está armazenado na variável maior**.
- **Linhas 8 a 12:** essas linhas contêm o código necessário para inicializar um array do tipo String (linha 8) que será enviado ao método ordenaPalavras (linha 9). O retorno desse método é armazenado **no array** retorno e na linha 11 os elementos do **array** (já ordenado) são impressos em tela por meio do laço de repetição iniciado na linha 10. do vetor (já ordenado) são impressos em tela por meio do laço de repetição iniciado na linha 10.

Neste ponto deve ter ficado claro que é possível criar um sistema a partir de pedaços menores, agrupando todos eles, os quais se referem aos métodos. Essa metodologia de desenvolvimento é conhecida como modularidade, isto é, um sistema é construído a partir de pequenos módulos, os métodos.

Exercícios para Prática da Linguagem Java

1. Faça uma classe que possua um método que recebe um número inteiro, referente à idade de alguém, e retorne uma mensagem de acordo com a tabela seguinte:

Faixa etária (em anos)	Mensagem
De 0 a 2	Bebê
De 3 a 11	Criança
De 12 a 19	Adolescente
De 20 a 30	Jovem
De 31 a 60	Adulto
Maior de 60	Idoso

2. Crie uma classe que contenha três métodos com o nome "media" utilizando o conceito da sobrecarga. Os métodos devem calcular a média de dois, três ou quatro valores de entrada. Desta forma, a assinatura dos métodos deve ser: media (double a, double b); media (double a, double b, double c) e media (double a, double b, double c, double d).

3. Crie uma classe que contenha um método chamado "pegaMes" que receba uma data em formato texto no padrão "dd/mm/aaaa" e retorne apenas o número inteiro referente ao mês.

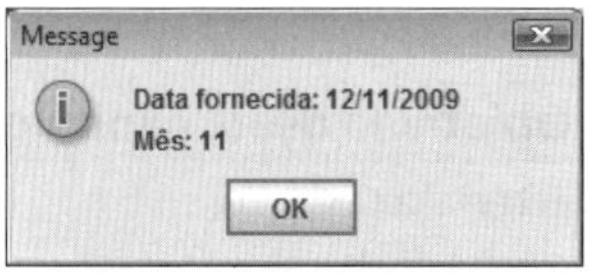

Figura 6.4 - Tela de execução do exercício 6.3.

4. Um sorteio de brindes será feito em um supermercado este mês. Faça uma classe que forneça quatro nomes de brindes e sorteie um desses brindes por meio de um método chamado **sorteio()**.

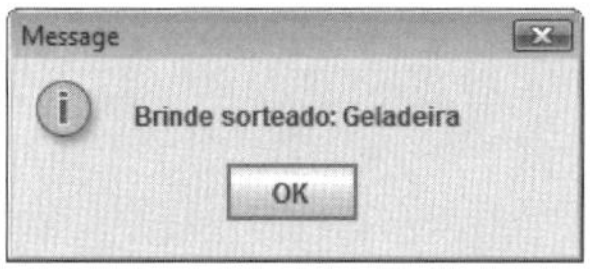

Figura 6.5 - Tela de execução do exercício 6.4.

5. Elabore uma classe chamada "Buscas" contendo dois métodos que realizam operações com arrays, conforme a descrição seguinte:

   a) um método que recebe um número inteiro e um array de inteiros, pesquisa se esse número existe no array e retorna true (caso o número exista no array) ou false (caso não exista). A assinatura do método pode ser buscaNumero(int numero, int[] vetor).

   b) um método que recebe um array de Strings, verifica se nos elementos desse array existe a palavra "sexo" e retorna SIM caso exista e NÃO em caso negativo. A assinatura do método pode ser buscaPalavra(String[] palavras).

6. A seguir, elabore outra classe chamada UsaBuscas para testar os métodos criados.

Seu próximo passo

Este capítulo abordou os principais tipos de método existentes em Java, desde os que retornam até os que não retornam valores, a sobrecarga, o acesso a métodos externos e a recursividade. A maneira mais usual de reaproveitamento de código dos métodos é a criação de objetos, tópico descrito no capítulo 7, que mostra os principais métodos utilizados em Java para a manipulação de data e hora. A partir deste ponto são apresentados recursos que promovem maior interatividade com o usuário com a utilização de características mais dinâmicas da linguagem.

7

Orientação a Objetos

Objetivos deste capítulo

- Fornecer definições básicas da orientação a objetos;
- Introduzir o conceito e uso de pacotes de classe;
- Demonstrar as diferentes partes que compõem uma classe;
- Definir a instanciação de objetos por meio de classes;
- Demonstrar o processo de troca de dados entre objetos;
- Enumerar as vantagens da utilização das técnicas de encapsulamento, herança e polimorfismo;
- Demonstrar como manter objetos em arquivos.

7.1 Introdução

A teoria da orientação a objetos (OO) é extremamente importante pahra o mercado atual de software e, além disso, a linguagem Java se baseia nesse paradigma de desenvolvimento. Os conceitos da OO são essenciais para os padrões atuais de desenvolvimento de software. Para que o leitor compreenda melhor os pontos abordados, serão apresentados diversos exemplos práticos pertinentes ao tema. Outro aspecto importante que abordaremos neste capítulo e que possui forte vínculo com a OO é a UML (*Unified Modeling Language*), uma linguagem de modelagem muito usada no mercado para representar certas características do software. O objetivo não é abordar a UML em detalhes, mas apresentar algumas de suas relações com a OO.

Para compreender a OO, o ponto de partida é entender o que é objeto e os aspectos envolvidos em sua criação e manipulação. O item seguinte descreve conceitos referentes a objetos.

7.2 Definições sobre Objetos

Na OO, objeto é uma abstração dos objetos reais existentes. Em uma sala de aula, por exemplo, existem diversos objetos: alunos, cadeiras, mesas, lousa etc. Se for necessário manter controle de uma sala de aula, pode ser elaborado um software que manipula objetos desse tipo.

No cotidiano vivemos cercados por objetos de diversos tipos e formas. O contato com esses objetos nos leva a identificar suas características físicas, sua forma etc. Ao visualizar um objeto qualquer, como um veículo, por exemplo, reconhecemos sua forma, seu modelo, sua cor, enfim, suas diversas propriedades. Outros objetos possuem diferentes propriedades. Associado às propriedades do objeto existe outro fator: as ações que podem ser realizadas com ele. Voltando ao exemplo do veículo, ele pode estar parado ou em movimento. Existe um procedimento para aumentar (acelerar) e um para diminuir (frear) sua velocidade. A programação orientada a objetos procura modelar, internamente no computador, a realidade dos objetos.

Apesar de existirem diferentes tipos de objetos, eles compartilham duas características principais: todos possuem um **estado** (conjunto de propriedades do objeto) e um **comportamento** (as ações possíveis sobre o objeto). No caso do veículo, o estado poderia ser o conjunto de propriedades "cor", "modelo", "ano de fabricação" etc., já o comportamento poderia ser composto por "acelerar", "frear", "verificar a velocidade" etc. Voltando ao estado, um objeto veículo pode ter um atributo chamado "status" que assuma um dos valores seguintes: pedido, em fabricação, disponível, reservado, vendido etc. Em cada etapa da vida de um objeto, ele pode assumir um estado diferente.

Para armazenar o estado, um objeto de software utiliza uma ou diversas variáveis. Já o comportamento do objeto é definido pelo conjunto de métodos que ele possui. Considere a Figura 7.1 que simula o objeto veículo.

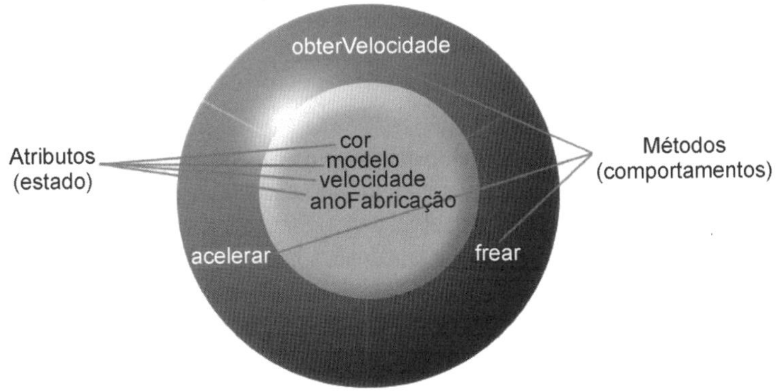

Figura 7.1 - O objeto veículo (baseado no tutorial da Oracle).

A representação do objeto veículo da Figura 7.1 contém o estado formado pelas variáveis "cor", "modelo", "velocidade" e "anoFabricação". Em OO essas variáveis recebem o nome de atributos. Já o comportamento está representado pelos métodos "obterVelocidade", "acelerar" e "frear". Esses três métodos poderiam atuar sobre a variável velocidade para aumentar (acelerar), diminuir (frear) ou simplesmente verificar seu valor (obterVelocidade). Na prática, podem existir outros métodos para manipular os valores das outras variáveis também. Mais à frente voltaremos a falar dessa representação da Figura 7.1.

7.3 Classes e a UML

Os objetos descritos no item anterior são criados a partir das classes. Os objetos são **instâncias** de classe que permanecem em memória e mantêm seus valores de maneira individual. A criação de uma classe deve anteceder a de um objeto, uma vez que este é criado a partir daquela. Uma classe é um molde, um modelo, um protótipo a partir do qual os objetos podem ser criados.

Ao definir uma classe, podem ser criados muitos objetos a partir dela. Imagine a classe como o projeto de um veículo criado por uma empresa montadora. Depois de definidos todos os aspectos importantes do projeto do veículo (partes que o compõem, lista de peças, ações a serem executadas sobre o veículo etc.), podem ser criados muitos veículos, sempre tendo como base o projeto original. Na orientação a objetos também é assim, pois uma vez definidas todas as partes que compõem uma classe, isto é, seus atributos (estado) e métodos (comportamento), é possível criar objetos que receberão suas características. No entanto, apesar de todos os objetos serem criados a partir de uma mesma classe, eles podem manter conteúdos individuais em suas variáveis, como, por exemplo, a cor da lataria, a potência do motor etc.

Conforme apresentado, para definir uma classe é usada a palavra reservada **class** seguida do nome da classe, mais o par de chaves, como a declaração seguinte:

```
qualificador class Nome-da-classe{
    // atributos
    // métodos
}
```

O **qualificador** da classe indica como a classe (ou outro identificador) pode ser usada por outras classes, isto é, define sua **visibilidade**. Existem diversos tipos de qualificador, entre os quais serão citados no momento **public e private**. O qualificador **public** indica que o conteúdo da classe pode ser usado livremente por outras classes do mesmo pacote ou de outro pacote, isto é, a classe será visível a todas as classes, estejam elas no mesmo pacote ou não. Na prática, pacote é um diretório; sendo assim, quando usado public, uma classe pode ser usada por classes armazenadas em outros diretórios. Quando uma classe é criada como public, o arquivo Java deve possuir o mesmo nome da classe, observando o uso da caixa (maiúsculas/minúsculas) tanto para o nome da classe como para o nome do arquivo.

O qualificador **private** indica que o conteúdo da classe é privado e pode ser usado apenas por classes do mesmo pacote, isto é, ela será visível apenas para as classes localizadas no mesmo diretório. Em breve criaremos pacotes para praticar o uso desses qualificadores. É importante ressaltar que a visibilidade existe não apenas para classes, mas para diversos outros identificadores da linguagem como objetos, atributos e métodos.

Conforme já citado, o nome da classe deve iniciar com **letra maiúscula**, uma forma de diferenciar da declaração dos demais identificadores (objetos, variáveis, métodos etc.). Além disso, toda palavra presente no nome da classe deve iniciar em maiúscula. Exemplos: Menu, MenuPrincipal, NumberFormat Exception.

Com base no exposto até o momento, podemos criar a estrutura de uma classe da seguinte maneira:

```
qualificador class Nome-da-classe{
// declaração de variáveis (atributos)

  declaração do método1
  { ... }

  declaração do método2
  { ... }

  declaração do métodoN
  { ... }
}
```

Uma classe envolve, através de suas chaves, todas as variáveis e métodos que a compõem. Vamos apresentar uma classe para simular um objeto do mundo real. Considere uma garrafa. Existem muitos modelos e formatos para uma garrafa. Apesar de a OO permitir que a realidade seja simulada em ambiente computacional, não é sensato (nem necessário) criar uma classe contendo todas as características possíveis de uma garrafa. É necessário apenas definir quais atributos e métodos são essenciais para o sistema no qual o objeto do tipo Garrafa será usado.

A Figura 7.2 mostra a representação da classe Garrafa de acordo com a UML. Observe os três compartimentos: o primeiro contém o nome da classe (em negrito e centralizado), o segundo contém os atributos da classe (definidos pelas variáveis) e o terceiro compartimento contém os métodos da classe. Na UML os métodos são chamados de operações. Observe também que todos os atributos e métodos possuem visibilidade pública, representado na UML pelo caractere "+" ao lado esquerdo de cada nome.

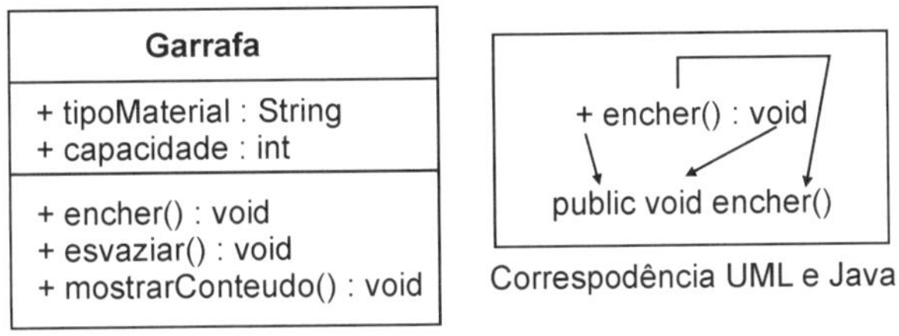

Figura 7.2 - Classe Garrafa.

Veja um exemplo de correspondência entre Java e UML ao lado direito da Figura 7.2. O símbolo "+" refere-se a uma variável pública, "encher()" e "void" estão presentes nas duas linguagens, o que muda é apenas a ordem da declaração. Já o código em Java correspondente à Figura 7.2 pode ser visto na listagem do Exemplo 7.1. A única diferença é o fato de que o código contém a implementação dos métodos, o diagrama de classe contém apenas as especificações dos métodos. Observa-se também que essa classe ainda não está completa e não é ideal; ainda precisamos estudar alguns conceitos e adicionar outras funcionalidades.

```
1  package cap07;
2  public class Garrafa {
3      public String tipoMaterial;
4      public int capacidade;
5      public void encher() {
6          System.out.println("Enchendo a garrafa");
7      }
8      public void esvaziar() {
9          System.out.println("Esvaziado a garrafa");
10     }
11     public void mostrarConteudo() {
12         System.out.println("Material: " + tipoMaterial + "\nCapacidade: " + capacidade);
13     }
14 }
```

Exemplo 7.1 - Listagem da classe Garrafa.

Funcionalidades comentadas do Exemplo 7.1:

- **Linha 2:** indica que a classe Garrafa é pública (public), isto é, ela será visível a qualquer classe, independentemente de pertencer ao pacote cap07. Uma classe pertencente a outro pacote (cap06, por exemplo) poderia utilizá-la normalmente.
- **Linhas 3 e 4:** declaram os atributos "tipoMaterial" e "capacidade" como públicos (public), indicando que seu conteúdo será visível a qualquer classe. Normalmente os atributos de uma classe são definidos como privados (private). Mais à frente falaremos sobre isso ao estudarmos o encapsulamento.
- **Linhas 5, 8 e 11:** possui a declaração dos métodos que poderiam simular as operações de encher, esvaziar e mostrar o conteúdo armazenado nos atributos. Cada método emite uma mensagem em tela correspondente à sua ação. Observe que todos os métodos são públicos e visíveis a outras classes.
- Essa classe não é executável, uma vez que não possui o método main. Por este motivo, não é possível executá-la a partir da linha de comando, como vínhamos fazendo. Em outras palavras, se você tentar executar a classe com o comando "java cap07/Garrafa", o interpretador vai emitir uma mensagem de erro informando que o método main não foi encontrado. Essa classe será usada para criar objetos que serão declarados em outras classes.

O Exemplo 7.1 representa um modelo padrão para uma classe, isto é, ela é composta por atributos e métodos, mas é possível haver classes somente com atributos ou somente com métodos, dependendo das necessidades da aplicação. O leitor já está familiarizado com uso de classes, uma vez que as aplicações que fizemos são formadas por elas. Existem diferentes tipos de classes: as usadas na criação de componentes gráficos (por exemplo, a classe Button usada para criar um botão), as classes executáveis (como temos criado até aqui e que possui o método main) e também as classes comuns que possuem atributos e métodos, como a classe Garrafa. A principal diferença entre elas é a presença do método **main**, ou seja, uma classe que possui esse método é uma aplicação que pode utilizar outras classes ou objetos de outras classes, como veremos mais à frente.

7.4 Utilização de Objetos da Classe

Conforme já citado, uma classe permite criar objetos que podem ser utilizados em outras classes ou aplicações. Para utilizar um objeto, existem três partes a serem consideradas:

1. **A declaração do objeto:** segue o mesmo padrão de declarações para tipos primitivos, isto é, nome-do-tipo nome-da-variável. Para declarar objeto, é usada a seguinte sintaxe: **nome-da-classe nome-do-objeto**. No caso, como desejamos gerar um objeto a partir da classe Garrafa, criada anteriormente, a sintaxe será: **Garrafa garrafa1**. O nome Garrafa se refere à classe a partir da qual o objeto "garrafa1" está sendo declarado. Vale a pena ressaltar que a declaração não cria o objeto em si, trata-se apenas de uma declaração dizendo que garrafa1 é um objeto do tipo Garrafa. O nome "garrafa1" se refere a uma convenção muito usada em Java, isto é, o nome do objeto possui o mesmo nome da classe, adicionando um número sequencial para diferenciar dos outros objetos, já que uma classe pode gerar diversos objetos. No caso, uma aplicação poderia ter os objetos "garrafa1", "garrafa2", "garrafa3" e assim sucessivamente.

2. **A instanciação do objeto:** corresponde à criação do objeto pela alocação de memória para armazenar informações sobre ele, semelhante ao que ocorre na declaração de uma variável qualquer, isto é, são reservados endereços de memória para armazenar os dados correspondentes. Para realizar a instanciação de um objeto qualquer, é usado o operador **new**. Seguindo o exemplo, a sintaxe será **nome-do-objeto = new ("inicialização-do-objeto")**. A inicialização do objeto é tratada no item 3 seguinte.

3. **A inicialização do objeto:** corresponde ao processo de definir valores iniciais às variáveis do objeto. Conforme apresentado no item anterior, a inicialização é precedida pelo operador **new**. Para inicializar um objeto, é usado o método **construtor**, estudado mais à frente neste capítulo. Por enquanto o método construtor será usado em sua forma default (com o mesmo nome da classe sem nenhum parâmetro associado) e as variáveis terão seus valores iniciais conforme definidos na classe. Quando as variáveis não possuem um valor inicial definido em sua classe, ao criar um objeto todas as variáveis recebem um valor padrão: "0" (zero) para variáveis numéricas, "false" para variáveis boleanas e "null" para objetos. Da mesma forma que as variáveis de instância, ao criar um objeto, ele recebe os métodos presentes na classe. Como o leitor já possui conhecimentos sobre os métodos, esse aspecto não deve representar maiores dificuldades.

Desta forma, a partir da definição de uma classe podem ser criados inúmeros objetos que passam a conter o estado e o comportamento declarados na classe. Esta é a base de funcionamento de toda a linguagem Java. Os procedimentos de declaração, instanciação e inicialização de objetos podem ser realizados em uma ou duas linhas de código. Segue a sintaxe das duas formas possíveis:

Em uma única linha:

```
nome-da-classe nome-do-objeto = new nome-do-construtor();
```

Em duas linhas:

```
nome-da-classe nome-do-objeto;
nome-do-objeto = new nome-do-construtor();
```

Considerando a classe Garrafa, a sintaxe será:

```
Garrafa garrafa1 = new Garrafa();
```

ou

```
Garrafa garrafa1;
// códigos do programa
garrafa1 = new Garrafa ();
```

Ao instanciar um objeto do tipo Garrafa, ele passa a possuir todos os atributos e métodos definidos em sua classe. No caso, um objeto "garrafa1" conterá os dois atributos e os três métodos definidos na classe Garrafa. Vamos verificar isso por meio do Exemplo 7.2.

```
1  package cap07;
2  public class UsaGarrafa {
3      public static void main(String[] args) {
4          Garrafa garrafa1 = new Garrafa();
5          garrafa1.capacidade = 1000;
6          garrafa1.tipoMaterial = "vidro";
7          garrafa1.mostrarConteudo();
8          garrafa1.encher();
9          garrafa1.esvaziar();
10     }
11 }
```

Exemplo 7.2 - A classe UsaGarrafa.

Funcionalidades comentadas do Exemplo 7.2:

- **Linha 4:** contém a declaração e a criação do objeto "garrafa1" a partir da classe Garrafa. Ao ser criado, o objeto recebe todas as características da classe Garrafa, ou seja, todos os atributos e métodos existentes.
- **Linha 5:** o atributo "capacidade" do objeto "garrafa1" recebe o conteúdo "1000".
- **Linha 6:** o atributo "tipoMaterial" do objeto "garrafa1" recebe o conteúdo "vidro".
- **Linha 7:** invoca o método "mostrarConteudo" existente na classe Garrafa que emitirá em tela o conteúdo dos atributos.
- **Linhas 8 e 9:** chamam os métodos "encher()" e "esvaziar()" da classe Garrafa. Eles são responsáveis por exibir em tela as seguintes mensagens respectivamente: "Enchendo a garrafa" e "Esvaziando a garrafa".
- Ao executar a classe UsaGarrafa, a saída em tela será:
  - Material: vidro
  - Capacidade: 1000
  - Enchendo a garrafa
  - Esvaziando a garrafa
- O Exemplo 7.2 cria apenas um objeto do tipo Garrafa chamado "garrafa1", mas poderiam ser criados outros objetos (como "garrafa2", "garrafa3" etc.) e cada um deles poderia ter diferentes valores para os atributos. Este foi apenas um exemplo inicial. No decorrer do capítulo são fornecidos maiores detalhes.

7.5 Escopo de Classe e Escopo de Instância

Escopo de classe e escopo de instância existem para atributos e métodos. Vamos iniciar o estudo considerando apenas o uso em atributos. Conforme demonstrado anteriormente, cada objeto (ou instância) mantém o conteúdo das variáveis de forma exclusiva, isto é, cada objeto mantém um conteúdo diferente para um mesmo atributo da classe. Entretanto, em muitos casos não é necessário manter um conteúdo exclusivo para cada objeto, isto é, para todos os objetos da classe a variável pode conter o mesmo conteúdo. Essa característica faz com que o conteúdo da variável seja controlado pela própria classe e não pelos objetos individualmente. Para que essa funcionalidade seja possível, basta declarar a variável como sendo **static**, ou seja, o conteúdo da variável será estático, controlado apenas pela classe.

Vamos entender o parágrafo anterior criando um exemplo. Considere a classe Celular do Exemplo 7.3, que possui dois atributos: "numero" e "empresa". Se criarmos vários objetos do tipo Celular, cada um deles poderá manter um conteúdo diferente para o atributo "numero", afinal cada telefone celular possui um número diferente. Mas, isso não acontece para a variável "empresa", uma vez que ela foi declarada com sendo static; com isso a variável passa a ter **"escopo de classe"** e não de instância. Isso equivale a dizer que todos os telefones celulares pertencerão a uma única empresa. Não importa a quantidade de objetos existentes, ao ser atribuído o conteúdo "Empresa Genérica" para o atributo "empresa", todos os objetos passam a "enxergar" esse conteúdo. Apesar de ser possível acessar o conteúdo de uma variável estática por meio de um objeto, na prática isso não é recomendado. O correto é fazê-lo por meio da própria classe (veja a linha 10 do Exemplo 7.4).

```
package cap07;
public class Celular {
    public String numero;
    public static String empresa;
}
```

Exemplo 7.3 - A classe Celular.

Considerando seu uso em variáveis, a diferença entre escopo de classe e de instância é:

Escopo de Classe	Escopo de Instância
Uso do modificador static.	Não usa static.
O conteúdo da variável pertence à classe.	O conteúdo da variável pertence aos objetos.
Somente um valor comum poderá ser armazenado na variável.	Cada objeto pode manter um valor diferente para sua variável.

Tabela 7.1

Para confirmar essa teoria, observe o Exemplo 7.4 que apresenta a classe **UsaCelular**.

```
1  package cap07;
2  public class UsaCelular {
3      public static void main(String[] args) {
4          Celular celular1 = new Celular();
5          Celular celular2 = new Celular();
6          Celular celular3 = new Celular();
7          celular1.numero = "11 5431-2342";
8          celular2.numero = "11 9123-5678";
9          celular3.numero = "11 5765-3897";
10         Celular.empresa = "Empresa Genérica do Brasil";
11     }
12 }
```

Exemplo 7.4 - A classe UsaCelular.

As funcionalidades da classe UsaCelular são:

- **Linhas 4 a 6:** declaram e criam três objetos do tipo Celular.
- **Linhas 7 a 9:** atribuem um número diferente para cada objeto "celular".
- **Linha 10:** atribui o nome da empresa ao atributo "empresa" pertencente à classe Celular.

Como já dissemos, o modificador static pode ser usado também em métodos. O princípio é o mesmo; o método pertencerá à classe e não aos objetos. Isso faz com que o método possa ser chamado usando a sintaxe Nome-da-classe.nome-do-método. O uso de um método static pode ser visto no Exemplo 7.19 (linha 17).

7.6 Mensagens

Agora vamos definir outro conceito em OO: **mensagem** entre objetos. Já aprendemos que um objeto pode possuir diversos métodos definidos em sua classe. Em uma aplicação real é muito comum que existam diversos tipos de objetos e que um objeto necessite realizar uma tarefa que já está definida em outro objeto, ou seja, numa aplicação pode haver comunicação e interação entre objetos por meio de **mensagens**. Em outras palavras, um objeto **x** pode necessitar de um procedimento (método) já definido em um objeto **y**. Para realizar esse processo, o objeto x solicita ao objeto y que execute o método, ou seja, uma mensagem nada mais é do que o fato de um objeto chamar um método de um outro objeto (ou ainda um método estático de uma classe).

Vamos tentar elucidar com um exemplo. Digamos que um objeto "gerente" precise enviar um e-mail. Ele não sabe como fazer isso, porém o objeto "email" sabe. Então, o objeto "gerente" solicita ao "email" que faça isso por ele. Em orientação a objetos, quando um objeto **x** solicita a um objeto **y** que execute um de seus métodos, diz-se que o objeto **x** enviou uma **mensagem** ao objeto **y**. Uma **mensagem** pode conter **parâmetros** que são valores enviados de um objeto a outro quando um método é invocado. Observe a Figura 7.3 em que o objeto "gerente" envia uma mensagem ao objeto "email" (invocando o método enviar). São enviados quatro parâmetros: de, para, assunto e mensagem. Esse padrão do envio de mensagens é definido pela UML e pode ser encontrado, por exemplo, em diagramas de comunicação e sequência.

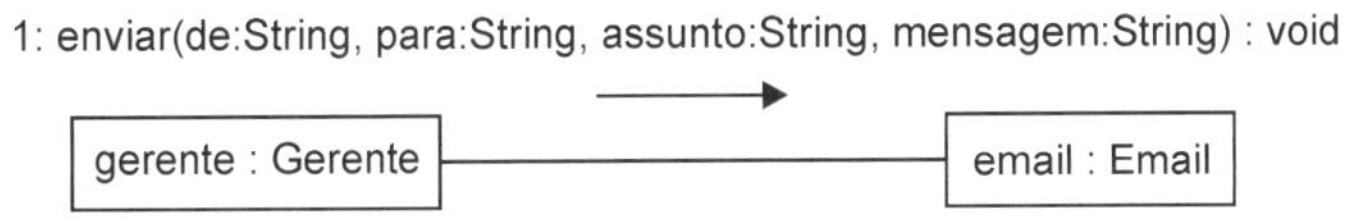

Figura 7.3 - Mensagem do objeto gerente para o objeto email.

O processo de comunicação entre os objetos "gerente" e "email" pode ser assim descrito:

1. O objeto "gerente" solicita ao objeto "email" o envio de e-mail pelo método "enviar" contido em "email", e fornece os parâmetros adequados.
2. O objeto "email" envia o e-mail usando os dados recebidos de "gerente".
3. Neste caso o objeto "email" não fornece nenhum retorno para o objeto "gerente" (veja a palavra void adicionada ao final da mensagem), mas isso poderia ser diferente e o objeto "email" poderia retornar uma mensagem, por exemplo, informando se houve sucesso ou não no envio.

7.7 Encapsulamento

Encapsulamento (em inglês *data hidding*) é mais um dos conceitos presentes na orientação a objetos. Trata-se de um mecanismo que possibilita restringir o acesso a variáveis e métodos da classe (ou até à própria classe). Os detalhes de implementação ficam ocultos ao usuário da classe, isto é, o usuário passa a utilizar os serviços da classe sem saber como isso ocorre internamente. Somente uma lista das funcionalidades existentes torna-se disponível ao usuário da classe. O encapsulamento é também conhecido como acessibilidade, pois define o que está acessível na classe.

O uso do encapsulamento fornece uma série de vantagens, não apenas pelo fato de ocultar certos detalhes de implementação, mas por tornar o código mais legível, minimizar os erros de programação, restringir o conteúdo das variáveis e facilitar a ampliação do código em função de novas atualizações. Um fabricante de uma classe pode, por exemplo, realizar atualizações, ou até mesmo modificações internas, sem que o usuário da classe se dê conta disso.

Para determinar o nível de acesso dos elementos de uma classe, são usados os qualificadores de acesso, já citados anteriormente:

- **public:** um nível sem restrições, equivalente a não encapsular, ou seja, se uma variável for definida como pública, não será possível realizar o encapsulamento.
- **private:** o nível de maior restrição em que apenas a própria classe pode ter acesso a variáveis e/ou métodos.
- **protected:** um nível intermediário de encapsulamento em que as variáveis e métodos podem ser acessados pela própria classe ou por suas subclasses (veremos isso mais adiante).
- **package:** nível em que a classe pode ser acessada apenas por outras classes pertencentes ao mesmo pacote (veremos a manipulação de pacotes mais à frente).

Por meio das restrições de acesso é possível assegurar que certas variáveis de instância tenham valores restritos que só podem ser acessados a partir da própria classe, mantendo uma certa segurança com relação à integridade do valor armazenado.

Conforme demonstrado até aqui, as variáveis declaradas na classe foram acessadas diretamente pelos objetos por meio da sintaxe nome-do-objeto.nome-da-variável ou diretamente por meio da classe quando o atributo era estático. Considerando o encapsulamento, o conteúdo das variáveis é acessado por métodos públicos **get** e **set**.

Neste ponto vamos alterar a classe Garrafa do Exemplo 7.1, de maneira a implementar os conceitos definidos no encapsulamento. Começamos com a representação da classe usando a UML. Observe na Figura 7.4 a definição de visibilidade privada (sinal de "-") para os atributos.

Garrafa
+ tipoMaterial : String - capacidade : int
+ encher() : void + esvaziar() : void + mostrarConteudo(): void

Figura 7.4 - Classe Garrafa com atributos privados.

Uma vez que os atributos "tipoMaterial" e "capacidade" são privados e visíveis apenas à própria classe, é necessário que sejam criados métodos para permitir a manipulação de seus conteúdos por meio de outras classes (ou de outros objetos). Por exemplo, como o atributo "capacidade" é privado, não será mais possível usar a sintaxe **garrafa1.capacidade = 1000** presente na linha 5 do Exemplo 7.2. Os atributos privados não podem ser acessados diretamente pelo objeto; deve existir um método público que permita tal acesso, como, por exemplo, **garrafa1.setCapacidade(1000)**. Desta forma, o valor 1000 não é atribuído diretamente ao atributo, ele é enviado ao método que pode atuar como um mediador entre o atributo e o valor a ser armazenado. Considere o seguinte: suponha que só existam garrafas com capacidade máxima de 3000 (digamos 3000 ml). Se o atributo for público, você pode adicionar qualquer valor a ele livremente, mesmo que esse valor seja superior à capacidade máxima (digamos que você armazene o valor 9000). Por outro lado, se o atributo for privado e devidamente encapsulado, é possível limitar o valor armazenado à capacidade máxima, rejeitando valores superiores. A Figura 7.5 apresenta um fluxograma para ilustrar esse conceito. Mais à frente apresentaremos um exemplo de código para demonstrar essa característica.

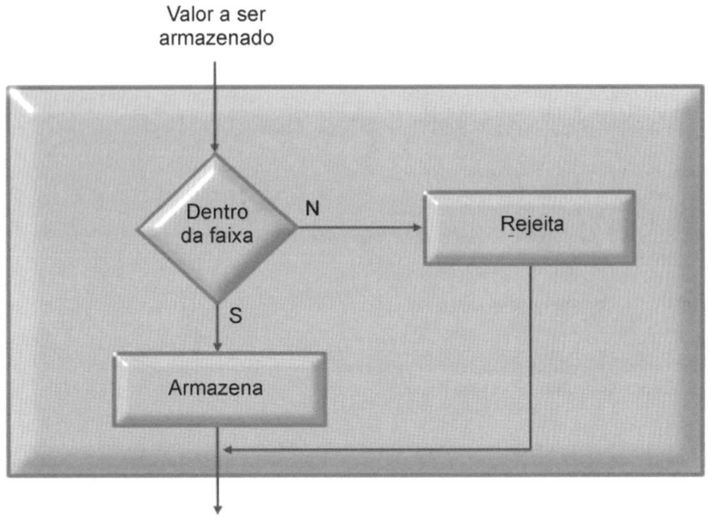

Figura 7.5 - Funcionamento de um método.

Apresentamos no Exemplo 7.5 a nova classe Garrafa contendo os métodos get e set (com visibilidade pública) necessários para permitir o acesso aos atributos privados. Reforçando: para cada atributo privado deve ser elaborado um método get e um método set. A estrutura desses métodos segue um mesmo padrão, independente do tipo do atributo ou de seu nome.

- O método **set** recebe como parâmetro o mesmo tipo de dado do atributo da classe e retorna void. Ele sempre armazenará no atributo o conteúdo passado por parâmetro. Seu padrão é:

```
public void setNomeDoAtributo (tipo_do_atributo nomeDoAtributo) {
this.nomeDoAtributo = nomeDoAtributo;
     }
```

- O método **get** não recebe nenhum parâmetro e sempre retorna o mesmo tipo de dado do atributo da classe. Ele sempre retornará o conteúdo atual que está armazenado no atributo. Seu padrão é:

```
public tipo_do_atributo getNomeDoAtributo () {
 return nomeDoAtributo;
}
```

Pelo fato de os métodos set e get possuírem uma estrutura padronizada, as ferramentas de desenvolvimento permitem automatizar a geração do código desses métodos, facilitando a vida programador. Imagine uma classe com dez atributos. Seria necessário digitar o código de 20 métodos na mão, mas com uma

IDE (Eclipse ou NetBeans, por exemplo) bastam "alguns cliques do mouse" e esses métodos são gerados automaticamente.

Vamos reforçar o conceito dos métodos set e get analisando o Exemplo 7.5.

```
package cap07;
public class Garrafa {
    private String tipoMaterial;
    private int capacidade;
    public void encher() {
        System.out.println("Enchendo a garrafa");
    }
    public void esvaziar() {
        System.out.println("Esvaziado a garrafa");
    }
    public void mostrarConteudo() {
        System.out.println("Material: " + getTipoMaterial() + "\nCapacidade: " + getCapacidade());
    }
    public String getTipoMaterial() {
        return tipoMaterial;
    }
    public void setTipoMaterial(String tipoMaterial) {
        this.tipoMaterial = tipoMaterial;
    }
    public int getCapacidade() {
        return capacidade;
    }
    public void setCapacidade(int capacidade) {
        this.capacidade = capacidade;
    }
}
```

Exemplo 7.5 - Listagem da classe Garrafa.

A classe Garrafa encapsulou as variáveis "tipoMaterial" e "capacidade", definindo a visibilidade como **private**. Por este motivo não é permitido alterar seu valor diretamente por meio do objeto garrafa1. O conteúdo dessas variáveis só pode ser acessado pelos métodos públicos set ou get. Exemplo: para manipular o conteúdo do atributo "tipoMaterial" deve ser usado **setTipoMaterial** (define o material), ou **getTipoMaterial** (retorna o material). O mesmo acontece para o atributo "capacidade", isto é, deve ser acessado por meio dos métodos **setCapacidade** ou **getCapacidade**. Todos esses métodos são públicos e podem ser acessados fora da classe. Já discutimos o papel e o funcionamento dos métodos get e set. Em breve vamos entender o papel desempenhado pelo **this** usado nos métodos set, mas antes vamos testar a classe Garrafa por meio da classe do Exemplo 7.6.

```
1  package cap07;
2  public class UsaGarrafaEncapsulada {
3      public static void main(String[] args) {
4          Garrafa garrafa1 = new Garrafa();
5          garrafa1.setCapacidade(1000);
6          garrafa1.setTipoMaterial("vidro");
7          System.out.println(garrafa1.getTipoMaterial());
8          System.out.println(garrafa1.getCapacidade());
9      }
10 }
```

Exemplo 7.6 - Listagem da classe UsaGarrafaEncapsulada.

Funcionalidades comentadas do Exemplo 7.6:

- **Linha 4:** contém a declaração e a criação do objeto "garrafa1" a partir da classe Garrafa. Ao ser criado, o objeto recebe todas as características da classe Garrafa, ou seja, todos os atributos e métodos existentes.

- **Linha 5:** define o conteúdo do atributo "capacidade" como 1000 por meio do método "setCapacidade". O valor 1000 será enviado ao parâmetro "capacidade" presente na linha 23 do Exemplo 7.5.
- **Linha 6:** define o conteúdo do atributo "tipoMaterial" como vidro por meio do método "setTipoMaterial". O valor vidro será enviado ao parâmetro "tipoMaterial" presente na linha 17 do Exemplo 7.5.
- **Linha 7:** resgata o conteúdo do atributo "capacidade" por meio do método "getCapacidade" presente na linha 20 do Exemplo 7.5. O conteúdo será impresso em tela.

7.8 Uso da Palavra Reservada this

A palavra reservada this faz referência ao objeto corrente, isto é, ao objeto que chamou o método. Vamos analisar o método "setCapacidade" da classe Garrafa, mas inicialmente sem utilização da palavra this. Outra declaração possível para esse método seria:

```
public void setCapacidade(int cap){
  capacidade = cap;
}
```

O parâmetro "cap" é local, enquanto a variável "capacidade" é global à classe e se refere ao atributo da classe. Neste caso, o valor a ser atribuído ao atributo "capacidade" é recebido por meio do parâmetro "cap". Isso está perfeitamente correto, no entanto, na maioria das aplicações, é desejável manter o mesmo nome da variável tanto para o parâmetro quanto para o atributo da classe. Na verdade isso é um padrão de construção em Java, o que produziria o código:

```
public void setCapacidade(int capacidade){
  capacidade = capacidade;
}
```

Este código traria problemas, porque o parâmetro local "capacidade" (que está dentro dos parênteses) tem o mesmo nome do atributo da classe. Isso faria com que as duas variáveis fossem consideradas locais, isto é, do próprio método "setCapacidade". Para resolver esse problema, basta inserir a palavra reservada this ao lado do nome do atributo, conforme o código:

```
public void setCapacidade(int capacidade) {
    this.capacidade = capacidade;
}
```

Isso permite diferenciar as duas variáveis, a local (do parâmetro do método) e a global (referente à variável do atributo).

Como dissemos, o uso da palavra reservada **this** faz referência ao objeto corrente, então this.capacidade é o mesmo que **garrafa1.capacidade**, pois usamos o objeto "garrafa1" para invocar o método "setCapacidade" (linha 5 do Exemplo 7.6). É como se estivesse escrito garrafa1.capacidade = capacidade.

7.9 Construtores

Até o momento, em todas as instanciações (ou inicializações) de objetos foi usada a palavra reservada **new** da seguinte forma:

```
Garrafa garrafa1 = new Garrafa();
```

Conforme comentado anteriormente, o operador **new** é o responsável pelo processo de instanciação do objeto, representando uma forma extremamente simples de atribuir valores default a um objeto. A declaração anterior pode ser lida como: construa o objeto garrafa1 (do tipo Garrafa) com valores default. Como o próprio nome diz, o método construtor é o responsável por construir um objeto com determinados valores. Se um construtor não for declarado, é assumido um construtor default da linguagem Java, em que as variáveis são inicializadas com os conteúdos default (variáveis numéricas recebem zero, valores lógicos recebem false e objetos recebem null). Quando declarado, ele deve possuir, obrigatoriamente, sempre o mesmo nome (idêntico) da classe em que ele se localiza. Dependendo das necessidades, uma classe pode conter de 0 a N construtores declarados.

O método construtor é responsável por alocar espaço na memória para a manipulação do objeto e pode conter também a chamada para outros métodos, possibilitando a criação de objetos mais complexos. Na criação de janelas gráficas (frames), por exemplo, o método construtor pode definir todas as propriedades dos componentes visuais do frame (cor do formulário, tamanho dos botões etc.).

A seguir, vamos definir quatro métodos do tipo construtor diferentes à classe Garrafa (Exemplo 7.5). Os métodos foram adicionados no início da classe, logo após a declaração dos atributos, mas eles poderiam ser colocados em outro local (por exemplo, antes da última chave de encerramento da classe). Veja a listagem do Exemplo 7.7.

```
1  package cap07;
2  public class Garrafa {
3      private String tipoMaterial;
4      private int capacidade;
5      public Garrafa() {
6      }
7      public Garrafa(String tipoMaterial) {
8          this.tipoMaterial = tipoMaterial;
9      }
10     public Garrafa(int capacidade) {
11         this.capacidade = capacidade;
12     }
13     public Garrafa(String tipoMaterial, int capacidade) {
14         this.tipoMaterial = tipoMaterial;
15         this.capacidade = capacidade;
16     }
17     public void encher() {
18         System.out.println("Enchendo a Garrafa");
19     }
20 }
```

Exemplo 7.7 - Listagem da classe Garrafa.

A adição desses métodos construtores permite maior flexibilidade no momento da criação dos objetos, no caso na criação de objetos do tipo Garrafa.

Funcionalidades comentadas do trecho do Exemplo 7.7 referente aos construtores:

- **Linha 5:** construtor que não recebe nenhum valor, inicializando as variáveis com valores default.

- **Linha 7:** inicia o atributo "tipoMaterial" com o conteúdo fornecido no parâmetro "tipoMaterial". O atributo "capacidade" será inicializado com o valor default, isto é, com zero.
- **Linha 10:** inicia o atributo "capacidade" com o conteúdo fornecido no parâmetro "capacidade". O atributo "tipoMaterial" será inicializado com o valor default, isto é, com null.
- **Linha 13:** inicia o atributo "tipoMaterial" com o conteúdo fornecido no parâmetro "tipoMaterial" e o atributo "capacidade" com o conteúdo fornecido no parâmetro "capacidade".

Para exemplificar o funcionamento desse trecho envolvendo os construtores, vamos criar uma classe de teste. Veja o código do Exemplo 7.8.

```
1   package cap07;
2   public class GarrafaTestaConstrutor {
3       public static void main(String[] Args) {
4           Garrafa garrafa1 = new Garrafa();
5           Garrafa garrafa2 = new Garrafa("Vidro");
6           Garrafa garrafa3 = new Garrafa(1000);
7           Garrafa garrafa4 = new Garrafa("Plástico", 2500);
8
9           garrafa1.mostrarConteudo();
10          garrafa2.mostrarConteudo();
11          garrafa3.mostrarConteudo();
12          garrafa4.mostrarConteudo();
13      }
14  }
```

Exemplo 7.8 - Listagem da classe GarrafaTestaConstrutor.

Funcionalidades comentadas do Exemplo 7.8:

- Cada linha da classe GarrafaTestaConstrutor chama um método construtor diferente da classe Garrafa, dependendo da assinatura do método.
- **Linha 4:** utiliza o construtor que não recebe nenhum valor, inicializando as variáveis com valores default.
- **Linha 5:** utiliza o construtor que recebe apenas o tipo de material.
- **Linha 6:** utiliza o construtor que recebe apenas a capacidade.
- **Linha 7:** utiliza o construtor que recebe apenas o tipo de material e a capacidade.
- **Linhas 9 a 12:** apresentam o conteúdo dos objetos do tipo Garrafa por meio do método mostrarConteúdo.

Você deve ter notado que o construtor funciona como um método qualquer da linguagem Java, suportando sobrecarga e podendo receber parâmetros para que os objetos sejam criados com quaisquer valores, passados no momento da sua instanciação.

7.10 Destrutores

Ao contrário dos construtores, como o próprio nome sugere, os destrutores (finalizers) são responsáveis por liberar os recursos usados pelos objetos durante a execução do programa. Enquanto os construtores alocam um espaço inicial na memória, os destrutores liberam esse espaço. A necessidade e a importância dos destrutores são liberação de recursos do sistema, pois se isso não for realizado, os recursos podem esgotar-se durante a execução dos programas, especialmente o espaço alocado em memória. O método destrutor praticamente "passa uma borracha" nos endereços de memória alocados para o objeto em questão, liberando espaço para que outros objetos, ou outros sistemas aplicativos quaisquer, possam utilizá-lo.

Para tornar esse conceito mais fácil de entender, observe o trecho seguinte:

```
Garrafa garrafa;
garrafa = new Garrafa("Vidro");
garrafa = new Garrafa("Plástico",2500);
```

Como o objeto garrafa foi instanciado duas vezes, o espaço alocado inicialmente fica perdido na memória. Apesar de essa característica ser um problema, ela não representa uma ameaça, pois a linguagem Java possui um processo automático para limpeza de objetos não utilizados depois de um certo tempo. Isso é feito por meio de um processo nomeado **coleta automática de lixo** (*automatic garbage collection*). Cada vez que um objeto deixa de ser referenciado pelo programa, ficando perdido na memória, ele recebe uma marcação para eliminação futura. Assim que o programa ficar ocioso, o gerenciador automático de memória destrói os objetos perdidos, liberando os recursos ao sistema. Com esse processo torna-se desnecessário liberar a memória explicitamente em um programa em Java, uma vez que isso é feito automaticamente.

Existem ainda diversos detalhes a respeito da destruição de objetos cuja descrição foge aos objetivos definidos no livro.

7.11 Definição de Pacotes

Conforme citado anteriormente, um pacote (package) em Java é um diretório (pasta) em que está armazenado um conjunto de classes. Geralmente as classes de mesma afinidade, ou mesmo propósito, são armazenadas num mesmo local. Alguns exemplos de pacote do próprio Java são: awt, beans, io, lang, math, net, rmi etc. Na realidade todas as classes pertencem a algum pacote. Quando o pacote não é especificado, a classe passa a pertencer ao pacote default, isto é, a própria pasta na qual a classe foi salva.

Por convenção, o nome de um pacote sempre deve ser em letras minúsculas (isso permite diferenciar do nome de classes), podendo ser separados por ponto-final (.). É indicado também que os pacotes tenham o nome reverso ao site a partir do qual eles se encontram armazenados. Por exemplo, se um pacote chamado "meupacote" se localiza no site http://www.pacotes.com.br, então o endereço completo do pacote deve ser **br.com.pacotes.meupacote**.

Um pacote é definido a partir da palavra reservada **package**, inserida na primeira linha de uma classe, seguindo a sintaxe **package nome-do-pacote;**. Suponha o trecho seguinte:

```
package meupacote;
public class Veiculo{
    // declarações da classe
}
```

Isso indica que a classe Veiculo pertence ao pacote **meupacote**, localizado a partir do diretório onde a classe (código-fonte) está armazenada. Outros exemplos válidos para nomeação de pacotes poderiam ser teste.meupacote, br.com.pacotes.sistemadetransporte.meupacote etc.

7.11.1 Criação de Pacotes

Para compreender a criação de pacotes, nada melhor do que praticar sua criação. Já estamos criando pacotes desde o início do livro, mas vamos fornecer alguns detalhes adicionais. Para isso, criaremos classes extremamente simples. Siga os procedimentos:

1. Crie um diretório (pasta) a partir da unidade C de sua máquina com o nome "pacotes". Esse diretório será o local de trabalho.
2. Salve as classes seguintes na pasta "pacotes".

```
package pacote1;
public class C1 {
    public int soma(int a, int b) {
        return (a + b);
    }
}
```

```
package pacote1;
public class C2 {
    public int sub(int a, int b) {
        return (a - b);
    }
}
```

Exemplo 7.9 - As classes C1 e C2.

3. Compile a classe C1 da seguinte forma: entre no prompt e acesse o diretório "pacotes". Digite o comando javac -d c:\pacotes C1.java. A opção -d, de diretório, indica que o arquivo .class deve ser colocado a partir do caminho especificado. No exemplo, o arquivo C1.class será criado a partir da pasta c:\pacotes. Como C1 pertence ao pacote "pacote1", ela será colocada nessa pasta. Se a pasta pacote1 ainda não existir dentro da pasta pacotes, ela será criada automaticamente.
4. Repita o procedimento anterior para a classe C2.
5. Neste ponto sua estrutura de diretórios deve estar conforme apresentado à direita, Figura 7.6, isto é, os arquivos C1.java e C2.java na pasta pacotes e os arquivos C1.class e C2.class na pasta pacote1.
6. Salve a classe C3 seguinte na pasta pacotes.

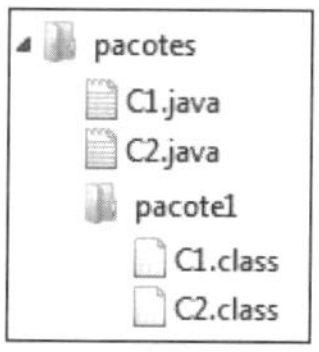

Figura 7.6 - Estrutura do diretório pacotes.

```
package pacote1;
public class C3 {
    public static void main(String args[]) {
        C1 x = new C1();
        C2 y = new C2();
        System.out.println(x.soma(1, 2));
        System.out.println(y.sub(2, 1));
    }
}
```

Exemplo 7.10 - Listagem da classe C3.

7. Compile a classe C3 da mesma forma que o exposto no item 3. A seguir execute a classe C3 da seguinte maneira: entre no prompt e acesse o diretório pacotes. Digite o comando java pacote1.C3 (ou ainda java pacote1/C3). Observe que é necessário colocar o caminho do pacote onde a classe se localiza, seguido do nome da classe.
8. Vamos analisar os exemplos envolvidos:
   - Todas as classes pertencem ao mesmo pacote (pacote1) e são públicas, isto é, podem ser acessadas a partir de outros pacotes.
   - A classe C1 possui um método público (soma) que recebe dois valores inteiros e retorna sua soma.
   - A classe C2 possui um método público (sub) que recebe dois valores inteiros e retorna sua diferença.
   - A classe C3 cria um objeto (x) da classe C1, um objeto (y) da classe C2 e utiliza os métodos correspondentes para realizar cálculos.

- Se for retirada a definição do pacote da classe C3 (package pacote1), as classes C1 e C2 não são localizadas e produzem erro de compilação. Isso porque a classe C3 passa a pertencer ao pacote "pacotes", devido à omissão na declaração do pacote.
- Se todas as declarações de pacotes forem retiradas das três classes, o exemplo funciona normalmente, uma vez que todas as classes pertencem ao mesmo pacote.

9. Vamos colocar a classe C3 em outro pacote. Modifique a definição do pacote da classe C3 para package **pacote2**. Salve e compile a classe novamente. Surgem erros de compilação, pois as classes C1 e C2 agora pertencem a um pacote diferente. Para utilizar classes localizadas em pacotes diferentes, o mais comum é usar a diretiva **import**.

10. Adicione a linha **import pacote1.*** à classe C3, logo após a definição do pacote. Salve e compile a classe novamente. A compilação deve ser realizada com sucesso, pois as classes do pacote1 foram adicionadas à classe C3 pela diretiva import. A seção seguinte traz maiores detalhes sobre o uso da diretiva import.

7.11.2 Uso da Diretiva import

Como vimos em exemplos anteriores, a diretiva import permite utilizar um pacote externo em uma classe qualquer do seguinte modo:

```
import nome-do-pacote.nome-da-classe.
```

Este é o formato mais comum em que o nome da classe é inserido no final do caminho do pacote. Talvez esse formato não seja o mais adequado quando se necessita importar diversas classes de um mesmo pacote, pois haveria a necessidade de especificar, uma a uma, todas as classes importadas. Para facilitar esse processo, pode ser usado o caractere asterisco (*) ao final do nome do pacote. Isso permite especificar todas as classes de uma só vez. No entanto, é importante observar que o asterisco "enxerga" apenas as classes de um diretório. Caso existam subdiretórios (subpacotes), as classes pertencentes a eles não são consideradas, sendo necessária outra declaração import que inclua o subpacote. Alguns exemplos podem ser:

- **import java.util.Date;** → indica que será usada a classe Date do pacote java.util, isto é, a classe Date está localizada na pasta java\util. A letra maiúscula de **D**ate permite distinguir o nome da classe do nome do pacote.
- **import java.io.***; → indica que será usada qualquer classe do pacote java.io.

7.11.3 Superpacote (Superpackage)

O superpacote é um recurso que deveria estar disponível a partir da versão 7 do Java, mas sua inclusão foi adiada, provavelmente para o Java 8. Assim como a classe, o superpacote é um arquivo .java associado e pode conter restrições de acesso. Por padrão, todos os acessos de fora do superpacote são bloqueados. Por outro lado, o conteúdo de um superpacote pode conter outros pacotes (ou classes) com permissão de acesso externo.

Vamos apresentar um pequeno exemplo para ilustrar o uso de superpacotes, aproveitando-se da representação da UML. Considere a Figura 7.7. O superpacote "meusuperpacote" possui (dentro dele) dois pacotes: "calcular" e "mostrar". O pacote "calcular" possui as classes A e B. A classe A possui o método "somar" e a classe B utiliza o método "somar" da classe A. Já o pacote "mostrar" possui a classe C que possui o método "imprimir".

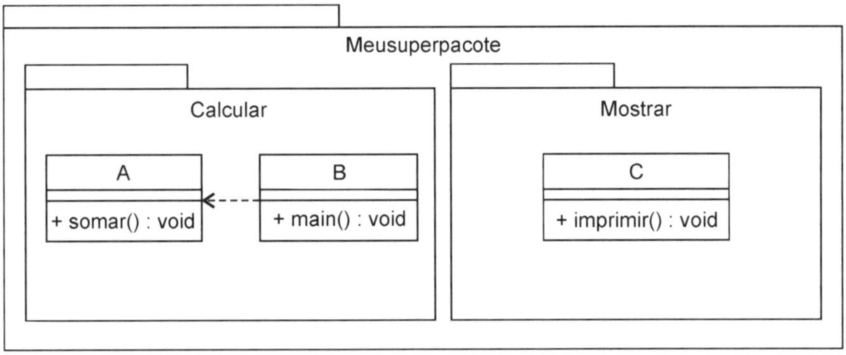

Figura 7.7 - Representação do superpacote pela UML.

Conforme já afirmamos, em termos de código o superpacote é semelhante a uma classe e contém todas as definições de seus pacotes internos, bem como as permissões de acesso para seus pacotes e classes. Veja a Listagem 7.11.

```
1  superpackage meusuperpacote {
2      // pacotes internos
3      member package meusuperpacote;
4      member package meusuperpacote.calcular;
5      member package meusuperpacote.mostrar;
6      // pacote exportado
7      export superpackage meusuperpacote.mostrar;
8  }
```

Exemplo 7.11 - Listagem do superpacote "meusuperpacote".

Observe que o superpacote "meusuperpacote" define os pacotes "calcular" (linha 4) e "mostrar" (linha 5). As classes do pacote "mostrar" ficam disponíveis fora do superpacote (veja a instrução export da linha 7). Por outro lado, as classes do pacote "calcular" não podem ser usadas fora do superpacote. É possível também exportar apenas uma classe (em vez do pacote todo) usando a sintaxe:

```
Export meusuperpacote.calcular.A;
```

Voltando ao exemplo da Figura 7.11, apenas a classe A seria visível fora do superpacote; a classe B permaneceria protegida.

Observação

> Como já dissemos, ainda não existe suporte para compilar superpackages. O superpacote é definido na JSR 294 e pode sofrer mudanças até sua inclusão definitiva no Java. De qualquer forma, o conceito do superpacote será o mesmo.

7.12 Herança

Como o próprio nome sugere, na orientação a objetos o termo herança se refere a algo herdado. Em Java, a herança ocorre quando uma classe passa a herdar características (variáveis e métodos) definidas em outra classe, especificada como sua ancestral ou superclasse. A técnica da herança possibilita o compartilhamento ou reaproveitamento de recursos definidos anteriormente em outra classe. A classe fornecedora dos recursos recebe o nome de superclasse e a receptora dos recursos, de subclasse.

Outro termo envolvido com herança é a especialização. Uma vez que uma classe herda características de outra, ela pode implementar partes específicas não contempladas na classe original (superclasse), tornando-se especializada em algum processo.

A técnica da herança é extremamente utilizada em Java. Praticamente todas as aplicações com janelas, applets e servlets se beneficiam desse recurso. Para melhor esclarecimento dos conceitos de herança e especialização, observe os exemplos seguintes. Vamos iniciar com a classe Pessoa do Exemplo 7.12.

```
package cap07;
public class Pessoa {
    private String nome;
    public void setNome(String nome) {
        this.nome = nome;
    }
    public String getNome() {
        return (nome);
    }
}
```

Exemplo 7.12 - A classe Pessoa.

A classe Pessoa possui uma variável de instância "nome" e dois métodos setNome e getNome para manipular seu conteúdo. Essa classe pode ser especializada, uma vez que existem outros tipos de pessoa, como física e jurídica. Observe as classes seguintes dos Exemplos 7.13 (PessoaFisica) e 7.14 (PessoaJuridica). Ambas estendem a funcionalidade da classe Pessoa, adicionando uma variável e dois métodos. Em Java, o mecanismo de herança é realizado pela inserção da palavra **extends** na declaração do nome da classe, seguido pela classe a partir da qual a herança será recebida.

```
package cap07;
public class PessoaFisica extends Pessoa {
    private String rg;
    public void setRg(String rg) {
        this.rg = rg;
    }
    public String getRg() {
        return (rg);
    }
}
```

Exemplo 7.13 - A classe PessoaFisica.

```
package cap07;
public class PessoaJuridica extends Pessoa {
    private String cnpj;
    public void setCnpj(String cnpj) {
        this.cnpj = cnpj;
    }
    public String getCnpj() {
        return (cnpj);
    }
}
```

Exemplo 7.14 - A classe PessoaJuridica.

A classe PessoaFisica estende (por meio da palavra **extends**) a funcionalidade da classe Pessoa, herdando todo seu estado e comportamento e acrescentando novas funcionalidades: a variável "rg" e seus métodos de manipulação. Suponha que uma outra classe utilize PessoaFisica, declarando um objeto da seguinte forma: PessoaFisica **pf = new PessoaFisica();**.

Ao criar o objeto "pf", ele recebe todas as variáveis de instância e todos os métodos presentes nas classes Pessoa e PessoaFisica, ou seja, o objeto "pf" conterá as variáveis "nome", "rg" e os métodos setNome, getNome, setRg e getRg. De forma similar, o mesmo ocorre com um objeto da classe PessoaJuridica.

É importante salientar que se a classe Pessoa (a superclasse do exemplo) for alterada, todas as mudanças são refletidas nas classes PessoaFisica e PessoaJuridica (as subclasses).

Agora suponha que seja necessário estender também as funcionalidades da classe PessoaFisica. Observe o Exemplo 7.15 da classe Funcionario.

```java
package cap07;
public class Funcionario extends PessoaFisica {
    private String cartao;
    public void setCartao(String cartao) {
        this.cartao = cartao;
    }
    public String getCartao() {
        return (cartao);
    }
}
```

Exemplo 7.15 - A classe Funcionario.

A classe Funcionario estende a funcionalidade da classe PessoaFisica pelo mecanismo de herança, especializando ainda mais a classe original Pessoa. Por meio do mecanismo da herança, torna-se possível a criação de uma hierarquia de classes. A Figura 7.8 apresenta o diagrama das classes criadas no exemplo de acordo com a notação da UML. A hierarquia das classes criada pelo mecanismo de herança faz com que a subclasse Funcionario herde as funcionalidades da subclasse PessoaFisica que herda as funcionalidades da superclasse Pessoa. Da mesma forma, a subclasse PessoaJuridica herda as funcionalidades da superclasse Pessoa. Todas as subclasses foram criadas a partir da classe Pessoa.

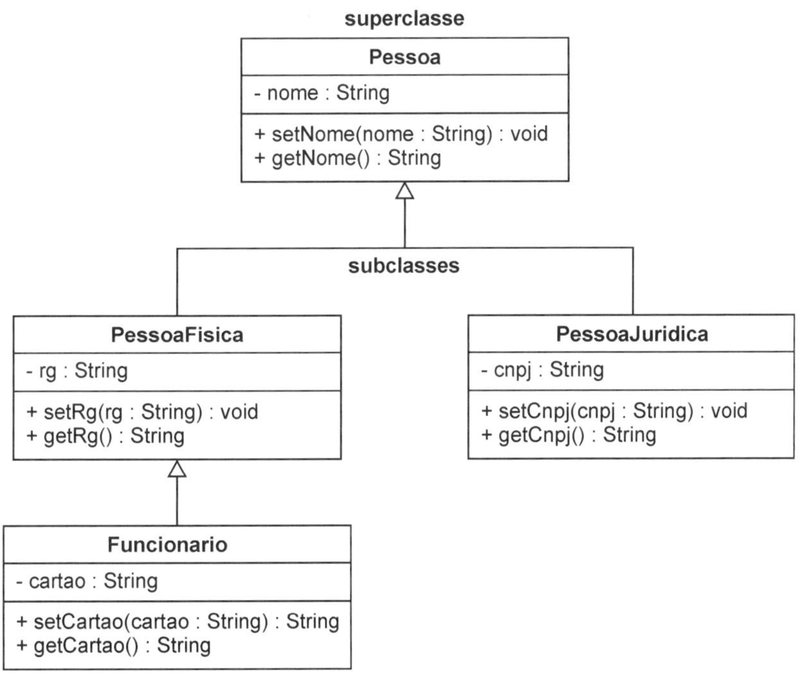

Figura 7.8 - Diagrama de classes de acordo com a UML.

Qualquer alteração realizada numa classe de nível superior vai refletir nas classes de níveis inferiores. O mecanismo da herança possibilita que classes sejam criadas e adicionadas à hierarquia sem necessidade de alteração no código das classes, pois cada uma define exatamente suas funcionalidades. São como engrenagens que se encaixam umas nas outras. As classes adicionadas a uma hierarquia podem especializar ou restringir o comportamento das classes superiores.

Para concretizar o exemplo de herança, o Exemplo 7.16 apresenta a classe UsaFuncionario. Apesar de a classe Funcionario declarar apenas a variável "cartao" e seus métodos set e get, todas as variáveis e métodos de suas classes ancestrais podem ser usados.

```
package cap07;
public class UsaFuncionario {
    public static void main(String args[]) {
        Funcionario funcionario = new Funcionario();
        funcionario.setNome("Lucas");
        funcionario.setRg("25.654.678-x");
        funcionario.setCartao("RH845");
        System.out.println(funcionario.getNome());
        System.out.println(funcionario.getRg());
        System.out.println(funcionario.getCartao());
    }
}
```

Exemplo 7.16 - A classe UsaFuncionario.

Outro ponto a ser considerado se refere a restringir o uso da herança entre as classes. Suponha que você queira definir que uma determinada classe não permita que outras classes se aproveitem de seu funcionamento, ou seja, você deseja proibir o uso da herança para essa classe. Isso é possível por meio do uso da palavra **final**. Veja como ficaria no caso da classe Pessoa: public **final** class Pessoa. Se você alterar a classe Pessoa para **final**, ocorre um erro em suas subclasses, já que Pessoa não poderá ser herdada por nenhuma classe.

Conforme apresentado, a herança constitui uma importante técnica para a orientação a objetos (e para Java), possibilitando que o código já criado em uma classe seja reaproveitado e especializado em outra. Como um exemplo mais prático considere a seguinte situação: a linguagem Java fornece um componente gráfico por meio da classe JButton. Essa classe cria um botão padronizado, contendo dezenas de atributos e métodos associados. Um desenvolvedor pode reaproveitar todas as características já definidas em JButton e criar um botão personalizado (com uma cor de fundo padrão, tamanho etc.) chamado, por exemplo, MyButton. Com isso, em todos os sistemas, o desenvolvedor poderia usar seu botão personalizado, no caso o MyButton.

7.13 Polimorfismo

O leitor pôde verificar que, por meio das técnicas de encapsulamento e herança, novas funcionalidades podem ser adicionadas às classes. Enquanto a herança é um poderoso mecanismo de especialização, o polimorfismo oferece um mecanismo para a generalização. Ao analisar a hierarquia de classes da Figura 7.7 de forma inversa, isto é, da classe de nível inferior para a classe de nível superior, percebe-se a generalização das classes relacionadas, ou seja, cada classe da hierarquia pode assumir o mesmo comportamento da superclasse, sendo tratada como tal. Caso a superclasse modifique sua estrutura, igualmente todas as classes da hierarquia são afetadas. Com isso nota-se que uma classe da hierarquia pode assumir diferentes formas (funcionalidades) de acordo com as classes de nível superior.

O polimorfismo representa uma técnica avançada de programação e seu uso pode gerar economia de recursos computacionais. A ideia geral do polimorfismo é que um objeto de uma determinada classe mais genérica (a superclasse) possa assumir diferentes comportamentos, gerando objetos distintos, dependendo de certas condições. Na prática quer dizer que um mesmo objeto pode executar métodos diferentes, dependendo do momento de sua criação. Como um mesmo objeto pode ser gerado a partir de classes diferentes e classes diferentes possuem métodos distintos, o objeto criado pode ter comportamentos variados, dependendo da classe a partir da qual ele foi criado. A definição pode parecer complicada, mas na realidade nem tanto. Nada melhor do que um exemplo prático para melhorar o entendimento. Considere o diagrama de classes da Figura 7.7. Um objeto pode ser declarado como do tipo Pessoa e ser criado, **em tempo de execução**, como do tipo PessoaFisica, PessoaJuridica ou Funcionario.

O uso do polimorfismo pressupõe duas condições: a existência de herança entre as classes e a redefinição de métodos em todas as classes. Todas as classes devem possuir métodos com a mesma assinatura (nome e parâmetros), porém com funcionalidades diferentes. Esse mecanismo de redefinição de métodos entre superclasses e subclasses é conhecido como **overriding**, diferente do mecanismo de sobrecarga (**overloading**) de métodos que ocorre em uma mesma classe.

Vamos criar um exemplo de polimorfismo aproveitando o exemplo de herança apontado no diagrama de classes anterior. Siga os procedimentos:

1. Ao final de cada uma das quatro classes (Pessoa, PessoaFisica, PessoaJuridica e Funcionário), adicione um método chamado **mostraClasse** da forma seguinte:

```
public void mostraClasse() {
    System.out.println("classe Pessoa");
}
```

2. Este método foi adicionado à classe Pessoa. Para as outras classes, modifique apenas a mensagem de texto que será impressa na tela, isto é, para a classe PessoaFisica, modifique a mensagem para "classe PessoaFisica" e assim por diante. Salve e compile as quatro classes.

3. Salve e compile o Exemplo 7.17, referente à classe PessoaPolimorfa.

```
1  package cap07;
2  import javax.swing.JOptionPane;
3  public class PessoaPolimorfa {
4      public static void main(String args[]) {
5          Pessoa pessoa = null;
6          int tipo = Integer.parseInt(
7                  JOptionPane.showInputDialog("Forneça um número de 1 a 4"));
8          switch (tipo) {
9              case 1:
10                 pessoa = new Pessoa(); break;
11             case 2:
12                 pessoa = new PessoaFisica(); break;
13             case 3:
14                 pessoa = new PessoaJuridica(); break;
15             case 4:
16                 pessoa = new Funcionario(); break;
17             default: {
18                 System.out.println("tipo desconhecido");
19                 System.exit(0); // encerra a execucao da classe
20             }
21         }
22         pessoa.mostraClasse();
23     }
24 }
```

Exemplo 7.17 - A Classe PessoaPolimorfa.

4. Vamos analisar a classe PessoaPolimorfa:

   - **Linha 5:** declara um objeto do tipo Pessoa, porém ele é inicializado com null (nulo), ou seja, nesse ponto o objeto ainda não foi criado. Ainda não foi decidido a que tipo de classe (do diagrama de classes da herança) o objeto pertence. Isso ocorre durante a execução da classe.
   - **Linha 6:** declara e inicializa uma variável inteira "tipo" dependendo da entrada do usuário. Dependendo do conteúdo dessa variável (1, 2, 3 ou 4), o objeto "pessoa" é criado a partir de uma classe diferente, de acordo com a estrutura switch da linha 8.
   - **Linhas 9 a 16:** criam um objeto diferente, dependendo do valor da variável "tipo". Observe que o objeto "pessoa" foi declarado como do tipo "Pessoa", porém ele pode ser criado a partir de qualquer classe presente na estrutura, criada com o uso da herança.

- **Linha 18:** imprime em tela uma mensagem "tipo desconhecido", caso o valor da variável "tipo" seja diferente de 1, 2, 3 ou 4.
- **Linha 22:** imprime uma mensagem diferente na tela, dependendo da classe a partir da qual o objeto "pessoa" foi criado. Observe que todas as classes possuem esse mesmo método, no entanto cada um imprime uma mensagem diferente. Isso serve para provar que se trata de objetos diferentes com comportamentos específicos.

O exemplo apresentado referente ao polimorfismo é extremamente simples, serve apenas para fins didáticos. Existem outras formas de utilização, como, por exemplo, passagem de um "objeto polimórfico" como parâmetro num método. Tenha em mente que o polimorfismo constitui uma técnica para o reaproveitamento e simplificação do código, possibilitando o desenvolvimento de aplicações mais robustas.

7.14 Gravação e Leitura de Objetos

O conteúdo das variáveis de instância dos objetos de uma classe pode ser armazenado e recuperado mediante sua gravação em arquivo. Apesar de o método mais usual de armazenamento de dados do mercado ser por meio de tabelas, usadas no modelo relacional de banco de dados, existe a tendência da utilização de banco de dados orientado a objetos, como, por exemplo, o DB4O, um banco de dados orientado a objetos criado a partir da linguagem Java. Não é objetivo discutir essas questões, apenas apresentar uma forma simples de armazenar objetos em disco para futura recuperação. Os exemplos seguintes demonstram como isso é possível.

Para entender a gravação e leitura de objetos, vamos criar três classes. O diagrama das classes que serão criadas está representado na Figura 7.9 e está de acordo com a notação da UML.

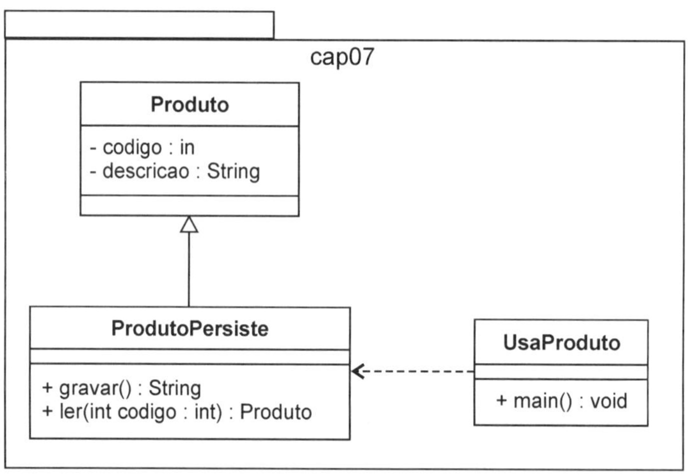

Figura 7.9 - Diagrama de classes de acordo com a UML.

O código de cada uma das classes apresentadas no diagrama é comentado a seguir. Vamos iniciar pela classe Produto do Exemplo 7.18.

```
1  package cap07;
2  import java.io.*;
3  public class Produto implements Serializable {
4      private int codigo;
5      private String descricao;
6      public int getCodigo() {
7          return codigo;
8      }
9      public void setCodigo(int codigo) {
10         this.codigo = codigo;
11     }
12     public String getDescricao() {
13         return descricao;
14     }
15     public void setDescricao(String descricao) {
16         this.descricao = descricao;
17     }
18 }
```

Exemplo 7.18 - Classe Produto.

Funcionalidades comentadas do Exemplo 7.18:

- **Linha 2:** importa o pacote java.io necessário para a leitura e gravação em arquivos.
- **Linha 3:** declara a classe Produto e implementa a interface Serializable, necessária para a leitura e gravação dos objetos em arquivo.
- **Linhas 4 e 5:** declaram duas variáveis "código" e "descrição" que serão usadas para manter os dados referentes ao produto.
- As linhas seguintes declaram os métodos set e get necessários para que o valor das variáveis possa ser acessado a partir da classe ProdutoPersiste, comentada em seguida.

A classe **ProdutoPersiste** do Exemplo 7.19 estende a classe Produto e adiciona os métodos "ler" e "gravar" para ler e armazenar os dados a partir de um arquivo. Parece ser estranho criar outra classe para isso, já que esses métodos poderiam estar na própria classe Produto. Essa opção pela divisão em classes distintas se tornará mais clara quando tratarmos da arquitetura em camadas.

```
package cap07;
import java.io.*;
public class ProdutoPersiste extends Produto {
    public String gravar() {
        String ret = "Produto armazenado com sucesso!";
        try {
            FileOutputStream file = new FileOutputStream("c:/Produto" + this.getCodigo());
            ObjectOutputStream stream = new ObjectOutputStream(file);
            stream.writeObject(this);
            stream.flush();
        }
        catch (Exception erro) {
            ret = "Falha na gravação\n " + erro.toString();
        }
        return ret;
    }
    public static Produto ler(int codigo) {
        try {
            FileInputStream file = new FileInputStream("c:/Produto" + codigo);
            ObjectInputStream stream = new ObjectInputStream(file);
            return ((Produto) stream.readObject());
        }
        catch (Exception erro) {
            System.out.println("Falha na leitura\n " + erro.toString());
            return null;
        }
    }
}
```

Exemplo 7.19 - A classe ProdutoPersiste.

Funcionalidades comentadas do Exemplo 7.19:

- **Linha 4:** contém a definição do método "gravar" responsável por armazenar em disco os dados atuais presentes no objeto do tipo produto. O método retorna um texto referente ao resultado da gravação.
- **Linhas 6 a 11:** encarregam-se de gravar o objeto produto em um arquivo localizado na unidade C. O arquivo será gravado com o nome Produto, concatenado com o conteúdo do código do produto, isto é, se o código do produto for 1, então o nome do arquivo será Produto1; se o código for 22, então o nome do arquivo será Produto22 e assim por diante. Não forneceremos maiores detalhes desse trecho; procure apenas entender que toda vez que um objeto for gravado, essa sequência de linhas deve estar inserida no programa.
- **Linhas 12 a 14:** encarregam-se de definir uma mensagem a ser apresentada em tela, caso algum erro ocorra durante o processo de gravação do arquivo. Isso pode ocorrer, por exemplo, caso você não tenha permissão para criar um arquivo na unidade C.
- **Linha 15:** retorna uma mensagem de texto cujo conteúdo informa se houve ou não sucesso na gravação. A mensagem retorna para a classe que chamar o método "gravar".
- **Linha 17:** contém a definição do método "ler" que recebe o código do produto a ser lido por meio do parâmetro "codigo". Se for passado o conteúdo 10, então o arquivo a ser lido será Produto10 e assim por diante.
- **Linhas 18 a 22:** encarregam-se de ler e retornar o objeto armazenado em arquivo. O objeto será retornado na linha 21. Se ocorrer algum problema nesse processo, como, por exemplo, o arquivo não for encontrado, o controle da execução passa para a linha 23, imprimindo o erro ocorrido e retornando null para a classe (no caso a classe UsaProduto) que chamou o método "ler".

A classe **UsaProduto** do Exemplo 7.20 possui a função de testar a gravação e a leitura da classe ProdutoPersiste.

```
1  package cap07;
2  public class UsaProduto {
3      public static void main(String[] args) {
4          // teste de gravação
5          ProdutoPersiste produto = new ProdutoPersiste();
6          produto.setCodigo(2);
7          produto.setDescricao("Sabonete");
8          System.out.println(produto.gravar());
9          // teste de leitura
10         Produto p = ProdutoPersiste.ler(2);
11         System.out.println(p.getCodigo());
12         System.out.println(p.getDescricao());
13
14     }
15 }
```

Exemplo 7.20 - Tela de execução da classe UsaProduto.

Funcionalidades comentadas do Exemplo 7.20:

- **Linha 5:** declara e cria um objeto da classe ProdutoPersiste chamado "produto".
- **Linhas 6 e 7:** armazenam os dados do produto que serão guardados em arquivo.
- **Linha 8:** chama o método "gravar" da classe ProdutoPersiste, enviando os dados armazenados em "produto" e que serão guardados em arquivo na unidade C.

- **Linha 10:** chama o método "ler" da classe ProdutoPersiste. Como esse método é estático, não existe a necessidade de criar um objeto; ele pode ser chamado diretamente a partir da classe. Observe que é passado o código do produto a ser lido. Conforme já dissemos, esse código será usado na composição do nome do arquivo gravado na unidade C. O resultado da execução do método "ler" retorna um objeto do tipo Produto que será armazenado no objeto "p".
- **Linhas 11 e 12:** imprimem em tela o conteúdo do objeto lido e armazenado em "p".

Os temas seguintes, a respeito de classes abstratas e interfaces, poderiam ocupar um espaço considerável no livro, mas, novamente, temos de dizer que o objetivo é apenas fazer uma breve introdução a respeito. Vamos iniciar pela classe abstrata.

7.15 Classes Abstratas e Concretas

A **classe abstrata** é uma classe que NÃO PERMITE a geração de instâncias a partir dela, isto é, não permite que sejam criados objetos; ao contrário, uma **classe concreta** permite a geração de instâncias. Bem, por que precisamos de uma classe que não permite a criação de objetos? Isso não parece estranho? Afinal, não é para isso que elaboramos classes? Bem, uma classe abstrata tem realmente essa característica, isto é, impedir que seja criado um objeto de seu tipo. Uma justificativa para seu uso é quando a classe serve apenas de base para a elaboração de outras classes. A superclasse Pessoa, presente no diagrama de classes da Figura 7.8, poderia ser uma classe abstrata. Vamos entender isso.

Considere que numa aplicação real existam apenas pessoas do tipo Física ou Jurídica. A classe Pessoa poderia apenas servir de base para a geração das classes PessoaFisica e PessoaJuridica, já que ela contém um atributo comum a essas duas classes (no caso o atributo "nome"). Observe que numa aplicação real não existe uma pessoa apenas com nome, ela precisa ter também um RG (no caso de pessoa física) ou um CNPJ (no caso de pessoa jurídica). Se declararmos que Pessoa é uma classe abstrata, usando a sintaxe seguinte:

```
public abstract class Pessoa {
...// códigos da classe
}
```

então, a sintaxe seguinte gerará um **erro de compilação**:

```
Pessoa pessoa = new Pessoa();
```

Apesar de a sintaxe estar correta, ocorreria erro, já que não é permitido criar um objeto a partir de uma classe abstrata. No entanto, o código seguinte seria compilado normalmente. Lembre-se de que estamos nos referenciando ao exemplo da Figura 7.8.

```
PessoaFisica pf = new PessoaFisica();
PessoaJuridica pj = new PessoaJuridica();
```

Uma classe abstrata pode ser usada também para definir um comportamento padrão para um grupo de outras classes. Vamos examinar essa característica de forma prática. Considere o diagrama de classes da Figura 7.10 que apresenta a superclasse Veiculo e as subclasses Automóvel e Avião. Observe na figura que tanto o nome da classe Veiculo quanto o método "acelerar", também da classe Veiculo, estão em **itálico**. Este é o padrão da UML para indicar que "algo" é abstrato.

A classe Veiculo implementa (codifica) os métodos "ligar", "desligar" e "mostrarStatus" que são comuns às suas subclasses (Automovel e Aviao), isto é, funcionam do mesmo jeito para as duas classes, no entanto o método "acelerar" é apenas definido na classe Veiculo, ele não é implementado (não é codificado). A implementação fica a cargo das subclasses, já que acelerar um automóvel pode ser diferente de acelerar um avião. Veja que a classe abstrata Veiculo apenas define o que as subclasses **devem** implementar. Reforçando: a classe abstrata Veiculo define um método abstrato chamado "acelerar" que deve, obrigatoriamente, ser implementado em todas as subclasses de Veiculo. Veja pelo diagrama que as duas subclasses possuem também o método "acelerar". Isso já não ocorre com os outros três métodos. As subclasses podem até realizar a implementação desses métodos, mas não é obrigatório, pois eles não são abstratos. Vamos codificar essas classes iniciando com a classe Veiculo do Exemplo 7.21.

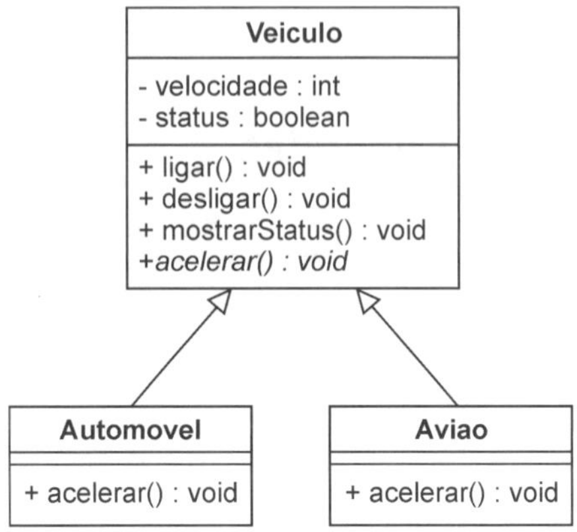

Figura 7.10 - A classe abstrata Veiculo.

```
1  package cap07;
2  public abstract class Veiculo {
3      public int velocidade;
4      public boolean status;
5      public void ligar() {
6          status = true;
7      }
8      public void desligar() {
9          status = false;
10     }
11     public void mostrarStatus() {
12         System.out.println(status);
13     }
14     public abstract void acelerar();
15 }
```

Exemplo 7.21 - A classe Veiculo.

Funcionalidades comentadas do Exemplo 7.21:

- **Linha 2:** declara que a classe Veiculo é abstrata.
- **Linhas 3 e 4:** declaram os atributos "velocidade" e "status". Ambos foram definidos como públicos para facilitar o exemplo.
- **Linha 5:** declara o método "ligar" que simula o acionamento do motor do veículo. Quando o conteúdo do atributo "status" estiver "true", indica que o motor do veículo está ligado.
- **Linha 8:** declara o método "desligar" que simula o desligamento do motor do veículo. Quando o conteúdo do atributo "status" estiver "false", indica que o motor do veículo está desligado.

- **Linha 11:** declara o método "mostrarStatus" que se encarrega de apresentar em tela o conteúdo do atributo "status" (true ou false).
- **Linha 14:** declara o método abstrato "acelerar". Não existe nenhuma implementação para esse método. Isso deve ser feito pelas subclasses da classe Veiculo.

Uma vez elaborada a classe Veiculo, vamos analisar a classe Automovel do Exemplo 7.22.

```
1 package cap07;
2 public class Automovel extends Veiculo{
3     @Override
4     public void acelerar(){
5         velocidade++;
6     }
7 }
```

Exemplo 7.22 - A classe Automovel.

Funcionalidades comentadas do Exemplo 7.22:

- **Linha 2:** declara a classe Automovel como herdeira de Veiculo.
- **Linha 3:** possui uma anotação (notation) em Java. Anotações são metadados com o objetivo de possibilitar que, em tempo de compilação, carregamento ou execução de classes, suas informações (atributos e métodos) sejam acessadas. Toda anotação inicia-se com o caractere @. Neste caso, trata-se de uma maneira de indicar que o método seguinte, no caso o método "acelerar", está sendo redefinido (overriding, já abordado anteriormente).
- **Linhas 4 a 6:** implementam o método "acelerar" que incrementa em um a velocidade atual do veículo. Lembre-se de que esse método é obrigatório para a classe Automovel, uma vez que ele foi definido como abstrato na classe Veiculo.

A próxima classe do exemplo é Aviao, praticamente idêntica à classe Automovel, exceto pelo fato de aumentar a velocidade atual em dez. Observe que o método é o mesmo da classe Automovel, porém funciona de maneira diferente.

```
package cap07;
public class Aviao extends Veiculo{
    @Override
    public void acelerar(){
        velocidade = velocidade + 10;
    }
}
```

Exemplo 7.23 - A classe Aviao.

Para encerrar, vamos verificar o funcionamento da classe UsaVeiculo do Exemplo 7.24, a qual contém o método main e utiliza as duas subclasses Automovel e Aviao. Já que essa classe possui o método main, será possível executá-la.

```
1  package cap07;
2  public class UsaVeiculos {
3      public static void main(String[] args) {
4          //Veiculo veiculo = new Veiculo(); --> essa linha gera erro
5          Automovel automovel = new Automovel();
6          automovel.ligar();
7          automovel.acelerar();
8          System.out.println(automovel.velocidade);
9          automovel.desligar();
10
11         Aviao aviao = new Aviao();
12         aviao.ligar();
13         aviao.acelerar();
14         System.out.println(aviao.velocidade);
15         aviao.desligar();
16     }
17 }
```

Exemplo 7.24 - A classe UsaVeiculo.

Funcionalidades comentadas do Exemplo 7.24:

- **Linha 4:** contém uma linha comentada para lembrar ao leitor que não é possível criar uma instância de Veiculo, uma vez que a classe é abstrata.
- **Linhas 5 a 9:** cria o objeto "automovel" e usa os métodos e atributos disponíveis dessa classe.
- **Linhas 11 a 15:** cria o objeto "aviao" e utiliza os métodos e atributos disponíveis dessa classe.

Como você viu, uma classe abstrata funciona como um modelo para outras classes, mas que possui funcionalidades não totalmente definidas (por meio dos métodos abstratos). Cabe a cada uma das classes concretas adicionar um comportamento específico, implementando os métodos abstratos definidos na classe abstrata.

7.16 Interfaces

Costuma-se dizer que uma **interface** permite estabelecer um "contrato" entre as classes; funciona de maneira bastante similar a classes abstratas, porém não permite implementação de nenhum método, contendo apenas a especificação deste. A codificação de uma interface também é semelhante à de uma classe, no entanto a declaração de uma interface **não inicia** com a palavra reservada class. Um exemplo de codificação de uma interface é:

```
package cap07;
public interface Teste {
// especificações de métodos
}
```

Veja que existe a palavra reservada "interface" no lugar de "class", mas o arquivo deve ser salvo da mesma forma que uma classe (no exemplo Teste.java) e também compilado como se fosse uma classe.

Vamos elaborar um exemplo mais real para entendermos melhor. Veja o diagrama da Figura 7.11. Ele mostra duas possíveis representações para uma interface de acordo com a UML:

- uma representação similar à de uma classe (veja a interface DAO) contendo o estereótipo <<interface>>. Isso permite diferenciar visualmente uma interface de uma classe, já que a representação gráfica é a mesma. Essa representação permite também visualizar o conteúdo interno (os métodos) da interface.

- uma representação reduzida, em formato de um pequeno círculo (veja a interface Estoque). Permite reduzir o tamanho de um diagrama, mas possui a desvantagem de não permitir visualizar o conteúdo interno da interface.

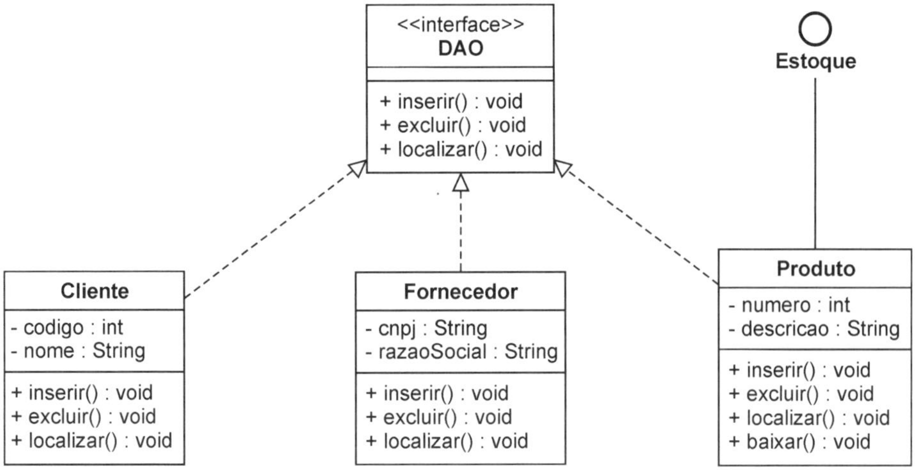

Figura 7.11 - As interfaces DAO e Estoque.

Esse diagrama representa o seguinte:

As classes Cliente e Fornecedor implementam a interface DAO, ou seja, codificam todos os métodos especificados na interface DAO, no caso os métodos "incluir", "excluir" e "localizar". Por este motivo, cada uma das classes possui três métodos. As classes poderiam também implementar outros métodos não especificados pela interface DAO.

A classe Produto implementa a interface DAO (os métodos "incluir", "excluir" e "localizar") e a interface Estoque (o método "baixar"). Como dissemos anteriormente, apesar de a representação ser diferente, ambas são interfaces.

Bem, se você não entendeu algo, não se preocupe. Isso ficará mais claro ao codificar as interfaces e classes. Vamos iniciar pelas interfaces.

O Exemplo 7.25 apresenta a interface DAO.

```
package cap07;
public interface DAO {
    public abstract void inserir();
    public abstract void excluir();
    public abstract void localizar();
}
```

Exemplo 7.25 - A interface DAO.

Conforme já dissemos, uma interface apenas contém a especificação dos métodos, e nenhuma implementação. Ela apenas define os métodos que as classes que a implementam serão obrigadas a conter (da mesma forma que a classe abstrata). Neste caso, a interface DAO está especificando os métodos "incluir", "excluir" e "localizar".

Da mesma forma, a interface Estoque contém apenas a especificação do método "baixar". Veja sua codificação no Exemplo 7.26.

```
package cap07;
public interface Estoque {
    public abstract void baixar();
}
```

Exemplo 7.26 - A interface Estoque.

Neste ponto vamos apresentar a codificação resumida da classe Cliente. Veja o Exemplo 7.27.

```
1  package cap07;
2  public class Cliente implements DAO {
3      private int codigo;
4      private String nome;
5      public void inserir() {
6      }
7      public void excluir() {
8      }
9      public void localizar() {
10     }
```

Exemplo 7.27 - A classe Cliente.

Observe na linha 2 a forma utilizada em Java para vincular uma classe a uma interface: trata-se do uso da palavra "implements". Quando o compilador analisa essa linha, ele identifica que a classe Cliente precisará implementar todos os métodos definidos na interface DAO, inclusive seguindo a mesma assinatura. Se qualquer um dos métodos não existir na classe Cliente, o compilador apresenta um erro. Em outras palavras, você pode interpretar a linha 2 como se fosse um contrato: Eu, classe Cliente, aceito implementar todos os métodos definidos na interface DAO. Se a classe Cliente deixar de cumprir esse contrato, ela se torna inválida (não é compilada). Obviamente, na prática os métodos da classe Cliente (linhas 5 a 10) seriam codificados, isto é, possuíram todo o código necessário para, por exemplo, inserir os dados do cliente num banco de dados. Não é este o objetivo no momento. Estamos interessados apenas em entender o funcionamento de interfaces.

A classe Fornecedor segue exatamente o mesmo princípio da classe Cliente e por isso não apresentaremos sua codificação. Neste ponto algo deve ficar claro para o leitor: o estabelecimento de contratos por meio de interfaces permite padronizar o código de um sistema. Uma vez que tanto a classe Cliente quanto a classe Fornecedor precisam implementar os mesmos métodos (com os mesmos nomes), é possível construir um código mais padronizado. Imagine se para inserir dados num banco de dados, a classe Cliente definisse o método "inserir", a classe Fornecedor definisse o método "inclui" e outra classe qualquer definisse o método "inserirRegistro". Veja que bagunça seria!

Como já dissemos, uma classe pode implementar mais de uma interface ao mesmo tempo. Este é o caso da classe Produto, que necessita implementar os métodos das interfaces DAO e Estoque. O princípio é o mesmo; basta adicionar todas as interfaces após a palavra "implements", separadas por vírgulas. Veja o Exemplo 7.28.

Observe na linha 2 que a classe Produto implementa duas interfaces: DAO e Estoque; como já dissemos, os nomes das interfaces aparecem separados por vírgula. Por causa disso, a classe Produto deve implementar os métodos das duas interfaces, o que pode ser visto nas linhas 5 a 12.

```java
package cap07;
public class Produto implements DAO, Estoque {
    private int numero;
    private String descricao;
    public void inserir() {
    }
    public void excluir() {
    }
    public void localizar() {
    }
    public void baixar() {
    }
}
```

Exemplo 7.28 - A classe Produto.

Além do exposto até o momento, uma interface ajuda a garantir que uma classe vai disponibilizar determinados serviços para outras classes. Suponha o seguinte exemplo: considere A e B duas classes e X uma interface. A classe A implementa serviços definidos na interface X e B utiliza esses serviços de A. Caso uma nova classe C, que também implementa serviços definidos na interface X, melhore os serviços de A e seja colocada no lugar desta, a classe B não deve notar a diferença. Isso reforça ainda mais a ideia de que um sistema pode ficar mais flexível quando padrões são seguidos.

Com as definições apresentadas neste capítulo, espera-se que o leitor tenha adquirido um conhecimento básico sobre a orientação a objetos; afinal, a linguagem Java trabalha desta forma. Obviamente, o estudo da orientação a objetos não foi esgotado neste capítulo, pois para isso seria necessário escrever um livro inteiro sobre o assunto.

Exercícios para Prática da Linguagem Java

1. Faça uma classe que simule o funcionamento de uma lâmpada. A classe Lampada deve conter um atributo boleano chamado "status" e os métodos "ligar" e "desligar" (ambos sem retorno). O método "ligar" coloca true em "status", já o método "desligar" coloca false em "status". Crie também o método "observar" que retorna uma palavra referente ao estado da lâmpada ("ligada" ou "desligada").

2. Crie uma classe chamada UsaLampada que utilize a classe Lâmpada do exercício anterior. Ela deve conter o método main e:

   - instanciar dois objetos (lampada1 e lampada2);
   - ligar o objeto lampada1 e desligar o objeto lampada2;
   - usar o método "observar" para mostrar o status das lâmpadas.

3. Crie uma classe chamada TV contendo os seguintes atributos: "ligado", "canal" e "volume". Defina dois métodos construtores: o default e outro para ligar a TV num canal qualquer e com volume 25.

   Elabore métodos para realizar o seguinte:

   - Ligar e desligar a TV;
   - Aumentar e reduzir o volume de um em um (de 0 a 100);
   - Trocar o canal (de 0 a 999);
   - Um método chamado "mostrar" para apresentar todos os valores atuais dos atributos da TV;
   - Elabore outra classe (UsaTv) para testar essas funcionalidades.

4. Crie uma classe chamada Caminhão contendo os atributos combustível e velocidade. Os combustíveis válidos são gasolina, diesel e gás. Ao ser criado, todo caminhão deve possuir a velocidade zero e combustível gasolina. Deve ser possível substituir o combustível, aumentar e reduzir a velocidade (de 0 a 150).

   Faça outra classe para testar essas funcionalidades.

5. Crie uma interface chamada Jogo que especifique os métodos "andar", "pular" e "chutar". A seguir, crie uma classe chamada Play que implemente esses métodos. Dentro de cada método imprima uma mensagem em tela contendo a ação correspondente. Para testar, elabore uma terceira classe chamada UsaPlay.

Seu próximo passo

Este capítulo demonstrou os aspectos fundamentais da linguagem Java em relação à orientação a objetos. Este é o paradigma de desenvolvimento mais aceito atualmente e fundamental para sua carreira profissional. O próximo capítulo fornece uma visão geral da criação de interfaces gráficas em Java, sem muita preocupação com a orientação a objetos, no entanto, no restante do livro, o foco é a criação de exemplos seguindo a orientação a objetos.

8

Interfaces Gráficas com Swing

Objetivos deste capítulo

- Demonstrar o funcionamento das principais classes do pacote *swing* para a criação da Interface Gráfica do Usuário;
- Identificar os principais objetos presentes nas janelas de uma aplicação em Java, tais como botões, campos texto, painéis de rolagem, listas de múltipla escolha, entre outros;
- Demonstrar a utilização de diversos tipos de caixa de mensagens e menus de barra e suspensos;
- Definir os principais métodos usados no controle de *layout* das janelas de uma aplicação por meio dos gerenciadores de *layout*;
- Fornecer uma série de informações que permite desenvolver a maioria das interfaces gráficas necessárias em uma aplicação;
- Desenvolver a capacidade de abstrair uma necessidade de entrada e saída de dados de uma aplicação, transformando-a numa interface gráfica.

Este capítulo aborda a utilização de classes disponíveis no Java para o desenvolvimento de interfaces gráficas, conhecidas inicialmente como AWT - *ABSTRACT WINDOW TOOLKIT*. Com o desenvolvimento da linguagem Java, o AWT foi substituído pelo *swing* pertencente à biblioteca JFC (*Java Foundation Classes*), portanto o *swing* é uma extensão das classes da AWT. Por este motivo, o capítulo dá enfoque às classes do *swing* que possuem diversas vantagens e muitos aprimoramentos em relação às classes da AWT - melhor aparência, melhor tratamento de eventos, recursos estendidos, entre outros.

A diferença básica entre as classes do *swing* em relação às do pacote awt está na presença da letra **J** antes do início do nome da classe. Por exemplo, para inserir um botão do pacote awt, é usada a classe **Button**, já para inserir um botão do pacote *swing*, é usada a classe **JButton**. O mesmo vale para as classes do *swing*, pois todas iniciam com **J**.

As aplicações gráficas são aquelas que possibilitam a criação de uma GUI (*Graphical User Interface* - Interface Gráfica do Usuário). Ao desenvolver uma aplicação dotada de uma GUI, é necessário definir quais componentes (objetos) serão utilizados e a disposição que eles terão na janela. O *swing* possui inúmeras classes que podem ser utilizadas na construção da GUI. Neste ponto, a linguagem começa a ficar mais interessante, pois as aplicações são criadas a partir de janelas gráficas. Ao projetar uma aplicação gráfica, é necessário definir todos os componentes que serão utilizados, seus objetivos e sua posição na janela.

Este capítulo abrange os componentes mais utilizados na criação de interfaces gráficas sem ainda se preocupar com questões de arquitetura (definidas no capítulo seguinte). Um componente da GUI é um objeto visual (criado a partir de classes Java) que possibilita realizar a interação com a aplicação por meio do *mouse* e do teclado. Os componentes mais comuns são etiquetas, botões, caixas de texto, painéis de rolagem, menus, objetos de múltipla escolha, entre outros. Conforme será apresentado, cada um dos componentes possui propriedades que podem ser alteradas em tempo de desenvolvimento ou execução (cor, tamanho, fonte etc.), assim como em outras linguagens de programação. As classes do *swing* são extensões do pacote awt que, por sua vez, são extensões da classe java.lang.Object, a superclasse de todas as classes do Java. Além dos pacotes de classes da awt e *swing,* existem ainda outras formas de criar interfaces em Java, não discutidas aqui.

Vale a pena ressaltar que será estudado apenas o uso do *swing* para a elaboração de aplicações. Todas as classes elaboradas neste capítulo necessitam de diversas classes externas tanto do pacote *swing* como do awt. Na maioria dos exemplos, as classes terão pelo menos três linhas com a diretiva *import* apontando para pacotes de classes externas, conforme as declarações seguintes:

- **import java.awt.*;** → permite a utilização de diversas classes do pacote awt, além de possuir uma série de constantes numéricas.
- **import java.awt.event.*;** → usado para o processamento dos eventos que ocorrem na janela, tais como clique do *mouse.*
- **import javax.swing.*;** → permite a utilização de diversas classes do pacote *swing.*

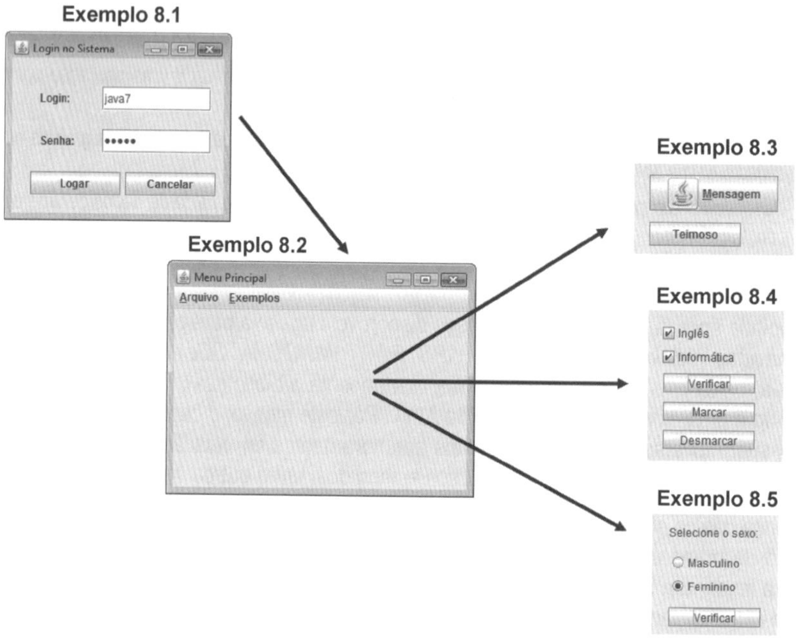

Figura 8.1 - A sequência dos exemplos.

A Figura 8.1 apresentou algumas telas dos exemplos iniciais deste capítulo e o roteiro de trabalho a ser seguido. O objetivo é ajudar o leitor a entender nossa linha de trabalho e raciocínio. O primeiro exemplo se refere a um formulário de login, uma funcionalidade normalmente encontrada em qualquer tipo de sistema. O segundo exemplo se refere a um formulário contendo um menu. A partir deste, todos os exemplos do capítulo serão chamados. A ideia é que os exemplos deste capítulo funcionem como uma aplicação real, mesmo sabendo que são simples e independentes. O capítulo apresenta o funcionamento básico de diversos componentes visuais, um passeio sobre os métodos e atributos mais usados de cada componente. Reforçando: vamos simular uma aplicação real contendo um menu principal a partir do qual todas as outras telas são chamadas. A cada exemplo você adiciona um item de menu que chamará a nova aplicação.

Observação

> No dia a dia do desenvolvimento de aplicações gráficas é muito comum a utilização de alguma ferramenta para o design de telas, isto é, na criação da interface do usuário. Como este livro não apresenta a utilização de nenhuma ferramenta (salvo o apêndice A), o código para criação de interfaces será mostrado "na unha", uma forma não muito produtiva no processo de desenvolvimento, porém mais eficiente para o aprendizado da linguagem.

8.1 Criação de Frames

Para criar frames utilizaremos à classe JFrame disponível no pacote swing, a qual gera uma janela com barra de título, bordas e pode ter outros componentes visuais (objetos) em seu interior. Neste capítulo optamos por criar uma aplicação MDI (*multiple document interface*), em que todas as telas do sistema aparecem dentro de uma única janela; no caso cada aplicação será um painel a ser adicionado ao frame principal.

Antes de apresentarmos o primeiro exemplo, vamos descrever algumas funcionalidades das quatro classes do pacote swing que serão usadas: JLabel, JTextField, JPasswordField e JButton.

8.1.1 Classe JLabel

A classe JLabel permite definir um texto que pode ser adicionado a um outro componente (frame, painel etc.). Podem ser definidas várias propriedades para esse texto, tais como alinhamento, tipo de letra, tamanho, cor etc. Uma possível sintaxe para a declaração e criação de um objeto JLabel é:

```
JLabel <nome do objeto> = new JLabel("<texto do label>",JLabel.<alinhamento>);
Exemplo: JLabel lbNome = new JLabel("Nome",JLabel.RIGHT);
```

Este exemplo cria um objeto chamado lbNome contendo o texto "Nome", alinhado à direita. A Tabela 8.1 apresenta um resumo dos principais métodos disponíveis na classe JLabel.

Método	Função
JLabel()	Cria um Label vazio (sem texto)
JLabel(String)	Cria um Label com o texto dado
JLabel(String,int)	Cria um Label com o texto e o alinhamento dados
JLabel(String, Image)	Cria um Label com o texto e a imagem dados
JLabel(String, Image, int)	Cria um Label com o texto, a imagem e o alinhamento dados
getText()	Obtém o texto do Label
setText()	Especifica o texto do Label

Tabela 8.1 - Resumo dos métodos da classe JLabel.

8.1.2 Classe JTextField

A classe JTextField permite criar uma caixa de texto gráfica em que o usuário pode digitar dados. Assim como JLabel, existem diversas propriedades cujos conteúdos podem ser modificados. Uma possível sintaxe para a declaração e criação de um objeto JTextField é:

```
JTextField <nome do objeto> = new JTextField();
Exemplo: JTextField tfNome = new JTextField();
```

Este exemplo cria um objeto chamado tfNome com conteúdo em branco. A Tabela 8.2 apresenta um resumo dos principais métodos disponíveis na classe JTextField.

Método	Função
JTextField()	Cria uma caixa de texto vazia
JTextField(String)	Cria uma caixa de texto com a string dada
JTextField(String,int)	Cria uma caixa de texto com a string e a quantidade de colunas especificada
JTextField(int)	Cria uma caixa de texto com a quantidade de colunas especificada
getText()	Obtém o texto do objeto
getSelectedText()	Obtém o texto selecionado no objeto
isEditable()	Verifica se o componente é editável ou não
selectAll()	Seleciona todo o texto
setEditable(boolean)	Especifica se o componente é editável ou não
setText()	Especifica o texto contido no componente

Tabela 8.2 - Resumo dos métodos da classe JTextField.

8.1.3 Classe JPasswordField

De forma semelhante à JTextField, a classe JPasswordField permite criar um componente visual em que o usuário digita os caracteres, porém eles são substituídos (visualmente) por outro caractere. O funcionamento da classe JPasswordField é praticamente o mesmo da classe JTextField, a diferença é que o caractere digitado é substituído por outro para ocultar a senha digitada. O caractere *default* que aparece no momento da digitação é o asterisco (*), entretanto qualquer caractere pode ser definido pelo método **setEchoChar**. Uma possível sintaxe para a declaração e criação de um objeto JPasswordField é:

```
JPasswordField <nome do objeto> = new JPasswordField();
Exemplo: JPasswordField pfSenha = new JPasswordField();
```

Este exemplo cria um objeto chamado pfSenha com conteúdo em branco. A Tabela 8.3 apresenta um resumo dos principais métodos disponíveis na classe JPasswordField.

Método	Função
JPasswordField()	Cria uma caixa de texto vazia
JPasswordField (String)	Cria uma caixa de texto com a string dada
JPasswordField (int)	Cria uma caixa de texto com a quantidade de colunas especificada
getPassword()	Obtém o texto do objeto, porém retornando um array do tipo char. Cada caractere é armazenado num elemento do array
getEchoChar()	Obtém o caractere usado na substituição dos caracteres digitados
setEchoChar()	Define o caractere a ser usado em substituição aos caracteres digitados

Tabela 8.3 - Resumo dos métodos da classe JPasswordField.

8.1.4 Classe JButton

A classe JButton permite a criação de botões gráficos a serem adicionados em outros componentes gráficos (como frames e painéis). Um botão pode ser criado com apenas um texto e/ou com ícones para tornar o ambiente mais intuitivo. Neste primeiro exemplo vamos criar botões da maneira mais simples.

Uma possível sintaxe para a declaração e criação de um objeto JButton é:

```
JButton <nome do objeto> = new JButton(<texto do botão>);
Exemplo: JButton btCalcular = new JButton("Calcular");
```

Este exemplo cria um objeto chamado btCalcular contendo o texto "Calcular". A Tabela 8.4 apresenta um resumo dos principais métodos disponíveis na classe JButton.

Método	Função
Button()	Cria um botão sem texto
Button(String)	Cria um botão com o texto dado
Button(String, Image)	Cria um botão com o texto e a imagem dados
getText()	Obtém o texto do botão
setText(String)	Especifica o texto do botão
setEnabled (boolean)	Define se o botão está habilitado (true) ou desabilitado (false)
setHorizontalTextPosition()	Define o tipo de alinhamento horizontal do texto em relação a uma imagem. Pode assumir LEFT (esquerda) ou RIGHT (direita)
setMnemonic(char)	Define uma letra que será usada como acionadora do evento clique, em conjunto com a tecla ALT
setToolTipText(String)	Possibilita atrelar uma mensagem ao botão. Quando o ponteiro do mouse estaciona sobre o botão, a mensagem é apresentada
setVerticalTextPosition()	Define o tipo de alinhamento vertical do texto em relação a uma imagem. Pode assumir TOP (topo) ou BOTTOM (abaixo)

Tabela 8.4 - Resumo dos métodos da classe JButton.

8.1.5 O Frame Login

O primeiro exemplo simula uma tela de login para entrada no sistema. O usuário fornece login e senha e, caso estejam corretos, é apresentada a tela principal do sistema. Antes de iniciarmos as explicações referentes à listagem do Exemplo 8.1, o leitor deve compreender que nem todas as funcionalidades serão explicadas em detalhes. A cada exemplo, e no momento oportuno, são fornecidas outras informações referentes aos componentes gráficos.

```
package cap08;
import java.awt.*;
import java.awt.event.*;
import javax.swing.*;
public class GuiLogin extends JFrame {
    private JTextField tfLogin;
    private JLabel lbSenha;
    private JLabel lbLogin;
    private JButton btLogar;
    private JButton btCancelar;
    private JPasswordField pfSenha;
    private static GuiLogin frame;

    public GuiLogin() {
        inicializarComponentes();
        definirEventos();
    }

    private void inicializarComponentes() {
        setTitle("Login no Sistema");
        setBounds(0,0,250,200);
        setLayout(null);
        tfLogin = new JTextField(5);
        pfSenha = new JPasswordField(5);
        lbSenha = new JLabel("Senha:");
        lbLogin = new JLabel("Login:");
        btLogar = new JButton("Logar");
        btCancelar = new JButton("Cancelar");
        tfLogin.setBounds(100, 30, 120, 25);
        lbLogin.setBounds(30, 30, 80, 25);
        lbSenha.setBounds(30, 75, 80, 25);
        pfSenha.setBounds(100, 75, 120, 25);
        btLogar.setBounds(20, 120, 100, 25);
        btCancelar.setBounds(125, 120, 100, 25);
        add(tfLogin);
        add(lbSenha);
        add(lbLogin);
        add(btLogar);
        add(btCancelar);
        add(pfSenha);
    }

    private void definirEventos() {
        btLogar.addActionListener(new ActionListener() {
            public void actionPerformed(ActionEvent e) {
                String senha = String.valueOf(pfSenha.getPassword());
                if(tfLogin.getText().equals("java7") && senha.equals("java7")){
                    frame.setVisible(false);
                    //GuiMenuPrincipal.abrir();
                }
                else{
                    JOptionPane.showMessageDialog(null,"Login ou Senha incorretas!");
                }
            }
        });

        btCancelar.addActionListener(new ActionListener() {
            public void actionPerformed(ActionEvent e) {
                System.exit(0);
            }
        });
    }

    public static void main(String[] args) {
        SwingUtilities.invokeLater(new Runnable() {
            public void run() {
                frame = new GuiLogin();
                frame.setDefaultCloseOperation(JFrame.EXIT_ON_CLOSE);
                Dimension tela = Toolkit.getDefaultToolkit().getScreenSize();
                frame.setLocation((tela.width - frame.getSize().width) / 2,
                        (tela.height - frame.getSize().height) / 2);
                frame.setVisible(true);
            }
        });
    }
}
```

Exemplo 8.1 - A classe GuiLogin.

Funcionalidades comentadas do Exemplo 8.1:

- **Linhas 2 a 4:** contêm os imports necessários referentes aos componentes gráficos usados no exemplo.
- **Linha 5:** a palavra *extends* (lembre-se da herança) informa que a classe **GuiLogin** vai utilizar todos os recursos da classe JFrame, porém terá outras características próprias, definidas em seu método construtor, no caso o método **GuiLogin** (linha 14).
- **Linhas 6 a 12:** contêm a declaração de diferentes componentes visuais utilizados na aplicação. A cada exemplo você aprenderá a utilizar diferentes componentes.
- **Linhas 14 a 17:** contêm a implementação do método construtor, que invoca dois métodos internos: **inicializarComponentes** e **definirEventos**, os quais são usados de forma padronizada em todos os exemplos envolvendo aplicações gráficas. Eles serão usados para definir, respectivamente, as características visuais dos componentes gráficos e os eventos envolvidos neles. Os eventos definem as funcionalidades para cada componente visual (como, por exemplo, o que acontecerá se clicarmos em cima do botão).
- **Linha 20:** define o título "Login no Sistema" por meio do método **setTitle**. Essa frase aparecerá na barra de título do frame (à janela do programa).
- **Linha 21:** define a coordenada de posicionamento e as dimensões do frame. Os dois primeiros valores dizem respeito à posição da tela (x,y) a partir da qual o frame será desenhado. Os dois últimos valores se referem ao tamanho do frame (largura e altura) em pixels por polegada. O método **setBounds** aceita quatro parâmetros (posição esquerda que o componente aparece na tela, posição superior que o componente aparece na tela, largura do componente, altura do componente), resumindo (x, y, largura, altura).
- **Linha 22:** define como "nulo" o gerenciador de layout a ser usado no frame por meio do método **setLayout**. Como você verá mais à frente, um frame (e outros componentes) pode usar diferentes tipos de gerenciadores de layout, uma maneira de definir o posicionamento físico dos componentes no frame. Ao definir o layout como nulo, temos maior liberdade em posicionar os componentes.
- **Linhas 23 a 24:** contêm a declaração e criação dos objetos tfLogin e pfSenha. O número 5, definido entre parênteses, diz respeito ao comprimento das caixas de texto.
- **Linhas 25 a 28:** contêm a declaração e criação de outros componentes visuais (labels e botões) com os seus respectivos títulos.
- **Linhas 29 a 34:** definem o posicionamento e o tamanho que cada um dos componentes gráficos ocupará no frame.
- **Linhas 35 a 40:** todos os componentes gráficos são adicionados ao frame. De forma similar a um quebra-cabeças, é necessário montar as peças. Nessas linhas, cada uma das peças (componentes) é adicionada ao frame, na posição e tamanho definidos anteriormente.
- **Linha 43:** contém a definição do método **definirEventos**, que tem a responsabilidade de definir todos os eventos associados ao usuário. Para cada interação do usuário, como, por exemplo, o clique sobre um botão, é criado um evento associado.

Todo evento a ser controlado pela aplicação possui a seguinte estrutura:

```
btCancelar.addActionListener(new ActionListener() {
    public void actionPerformed(ActionEvent e) {
        // códigos referentes ao evento
    }
});
```

Vamos entender isso por partes:

- **Primeira linha:** adicione ao botão cancelar um novo ouvinte de ação chamado ActionListener, uma interface que especifica o método **actionPerformed**.
- **Segunda linha:** receba a ação disparada por meio de ActionEvent e execute o código implementado no método actionPerformed, presente a partir da terceira linha.

  Vamos entender melhor isso. Todo componente que será usado para interação com o usuário precisa conter um "ouvinte" de eventos, isto é, o componente precisa perceber que o usuário executou alguma ação sobre ele (clicar sobre o componente, passar o mouse etc.). Desta forma, para todo componente é necessário registrar um ouvinte para receber as ações do usuário. A estrutura apresentada anteriormente faz justamente isso. É uma estrutura padrão para todos os componentes cujo evento de ação deva ser registrado, ou seja, se uma aplicação tiver dez botões, para cada um deles deve ser criada essa estrutura, mudando apenas o nome do botão cujo evento está sendo associado. Dependendo do tipo de evento associado, outros ouvintes (como ActionListener) podem ser usados, assim também como outros receptores (como ActionEvent). Tanto o ouvinte como o receptor podem ser adicionados em diferentes tipos de componentes (listas, caixas de texto etc.).
- **Linhas 44 a 55:** adiciona o evento de ação ao botão btLogar e implementa o código referente a esse botão.
- **Linha 46:** a caixa de senha pfTexto possui um método chamado **getPassword** que retorna um vetor de caracteres, referente à senha digitada pelo usuário. Esse vetor de caracteres está sendo convertido em String por meio do método **valueOf**. Esse valor convertido está sendo armazenado na String "senha". Isso se faz necessário para podermos comparar o que o usuário digitou com a senha definida no exemplo.
- **Linha 47:** realiza a comparação do que o usuário digitou na caixa de texto tfLogin com o conteúdo "java7". Para pegar o conteúdo texto armazenado num JTextField é usado o método **getText**. Para comparar um texto em Java deve ser usado o método **equals**. Além disso, compara também o conteúdo armazenado na variável "senha" com "java7". Desta forma, o resultado do "if" será verdadeiro se tanto o login quanto a senha digitada forem iguais a "java7"; caso contrário, a execução pula para a linha 51 e o usuário é informado que os dados estão incorretos.
- **Linha 48:** esconde o frame por meio do método **setVisible**, que permite tornar visível (true) ou oculto (false) um determinado componente, no caso o frame da aplicação. Neste caso, o objetivo é ocultar a tela de login caso o login e senha estejam corretos.
- **Linha 49:** contém uma linha comentada. Isso porque a classe GuiMenuPrincipal ainda não foi criada. Depois de criá-la (no próximo exemplo), retire esse comentário. Isso faz com que essa aplicação seja carregada. Desta forma, caso o login e a senha fornecidos estejam corretos, a tela de login some e aparece a tela referente ao menu principal.
- **Linha 57 a 61:** adiciona o evento de ação para o botão btCancelar e implementa o código referente a esse botão. Quando o usuário clicar nesse botão, a aplicação será encerrada (linha 59).

- **Linha 64 a 75:** contêm o código referente ao método "main" responsável por iniciar a execução da aplicação. Lembre-se de que toda aplicação executável necessita desse método.
- **Linhas 65 e 66:** definem um novo processo de execução (para entendermos isso precisaríamos aprender threads, assunto não coberto pelo livro).
- **Linha 67:** cria o objeto "frame" a partir do construtor "GuiLogin". Esse objeto recebe todas as características definidas no construtor, já citadas anteriormente, incluindo a inicialização dos componentes e a definição dos eventos.
- **Linha 68:** possui o método **setDefaultCloseOperation**, responsável por encerrar a aplicação quando a janela for fechada. A constante usada foi EXIT_ON_CLOSE. Outras constantes que podem ser usadas são: HIDE_ON_CLOSE (oculta a janela quando fechada), DO_NOTHING_ON_CLOSE (não faz nada, apenas desativa o botão de encerramento) e DISPOSE_ON_CLOSE (a janela desaparece e os recursos usados pela classe são liberados).
- **Linha 69:** cria um objeto chamado "tela" contendo as dimensões da tela. Essa dimensão varia em função da resolução gráfica usada no ambiente onde a aplicação está sendo executada.
- **Linhas 70 e 71:** define a localização onde o frame aparecerá na tela do monitor por meio do método **setLocation**, que recebe dois parâmetros (posicionamento em relação ao canto esquerdo, posicionamento em relação ao topo), isto é, cada valor define um ponto da coordenada x,y a partir da qual o frame aparecerá. Observe que é realizado um cálculo que leva em consideração o tamanho da tela e do frame ((largura da tela - largura do frame)/2,(altura da tela - altura do frame)/2). Isso permite centralizar o frame na tela, independentemente de seu tamanho.
- **Linha 72:** torna o frame visível.

8.2 Inclusão de Menus

Há dois tipos de menu utilizados em Java: as barras de menu que aparecem na parte superior de quase todos os aplicativos e os menus *Popup* que aparecem quando o usuário coloca o ponteiro do *mouse* sobre algum objeto e pressiona o botão direito. Por enquanto vamos estudar apenas o primeiro tipo.

8.2.1 Barras de Menus

Antes de criar um menu, é necessário criar uma barra de menus para que ela contenha o conjunto de menus que aparece na parte superior da janela. Essa barra de menus é criada com a sintaxe seguinte:

```
JMenuBar <nome da barra de menus> = new JMenuBar()
```

Para definir essa barra de menus como o menu padrão da janela, é utilizado o método **setJMenuBar** da seguinte maneira:

```
setJMenuBar(<nome da barra de menus>)
```

Com essas duas linhas de comando já é possível criar e definir a barra de menus, entretanto é necessário criar também os menus que aparecerão na barra, pois apenas com as declarações realizadas a janela conteria uma barra de menus vazia. Para criar os menus, utiliza-se a classe **JMenu**, conforme a sintaxe seguinte:

```
JMenu <nome do menu> = new JMenu()
```

Para que o menu criado seja adicionado à barra de menus, deve-se utilizar o método **add** da seguinte forma:

```
<nome da barra de menus>.add(<nome do menu>)
```

Com isso um menu é inserido na barra. Imagine, por exemplo, a inserção do menu Arquivo de um aplicativo qualquer. Depois de criado o menu, é necessário adicionar a ele os itens que o compõem (para o menu Arquivo seriam: Novo, Salvar, SalvarComo...). Para criar um item de menu, é usada a seguinte sintaxe:

```
JMenuItem <nome do item> = new JMenuItem()
```

Para adicionar o item ao menu, utiliza-se o método **add**:

```
<nome do menu>.add(<nome do item>)
```

De acordo com os parágrafos anteriores, pode-se notar que o processo de criação de menus possui uma série de passos que devem ser seguidos. A Figura 8.2 ilustra os itens necessários para a criação de menus. Em resumo, cria-se uma barra de menus, adicionam-se os menus a essa barra, juntam-se os itens a cada menu e adiciona-se a barra de menus à janela.

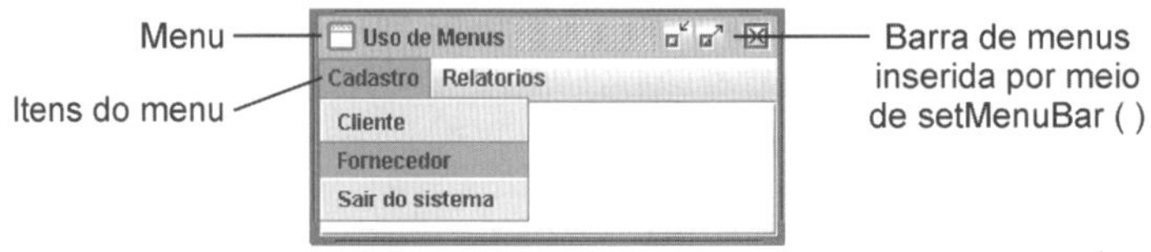

Figura 8.2 - A criação de menus.

O Exemplo 8.2 demonstra a criação de uma classe GuiMenuPrincipal. Deste ponto em diante, todos os exemplos deste capítulo serão chamados a partir dela. Como já comentado anteriormente, a aplicação possui um menu a partir do qual os exemplos são carregados.

Depois de compilar a classe GuiMenuPrincipal, **retire o comentário da linha 49 do Exemplo 8.1** (classe GuiLogin). Como a classe GuiMenuPrincipal não possui o método "main", ela não será executada diretamente; isso será feito por meio da classe GuiLogin, seguindo a sequência que já descrevemos, isto é, execute a classe GuiLogin, forneça o login e senha "java7" e a aplicação GuiMenuPrincipal será carregada.

```
package cap08;
import java.awt.*;
import java.awt.event.*;
import javax.swing.*;
public class GuiMenuPrincipal extends JFrame {
    private Container contentPane;
    private JMenuBar mnBarra;
    private JMenu mnArquivo, mnExemplos;
    private JMenuItem miSair, miBotao;

    public GuiMenuPrincipal() {
        inicializarComponentes();
        definirEventos();
    }

    private void inicializarComponentes() {
        setTitle("Menu Principal");
        setBounds(0, 0, 800, 600);
        contentPane = getContentPane();
        mnBarra = new JMenuBar();
        mnArquivo = new JMenu("Arquivo");
        mnArquivo.setMnemonic('A');
        mnExemplos = new JMenu("Exemplos");
        mnExemplos.setMnemonic('E');
        miSair = new JMenuItem("Sair", new ImageIcon("sair.jpg"));
        miSair.setAccelerator(KeyStroke.getKeyStroke(
                KeyEvent.VK_S, ActionEvent.ALT_MASK));
        miBotao = new JMenuItem("Botao");
        mnArquivo.add(miSair);
        mnExemplos.add(miBotao);
        mnBarra.add(mnArquivo);
        mnBarra.add(mnExemplos);
        setJMenuBar(mnBarra);
    }

    private void definirEventos() {
        miSair.addActionListener(new ActionListener() {
            public void actionPerformed(ActionEvent e) {
                System.exit(0);
            }
        });

        miBotao.addActionListener(new ActionListener() {
            public void actionPerformed(ActionEvent e) {
                // aqui vai o codigo para chamar o exemplo8.3
            }
        });
    }

    public static void abrir() {
        GuiMenuPrincipal frame = new GuiMenuPrincipal();
        frame.setDefaultCloseOperation(JFrame.EXIT_ON_CLOSE);
        Dimension tela = Toolkit.getDefaultToolkit().getScreenSize();
        frame.setLocation((tela.width - frame.getSize().width) / 2,
                (tela.height - frame.getSize().height) / 2);
        frame.setVisible(true);
    }
}
```

Exemplo 8.2 - A classe GuiMenuPrincipal.

Funcionalidades comentadas do Exemplo 8.2:

- **Linha 6:** declara um objeto chamado contentPane do tipo Container, uma classe que permite que outros componentes sejam adicionados a ela (como uma fila). No exemplo, o container será o responsável por abrigar todos os próximos exemplos (que serão criados a partir da classe JPanel). Sendo assim, o objeto contentPane vai abrigar objetos do tipo JPanel.
- **Linhas 7 a 9:** contêm as classes necessárias para a criação do menu já abordadas anteriormente.
- **Linha 19:** cria o objeto contentPane que, como já dissemos, abrigará todos os exemplos seguintes.
- **Linha 22:** usando o método **setMnemonic**, define uma tecla de acesso rápido ao menu. Teclando ALT + A, o menu "Arquivo" fica disponível ao usuário. O mesmo ocorre na linha 24 para o menu Exemplos (ALT + E).
- **Linha 25:** cria o objeto miSair com um texto e um ícone (uma imagem). Assim como o texto, esse ícone também será adicionado ao menu Sair. Observe que o arquivo do ícone deve estar armazenado na mesma pasta da classe Java.
- **Linhas 26 a 27:** definem um menu de atalho para o item Sair por meio do método **setAccelerator**. Para acionar essa opção do menu o usuário pode pressionar a sequência ALT + S. Observe que o método setAccelerator possui um objetivo diferente do método setMnemonic.
- **Linha 28:** cria o item de menu miBotao.
- **Linhas 29 a 30:** adicionam os itens de menu aos menus correspondentes.
- **Linhas 31 a 32:** adicionam os menus mnArquivo e mnExemplos à barra de menus.
- **Linha 33:** define o objeto mnBarra como sendo a barra de menus do frame.
- **Linhas 37 a 41:** definem o evento clique para o item de menu miSair. Quando o usuário escolher essa opção, a aplicação será encerrada (linha 39). A estrutura do código é exatamente a mesma que foi usada na criação de eventos para os botões do Exemplo 8.1.
- **Linhas 43 a 47:** definem o evento clique para o item de menu miBotao. O código para esse evento ainda aparece somente com o comentário; ele será feito após elaborarmos o Exemplo 8.3. Desta forma, esse item de menu será o responsável por carregar a aplicação referente ao Exemplo 8.3 que faremos em seguida.
- **Linhas 50 a 57:** implementam o método estático **abrir**, responsável por criar um objeto do tipo GuiMenuPrincipal e mostrá-lo na tela. O código é praticamente o mesmo do Exemplo 8.1 (linhas 67 a 72).

A Figura 8.3 apresenta a tela de execução do Exemplo 8.2.

Figura 8.3 - Janela do Exemplo 8.2.

8.3 Inclusão de Painéis e Botões

Um painel é um container, isto é, um componente que abriga outros componentes, um local que permite agregar outros componentes para fins de melhoria do layout e organização. Isso pode ser feito, por exemplo, por meio de bordas simples ou coloridas. Para manipular painéis será usada a classe JPanel.

A seção 8.1 já apresentou o uso de botões. Nesta seção vamos apresentar outras propriedades e eventos que podem ser manipulados por esse componente. Vamos nos prender a comentar apenas as características que ainda não foram citadas nos exemplos anteriores. Além disso, criaremos nossa primeira classe usando um painel. Isso será feito em todos os próximos exemplos do livro, ou seja, vamos criar um painel que será adicionado ao frame da classe GuiMenuPrincipal.

Um botão pode conter texto e/ou uma imagem associada. Para adicionar uma imagem a um botão é usada a classe ImageIcon. Para criar um objeto do tipo ImageIcon a sintaxe é:

ImageIcon <nome do objeto> **= new ImageIcon(**<Caminho e nome da imagem a ser inserida>**)**

Para definir o caminho da imagem, deve ser utilizada a barra normal (/). A barra invertida (\) é considerada caractere reservado. Depois de criado o objeto que armazena a imagem, ele deve ser inserido no JButton.

A Tabela 8.5 apresenta a lista de métodos definidos para a interface MouseListener, usada no Exemplo 8.3, e descreve em que momento cada método é invocado.

	Métodos definidos em MouseListener:
Interface: **MouseListener** Evento: **MouseEvent**	**mousePressed** → método executado quando o botão do *mouse* é pressionado sobre um componente;
	mouseClicked → método executado quando o botão do *mouse* é solto sobre um componente;
	mouseEntered → método executado quando o ponteiro do *mouse* entra na área de um componente;
	mouseExited → método executado quando o ponteiro do *mouse* sai da área de um componente;
	mouseReleased → método executado quando o *mouse* é solto sobre um componente.

Tabela 8.5 - Métodos da interface MouseListener.

O Exemplo 8.3 utiliza dois botões e faz uma brincadeira para demonstrar o uso de alguns eventos. O botão Mostrar apenas apresenta uma mensagem em tela, já o botão Teimoso muda de posição quando o usuário tenta pressioná-lo. Bem, vamos ver o que existe de diferente nesse exemplo.

Funcionalidades comentadas do Exemplo 8.3:

- **Linha 4:** a classe GuiBotoes é um painel, já que estende (herança) a classe JPanel.
- **Linha 6:** contém a declaração do objeto imageIcon1 que armazenará uma imagem.
- **Linha 15:** contém a criação do objeto ímageIcon1 com a imagem java.jpg. Observa-se que essa imagem precisa estar na mesma pasta de nosso exemplo, ou deve ser indicado seu caminho (por exemplo: c:/livro/java7/java.jpg).
- **Linha 16:** cria o botão btMensagem contendo o texto e a imagem associada.

```
1  package cap08;
2  import java.awt.event.*;
3  import javax.swing.*;
4  public class GuiBotao extends JPanel{
5      private JButton btMensagem,btTeimoso;
6      private ImageIcon imageIcon1;
7
8      public GuiBotao(){
9          inicializarComponentes();
10         definirEventos();
11     }
12
13     private void inicializarComponentes() {
14         setLayout(null);
15         imageIcon1 = new ImageIcon("java.jpg");
16         btMensagem = new JButton("Mensagem",imageIcon1);
17         btMensagem.setBounds(50, 20 , 140, 38);
18         btMensagem.setMnemonic(KeyEvent.VK_M);
19         btMensagem.setToolTipText("Clique aqui para ver a mensagem");
20         btTeimoso = new JButton("Teimoso");
21         btTeimoso.setBounds(50, 70 , 100, 25);
22         add(btMensagem);
23         add(btTeimoso);
24     }
25
26     private void definirEventos() {
27        btMensagem.addActionListener(new ActionListener() {
28             public void actionPerformed(ActionEvent e) {
29                 JOptionPane.showMessageDialog(null,"Botão Mensagem");
30             }
31         });
32
33         btTeimoso.addActionListener(new ActionListener() {
34             public void actionPerformed(ActionEvent e) {
35                 JOptionPane.showMessageDialog(null,"Botão Teimoso!");
36             }
37         });
38
39         btTeimoso.addMouseListener(new MouseListener() {
40             public void mouseClicked(MouseEvent e) { }
41             public void mousePressed(MouseEvent e) { }
42             public void mouseReleased(MouseEvent e) { }
43             public void mouseEntered(MouseEvent e) {
44                 btTeimoso.setBounds(50, 120 , 100, 25);
45             }
46             public void mouseExited(MouseEvent e) {
47                 btTeimoso.setBounds(50, 70 , 100, 25);
48             }
49         });
50     }
51 }
```

Exemplo 8.3 - A classe GuiBotao.

- **Linha 18:** contém o método **setMnemonic** já usado em itens de menu. O objetivo é o mesmo, isto é, permitir que o usuário pressione ALT + M para acionar o botão.
- **Linha 19:** contém o método **setToolTipText** que define uma frase a ser mostrada em tela quando o ponteiro do mouse estacionar sobre o botão btMensagem. Em outras linguagens essa propriedade é chamada de Hint.
- **Linhas 27 a 31:** definem o evento de ação para o botão btMensagem, como já apresentado anteriormente.
- **Linhas 33 a 37:** definem o evento de ação para o botão btTeimoso. Observa-se que o usuário não conseguirá fazer o código referente a esse evento em função dos outros métodos implementados para esse botão. Veja os comentários seguintes.

- **Linhas 39 a 49:** definem todos os métodos especificados pela interface MouseListener para o botão btTeimoso. Observe que essa interface exige a presença dos cinco métodos, mesmo que eles não sejam usados. Como apresentado na Tabela 8.5, cada método é acionado em função das ações do usuário. Neste caso, foram implementados apenas os códigos para os métodos mouseEntered e mouseExited. Quando o ponteiro do mouse entrar na área do botão btTeimoso, será executado o método **mouseEntered** e o posicionamento do botão será mudado no painel. O mesmo ocorre para o método **mouseExited** quando o ponteiro do mouse deixar a área do botão. Desta forma, o botão btTeimoso ficará "pulando" de cima para baixo ou de baixo para cima e o usuário não conseguirá clicar nele.

Não se esqueça de que este exemplo deve ser chamado a partir da classe GuiMenuPrincipal. Para isso, você deve adicionar o seguinte trecho de código à classe GuiMenuPrincipal, a partir da linha 45:

```
43          miBotao.addActionListener(new ActionListener() {
44              public void actionPerformed(ActionEvent e) {
45                  GuiBotao botao = new GuiBotao();
46                  contentPane.removeAll();
47                  contentPane.add(botao);
48                  contentPane.validate();
49              }
50          });
```

- **Linha 45:** cria o objeto guiBotao a partir da classe GuiBotao, o Exemplo 8.3.
- **Linha 46:** remove todos os objetos do container por meio do método **removeAll**. Isso é usado para manter apenas o último objeto armazenado no container.
- **Linha 47:** adiciona o Exemplo 8.3 ao container do Exemplo 8.2 (GuiMenuPrincipal).
- **Linha 48:** valida o container por meio do método **validate** e todos os componentes que estão dentro dele, no caso apenas o painel guiBotao.

A Figura 8.4 apresenta a janela obtida com a execução do Exemplo 8.3. Se o botão "Mensagem" for pressionado, uma mensagem é impressa na tela. Na tentativa de clicar sobre o botão "Teimoso", ele se moverá e o usuário não conseguirá clicar nele.

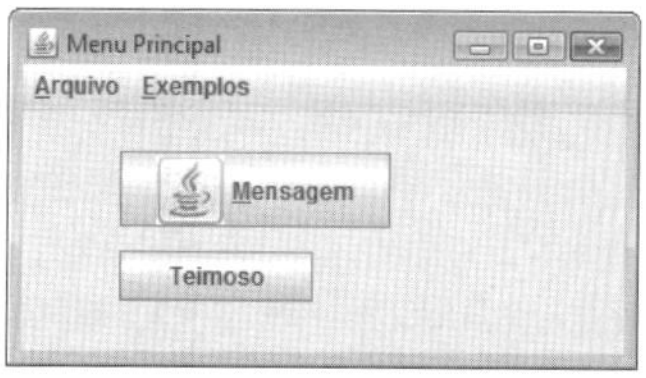

Figura 8.4 - Janela do Exemplo 8.3.

Observação

Como dissemos anteriormente, todos os exemplos seguintes serão chamados a partir do menu principal, no entanto, caso o leitor deseje executar cada exemplo de maneira independente, pode fazer as seguintes alterações (vamos considerar o exemplo GuiBotao):

Substitua a linha: public class GuiBotao extends JPanel{

por: public class GuiBotao extends JFrame{

Adicione ao método inicializarComponentes() as linhas seguintes:

setBounds(0,0,300,200);

setTitle("Uso de Botões");

Antes da última chave de encerramento da classe, insira o método main da mesma forma usada no Exemplo 8.1, ou seja, insira as linhas 64 a 75. Ao inserir esse trecho, a única alteração que deve ser feita será substituir a linha: JFrame frame = new GuiLogin();

por: JFrame frame = new GuiBotao();

Seguindo essas alterações, todos os exemplos podem ser executados de maneira independente, sem a necessidade do menu principal.

8.4 Inclusão de Caixas de Opção

As caixas de opção são criadas a partir da classe JCheckBox e permitem representar uma opção que está ativada (true) ou desativada (false). As caixas de opção são utilizadas para exibir várias opções dentre as quais o usuário pode optar por selecionar nenhuma, uma ou várias delas. Como exemplo prático de utilização, suponha que o usuário precise selecionar todos os idiomas que ele domina (inglês, português, espanhol etc.). Ele poderia selecionar quais e quantos forem necessários.

A Tabela 8.6 mostra um resumo dos métodos mais utilizados da classe JCheckBox.

Método	Função
JCheckBox(String)	Cria um checkbox com o texto especificado e com a opção não selecionada
JCheckBox(String, boolean)	Cria um checkbox com o texto e estado especificados com a seleção definida em boolean (true ou false)
getStateChange()	Obtém o estado do checkbox, retornando verdadeiro (true) ou falso (false)
setSelected(boolean)	Especifica o estado do checkbox: true marca a caixa, false desmarca

Tabela 8.6 - Resumo dos métodos da classe JCheckBox.

O Exemplo 8.4 demonstra a funcionalidade do JCheckBox.

```
package cap08;
import java.awt.event.*;
import javax.swing.*;
public class GuiCaixaOpcao extends JPanel {
    private JButton btVerificar, btMarcar, btDesmarcar;
    private JCheckBox ckIngles, ckInformatica;

    public GuiCaixaOpcao() {
        inicializarComponentes();
        definirEventos();
    }

    private void inicializarComponentes() {
        btVerificar = new JButton("Verificar");
        ckIngles = new JCheckBox("Inglês");
        ckInformatica = new JCheckBox("Informática");
        btMarcar = new JButton("Marcar");
        btDesmarcar = new JButton("Desmarcar");
        setLayout(null);
        add(btVerificar);
        add(ckIngles);
        add(ckInformatica);
        add(btMarcar);
        add(btDesmarcar);
        btVerificar.setBounds(20, 70, 100, 20);
        ckIngles.setBounds(15, 15, 100, 25);
        ckInformatica.setBounds(15, 40, 100, 25);
        btMarcar.setBounds(20, 100, 100, 20);
        btDesmarcar.setBounds(20, 130, 100, 20);
    }

    private void definirEventos() {
        btMarcar.addActionListener(new ActionListener() {
            public void actionPerformed(ActionEvent arg0) {
                ckInformatica.setSelected(true);
                ckIngles.setSelected(true);
            }
        });
        btDesmarcar.addActionListener(new ActionListener() {
            public void actionPerformed(ActionEvent arg0) {
                ckInformatica.setSelected(false);
                ckIngles.setSelected(false);
            }
        });
        btVerificar.addActionListener(new ActionListener() {
            public void actionPerformed(ActionEvent arg0) {
                String selecao = "Selecionados: ";
                if (ckIngles.isSelected()) {
                    selecao += "\nInglês";
                }
                if (ckInformatica.isSelected()) {
                    selecao += "\nInformática";
                }
                JOptionPane.showMessageDialog(null, selecao);
            }
        });
    }
}
```

Exemplo 8.4 - Listagem da classe GuiCaixaOpcao.

Funcionalidades comentadas do Exemplo 8.4:

- **Linha 6:** declara os dois objetos ckIngles e ckInformatica como sendo do tipo JCkeckBox.
- **Linhas 15 e 16:** criam os dois objetos com a caixa desmarcada e com um texto associado.
- **Linhas 33 a 38:** adicionam o evento de ação para o botão btMarcar. Quando o usuário pressionar esse botão, as duas caixas de opção serão marcadas por meio do método **setSelected**. Ao passar true como parâmetro, as caixas de opção serão marcadas.
- **Linhas 39 a 44:** idem ao anterior, porém ao passar false como parâmetro, as caixas de opção são desmarcadas.
- **Linhas 45 a 56:** adicionam o evento de ação para o botão btVerificar. Quando o usuário clicar nesse botão, será apresentada em tela uma mensagem com o estado das caixas de opção. O método **isSelected** retorna true ou false, dependendo do estado de cada caixa.

Não se esqueça de que este exemplo deve ser chamado a partir da classe GuiMenuPrincipal. Para isso, você deve adicionar um item ao menu "Exemplos" da classe GuiMenuPrincipal obedecendo às instruções seguintes:

- Declare um objeto chamado miCaixaOpcao do tipo JMenuItem (junto com miBotao).
- No método inicializarComponentes, crie o objeto miCaixaOpcao, abaixo de miBotao:

```
miBotao = new JMenuItem("Botao");
miCaixaOpcao = new JMenuItem("Caixa de Opcao");
```

- Adicione o objeto miCaixaOpcao ao objeto mnExemplos, abaixo de miBotao:

```
mnExemplos.add(miBotao);
mnExemplos.add(miCaixaOpcao);
```

- Ao final do método definirEventos (antes da chave de encerramento do método), crie um evento para miCaixaOpcao:

```
miCaixaOpcao.addActionListener(new ActionListener() {
    public void actionPerformed(ActionEvent e) {
        GuiCaixaOpcao guiCaixaOpcao = new GuiCaixaOpcao();
        contentPane.removeAll();
        contentPane.add(guiCaixaOpcao);
        contentPane.validate();
    }
});
```

Definidos os passos anteriores, o Exemplo 8.4 pode ser aberto por meio da classe GuiMenuPrincipal. Observe o resultado da execução na Figura 8.5.

Figura 8.5 - Janela do Exemplo 8.4.

8.5 Inclusão dos Botões de Rádio

Os botões de rádio são criados a partir da classe JRadioButton e, diferentemente dos JCheckBox, permitem que apenas uma entre várias opções seja escolhida pelo usuário. Os botões de rádio devem sempre ser agrupados em um ButtonGroup para cada conjunto de botões de rádio a ser inserido no painel. É por meio de ButtonGroup que o usuário só consegue selecionar um dos botões que pertençam ao mesmo grupo. Se os botões não forem agrupados, o usuário pode selecionar mais de uma opção (funcionando da mesma forma que JCheckBox).

O Exemplo 8.5 demonstra a funcionalidade do JRadioButton.

```
package cap08;
import java.awt.event.*;
import javax.swing.*;
public class GuiRadio extends JPanel {
    private JLabel lbSexo;
    private JButton btVerificar;
    private JRadioButton rbMasculino, rbFeminino;
    private ButtonGroup buttonGroup;

    public GuiRadio() {
        inicializarComponentes();
        definirEventos();
    }

    private void inicializarComponentes() {
        setLayout(null);
        btVerificar = new JButton("Verificar");
        rbMasculino = new JRadioButton("Masculino");
        lbSexo = new JLabel("Selecione o sexo:");
        rbFeminino = new JRadioButton("Feminino");
        buttonGroup = new ButtonGroup();
        buttonGroup.add(rbMasculino);
        buttonGroup.add(rbFeminino);
        btVerificar.setBounds(55, 105, 100, 20);
        rbMasculino.setBounds(55, 45, 100, 25);
        lbSexo.setBounds(55, 10, 105, 30);
        rbFeminino.setBounds(55, 70, 100, 25);
        rbMasculino.setSelected(true);
        add(btVerificar);
        add(rbMasculino);
        add(lbSexo);
        add(rbFeminino);
    }

    private void definirEventos() {
        btVerificar.addActionListener(new ActionListener() {
            public void actionPerformed(ActionEvent arg0) {
                if (rbMasculino.isSelected()) {
                    JOptionPane.showMessageDialog(null, "Masculino selecionado");
                } else if (rbFeminino.isSelected()) {
                    JOptionPane.showMessageDialog(null, "Feminino selecionado");
                }
            }
        });
    }
}
```

Exemplo 8.5 - Listagem da classe GuiRadio.

A Tabela 8.7 apresenta um resumo dos métodos mais utilizados das classes JRadioButton e ButtonGroup.

Método	Função
JRadioButton(String)	Cria um botão de rádio com o texto especificado
JRadioButton(String, boolean)	Cria um botão de rádio com o texto especificado e com a seleção definida (true ou false)
setSelected(boolean)	Define se o botão está ou não selecionado (true ou false)
ButtonGroup()	Cria um grupo para botões de rádio
<nome do grupo>.add()	Adiciona cada botão de rádio a um determinado grupo

Tabela 8.7 - Resumo dos métodos das classes JRadioButton e ButtonGroup.

Funcionalidades comentadas do Exemplo 8.5:

- **Linha 7:** declara os dois objetos rbMasculino e rbFeminino como sendo do tipo JRadioButton.
- **Linha 8:** declara o objeto buttonGroup como sendo do tipo ButtonGroup.
- **Linhas 18 e 20:** criam os dois objetos do tipo JRadioButton com um texto associado.
- **Linhas 21 a 23:** criam um objeto do tipo buttonGroup e adicionam os dois objetos (rbMasculino e rbFeminino) a ele.
- **Linha 28:** define que o botão de rádio rbMasculino seja selecionado por meio do método **setSelected**.
- **Linha 38:** verifica se o botão de rádio rbMasculino está selecionado por meio do método **isSelected**. Em caso positivo, apresenta a mensagem correspondente (linha 39).
- **Linha 40:** idem ao anterior para o botão de rádio rbFeminino.

O Exemplo 8.5 apresenta uma janela na qual o usuário escolhe entre duas opções por meio de botões de rádio. Cada botão emite em tela um resultado diferente: Masculino ou Feminino.

Figura 8.6 - Janela do Exemplo 8.5.

8.6 Mais sobre Labels

Como já visto anteriormente, para inclusão de texto em frames (ou em painéis) é usada a classe JLabel, que pode ser usada para inserir um texto, uma imagem, ou ainda os dois ao mesmo tempo, separados por vírgula. Para abrigar imagens num JLabel é usada a classe ImageIcon, da mesma forma que foi usada para inserir uma imagem num botão.

O Exemplo 8.6 demonstra a utilização da classe JLabel para incluir textos e figuras em um painel.

```
1  package cap08;
2  import java.awt.*;
3  import javax.swing.*;
4  public class GuiLabel extends JPanel {
5      private JLabel label1, label2, label3, label4;
6      private ImageIcon imageIcon1;
7
8      public GuiLabel() {
9          inicializarComponentes();
10     }
11
12     private void inicializarComponentes() {
13         setLayout(new GridLayout(4, 1));
14         imageIcon1 = new ImageIcon("java.jpg");
15         setBackground(new Color(100, 220, 100));
16         label1 = new JLabel("   Aprendendo", JLabel.LEFT);
17         label1.setForeground(Color.white);
18         label2 = new JLabel(imageIcon1);
19         label3 = new JLabel("Inserir   ", JLabel.RIGHT);
20         label3.setForeground(Color.blue);
21         label4 = new JLabel("Labels e Imagens", imageIcon1, JLabel.CENTER);
22         label4.setFont(new Font("Serif", Font.BOLD, 20));
23         label4.setForeground(Color.black);
24         add(label1);
25         add(label2);
26         add(label3);
27         add(label4);
28     }
29 }
```

Exemplo 8.6 - A classe GuiLabel.

Funcionalidades comentadas do Exemplo 8.6:

- **Linha 5:** contém a declaração dos objetos da classe JLabel que serão usados para armazenar texto e imagens.
- **Linhas 8 a 10:** contêm a implementação do método construtor da classe GuiLabel. Observa-se que o construtor invoca apenas o método inicializarComponentes, uma vez que a manipulação de eventos não será tratada neste exemplo.
- **Linha 13:** define que o gerenciador de layout usado no painel será do tipo GridLayout. Isso significa que a área do painel será dividida em uma grade de quatro linhas e uma coluna (4,1) em que os componentes serão inseridos. Essa divisão é apenas "virtual", não aparece nenhuma linha dividindo as células.
- **Linha 15:** define a cor de fundo do painel utilizando o método **setBackground**. Os números que aparecem dentro dos parênteses referem-se ao padrão RGB (*Red-Green-Blue*) e definem as tonalidades das cores vermelha, verde e azul. Os números para a tonalidade podem variar de 0 (mínimo) a 255 (máximo) e sua mistura forma uma cor específica. Neste caso, a mistura gera um tipo de cor verde.
- **Linhas 16 e 19:** inicializam os objetos label a partir de um texto e alinhamentos diferentes. Esse alinhamento é definido por meio de constantes inteiras predefinidas pela linguagem (**JLabel.LEFT** que equivale a zero, **JLabel.CENTER** que equivale a um e **JLabel.RIGHT** que equivale a dois). Quando o alinhamento não for especificado, o *default* é à esquerda.
- **Linha 17:** define a cor da fonte do objeto label1 por meio do método **setForeground**. Da esquerda para a direita essa declaração pode ser interpretada assim: para o objeto label1 utilize a cor de fonte (setForeground) branca (Color.white).
- **Linha 18:** contém a inicialização do objeto label2 usando o objeto imageIcon1. Observe que da mesma forma que ocorre com o texto, um objeto do tipo Label pode ser inicializado com uma imagem. Assim o objeto label2 terá uma imagem atrelada a ele, e não um texto.

- **Linha 21:** contém a inicialização do objeto label4 como um texto e uma imagem ao mesmo tempo.
- **Linha 22:** realiza a formatação do texto do objeto label4 por meio do método **setFont**, definindo que será utilizada a fonte Serif, em negrito (**Font.BOLD**) e com tamanho 20.
- **Linhas 24 a 27:** contêm o método **add** utilizado para adicionar os diversos objetos ao frame. Os objetos são inseridos no frame na ordem em que aparecem. A ordem em que os objetos são inseridos é importante para sua correta disposição no painel. Ao usar o **add()**, os objetos são inseridos linha a linha (sempre de cima para baixo). Neste exemplo a grade possui apenas uma coluna; caso existissem mais colunas, o preenchimento seria realizado da seguinte forma: linha1_coluna1, linha1_coluna2, linha2_coluna1, linha2_coluna2 e assim sucessivamente. Sendo assim, o preenchimento do painel acontece sempre de cima para baixo (linhas) e da esquerda para a direita (colunas).

Não se esqueça de que este exemplo deve ser chamado a partir da classe GuiMenuPrincipal. Para isso, você deve adicionar um item ao menu "Exemplos" da classe GuiMenuPrincipal. Se tiver dúvidas, consulte as explicações finais do Exemplo 8.4.

O Exemplo 8.6 não possui nenhuma funcionalidade, apenas serve para demonstrar a inclusão de texto e imagem numa janela. A Figura 8.7 demonstra os resultados obtidos com a execução do Exemplo 8.6.

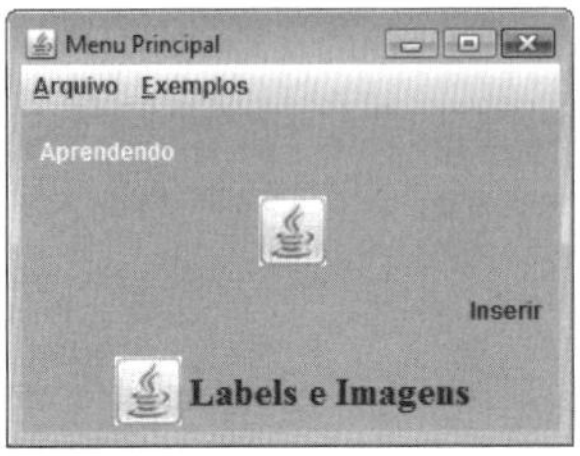

Figura 8.7 - Janela do Exemplo 8.6.

8.7 Inclusão de Listas de Seleção

As listas de seleção são objetos que possibilitam a escolha de um ou vários valores armazenados em uma lista de opções. Essa lista é manipulada a partir da classe JList. Para utilização e melhor desempenho das listas de seleção, torna-se necessário realizar alguns procedimentos, conforme a listagem seguinte:

```
1. Declarar um objeto para instanciar a classe JList.
2. Declarar um objeto que conterá a lista das opções e adicionar a ele todas as
   opções.
3. Inicializar o objeto do item 1 com o objeto do item 2.
4. Criar um painel de rolagem.
5. Adicionar o objeto do item 1 ao painel de rolagem.
```

A Tabela 8.8 apresenta um resumo dos métodos mais usados da classe JList.

Método	Função
JList()	Cria uma caixa de seleção
getSelectedvalue()	Obtém o texto do item selecionado
getSelectedIndex()	Obtém o índice do item selecionado
setSelectedIndex(int)	Seleciona o índice especificado
setSelectedInterval(int, int)	Seleciona diversos índices dentro do intervalo especificado
isSelectionEmpty()	Verifica se existe algum item selecionado na lista, retornando verdadeiro ou falso
isSelectedIndex(int)	Verifica se o índice especificado está selecionado, retornando verdadeiro ou falso

Tabela 8.8 - Resumo dos métodos da classe JList.

O Exemplo 8.7 demonstra como criar uma lista seguindo os procedimentos anteriores. Neste exemplo são usados os principais métodos envolvidos com a manipulação de listas de seleção.

```
package cap08;
import java.awt.event.*;
import javax.swing.*;
public class GuiLista extends JPanel {
    private JButton btCalcular;
    private JLabel lbValor;
    private JTextField tfValor, tfValorDesconto;
    private JList liDesconto;
    private JScrollPane spLista;

    public GuiLista() {
        inicializarComponentes();
        definirEventos();
    }

    private void inicializarComponentes() {
        setLayout(null);
        String[] liDescontoItems = {"10%", "20%", "30%", "40%", "50%"};
        btCalcular = new JButton("Calcular");
        lbValor = new JLabel("Valor");
        tfValor = new JTextField(5);
        liDesconto = new JList(liDescontoItems);
        tfValorDesconto = new JTextField(5);
        spLista = new JScrollPane(liDesconto);
        btCalcular.setToolTipText("Faz o cálculo");
        btCalcular.setMnemonic(KeyEvent.VK_C);
        lbValor.setBounds(35, 05, 100, 25);
        tfValor.setBounds(35, 30, 100, 25);
        spLista.setBounds(35, 60, 100, 55);
        btCalcular.setBounds(35, 120, 90, 25);
        tfValorDesconto.setBounds(35, 150, 100, 25);
        add(btCalcular);
        add(lbValor);
        add(tfValor);
        add(spLista);
        add(tfValorDesconto);
    }

    private void definirEventos() {
        btCalcular.addActionListener(new ActionListener() {
            public void actionPerformed(ActionEvent arg0) {
                if (tfValor.getText().equals("")) {
                    tfValor.requestFocus();
                    return;
                }
                try {
                    float valor = Float.parseFloat(tfValor.getText());
                    if (liDesconto.getSelectedIndex() == -1) {
                        JOptionPane.showMessageDialog(null, "Selecione um item da lista");
                        return;
                    }
                    float desconto = 0.9f;
                    if (liDesconto.getSelectedIndex() == 1) {
                        desconto = 0.8f;
                    } else if (liDesconto.getSelectedIndex() == 2) {
                        desconto = 0.7f;
                    } else if (liDesconto.getSelectedIndex() == 3) {
                        desconto = 0.6f;
                    } else if (liDesconto.getSelectedIndex() == 4) {
                        desconto = 0.5f;
                    }
                    tfValorDesconto.setText("" + valor * desconto);
                }
                catch (NumberFormatException erro) {
                    JOptionPane.showMessageDialog(null, "Forneça apenas valores numéricos\n" +
                            erro.toString());
                    tfValor.requestFocus();
                }
            }
        });
    }
}
```

Exemplo 8.7 - A classe GuiLista.

Funcionalidades comentadas do Exemplo 8.7:

- **Linha 8:** contém a declaração do objeto liDesconto da classe JList que será usado como uma lista, armazenando valores de descontos para serem calculados.
- **Linha 9:** contém a declaração do objeto spLista da classe JScrollPane que será usado para rolar a lista de opções. Isso é necessário porque uma classe JList não possui internamente uma maneira de rolar os itens. Você verá que nossa lista possui a altura de apenas três itens, mas possui cinco itens. Para visualizar os dois outros itens é necessário rolar a lista e isso é feito por meio do painel de rolagem.
- **Linha 18:** contém a declaração de um array de Strings chamado liDescontoItems que será adicionado ao JList. Esse array deve ser formado por todos os elementos (opções) que a lista terá, separados por vírgula.
- **Linha 22:** realiza a criação e inicialização do objeto liDesconto. Sua lista contém as strings armazenadas no array liDescontoItems.
- **Linha 24:** realiza a criação do painel de rolagem a partir da lista. Nesse caso, a lista está sendo colocada dentro do objeto spLista.
- **Linha 29:** define o posicionamento e as dimensões do painel de rolagem. Isso é necessário porque a própria barra será adicionada ao painel (linha 35).
- **Linhas 40 a 70:** implementam o evento de ação para o botão calcular.
- **Linhas 42 a 45:** verifica se a caixa de texto tfValor está vazia. Em caso positivo, devolve o foco para a caixa tfValor (quando o botão Calcular é pressionado, o foco é passado ao botão) por meio da linha 43 e retorna para a tela do usuário (linha 44). Mesmo que o usuário pressione o botão Calcular, esse código faz com que o cursor permaneça na caixa Valor enquanto ela estiver vazia.
- **Linha 46:** inicia o processo de cálculo do valor. Esse cálculo foi adicionado à estrutura try-catch para tratar erros de digitação, caso o usuário forneça um valor não numérico, por exemplo. Neste caso, o ideal seria trabalharmos com uma máscara para impedir a digitação de valores não numéricos. Isso será visto mais à frente neste capítulo.
- **Linha 48:** verifica se existe algum item da lista selecionado por meio do método **getSelectedIndex**, que retorna o valor -1 caso não exista nenhum índice selecionado. Se isso ocorrer quando o botão Calcular for pressionado, será emitida uma mensagem em tela alertando o usuário e o cálculo será interrompido por meio do retorno (linha 50) à interface do usuário.
- **Linha 52:** assume inicialmente que o desconto será de 10%, atribuindo o valor 0,9 à variável "desconto". A letra "f" ao lado do valor numérico faz com que esse valor seja considerado como do tipo float.
- **Linha 53:** caso o segundo item da lista esteja selecionado, atribui o valor 0,8f à variável "desconto" (isso equivale a 20%). O mesmo ocorre para as linhas 55 a 61 para outros valores de desconto.
- **Linha 62:** realiza o cálculo do desconto e o armazena na caixa de texto tfValorDesconto. O uso das aspas é necessário apenas para manter a compatibilidade de tipos entre o valor armazenado e a caixa de texto.
- **Linhas 64 a 68:** emite uma mensagem de alerta ao usuário caso seja fornecido um valor inválido e retorna o foco para a caixa de texto tfValor.

Não se esqueça de que este exemplo deve ser chamado a partir da classe GuiMenuPrincipal. Para isso, você deve adicionar um item ao menu "Exemplos" da classe GuiMenuPrincipal. Se tiver dúvidas, consulte as explicações finais do Exemplo 8.4.

O Exemplo 8.7 apresenta uma janela na qual o usuário fornece um valor, seleciona um item da lista referente ao desconto a ser aplicado sobre esse valor e pressiona o botão Calcular. O resultado será o valor digitado menos o desconto selecionado.

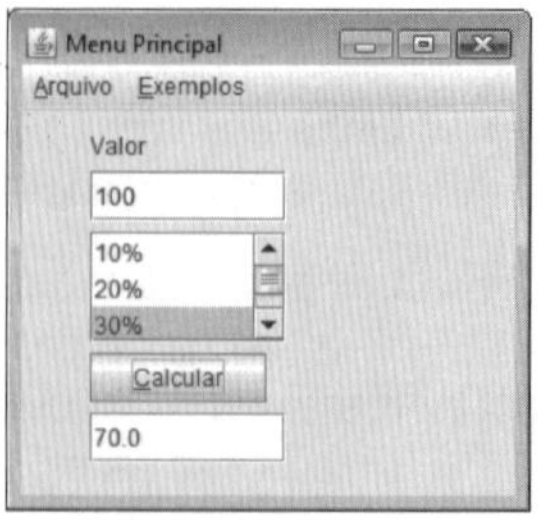

Figura 8.8 - Janela do Exemplo 8.7.

O próximo exemplo, 8.8, apresenta uma maneira diferente de manipular uma lista utilizando a classe DefaultListModel. Além disso, o exemplo mostra como adicionar um evento para identificar o momento em que o usuário selecionou um item da lista. Traz ainda uma maneira de criar um álbum de fotos aproveitando-se dos recursos da classe JList.

A Tabela 8.9 mostra um resumo dos métodos mais utilizados da classe DefaultListModel, que permite declarar um objeto para armazenar itens de uma lista.

Método	Função
addElement(String)	Adiciona o texto como um novo item da lista
getSize()	Obtém a quantidade total de itens da lista
remove(int)	Remove o item do índice especificado

Tabela 8.9 - Resumo dos métodos da classe DefaultListModel.

Funcionalidades comentadas do Exemplo 8.8:

- **Linha 8:** contém a declaração do objeto "dlm" da classe DefaultListModel.
- **Linha 19:** contém a criação do objeto "dlm". Nesse momento a lista está vazia.
- **Linhas 20 a 22:** adiciona dez elementos ao objeto "dlm" por meio de um laço de repetição. A cada posição percorrida, um novo item é adicionado. Ao término do laço, os itens são nomeados como "Foto1", "Foto2",...,"Foto10".
- **Linha 23:** cria a lista lsFotos a partir dos elementos definidos em "dlm", ou seja, a lista será criada com todos os elementos existentes em "dlm".
- **Linhas 34 a 39:** contêm a implementação do evento de mudança de seleção do item da lista. Isso é realizado por meio da interface **ListSelectionListener** que define o método **valueChanged**. Esse método será acionado toda vez que o usuário selecionar um item da lista; no caso, um item presente no objeto lsFotos.
- **Linha 36:** cria um objeto chamado imagem1 do tipo ImageIcon. Observe que o arquivo terá um nome como "Foto1", ou "Foto2" etc., dependendo do item da lista que estiver selecionado. Para que as imagens aparecem na tela, é necessário que exista uma pasta chamada "Imagens" a partir da pasta onde seu exemplo está sendo executado e contendo todos os arquivos das fotos, ou, seja, deve existir a pasta c:\Java7\Imagens e os arquivos das fotos dentro dela. Veja a Figura 8.9.
- **Linha 37:** define a imagem que será apresentada em tela por meio do método **setIcon** da classe ImageIcon.

Não se esqueça de que este exemplo deve ser chamado a partir da classe GuiMenuPrincipal. Para isso, você deve adicionar um item ao menu "Exemplos" da classe GuiMenuPrincipal. Se tiver dúvidas, consulte as explicações finais do Exemplo 8.4.

```java
package cap08;
import javax.swing.*;
import javax.swing.event.ListSelectionEvent;
import javax.swing.event.ListSelectionListener;
public class GuiListaComFotos extends JPanel {
    private JList lsFotos;
    private DefaultListModel dlm;
    private ImageIcon imagem1;
    private JScrollPane sp;
    private JLabel lbImagem;

    public GuiListaComFotos() {
        inicializarComponentes();
        definirEventos();
    }

    private void inicializarComponentes() {
        setLayout(null);
        dlm = new DefaultListModel();
        for (int i = 1; i <= 10; i++) {
            dlm.addElement("Foto" + i);
        }
        lsFotos = new JList(dlm);
        sp = new JScrollPane(lsFotos);
        sp.setBounds(50, 40, 70, 150);
        imagem1 = new ImageIcon();
        lbImagem = new JLabel(imagem1);
        lbImagem.setBounds(150, 30, 180, 180);
        add(sp);
        add(lbImagem);
    }

    private void definirEventos() {
        lsFotos.addListSelectionListener(new ListSelectionListener() {
            public void valueChanged(ListSelectionEvent e) {
                imagem1 = new ImageIcon("Imagens/" + lsFotos.getSelectedValue() + ".gif");
                lbImagem.setIcon(imagem1);
            }
        });
    }
}
```

Exemplo 8.8 - A classe GuiListaComFotos.

O Exemplo 8.8 apresenta uma lista com dez opções de fotos. O usuário deve clicar numa opção, e cada uma delas abre uma foto diferente. Observe a Figura 8.9.

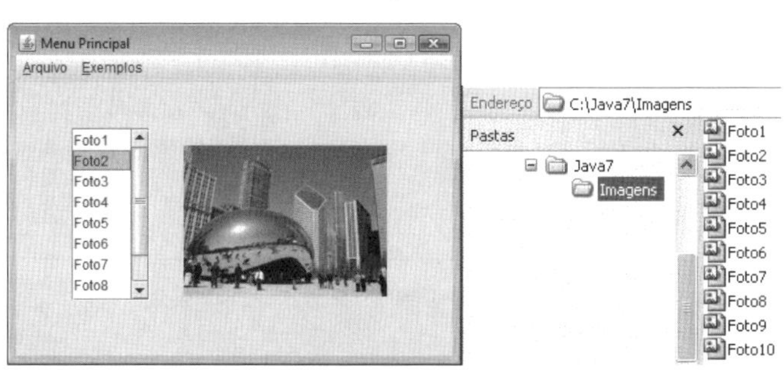

Figura 8.9 - Janela do Exemplo 8.8.

8.8 Inclusão do JComboBox

O componente **JComboBox** funciona praticamente da mesma forma que o JList, ou seja, permite a seleção de um (ou mais) item, no entanto existem diferenças em seus métodos e propriedades.

Método	Função
JComboBox(String)	Cria uma caixa de seleção JComboBox com um array do tipo string
addItem(String)	Adiciona o texto como um novo item
getSelectedItem()	Obtém o texto do item selecionado
getItemCount()	Obtém a quantidade total de itens
getSelectedIndex()	Obtém o índice do item selecionado
removeItemAt(int)	Remove o item com o índice especificado
removeAllItems()	Remove todos os itens da lista

Tabela 8.10 - Resumo dos métodos da classe JComboBox.

Observe o Exemplo 8.9 que demonstra como utilizar alguns métodos da classe JComboBox.

```
package cap08;
import java.awt.event.*;
import javax.swing.*;
public class GuiCombo extends JPanel {
    private JComboBox cbEstados;
    private JLabel lbEstados;
    private JButton btMostrar;

    public GuiCombo() {
        inicializarComponentes();
        definirEventos();
    }

    private void inicializarComponentes() {
        setLayout(null);
        String[] cbEstadosItems = {"Espírito Santo", "Minas Gerais", "Rio de Janeiro", "São Paulo"};
        cbEstados = new JComboBox(cbEstadosItems);
        lbEstados = new JLabel("Estados do Sudeste:");
        btMostrar = new JButton("Mostrar");
        add(lbEstados);
        add(cbEstados);
        add(btMostrar);
        lbEstados.setBounds(25, 15, 150, 25);
        cbEstados.setBounds(25, 40, 150, 25);
        btMostrar.setBounds(25, 75, 100, 25);
    }

    private void definirEventos() {
        btMostrar.addActionListener(new ActionListener() {
            public void actionPerformed(ActionEvent e) {
                JOptionPane.showMessageDialog(null,
                        "Índice Selecionado: " + cbEstados.getSelectedIndex() +
                        "\nTexto Selecionado: " + cbEstados.getSelectedItem());
            }
        });
    }
}
```

Exemplo 8.9 - Listagem da classe GuiCombo.

Funcionalidades comentadas do Exemplo 8.9:

- **Linha 5:** declara o objeto cbEstados a partir da classe JComboBox.
- **Linha 16:** contém a declaração de um array de Strings chamado cbEstadosItems que será adicionado ao objeto cbEstados. Esse array deve ser formado por todos os elementos (opções) que o combo terá, separados por vírgula, no caso todos os estados desejados.
- **Linha 17:** realiza a criação e a inicialização do objeto cbEstados a partir dos elementos definidos em cbEstadosItems.
- **Linhas 29 a 35:** implementam o evento de ação para o objeto btMostrar. Toda vez que o usuário clicar nesse botão será emitida uma mensagem em tela contendo o índice selecionado e o texto selecionado.
- **Linha 32:** apresenta o índice selecionado atualmente em cbEstados por meio do método **getSelectedIndex**.
- **Linha 33:** apresenta o texto selecionado atualmente em cbEstados por meio do método **getSelectedItem**.
- Não se esqueça de que este exemplo deve ser chamado a partir da classe GuiMenuPrincipal. Para isso, você deve adicionar um item ao menu "Exemplos" da classe GuiMenuPrincipal. Se tiver dúvidas, consulte as explicações finais do Exemplo 8.4.

A Figura 8.10 exibe os resultados obtidos com a execução do Exemplo 8.9. A tabela mostra todas as opções possíveis de seleção do combo.

Texto Selecionado	Índice Selecionado
Espírito Santo	0
Minas Gerais	1
Rio de Janeiro	2
São Paulo	3

Figura 8.10 - Resultados da execução do Exemplo 8.9.

8.9 Inclusão de Áreas de Texto

As áreas de texto geradas a partir da classe **JTextArea** são semelhantes às caixas de texto, porém permitem manipular diversas linhas de texto ao mesmo tempo. Um método construtor disponível na classe JTextArea é:

```
JTextArea(<String>,<n° de linhas iniciais>,<dimensão>)
```

Em que:

- **String** → um texto inicial qualquer que pode ser definido para o objeto no momento de sua criação.
- **nº de linhas iniciais** → um valor inteiro que especifica o número de linhas que a área de texto apresentará na tela, sem o uso de um painel de rolagem.
- **dimensão** → um valor inteiro que especifica a dimensão da área de texto em número de caracteres, isto é, o número de caracteres que cabe em uma linha na área de texto. Essa definição não tem muita importância, pois na realidade o número de caracteres que uma linha pode conter está relacionado diretamente ao tipo de caractere usado. Por exemplo, se o número de ca-

racteres de uma linha for definido para 40, então cabem exatamente 40 caracteres **W**, entretanto cabem 62 caracteres **A** e 156 caracteres **I**.

A Tabela 8.11 mostra um resumo dos métodos mais utilizados da classe JTextArea.

Método	Função
JTextArea()	Cria uma área de texto
JTextArea(int,int)	Cria uma área de texto de acordo com o número de linhas e colunas especificadas
JTextArea(String)	Cria uma área de texto de acordo com o texto especificado
JTextArea(String,int, int)	Cria uma área de texto de acordo com o texto, o número de linhas e o número de colunas especificadas
getColumns()	Obtém o comprimento ou colunas da área de texto em caracteres
getRows()	Obtém a largura ou linhas da área de texto em caracteres
getSelectedText()	Obtém o texto selecionado na área de texto
setColumns()	Define o comprimento ou colunas da área de texto
setRows()	Define a largura ou linhas da área de texto
insert(String, int)	Insere a string especificada na posição indicada por uma variável inteira
replaceRange(String, int, int)	Substitui o texto fornecido na variável string pelo texto contido entre as posições definidas (início e fim)
setText(), getText(), setEditable()	Métodos da classe JTextComponent que funcionam da mesma forma que em JTextField

Tabela 8.11 - Resumo dos métodos da classe JTextArea.

O Exemplo 8.10 demonstra a utilização da classe JTextArea.

Funcionalidades comentadas do Exemplo 8.10:

- **Linha 6:** contém a declaração do objeto taTexto da classe JTextArea.
- **Linha 9:** contém a declaração da constante estática novaLinha cujo conteúdo é o caractere de nova linha. Essa variável será usada para quebrar uma linha dentro do objeto taTexto.
- **Linha 19:** cria o objeto taTexto com cinco linhas e vinte colunas. Na verdade, neste caso a inicialização é desnecessária, visto que não estamos usando gerenciador de layout e o tamanho de taTexto será definido por meio do método **setBounds**. Você verá que a área de texto aparece com mais de cinco linhas e vinte colunas.
- **Linha 21:** cria o botão btLimpar com a imagem "borracha.jpg".
- **Linha 22:** adiciona o objeto taTexto ao painel de rolagem scrollPane. O objetivo do painel de rolagem é o mesmo de quando usado no JList. No caso, o painel de rolagem permite visualizar outras linhas quando não existir mais espaço na área.
- **Linhas 32 a 38:** implementam o evento de ação para a caixa tfCampo. Esse evento será gerado quando o usuário pressionar a tecla ENTER com o cursor dentro dessa caixa.
- **Linha 34:** seleciona o texto da caixa tfCampo por meio do método **selectAll**.
- **Linha 35:** adiciona a taTexto o texto presente na caixa tfCampo por meio do método **append**. Insere também uma quebra de linha com a constante novaLinha.

```
1  package cap08;
2  import java.awt.event.*;
3  import javax.swing.*;
4  public class GuiAreaDeTexto extends JPanel {
5      private JTextField tfCampo;
6      private JTextArea taTexto;
7      private JScrollPane scrollPane;
8      private JButton btLimpar;
9      private final static String novaLinha = "\n";
10
11     public GuiAreaDeTexto() {
12         inicializarComponentes();
13         definirEventos();
14     }
15
16     private void inicializarComponentes() {
17         setLayout(null);
18         tfCampo = new JTextField();
19         taTexto = new JTextArea(5, 20);
20         taTexto.setEditable(false);
21         btLimpar = new JButton(new ImageIcon("borracha.jpg"));
22         scrollPane = new JScrollPane(taTexto);
23         tfCampo.setBounds(25, 15, 150, 25);
24         scrollPane.setBounds(25, 45, 300, 120);
25         btLimpar.setBounds(25,170,50,50);
26         add(tfCampo);
27         add(scrollPane);
28         add(btLimpar);
29     }
30
31     private void definirEventos() {
32         tfCampo.addActionListener(new ActionListener() {
33             public void actionPerformed(ActionEvent e) {
34                 tfCampo.selectAll();
35                 taTexto.append(tfCampo.getText() + novaLinha);
36                 taTexto.setCaretPosition(taTexto.getDocument().getLength());
37             }
38         });
39         btLimpar.addActionListener(new ActionListener() {
40             public void actionPerformed(ActionEvent e) {
41                 tfCampo.setText("");
42                 taTexto.setText("");
43             }
44         });
45     }
46 }
```

Exemplo 8.10 - A classe GuiAreaDeTexto.

- **Linhas 39 a 44:** implementam o evento de ação para o botão btLimpar. Ao pressionar o botão, são limpos os conteúdos de taTexto e tfCampo.

- Não se esqueça de que este exemplo deve ser chamado a partir da classe GuiMenuPrincipal. Para isso, você deve adicionar um item ao menu "Exemplos" da classe GuiMenuPrincipal. Se tiver dúvidas, consulte as explicações finais do Exemplo 8.4.

No Exemplo 8.10 o usuário digita um texto qualquer na caixa de texto e, ao pressionar a tecla ENTER, o texto digitado é adicionado à área de texto. Ao clicar na borracha, as caixas são limpas. A Figura 8.11 demonstra os resultados obtidos com a execução do Exemplo 8.10.

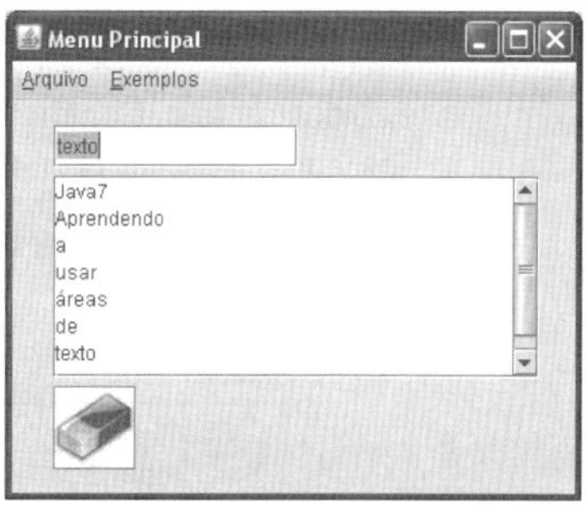

Figura 8.11 - Janela do Exemplo 8.10.

8.10 Inclusão de Caixas de Diálogo

A inclusão de caixas de diálogo é realizada por meio da classe **JOptionPane**, que apresenta diversas janelas diferentes: que fazem uma pergunta, que avisam o usuário ou fornecem uma mensagem qualquer. Essas janelas representam um modo de comunicação com o usuário, possibilitando passar uma informação ou obter respostas. Existem quatro tipos padrão de caixas de diálogo, cujos detalhes são tratados individualmente nas descrições seguintes. Para abrir as caixas de diálogo, basta invocar os métodos estáticos da classe JOptionPane:

- **showMessageDialog** → caixa de diálogo que apresenta uma mensagem, possibilitando acrescentar ícones de alerta ao usuário.
- **showConfirmDialog** → além de emitir uma mensagem, possibilita ao usuário responder a uma pergunta.
- **showInputDialog** → além de emitir uma mensagem, permite a entrada de um texto.
- **showOptionDialog** → caixa de diálogo que abrange os três tipos anteriores.

Vamos apresentar alguns exemplos para demonstrar as funcionalidades desses métodos. Não abordaremos o método **showInputDialog**, uma vez que ele já foi muito usado em exemplos anteriores do livro.

8.10.1 O Método showMessageDialog

O método **showMessageDialog** é utilizado para mostrar ao usuário alguma informação e não retorna nenhum tipo de valor de resposta. Essa caixa de diálogo pode apresentar um ícone referente ao tipo de mensagem (pergunta, informação, alerta, erro ou definido pelo usuário) ou não apresentar nada, apenas a mensagem na tela sem ícone. Sua sintaxe é a seguinte:

```
JOptionPane.showMessageDialog(Component,<mensagem>,<título da
mensagem>,<tipo de mensagem>)
```

Em que:

- **Component**: refere-se a um objeto do tipo container que permite definir a posição da tela em que a caixa de mensagem aparecerá. Normalmente esse argumento é deixado como null *(default)* para que a mensagem apareça centralizada na tela.
- **Mensagem**: é a mensagem a ser apresentada ao usuário.
- **Título da mensagem**: é o texto que aparece na barra de título da janela da caixa de diálogo.
- **Tipo da mensagem**: é o ícone que representa o tipo de mensagem apresentado ao usuário. A Tabela 8.12 mostra as constantes da linguagem Java para definição dos ícones a serem exibidos na tela. Conforme veremos adiante, esses ícones podem ser usados em outros métodos, isto é, em outras caixas de diálogo.

Ícone	Comando
 Pergunta	QUESTION_MESSAGE
 Informação	INFORMATION_MESSAGE

Tabela 8.12 (continua)

Ícone	Comando
Alerta	WARNING_MESSAGE
Erro	ERROR_MESSAGE
Definido pelo usuário	INFORMATION_MESSAGE,<*ícone*>
Vazio (somente mensagem)	PLAIN_MESSAGE

Tabela 8.12 - Tipos de mensagens/ícones da caixa de diálogo.

O Exemplo 8.11 demonstra a classe GuiDialogoMensagem que permite ao usuário escolher qual tipo de ícone deve aparecer na caixa de diálogo.

```
package cap08;
import java.awt.event.*;
import javax.swing.*;
public class GuiDialogoMensagem extends JPanel {
    private ImageIcon imageIcon1;
    private JComboBox cbCaixas;

    public GuiDialogoMensagem() {
        inicializarComponentes();
        definirEventos();
    }

    private void inicializarComponentes() {
        setLayout(null);
        imageIcon1 = new ImageIcon("estrela.gif");
        String[] cbCaixasItens = {"Pergunta", "Informação", "Alerta", "Erro",
            "definida pelo usuário", "Somente Mensagem"};
        cbCaixas = new JComboBox(cbCaixasItens);
        cbCaixas.setBounds(25, 40, 150, 25);
        add(cbCaixas);
    }

    private void definirEventos() {
        cbCaixas.addActionListener(new ActionListener() {
            public void actionPerformed(ActionEvent e) {
                switch (cbCaixas.getSelectedIndex()) {
                    case 0:
                        JOptionPane.showMessageDialog(null, "Estou aprendendo Java?",
                            "Pergunta", JOptionPane.QUESTION_MESSAGE); break;
                    case 1:
                        JOptionPane.showMessageDialog(null, "Gravação OK.",
                            "Informacao", JOptionPane.INFORMATION_MESSAGE); break;
                    case 2:
                        JOptionPane.showMessageDialog(null, "Cuidado!",
                            "Alerta", JOptionPane.WARNING_MESSAGE); break;
                    case 3:
                        JOptionPane.showMessageDialog(null, "Ocorreu algum erro!",
                            "Erro", JOptionPane.ERROR_MESSAGE); break;
                    case 4:
                        JOptionPane.showMessageDialog(null, "Usando um gif animado",
                            "Personalizado", JOptionPane.INFORMATION_MESSAGE,
                             imageIcon1); break;
                    case 5:
                        JOptionPane.showMessageDialog(null, "Caixa de mensagem simples",
                             "Somente mensagem", JOptionPane.PLAIN_MESSAGE); break;
                }
            }
        });
    }
}
```

Exemplo 8.11 - A classe GuiDialogoMensagem.

Funcionalidades comentadas do Exemplo 8.11:

- **Linhas 16 e 17:** definem o array cbCaixasItens do tipo String que contém os nomes das opções que serão apresentadas ao usuário.
- **Linha 18:** cria o objeto cbCaixas a partir do array descrito no item anterior.
- **Linhas 24 a 48:** implementam o código referente ao evento de ação para o objeto cbCaixas. Esse método será chamado quando o usuário selecionar uma das opções desse objeto.
- **Linha 26:** seleciona o item escolhido no objeto cbCaixas por meio do método **getSelectedIndex**. O conteúdo retornado por esse método é usado para selecionar uma das opções definas pela estrutura switch-case, isto é, se o valor de getSelectedIndex for zero, as linhas 28 e 29 são executadas; se o valor for um, as linhas 31 e 32 são executadas e assim por diante.

Não se esqueça de que este exemplo deve ser chamado a partir da classe GuiMenuPrincipal. Para isso, você deve adicionar um item ao menu "Exemplos" da classe GuiMenuPrincipal. Se tiver dúvidas, consulte as explicações finais do Exemplo 8.4.

O Exemplo 8.11 contém uma lista com seis opções. Dependendo da escolha do usuário, uma caixa de diálogo é aberta com uma mensagem e ícone específicos. A Figura 8.12 demonstra os resultados obtidos com a execução do Exemplo 8.11.

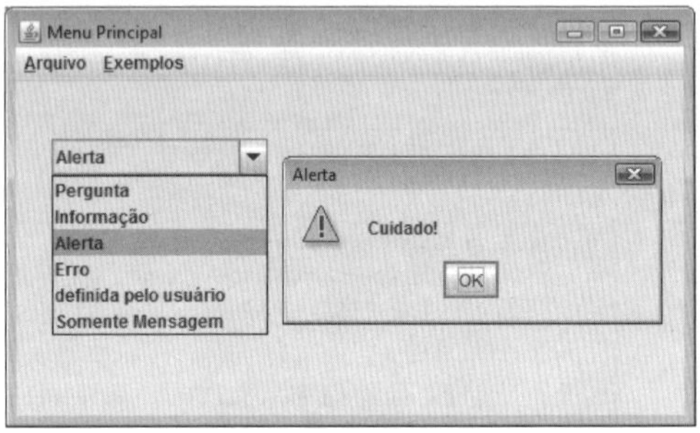

Figura 8.12 - Janela do Exemplo 8.11.

8.10.2 O Método showConfirmDialog

As caixas de diálogo de confirmação possibilitam ao usuário responder a algum questionamento por meio dos botões *Yes, No* e *Cancel.* Uma vez apresentada na tela, o usuário escolhe uma das opções e, dependendo do botão clicado, é retornado um valor inteiro pertencente à classe JOptionPane: **YES_OPTION** = 0, **NO_OPTION =** 1 e **CANCEL_OPTION =** 2, portanto esse valor é usado para conhecer qual dos botões foi clicado pelo usuário.

Existem três tipos de caixa de diálogo de confirmação: as que apresentam os botões *Yes* e *No* (**YES_NO_OPTION** ou **0**), as que apresentam os botões *Yes, No* e *Cancel* (**YES_NO_CANCEL_OPTION** ou **1**) e as que apresentam os botões *Ok* e *Cancel* (**OK_CANCEL_OPTION** ou **2**). A sintaxe do método showConfirmDialog é a seguinte:

```
int resposta = JOptionPane.showConfirmDialog(Component,<mensagem>,
<título da mensagem>,<botões presentes>,< tipo de mensagem>).
```

A única diferença entre esta sintaxe e a usada para a caixa de mensagem do item 8.10.1 refere-se ao parâmetro <botões presentes> no qual são inseridos os botões que aparecerão na caixa de diálogo. O Exemplo 8.12 demonstra a classe GuiDialogoMensagem que permite ao usuário escolher quais botões ele deseja que apareçam na caixa de diálogo.

```
1  package cap08;
2  import java.awt.event.*;
3  import javax.swing.*;
4  public class GuiDialogoConfirmacao extends JPanel {
5      private JButton btMostrar;
6      private JRadioButton radioButton1, radioButton2, radioButton3;
7      private ButtonGroup buttonGroup;
8  
9      public GuiDialogoConfirmacao() {
10         inicializarComponentes();
11         definirEventos();
12     }
13 
14     private void inicializarComponentes() {
15         setLayout(null);
16         btMostrar = new JButton("Mostrar");
17         radioButton1 = new JRadioButton("Sim e Nao");
18         radioButton2 = new JRadioButton("Sim, Nao e Cancelar");
19         radioButton3 = new JRadioButton("Ok e Cancelar");
20         buttonGroup = new ButtonGroup();
21         buttonGroup.add(radioButton1);
22         buttonGroup.add(radioButton2);
23         buttonGroup.add(radioButton3);
24         radioButton1.setBounds(55, 10, 200, 25);
25         radioButton2.setBounds(55, 30, 200, 35);
26         radioButton3.setBounds(55, 60, 200, 25);
27         btMostrar.setBounds(55, 90, 100, 20);
28         add(btMostrar);
29         add(radioButton1);
30         add(radioButton2);
31         add(radioButton3);
32     }
33 
34     private void definirEventos() {
35         btMostrar.addActionListener(new ActionListener() {
36             public void actionPerformed(ActionEvent arg0) {
37                 int resp = 0;
38                 if (radioButton1.isSelected()) {
39                     resp = JOptionPane.showConfirmDialog(null, "Erro ao acessar arquivo. " +
40                             "Tentar novamente?", "Erro de arquivo", JOptionPane.YES_NO_OPTION,
41                             JOptionPane.ERROR_MESSAGE);
42                 } else if (radioButton2.isSelected()) {
43                     resp = JOptionPane.showConfirmDialog(null, "Deseja salvar as alteracoes?",
44                             "Salvar o arquivo", JOptionPane.YES_NO_CANCEL_OPTION,
45                             JOptionPane.QUESTION_MESSAGE);
46                 } else {
47                     resp = JOptionPane.showConfirmDialog(null, "Deseja abrir o arquivo?",
48                             "Abrir arquivo", JOptionPane.OK_CANCEL_OPTION,
49                             JOptionPane.QUESTION_MESSAGE);
50                 }
51                 JOptionPane.showMessageDialog(null,resp,"Resposta",1);
52             }
53         });
54     }
55 }
```

Exemplo 8.12 - A classe GuiDialogoConfirmacao.

Funcionalidades comentadas do Exemplo 8.12:

- **Linhas 17 a 19:** criam os botões de rádio que permitirão ao usuário escolher o tipo de caixa de diálogo desejada.
- **Linhas 20 a 23:** adicionam todos os botões de rádio a um grupo. O leitor já deve estar familiarizado com isso, pois esse recurso já foi usado em exemplos anteriores.
- **Linhas 35 a 53:** implementam o código referente ao evento de ação para o objeto btMostrar. Como o leitor já sabe, esse método é chamado quando o usuário clica no botão.

- **Linha 37:** declara a variável "resp" que será usada para armazenar o valor referente ao botão pressionado na caixa de diálogo.
- **Linha 38:** verifica se o botão de rádio 1 está selecionado por meio do método **isSelected**.
- **Linhas 39 a 41:** definem que a caixa de diálogo conterá os botões Yes e No por meio da constante JOptionPane.YES_NO_OPTION. Observe que a variável "resp" vai receber um número referente ao botão que foi pressionado pelo usuário.
- **Linhas 42 a 50:** idem aos anteriores, alterando os botões da caixa de diálogo.
- **Linha 51:** apresenta uma caixa de diálogo com o número do botão que foi pressionado pelo usuário.

Não se esqueça de que este exemplo deve ser chamado a partir da classe GuiMenuPrincipal. Para isso, você deve adicionar um item ao menu "Exemplos" da classe GuiMenuPrincipal. Se tiver dúvidas, consulte as explicações finais do Exemplo 8.4.

O Exemplo 8.12 demonstra o uso dos três tipos de caixa de confirmação. A Figura 8.13 demonstra os resultados obtidos com a execução do Exemplo 8.12.

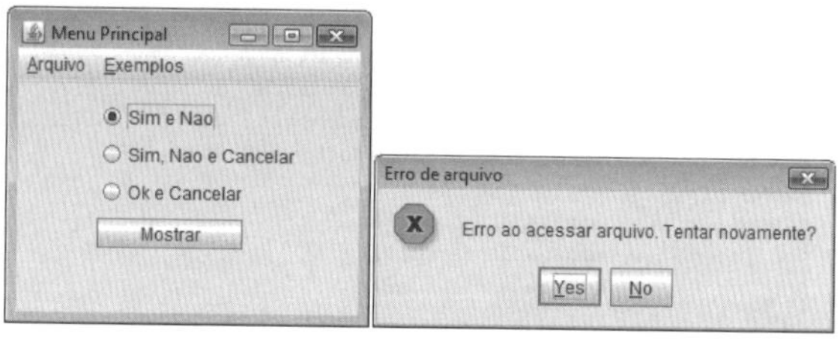

Figura 8.13 - Janela do Exemplo 8.12.

8.10.3 O Método showOptionDialog

As caixas de diálogo de opção são geradas a partir do método showOptionDialog e são mais complexas que as anteriores. Elas são capazes de combinar todos os recursos já vistos nas outras caixas de diálogo. Sua sintaxe é a seguinte:

```
int resposta = (null,<mensagem>,<título da mensagem>,<botões presentes>, <tipo de
mensagem>,<ícone>,<array de objetos>,<seleção padrão>)
```

Em que:

- **botões presentes**: um tipo de caixa que utiliza as variáveis `YES_NO_OPTION`, `YES_NO_CANCEL_OPTION` ou `OK_CANCEL_OPTION`. Deve-se utilizar o **0** (zero) caso outros botões sejam utilizados no lugar destes.
- **tipo de mensagem**: uma variável que se refere a uma pergunta, informação, alerta, erro ou definida pelo usuário.
- **ícone**: um objeto do tipo **ImageIcon** a ser apresentado no lugar de um dos ícones do argumento anterior (<tipo de mensagem>). Se nenhum ícone for usado, deve-se colocar a palavra null no lugar desse argumento.
- **array de objetos**: é um array de objetos que contém os componentes ou outros objetos que representam as escolhas na caixa de diálogo, caso `YES_NO_OPTION`, `YES_NO_CANCEL_OPTION` ou `OK_CANCEL_OPTION` não sejam usados.

- **seleção padrão**: o objeto que representa a seleção padrão, caso as opções **`ES_NO_OPTION`**, **`YES_NO_CANCEL_OPTION`** ou **`OK_CANCEL_OPTION`** não sejam usadas.

O Exemplo 8.13 demonstra o uso da caixa de diálogo de opção que apresenta um ícone e dois botões.

```
1  package cap08;
2  import java.awt.event.*;
3  import javax.swing.*;
4  public class GuiDialogoOpcao extends JPanel {
5      private JButton btAbrir;
6      private JLabel lbResposta;
7
8      public GuiDialogoOpcao() {
9          inicializarComponentes();
10         definirEventos();
11     }
12
13     private void inicializarComponentes() {
14         setLayout(null);
15         lbResposta = new JLabel("");
16         btAbrir = new JButton("Abrir");
17         btAbrir.setBounds(25, 30, 100, 25);
18         lbResposta.setBounds(25, 60, 200, 25);
19         add(btAbrir);
20         add(lbResposta);
21     }
22
23     private void definirEventos() {
24         btAbrir.addActionListener(new ActionListener() {
25             public void actionPerformed(ActionEvent arg0) {
26                 String[] escolha = {"Masculino", "Feminino"};
27                 int resp = JOptionPane.showOptionDialog(null, "Escolha o Sexo",
28                         "Sexo", 0, JOptionPane.INFORMATION_MESSAGE,
29                         new ImageIcon("sexo.gif"), escolha, escolha[0]);
30                 lbResposta.setText("Sexo Escolhido: " + escolha[resp]);
31             }
32         });
33     }
34 }
```

Exemplo 8.13 - A classe GuiDialogoOpcao.

Funcionalidades comentadas do Exemplo 8.13:

- **Linhas 24 a 32:** implementam o código referente ao evento de ação para o objeto btAbrir. Quando o usuário clicar sobre o botão, será carregada a caixa de diálogo definida nas linhas 27 a 29.
- **Linha 26:** declara e inicializa o array "escolha" do tipo String contendo os dois elementos que serão usados na caixa de diálogo.
- **Linhas 27 a 29:** definem o estilo da caixa de diálogo de acordo com a estrutura apresentada no início desta seção, com destaque para a linha 29 que contém o ícone a ser apresentado, o array "escolha" e o botão que aparecerá selecionado (definido por escolha[0], isto é, o botão "Masculino").

Não se esqueça de que este exemplo deve ser chamado a partir da classe GuiMenuPrincipal. Para isso, você deve adicionar um item ao menu "Exemplos" da classe GuiMenuPrincipal. Se tiver dúvidas, consulte as explicações finais do Exemplo 8.4.

A Figura 8.14 demonstra os resultados obtidos com a execução do Exemplo 8.13. Observe a presença do ícone usado na caixa de diálogo juntamente com os dois botões "Masculino" e "Feminino".

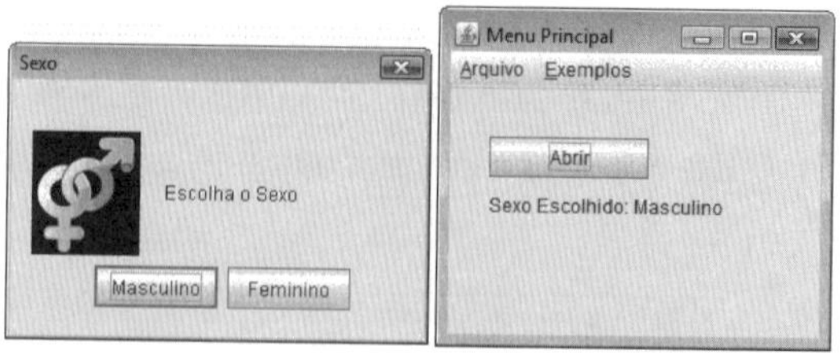

Figura 8.14 - Janela do Exemplo 8.13.

8.11 Inclusão de Barras de Rolagem

As barras de rolagem são componentes que possibilitam o controle de um valor numérico, compreendido entre um valor mínimo e um máximo. Existem três formas diferentes de mudar o valor da barra de rolagem:

- **Por meio das setas das extremidades**: são utilizadas para incrementar ou decrementar valores de pequena quantidade (de um em um por padrão).
- **Pelo intervalo no meio:** utilizado para incrementar ou decrementar valores em uma quantidade maior (de dez em dez por default).
- **Caixa no meio**: sua posição é utilizada para mostrar onde o valor corrente está localizado dentro do intervalo dos valores. Ao mover essa barra com o mouse, ocorre uma mudança absoluta no valor com base na posição da caixa dentro da barra de rolagem.

A sintaxe para criar uma barra de rolagem em Java é:

```
JScrollBar(<orientação>,<valor inicial>,<intervalo do meio>,<valor
mínimo>,valor máximo>).
```

Em que:

- **Orientação:** é um valor inteiro que define se a barra de rolagem é horizontal (**0**) ou vertical (**1**). A orientação pode ser definida também pelas constantes **JScrollBar.HORIZONTAL** e **JScrollBar.VERTICAL**.
- **Valor inicial:** é o valor inicial da barra de rolagem que deve ser do tipo inteiro, compreendido entre os valores máximo e mínimo da barra de rolagem.
- **Intervalo do meio:** é um valor do tipo inteiro que define o incremento ou decremento do valor da barra de rolagem quando o usuário clicar nessa área.
- **Valor mínimo:** define o valor inteiro mínimo da barra de rolagem.
- **Valor máximo:** define o valor inteiro máximo da barra de rolagem.

A Tabela 8.13 mostra um resumo dos métodos mais utilizados da classe **JScrollBar**.

Método	Função
JScrollBar(int,int,int,int,int)	Cria uma barra de rolagem de acordo com os argumentos definidos
getMaximum()	Obtém o máximo valor da barra de rolagem

Tabela 8.13 (continua)

Método	Função
getMinimum()	Obtém o mínimo valor da barra de rolagem
getOrientation()	Retorna o valor da orientação da barra de rolagem: 0 para JScrollBar.HORIZONTAL e 1 para JScrollBar.VERTICAL
getValue()	Obtém o valor inteiro corrente da barra de rolagem
getUnitIncrement()	Obtém o valor do incremento por meio das setas das extremidades
getBlockIncrement()	Obtém o valor do incremento por intermédio do intervalo do meio
setMaximum(int)	Determina o valor máximo da barra de rolagem
setMinimum(int)	Determina o valor mínimo da barra de rolagem
setOrientation(int)	Define o valor da orientação da barra de rolagem: vertical ou horizontal
setValue(int)	Determina o valor corrente da barra de rolagem
setUnitIncrement(int)	Determina o valor do incremento por meio das setas das extremidades
setBlockIncrement(int)	Determina o valor do incremento por intermédio do intervalo do meio

Tabela 8.13 - Resumo dos métodos da classe JScrollBar.

O Exemplo 8.14 demonstra o uso da barra de rolagem, criando um pequeno conversor de polegadas em centímetros.

```
package cap08;
import java.awt.event.*;
import javax.swing.*;
import java.text.NumberFormat;
public class GuiBarraRolagem extends JPanel {
    private JScrollBar scrollBar1;
    private JLabel lbCentimetros, lbPolegadas;

    public GuiBarraRolagem() {
        inicializarComponentes();
        definirEventos();
    }

    private void inicializarComponentes() {
        setLayout(null);
        scrollBar1 = new JScrollBar(JScrollBar.HORIZONTAL, 0, 5, 0, 105);
        lbPolegadas = new JLabel("0 Polegadas", JLabel.CENTER);
        lbCentimetros = new JLabel("0.00 Centimetros", JLabel.CENTER);
        scrollBar1.setBounds(25,20,180,25);
        lbPolegadas.setBounds(35,50,150,25);
        lbCentimetros.setBounds(35,80,150,25);
        add(scrollBar1);
        add(lbCentimetros);
        add(lbPolegadas);
    }

    private void definirEventos() {
        scrollBar1.addAdjustmentListener(new AdjustmentListener() {
            public void adjustmentValueChanged(AdjustmentEvent e) {
                lbPolegadas.setText(scrollBar1.getValue() + " Polegadas");
                NumberFormat nf = NumberFormat.getNumberInstance();
                nf.setMinimumFractionDigits(2);
                nf.setMaximumFractionDigits(2);
                double cm = scrollBar1.getValue() * 2.54;
                lbCentimetros.setText( nf.format(cm) + " Centimetros");
            }
        });
    }
}
```

Exemplo 8.14 - A classe A classe GuiBarraRolagem.

Funcionalidades comentadas do Exemplo 8.14:

- **Linha 4:** este exemplo apresenta uma maneira de formatar números por meio da classe NumberFormat. Por isso torna-se necessário importar essa classe pertencente ao pacote java.text.
- **Linha 6:** declara o objeto scrollBar1 como sendo do tipo JScrollBar.
- **Linha 16:** cria e inicializa o objeto scrollBar1 de acordo com a estrutura apresentada no início desta seção.
- **Linhas 28 a 36:** implementam o código referente ao evento de ajuste para o objeto scrollBar1 por meio da interface AdjustmentListener que especifica o método **adjustmentValue Changed**, executado quando o usuário clica sobre a barra de rolagem, alterando seu valor.
- **Linha 30:** define o texto do objeto lbPolegadas por meio do método **setText** a partir do valor atual da barra de rolagem e usando o método **getValue**, portanto o método getValue permite obter o valor atual da barra de rolagem.
- **Linha 31:** declara e cria o objeto "nf" a partir da classe NumberFormat, que permite definir com quantas casas decimais um determinado número será formatado.
- **Linhas 32 e 33:** definem a quantidade mínima e máxima de casas decimais a serem usadas no objeto "nf". Isso é feito por meio dos métodos **setMinimumFractionDigits** e **setMaximumFractionDigits** respectivamente.
- **Linha 34:** declara e inicializa a variável "cm" com o valor da barra de rolagem multiplicado por 2.54. Esse valor é o correspondente em centímetros para uma polegada.
- **Linha 35:** define o valor em centímetros para o objeto lbCentimetros por meio do método **setText**. Contém também o uso do método **format** para formatar o valor armazenado em "cm". O valor será formatado com duas casas conforme definido nas linhas 32 e 33 para o objeto "nf".

Não se esqueça de que este exemplo deve ser chamado a partir da classe GuiMenuPrincipal. Para isso, você deve adicionar um item ao menu "Exemplos" da classe GuiMenuPrincipal. Se tiver dúvidas, consulte as explicações finais do Exemplo 8.4.

A Figura 8.15 demonstra os resultados obtidos com a execução do Exemplo 8.14. Aparece o valor correspondente em centímetros na medida em que o usuário selecionar um valor para a polegada.

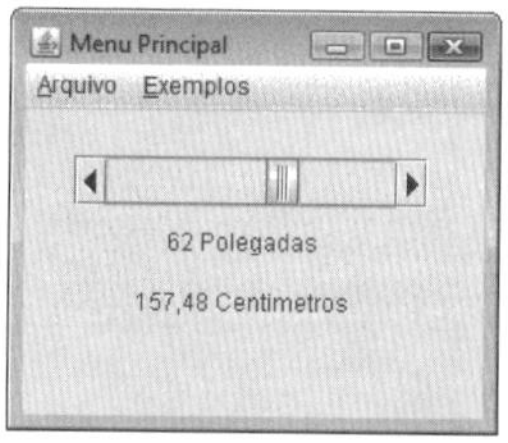

Figura 8.15 - Janela do Exemplo 8.14.

8.12 Inclusão de Barras de Progresso

Muitas vezes, a execução de um programa leva certo tempo para ser concluída. Nesse caso, talvez seja importante adicionar uma imagem que informe o andamento do processo ao usuário. Na criação de sistemas é sempre importante prover *feedback* ao usuário, ou seja, ele precisa estar informado sobre o que acontece durante a execução do sistema. Exemplos triviais sobre isso são: o processo de *download* na Internet e a instalação de programas. Em casos como estes, podemos utilizar a barra de progresso.

A Tabela 8.14 mostra um resumo dos métodos mais utilizados da classe **JProgressBar**.

Método	Função
getMaximum()	Obtém o máximo valor da barra de rolagem
getMinimum()	Obtém o mínimo valor da barra de rolagem
getValue()	Obtém o valor inteiro corrente da barra de rolagem
setMaximum(int)	Determina o valor máximo da barra de rolagem
setMinimum(int)	Determina o valor mínimo da barra de rolagem
setValue(int)	Determina o valor corrente da barra de rolagem

Tabela 8.14 - Resumo dos métodos da classe JProgressBar.

Vejamos o Exemplo 8.15.

```
1  package cap08;
2  import java.awt.event.*;
3  import javax.swing.*;
4  public class GuiBarraProgresso extends JPanel {
5      private JProgressBar pbInstalar;
6      private JButton btAumenta, btDiminui;
7      public GuiBarraProgresso() {
8          inicializarComponentes();
9          definirEventos();
10     }
11     private void inicializarComponentes() {
12         setLayout(null);
13         pbInstalar = new JProgressBar();
14         pbInstalar.setBounds(50,10,100, 20);
15         btAumenta = new JButton("Aumentar");
16         btAumenta.setBounds(50, 50, 100, 25);
17         btAumenta.setMnemonic('A');
18         btDiminui = new JButton("Dimunuir");
19         btDiminui.setBounds(50, 100, 100, 25);
20         btDiminui.setMnemonic('D');
21         add(pbInstalar);
22         add(btAumenta);
23         add(btDiminui);
24     }
25     private void definirEventos() {
26         btAumenta.addActionListener(new ActionListener() {
27             public void actionPerformed(ActionEvent e) {
28                 pbInstalar.setValue(pbInstalar.getValue() + 5);
29             }
30         });
31         btDiminui.addActionListener(new ActionListener() {
32             public void actionPerformed(ActionEvent e) {
33                 pbInstalar.setValue(pbInstalar.getValue() - 5);
34             }
35         });
36     }
37 }
```

Exemplo 8.15 - A classe GuiBarraProgresso.

Funcionalidades comentadas do Exemplo 8.15:

- **Linha 5** declara o objeto pblnstalar como sendo do tipo JProgressBar.
- **Linha 13:** cria o objeto pblnstalar.
- **Linhas 26 a 30:** implementam o código referente ao evento de ação para o objeto btAumenta. Quando o usuário clicar nesse botão, o valor da barra de rolagem será incrementado em cinco.

- **Linha 28:** contém dois métodos importantes da classe JScrollBar: setValue que define o valor para a barra e getValue que retorna o valor atual da barra.
- **Linhas 31 a 35:** idem às linhas 26 a 30 para o objeto btDiminui, porém decrementam em cinco o valor da barra de rolagem.

Não se esqueça de que este exemplo deve ser chamado a partir da classe GuiMenuPrincipal. Para isso, você deve adicionar um item ao menu "Exemplos" da classe GuiMenuPrincipal. Se tiver dúvidas, consulte as explicações finais do Exemplo 8.4.

A Figura 8.16 demonstra os resultados obtidos com a execução do Exemplo 8.15, que apenas demonstra como aumentar e diminuir o valor da barra manualmente pressionando os botões. Na prática, deve ser usado um processo automático que realiza um cálculo do tempo restante de processamento e incrementa a barra em função disso.

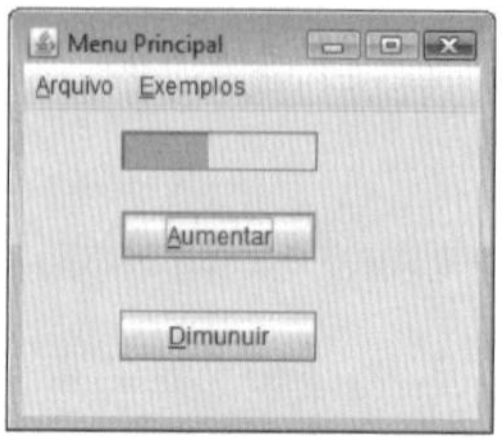

Figura 8.16 - Janela do Exemplo 8.15.

8.13 Gerenciadores de Layout

Os gerenciadores de layout têm a função de definir o layout a ser usado num componente gráfico, como um painel ou um frame, isto é, o gerenciador permite dividir o componente em regiões que abrigarão outros componentes. Dependendo do gerenciador usado, é criada uma divisão diferente. Essa seção não pretende esgotar o assunto, tampouco apresentar todos os tipos de gerenciadores. Serão abordados os gerenciadores FlowLayout, GridLayout e BorderLayout, mas existem ainda outros não tratados no livro. Na grande maioria dos exemplos apresentados neste capítulo não utilizamos nenhum gerenciador de layout (layout nulo), mas já usamos o gerenciador de grade (GridLayout). Conforme já apresentado, para inserir um componente em outro é usado o método "add".

8.13.1 FlowLayout

No gerenciador FlowLayout os componentes são inseridos da esquerda para a direita, isto é, na ordem em que são adicionados pelo método "add". Quando não existe mais espaço em uma linha, é criada outra linha abaixo dela e este critério é usado em todo o espaço do componente. A distribuição dos objetos por meio do FlowLayout pode ser comparada à distribuição das palavras que um editor de texto qualquer faz, isto é, ao terminar o espaço na linha, a palavra é colocada na linha abaixo. Esse processo é feito automaticamente de acordo com o tamanho da janela do componente.

A Figura 8.17 apresenta três fotos da mesma janela, que é composta por seis botões distribuídos de acordo com o tamanho dela, afetando a distribuição dos componentes.

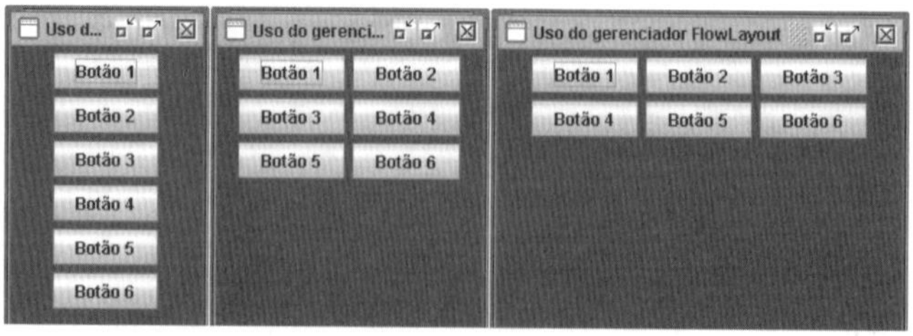

Figura 8.17 - Disposição dos objetos com o FlowLayout.

A sintaxe utilizada para a definição do layout de fluxo é a seguinte:

```
setLayout(new FlowLayout([Alinhamento, Espaçamento_horizontal,
Espaçamento_vertical]));
```

Em que:

- **Alinhamento:** refere-se ao alinhamento que os componentes assumirão no momento em que forem inseridos, podendo assumir os seguintes valores inteiros: 0=esquerda, 1=centralizado, 2=direita. O alinhamento é opcional e quando não especificado, assume valor 0.
- **Espaçamento_horizontal:** refere-se à distância que será dada entre os objetos inseridos na mesma linha. O espaçamento horizontal é opcional e quando não especificado, é considerado com cinco unidades.
- **Espaçamento_vertical:** refere-se à distância que será dada entre as linhas onde os objetos estão inseridos. O espaçamento vertical é opcional e quando não especificado, é considerado com cinco unidades.

Sendo assim, um layout pode ser criado para definir o espaçamento que os objetos terão entre si na janela, da seguinte forma:

```
setLayout(new FlowLayout(1,20,40));
```

Com esta declaração, será criado um *layout* de alinhamento centralizado, 20 unidades de espaçamento horizontal e 40 unidades de espaçamento vertical. Observe na Figura 8.18 a disposição dos botões usando os espaçamentos, em comparação com a Figura 8.17 em que o espaçamento não foi utilizado.

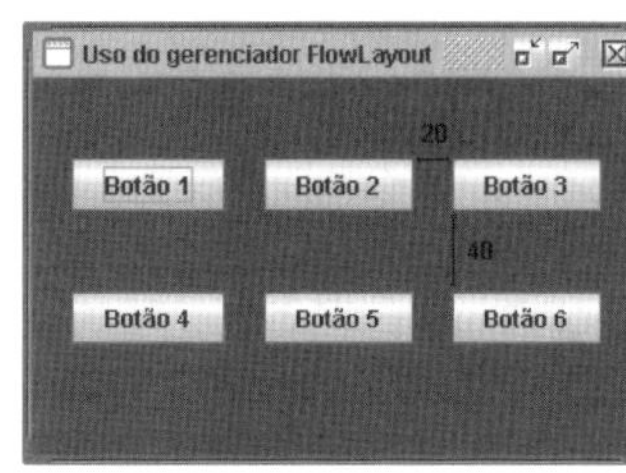

Figura 8.18 - Uso de espaçamento entre os objetos.

A Tabela 8.15 mostra os diversos métodos do tipo construtor disponíveis de FlowLayout.

Método	Função
FlowLayout()	Cria um *layout* padrão: alinhamento centralizado e espaçamentos entre objetos com cinco unidades
FlowLayout(int)	Cria um *layout* com o alinhamento fornecido e espaçamentos entre objetos com cinco unidades
FlowLayout(int,int,int)	Cria um *layout* com o alinhamento, espaçamento horizontal e espaçamento vertical fornecidos

Tabela 8.15 - Métodos do tipo construtor de FlowLayout.

8.13.2 GridLayout

O GridLayout é um gerenciador que divide a janela num conjunto de células espalhadas numa grade retangular, de maneira que todas elas possuam a mesma dimensão. Com o GridLayout uma janela pode ser dividida em linhas e colunas de acordo com os argumentos especificados no momento de sua criação. Os componentes são dispostos na ordem em que aparecem, sendo inseridos na grade da esquerda para a direita e de cima para baixo. Os componentes adicionados à grade são expandidos de forma a ocuparem todo o espaço da célula em que estão inseridos. Qualquer modificação no tamanho da janela reflete automaticamente no tamanho dos componentes adicionados a ela, ou seja, os componentes são redimensionados em função da nova dimensão da janela.

A Figura 8.19 apresenta duas fotos da mesma janela, que é composta por seis botões distribuídos em forma de uma grade de três linhas por duas colunas. Observe como os botões são redimensionados de acordo com o tamanho da janela.

A sintaxe utilizada para a definição do layout na forma de grade é a seguinte:

```
setLayout(new GridLayout([Número_de_linhas, Número_de_colunas,
Espaçamento_horizontal, Espaçamento_vertical]));
```

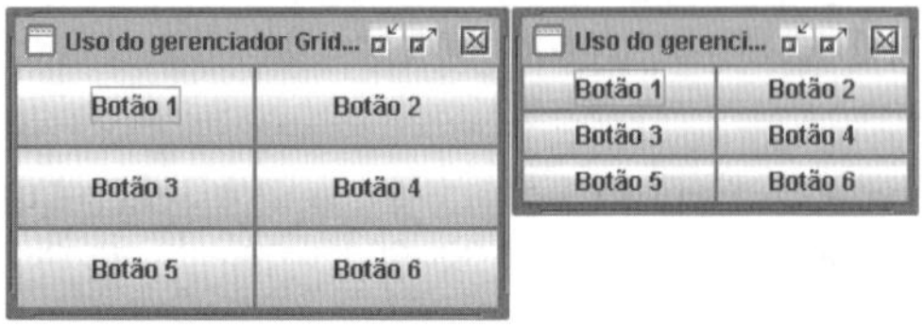

Figura 8.19 - Redimensionamento automático dos botões no GridLayout.

Em que:

- **Número de linhas**: refere-se à quantidade de linhas que a grade conterá. Se não especificado, assume valor 1.
- **Número de colunas**: refere-se à quantidade de colunas que a grade conterá. Se não especificado, assume valor 1.
- **Espaçamento_horizontal** e **Espaçamento_vertical:** idem ao descrito para o gerenciador FlowLayout. São parâmetros opcionais. A Figura 8.20 apresenta a mesma grade da Figura 8.19, porém com espaçamentos entre os objetos.

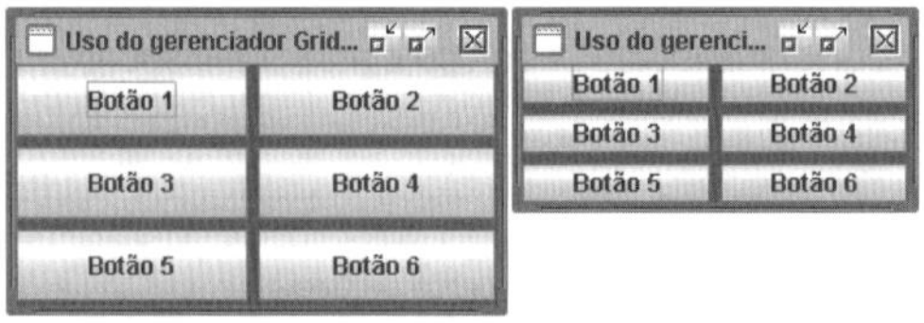

Figura 8.20 - Uso de espaçamento entre os objetos.

O gerenciador GridLayout é indicado quando os objetos a serem inseridos precisam estar dispostos em forma de linhas e colunas, geralmente alinhados. Nem todas as aplicações utilizam objetos alinhados e, na maioria das vezes, o gerenciador GridLayout sozinho não é uma boa opção, uma vez que os objetos possuem tamanhos diferentes. Para melhorar o layout de uma aplicação, pode ser usada uma combinação de diversos gerenciadores.

A Tabela 8.16 mostra os diversos métodos do tipo construtor disponíveis de GridLayout.

Método	Função
GridLayout()	Cria um *layout* com uma linha e uma coluna
GridLayout(int,int)	Cria um *layout* com o número de linhas e colunas especificado
GridLayout(int,int,int,int)	Cria um *layout* com o número de linhas e colunas especificado e com os espaçamentos horizontal e vertical também especificados

Tabela 8.16 - Métodos do tipo construtor de GridLayout.

8.13.3 BorderLayout

O BorderLayout é um gerenciador que divide uma janela em cinco regiões distintas: **north** (região superior), **south** (região inferior), **west** (região à esquerda), **east** (região à direita) e **center** (região central). Diferentemente dos gerenciadores FlowLayout e GridLayout, a ordem em que os componentes são inseridos é irrelevante, uma vez que as regiões são fixas. Em cada região cabe apenas um componente, ou seja, apenas cinco componentes podem ser inseridos nesse layout. Caso outro componente seja inserido em uma região já ocupada, o componente é sobreposto. Da mesma forma que no GridLayout, as regiões do BorderLayout são redimensionadas de acordo com as dimensões da janela. Veja a Figura 8.21.

Figura 8.21 - Redimensionamento automático dos botões no BorderLayout.

A divisão de uma janela em apenas cinco regiões parece uma desvantagem, porém cada componente adicionado pode ser um painel com seus componentes próprios, gerenciados por um layout próprio. A sintaxe utilizada para a definição do layout na forma de regiões é a seguinte:

```
setLayout(new BorderLayout([Espaçamento_horizontal, Espaçamento_vertical]));
```

Em que:

- **Espaçamento_horizontal** e **Espaçamento_vertical:** idem ao descrito para os gerenciadores FlowLayout e GridLayout. São parâmetros opcionais.

Para a utilização do BorderLayout existe uma pequena diferença em relação aos gerenciadores anteriores: é necessário informar no método "add" em qual região o objeto será inserido:

```
add("North", btSuperior);
add("South", btInferior);
add("West", btEsquerda);
add("East", btDireita);
add("Center", btCentro);
```

Outro ponto a ser observado com o uso do BorderLayout é que nem todas as regiões necessitam ser preenchidas. É possível usar apenas as desejadas. Aquelas não usadas são consideradas pelo gerenciador como uma região única que pode receber um componente qualquer. Observe a listagem seguinte:

```
add("North",btSuperior);
add("West",btEsquerda);
add(tfTexto);
```

Este trecho utiliza apenas as regiões superior e esquerda; as outras não são usadas. Desta forma, o objeto tfTexto (um campo texto) ocupa o restante do espaço disponível no layout, conforme apresenta a Figura 8.22.

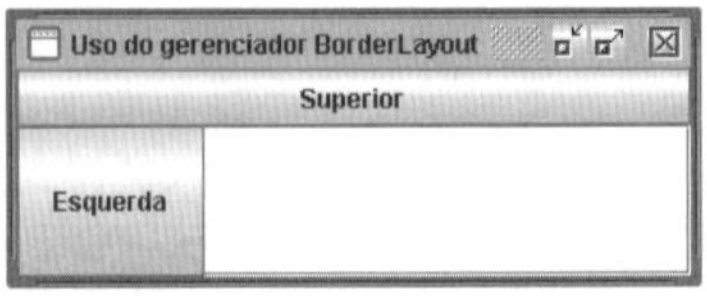

Figura 8.22 - Uso de algumas regiões no BorderLayout.

A Tabela 8.17 mostra os diversos métodos do tipo construtor disponíveis de BorderLayout.

Método	Função
BorderLayout()	Cria um *layout* sem espaçamento entre as regiões
BorderLayout (int,int)	Cria um *layout* com espaçamento horizontal e vertical entre as regiões

Tabela 8.17 - Métodos do tipo construtor de BorderLayout.

Não apresentamos ainda nenhum exemplo prático que envolve os diferentes gerenciadores de layout. Isso é feito em seguida na próxima seção.

8.14 Inclusão de Abas

A inclusão de abas (ou guias) permite agrupar diversas telas num só componente. Essa característica é possível utilizando a classe JTabbedPane, que permite ao usuário escolher diferentes grupos de componentes clicando numa aba que contém um título e/ou um ícone. A Tabela 8.18 mostra um resumo dos métodos mais utilizados da classe JTabbledPane.

Método	Função
JTabbedPane()	Cria um painel vazio com as abas na parte superior
JTabbedPane(int)	Cria um painel vazio com as abas na localização fornecida: JTabbedPane.TOP (superior), JTabbedPane.BOTTOM (inferior), JTabbedPane.LEFT (esquerda), ou JTabbedPane.RIGHT (direita)
addTab(String, Component)	Adiciona um componente com o título da aba fornecido (não adiciona ícone)
addTab(String, Icon, Component)	Adiciona um componente contendo um título e um ícone
getSelectedIndex()	Retorna um número inteiro referente ao índice da aba atualmente selecionada
getTabCount()	Retorna um número inteiro referente à quantidade de abas existentes
remove(int)	Remove a aba e o componente correspondentes ao índice fornecido
removeAll()	Remove todas as abas e seus componentes correspondentes de TabbledPane
setSelectedIndex(int)	Seleciona a aba correspondente ao índice fornecido

Tabela 8.18 - Resumo dos métodos da classe JTabbledPane.

O Exemplo 8.16 demonstra a utilização da classe JTabbedPane. Em cada aba aparece um painel que utiliza um gerenciador de layout diferente.

```
1   package cap08;
2   import java.awt.*;
3   import javax.swing.*;
4   public class GuiAbas extends JPanel {
5       private JTabbedPane tpAbas;
6       private JButton[] botoes = new JButton[20];
7
8       public GuiAbas() {
9           inicializarComponentes();
10      }
11
12      private void inicializarComponentes() {
13          setLayout(null);
14          for(int i=0;i<15;i++)
15             botoes[i] = new JButton("Botao " + (i+1));
16          JPanel panel1 = new JPanel(new GridLayout(5,1));
17          for(int i=0;i<5;i++)
18             panel1.add(botoes[i]);
19          JPanel panel2 = new JPanel(new FlowLayout());
20          for(int i=5;i<10;i++)
21             panel2.add(botoes[i]);
22          JPanel panel3 = new JPanel(new BorderLayout());
23          panel3.add(botoes[10],"North");
24          panel3.add(botoes[11],"West");
25          panel3.add(botoes[12],"Center");
26          panel3.add(botoes[13],"East");
27          panel3.add(botoes[14],"South");
28          tpAbas = new JTabbedPane();
29          tpAbas.addTab("GridLayout", panel1);
30          tpAbas.addTab("FlowLayout", panel2);
31          tpAbas.addTab("BorderLayout", panel3);
32          tpAbas.setBounds(0,0,300,200);
33          add(tpAbas);
34      }
35  }
```

Exemplo 8.16 - A classe GuiAbas.

Funcionalidades comentadas do Exemplo 8.16:

- **Linha 5:** declara o objeto tpAbas como sendo do tipo JTabbletPane.
- **Linha 6:** declara e cria o array botoes contendo quinze elementos do tipo JButton. Esses botões serão usados para exemplificar o uso dos gerenciadores de layout.
- **Linhas 14 e 15:** cria todos os elementos do array botoes contendo o texto "Botao1", "Botao2",..."Botao14".
- **Linha 16:** declara e cria o painel "painel1" com o layout de grade contendo cinco linhas e uma coluna.
- **Linhas 17 e 18:** adiciona os elementos de índice 0 a 4 do array botoes ao painel "painel1".
- **Linha 19:** declara e cria o painel "painel2" com o layout de fluxo.
- **Linhas 20 e 21:** adiciona os elementos de índice 5 a 9 do array botoes ao painel "painel2".
- **Linha 22:** declara e cria o painel "painel3" com o layout de regiões.
- **Linhas 23 a 27:** adicionam cinco botões ao objeto "painel3", cada um numa região.
- **Linha 28:** cria o objeto tpAbas.
- **Linhas 29 a 31:** adicionam os painéis "painel1", "painel2" e "painel3" ao objeto tpAbas; cada aba terá um título diferente.

Este exemplo não possui nenhuma interação com o usuário, isto é, não possui nenhum evento. Ele foi construído apenas com o objetivo de demonstrar o uso de abas e dos gerenciadores de layout.

Não se esqueça de que este exemplo deve ser chamado a partir da classe GuiMenuPrincipal. Para isso, você deve adicionar um item ao menu "Exemplos" da classe GuiMenuPrincipal. Se tiver dúvidas, consulte as explicações finais do Exemplo 8.4.

A Figura 8.23 demonstra os resultados obtidos com a execução do Exemplo 8.16. Ao clicar sobre uma aba, aparece uma janela diferente, construída a partir de um gerenciador de layout diferente.

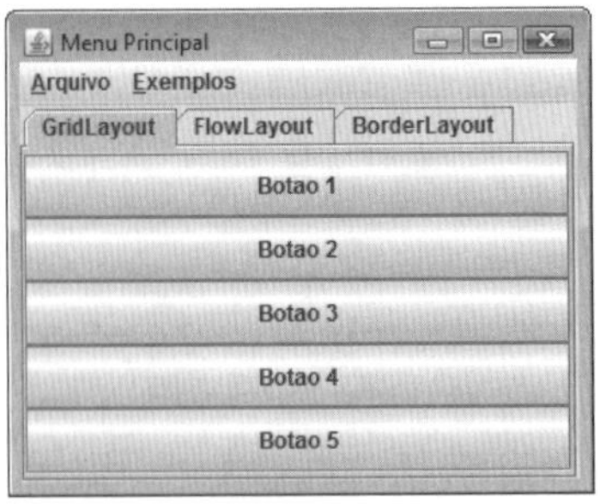

Figura 8.23 - Janela do Exemplo 8.16.

8.15 Inclusão de Frames Internos

O leitor já sabe que para a criação de frames é usada a classe JFrame. Da mesma forma, para a criação de um frame interno é usada a classe JInternalFrame. Um frame interno é um objeto "leve" que possui muitas das características de um frame comum, tais como redimensionamento da janela, botões de maximizar e minimizar, título da janela, entre outros.

Para usar um frame interno, deve ser definida uma dimensão; caso contrário, ele possuirá dimensão zero e se tornará invisível. Para isso podem ser usados os métodos setSize ou setBounds. É preciso especificar também a localização do frame interno; senão, a localização default será (0,0). Isso pode ser feito por meio dos métodos setLocation ou setBounds.

A Tabela 8.19 mostra um resumo dos métodos mais utilizados da classe JInternalFrame.

Método	Função
JInternalFrame()	Cria um frame interno sem título e sem nenhum botão
JInternalFrame(String)	Cria um frame interno contendo um título e sem nenhum botão
JInternalFrame(String, boolean, boolean, boolean, boolean)	Cria um frame interno contendo um título e outras características dependendo de cada variável booleana ser true ou false. Na sequência temos: redimensionamento, botão fechar, botão maximizar e minimizar
setClosable(boolean)	Define se o frame interno pode ser fechado pelo usuário
setIconifiable(boolean)	Define se o frame interno pode ser minimizado pelo usuário
setMaximizable(boolean)	Define se o frame interno pode ser maximizado pelo usuário
setResizable(boolean)	Define se o frame interno pode ser redimensionado
show()	Torna o frame interno visível, o mesmo que "setVisible(true)"

Tabela 8.19 - Resumo dos métodos da classe JInternalFrame.

Um frame interno deve ser adicionado a um container. Para um melhor desempenho deve ser usada a classe JDesktopPane. Como nosso menu principal (a classe GuiMenuPrincipal do Exemplo 8.2) não utiliza o container JDesktopPane, é necessário realizar algumas modificações. Faça o seguinte no Exemplo 8.2:

1. Na linha 6, substitua a classe Container por JDesktopPane.
2. Retire a linha 19 e adicione duas linhas:

```
contentPane = new JDesktopPane();
setContentPane(contentPane);
```

Com essas alterações você pode carregar o Exemplo 8.17 da mesma forma que nos exemplos anteriores. Sem essas alterações, não seria possível maximizar e minimizar o frame interno.

```
1  package cap08;
2  import java.awt.*;
3  import javax.swing.JInternalFrame;
4  public class GuiFrameInterno extends JInternalFrame {
5
6      public GuiFrameInterno() {
7          inicializarComponentes();
8      }
9
10     private void inicializarComponentes() {
11         setTitle("Usando Frame Interno");
12         setSize(300,100);
13         setResizable(true);
14         setClosable(true);
15         setMaximizable(true);
16         setIconifiable(true);
17         setBackground(Color.orange);
18         setVisible(true);
19     }
20 }
```

Exemplo 8.17 - A classe GuiFrameInterno.

Funcionalidades comentadas do Exemplo 8.17:

- **Linha 3:** importa a classe JInternalFrame que será usada no exemplo.
- **Linha 4:** o exemplo GuiFrameInterno estende por meio da herança a classe JInternalFrame.
- **Linha 12:** define a dimensão do frame interno por meio do método **setSize**.
- **Linha 13:** define que será possível redimensionar o frame passando o valor true ao método **setResizable**.
- **Linha 14:** indica que será possível fechar o frame passando o valor true ao método **setClosable**.
- **Linha 15:** define que será possível maximizar o frame passando o valor true ao método **setMaximizable**.
- **Linha 16:** indica que será possível minimizar o frame passando o valor true ao método **setMinimizable**.
- **Linha 17:** define a cor de fundo laranja para o frame interno por meio do método **setBackground**.

A execução do Exemplo 8.17 pode ser vista na Figura 8.24. Observe a presença dos botões Minimizar, Maximizar e Fechar. A janela se inicia com uma dimensão fixa, mas o usuário pode redimensioná-la por meio do mouse.

Figura 8.24 - Janela do Exemplo 8.17.

8.16 Inclusão de Grades

Esta seção descreve o uso de grades por meio da classe JTable, um componente que permite mostrar e editar uma tabela de duas dimensões. O estudo da classe JTable é relativamente extenso (existem mais de 130 métodos nessa classe). Como sempre, no livro, vamos focar apenas as funcionalidades mais usadas.

A Tabela 8.20 fornece um resumo dos métodos mais utilizados da classe JTable.

Método	Função
JTable(int, int)	Cria uma tabela contendo um determinado número de linhas e colunas fornecidas com células vazias e usando o DefaultTableModel
JTable(TableModel)	Cria uma tabela a partir do TableModel fornecido
getColumnCount()	Retorna um número inteiro referente ao número de colunas existentes
getColumnName(int)	Retorna uma string referente ao nome da coluna cujo número foi fornecido
getRowCount()	Retorna um número inteiro referente ao número de linhas existentes
getSelectedColumns()	Retorna um array de inteiros contendo os índices de todas as colunas selecionadas
getSelectedRows()	Retorna um array de inteiros contendo os índices de todas as linhas selecionadas
getValueAt(int, int)	Retorna um objeto com o conteúdo da célula cujas linha e coluna foram fornecidas
selectAll()	Seleciona todas as linhas, colunas e células da tabela
setValueAt(Object, int, int)	Define um valor presente em Object para a célula cujas linha e coluna são fornecidas

Tabela 8.20 - Resumo dos métodos da classe JInternalFrame.

Como o Exemplo 8.18 é relativamente extenso, vamos dividi-lo em partes para facilitar a compreensão. A Listagem 1 apresenta apenas as declarações da classe GuiPedido:

```
package cap08;
import javax.swing.*;
import javax.swing.table.*;
import javax.swing.border.TitledBorder;
import java.awt.*;
import java.awt.event.*;
import java.text.DecimalFormat;
public class GuiPedido extends JPanel {
    private JPanel pnPrincipal, pnTable;
    private JButton btRemover, btAdicionar;
    private JScrollPane scrollTable;
    private JTable table;
    private JLabel lbNumero, lbTotal, lbProduto, lbPrecoUnitario, lbQuantidade;
    private JTextField tfNumero, tfTotal, tfProduto, tfPrecoUnitario, tfQuantidade;
    DecimalFormat df = new DecimalFormat("#,###.00");
```

Exemplo 8.18 - A classe GuiPedido (Listagem 1: linhas 1 a 15).

Funcionalidades comentadas da Listagem 1 do Exemplo 8.18:

- **Linha 3:** importa diversas classes do pacote "javax.swing.table", As classes usadas serão comentadas nos trechos de código seguintes.
- **Linha 4:** importa a classe TitledBorder do pacote "javax.swing.border", a qual será usada para adicionar uma borda com título a um painel.
- **Linha 7:** importa a classe DecimalFormat do pacote "java.text" que será usada para formatar números com casas decimais.
- **Linhas 9 a 14:** declaram todos os componentes usados no exemplo e que já foram estudados anteriormente. Nossa aplicação utiliza os seguintes componentes: dois painéis, dois botões, uma barra de rolagem, uma tabela, cinco labels e cinco caixas de texto.
- **Linha 15:** declara e cria o objeto "df" da classe DecimalFormat com a formatação "#,###.00" que será aplicada a valores monetários usados no exemplo.

Obviamente, ainda não é possível compilar e executar a classe GuiPedido. Vamos prosseguir o exemplo. A Listagem 2 apresenta o método construtor e parte do método inicializarComponentes:

```
16
17      public GuiPedido() {
18          inicializarComponentes();
19          definirEventos();
20      }
21
22      private void inicializarComponentes() {
23          setLayout(null);
24          lbProduto = new JLabel("Produto");
25          lbQuantidade = new JLabel("Quantidade");
26          lbPrecoUnitario = new JLabel("PrecoUnitario");
27          lbNumero = new JLabel("Numero do Pedido:");
28          lbTotal = new JLabel("Total do Pedido:");
29          tfProduto = new JTextField();
30          tfPrecoUnitario = new JTextField();
31          tfQuantidade = new JTextField();
32          tfNumero = new JTextField();
33          tfTotal = new JTextField();
34          tfTotal.setEnabled(false);
35          tfTotal.setHorizontalAlignment(JTextField.RIGHT);
36          btAdicionar = new JButton("Adicionar");
37          btAdicionar.setToolTipText("Adiciona um item ao pedido");
```

Exemplo 8.18 - A classe GuiPedido (Listagem 2: linhas 16 a 37).

Funcionalidades comentadas da Listagem 2 do Exemplo 8.18:

- **Linha 34:** o campo total não deve ser editado pelo usuário. Para isso, a caixa de texto tfTotal é desabilitada enviando-se "false" ao método **setEnabled**.
- **Linha 35:** define que o alinhamento da caixa de texto tfTotal será à direita. Isso é realizado passando a constante JTextField.RIGHT ao método **setHorizontalAlignment**.
- O restante das linhas é conhecido do leitor e dispensa maiores comentários.

A Listagem 3 apresenta mais um trecho do método inicializarComponentes:

```
38 btRemover = new JButton("Remover");
39 btRemover.setToolTipText("Remove os itens selecionados");
40 lbProduto.setBounds(15, 40, 100, 25);
41 lbQuantidade.setBounds(225, 40, 100, 25);
42 lbPrecoUnitario.setBounds(310, 40, 100, 25);
43 lbNumero.setBounds(15, 10, 120, 25);
44 lbTotal.setBounds(278, 360, 100, 25);
45 tfProduto.setBounds(15, 65, 200, 25);
46 tfQuantidade.setBounds(225, 65, 50, 25);
47 tfPrecoUnitario.setBounds(310, 65, 80, 25);
48 tfNumero.setBounds(130, 10, 50, 25);
49 tfTotal.setBounds(375, 360, 100, 25);
50 btAdicionar.setBounds(15, 100, 100, 22);
51 btRemover.setBounds(125, 100, 100, 22);
52 pnPrincipal = new JPanel();
53 pnPrincipal.setLayout(null);
54 pnPrincipal.setBounds(0, 0, 500, 400);
55 pnPrincipal.add(lbNumero);
56 pnPrincipal.add(lbTotal);
57 pnPrincipal.add(tfNumero);
```

Exemplo 8.18 - A classe GuiPedido (Listagem 3: linhas 38 a 57).

Funcionalidades comentadas da Listagem 3 do Exemplo 8.18:

- Não há muito a comentar sobre este trecho, pois contém códigos muito usados em exemplos anteriores. Destaque para a linha 52 que cria o painel pnPrincipal, que abriga todos os componentes da aplicação.

A Listagem 4 apresenta mais um trecho do método inicializarComponentes:

```
pnPrincipal.add(tfTotal);
pnPrincipal.add(lbProduto);
pnPrincipal.add(tfProduto);
pnPrincipal.add(lbQuantidade);
pnPrincipal.add(tfQuantidade);
pnPrincipal.add(lbPrecoUnitario);
pnPrincipal.add(tfPrecoUnitario);
pnTable = new JPanel(new BorderLayout());
pnTable.setBorder(new TitledBorder("Itens do Pedido"));
scrollTable = new JScrollPane();
df.setMinimumFractionDigits(2);
df.setMaximumFractionDigits(2);
pnPrincipal.add(btAdicionar);
pnPrincipal.add(btRemover);
DefaultTableModel tableModel = new DefaultTableModel(
    new String[]{"Produto", "Qtde", "Preco Un.", "Total"},0) {
    public boolean isCellEditable(int row, int col) {
        if (col == 3) {
            return false;
        }
        return true;
    }
};
table = new JTable(tableModel);
```

Exemplo 8.18 - A classe GuiPedido (Listagem 4: linhas 58 a 81).

Funcionalidades comentadas da Listagem 4 do Exemplo 8.18:

- **Linha 65:** cria o painel pnTable com o gerenciador BorderLayout.
- **Linha 66:** define uma borda para o painel pnTable a partir do método **setBorder**. Essa borda terá o título "Itens do Pedido".
- **Linhas 72 e 73:** declara e cria o objeto tableModel a partir da classe DefaultTableModel que serve como um modelo a partir do qual a tabela será criada. Na linha 73 o objeto tableModel recebe um array de strings contendo os nomes das colunas que serão usadas na tabela. O número zero, ao final da linha, indica que inicialmente a tabela não terá nenhuma linha.
- **Linhas 74 a 80:** redefinem o método **isCellEditable** da classe DefaultTableModel. O objetivo é estabelecer quais células da tabela serão editáveis pelo usuário. No exemplo, foi definido que a coluna 3 (a coluna "total", já que a numeração das colunas inicia a partir do zero) não será editável, isto é, o usuário não conseguirá alterar seu valor. O ideal seria não permitir a alteração em nenhuma coluna, mas assim o fizemos para servir de exemplo. Observe que o método isCellEditable recebe linha e coluna como argumento, tornando possível controlar o acesso a todas as células da grade.
- **Linha 75:** como o objetivo é apenas travar a edição da coluna total, verificamos se o usuário está tentando editar a coluna 3. Em caso positivo, é retornado o valor "false" (linha 76); caso contrário, é retornado "true" na linha 78.
- **Linha 81:** cria o objeto table a partir das características definidas no objeto tableModel.

A Listagem 5 apresenta o último trecho do método inicializarComponentes:

```
82          DefaultTableCellRenderer alinhaDireita = new DefaultTableCellRenderer();
83          alinhaDireita.setHorizontalAlignment(SwingConstants.RIGHT);
84          table.getColumnModel().getColumn(0).setPreferredWidth(150);
85          table.getColumnModel().getColumn(0).setResizable(false);
86          table.getColumnModel().getColumn(1).setPreferredWidth(50);
87          table.getColumnModel().getColumn(1).setResizable(false);
88          table.getColumnModel().getColumn(1).setCellRenderer(alinhaDireita);
89          table.getColumnModel().getColumn(2).setPreferredWidth(100);
90          table.getColumnModel().getColumn(2).setResizable(false);
91          table.getColumnModel().getColumn(2).setCellRenderer(alinhaDireita);
92          table.getColumnModel().getColumn(3).setPreferredWidth(100);
93          table.getColumnModel().getColumn(3).setResizable(false);
94          table.getColumnModel().getColumn(3).setCellRenderer(alinhaDireita);
95          table.getTableHeader().setReorderingAllowed(false);
96          table.setAutoResizeMode(JTable.AUTO_RESIZE_OFF);
97          scrollTable.setViewportView(table);
98          pnTable.add(scrollTable);
99          pnTable.setBounds(10, 130, 470, 230);
100         pnPrincipal.add(pnTable);
101         add(pnPrincipal);
102     }
103
```

Exemplo 8.18 - A classe GuiPedido (Listagem 5: linhas 82 a 103).

Funcionalidades comentadas da Listagem 5 do Exemplo 8.18:

- **Linha 82:** declara e cria o objeto alinhaDireita a partir da classe DefaultTableCellRenderer que serve para estabelecer características de alinhamento para as células da tabela.
- **Linha 83:** indica o alinhamento à direita para o objeto alinhaDireita por meio do método **setHorizontalAlignment** usando a constante RIGHT da classe SwingConstants.
- **Linhas 84, 86, 89 e 92:** definem a largura de cada coluna da tabela por meio do método **setPreferredWidth**. Observe que a numeração das colunas se inicia em zero. A leitura da linha 84, da esquerda para a direita, pode ser interpretada como: para o objeto "table" retorne todas as colunas (getColumnModel), em seguida retorne a coluna produto (getColumn(0)) e defina como largura preferencial (setPreferredWidth) o valor 150.
- **Linhas 85, 87, 90 e 93:** definem que não será permitido realizar o redimensionamento das colunas por meio do método **setResizable**.
- **Linhas 88, 91 e 94:** indicam que o alinhamento das células das colunas 1 a 3 será à direita por meio do método **setCellRenderer**.
- **Linha 95:** define que não será permitido reorganizar as colunas da tabela (com o arrastar e soltar do mouse) por meio do método **setReorderingAllowed**. O default é permitir a reorganização.
- **Linha 96:** define que as colunas da tabela não serão redimensionadas automaticamente caso o tamanho dos caracteres exceda a largura da coluna. Isso é realizado por meio do método **setAutoResizeMode** usando a constante AUTO_RESIZE_OFF da classe JTable. O default é permitir o redimensionamento.
- **Linha 97:** define o objeto table como conteúdo do painel de rolagem scrollTable por meio do método **setViewportView**. Esse método faz com que o painel de rolagem entre em sincronismo com o objeto table e sempre seja atualizado quando o conteúdo deste for modificado.
- **Linha 98:** adiciona o objeto scrollTable ao painel pnTable.
- **Linha 100:** adiciona o painel pnTable ao painel principal pnPrincipal.

Com isso terminamos a inserção dos componentes gráficos da interface. O próximo passo é especificar o código do método definirEventos. Veja a Listagem 6 do Exemplo 8.18.

Funcionalidades comentadas da Listagem 6 do Exemplo 8.18:

- **Linhas 105 a 119:** contêm o controle do evento de ação para o botão btAdicionar. Esse trecho será executado sempre que o usuário inserir um item no pedido.
- **Linhas 107 e 108:** verificam se as caixas de texto tfProduto, tfQuantidade e tfPrecoUnitario estão preenchidas com algum valor. Caso alguma delas não esteja preenchida, emite um alerta para o usuário e cancela a inclusão do item do pedido (linhas 109 e 110).
- **Linha 112:** contém a declaração e criação do objeto "dtm" da classe DefaultTableModel a partir do conteúdo atual do objeto table, ou seja, o "dtm" será inicializado com o mesmo conteúdo da tabela. Esse objeto permite inserir uma nova linha na tabela, isto é, adicionar um novo item ao pedido.
- **Linhas 113 a 115:** adiciona uma nova linha à tabela por meio do método **addRow**.
- **Linha 116:** contém a chamada ao método **limparCampos**. Esse método ainda não foi criado, e será mostrado na próxima listagem. Seu objetivo é limpar as caixas de texto referentes ao item

do pedido e colocar o foco (o cursor) na caixa de texto tfProduto. Desta forma, toda vez que um item for inserido na grade, as caixas de texto do item serão limpas, preparando a interface para uma nova inserção.

- **Linha 117:** contém a chamada ao método **calcularTotal** que também não foi criado ainda. Ele será mostrado na próxima listagem. Seu objetivo é calcular o total do pedido considerando o novo item que está sendo adicionado.
- **Linhas 120 a 129:** contêm o controle do evento de ação para o botão btRemover. Esse trecho será executado quando o usuário remover um ou mais itens do pedido.
- **Linha 122:** cria um array chamado "linhas" que contém o índice de todas as linhas selecionadas atualmente do objeto table. Isso é feito por meio do método **getSelectedRows** da classe JTable.
- **Linha 123:** o mesmo que a linha 112.
- **Linha 125:** define um laço de repetição que percorrerá todas as linhas do objeto table, isto é, todas as linhas atuais presentes na grade.
- **Linha 126:** remove todas as linhas da tabela cujo índice esteja armazenado no array "linhas".
- **Linha 128:** o mesmo que a linha 117, ou seja, toda vez que um ou mais itens forem removidos, o cálculo do total deve ser refeito.

```
104     private void definirEventos() {
105         btAdicionar.addActionListener(new ActionListener() {
106             public void actionPerformed(ActionEvent e) {
107                 if(tfProduto.getText().equals("") || tfQuantidade.getText().equals("") ||
108                    tfPrecoUnitario.getText().equals("")){
109                    JOptionPane.showMessageDialog(pnTable, "Preencha todos os campos!");
110                    return;
111                 }
112                 DefaultTableModel dtm = (DefaultTableModel) table.getModel();
113                 dtm.addRow(new Object[]{tfProduto.getText(), tfQuantidade.getText(),
114                   tfPrecoUnitario.getText(), "" +  df.format(Integer.parseInt(
115                   tfQuantidade.getText()) * Double.parseDouble(tfPrecoUnitario.getText()))});
116                 limparCampos();
117                 calcularTotal();
118             }
119         });
120         btRemover.addActionListener(new ActionListener() {
121             public void actionPerformed(ActionEvent e) {
122                 int[] linhas = table.getSelectedRows();
123                 DefaultTableModel dtm =
124                         (DefaultTableModel) table.getModel();
125                 for (int i = (linhas.length - 1); i >= 0; --i) {
126                     dtm.removeRow(linhas[i]);
127                 }
128                 calcularTotal();
129             }
130         });
131     }
```

Exemplo 8.18 - A classe GuiPedido (Listagem 6: linhas 104 a 131).

Com isso terminamos a implementação do método definirEventos. A Listagem 7 é a última do Exemplo 8.18 e contém a implementação dos métodos calcularTotal e limparCampos.

```
132     private void calcularTotal() {
133         double total = 0;
134         for (int linha = 0; linha < table.getRowCount(); linha++) {
135             String valor = "" + table.getValueAt(linha, 3);
136             valor = valor.replace(".", "");
137             valor = valor.replace(",", ".");
138             total += Double.parseDouble(valor);
139         }
140         tfTotal.setText("" + df.format(total));
141     }
142
143     private void limparCampos() {
144         tfProduto.setText("");
145         tfQuantidade.setText("1");
146         tfPrecoUnitario.setText("");
147         tfProduto.requestFocus();
148     }
149 }
```

Exemplo 8.18 - A classe GuiPedido (Listagem 7: linhas 132 a 149).

Funcionalidades comentadas da Listagem 7 do Exemplo 8.18:

- **Linhas 132 a 141:** contêm a implementação do método calcularTotal que realiza a soma dos valores dos itens de pedido e mostra o resultado na caixa de texto tfTotal.

- **Linha 134:** faz um laço de repetição da primeira até a última linha da tabela, isto é, permite realizar a leitura de todos os itens que aparecem na grade.

- **Linha 135:** a cada iteração do laço, armazena o valor referente ao total do item na variável "valor". Isso é realizado por meio do método **getValueAt** que retorna o conteúdo de uma célula da tabela e para isso possui dois parâmetros (linha, coluna), ou seja, ele recebe o número da linha e o número da coluna cuja leitura do valor ele deve realizar. Neste caso, a coluna sempre será a 3 (referente ao valor total do item), no entanto a linha será variável em função do item do pedido. Desta forma, a cada iteração do laço, uma nova célula é lida (0,3), (1,3), (2,3) e assim sucessivamente, dependendo da quantidade de itens do pedido.

- **Linha 136:** o valor total do item que consta na célula da grade aparece formatado com um ponto na casa do milhar e uma vírgula na parte decimal (exemplo: 1.234,56). Esse valor está armazenado como uma string e precisa ser convertido para ser possível realizar a soma dos valores. O que mostramos é uma forma possível para resolver esse problema. Em primeiro lugar vamos retirar o ponto (.). Isso é realizado por meio do método **replace** substituindo o ponto por vazio, isto é, o ponto será retirado. Considerando o exemplo, caso o conteúdo da variável "valor" seja 1.234,56, então, ao executar a linha 136, o novo conteúdo será 1234,56. Mesmo assim, o valor ainda não pode ser convertido em número, já que a linguagem Java entende o ponto (.) como casa decimal. A linha 137 resolve esse problema.

- **Linha 137:** realiza a troca da vírgula pelo ponto (.) no conteúdo da variável "valor". Seguindo o mesmo exemplo do item anterior, o novo conteúdo da variável "valor" será 1234.56. Com esse formato, agora sim é possível realizar a conversão de string em número.

- **Linha 138:** acumula na variável "total" o valor de todos os itens do pedido.

- **Linha 140:** apresenta na caixa de texto tfTotal o valor total referente à soma de todos os itens do pedido, formatando-o de acordo com o objeto "df" (já estudado anteriormente).

- **Linhas 143 a 148:** contêm a implementação do método limparCampos que limpa as caixas de texto tfProduto (linha 144), tfPrecoUnitario (linha 146), guarda o valor "1" na caixa de texto tfQuantidade (linha 145), considera que a quantidade "1" é a mais comum e concede o foco à caixa tfProduto por meio do método **requestFocus**.

Não se esqueça de que este exemplo deve ser chamado a partir da classe GuiMenuPrincipal. Para isso, você deve adicionar um item ao menu "Exemplos" da classe GuiMenuPrincipal. Se tiver dúvidas, consulte as explicações finais do Exemplo 8.4.

Ufa, finalmente terminamos o Exemplo 8.18. Mesmo assim, é preciso dizer que ele pode ser melhorado. O objetivo foi apresentar uma tela básica para emissão de pedidos, mas muita coisa ainda pode ser alterada para melhorar o funcionamento. Cabe ao leitor incrementar o exemplo.

A Figura 8.25 demonstra os resultados obtidos com a execução do Exemplo 8.18. Para realizar um pedido, inicialmente o usuário preenche Número do Pedido, Produto, Quantidade, o PrecoUnitario e pressiona o botão Adicionar. O item é adicionado à grade. Para adicionar um novo item, basta preencher os dados e pressionar o botão Adicionar novamente. Para remover um ou vários itens, o usuário seleciona as linhas e pressiona o botão Remover. Como dissemos, outras funcionalidades poderiam ser adicionadas, como, por exemplo, armazenar os dados em banco de dados ou criar um arquivo texto com os dados do pedido, mas isso é assunto de outro capítulo.

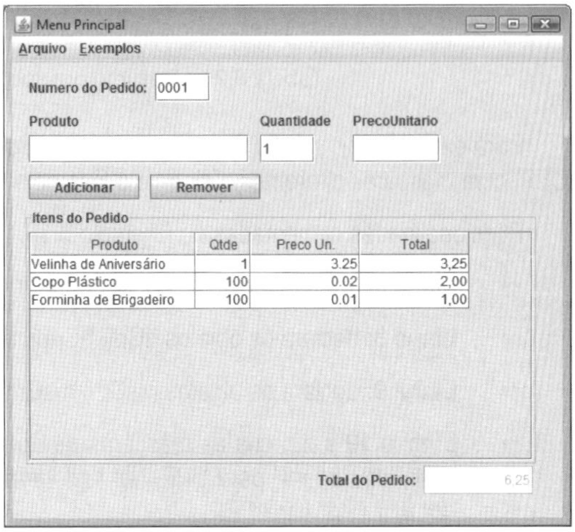

Figura 8.25 - Janela do Exemplo 8.18.

8.17 Inclusão de Máscaras

Numa aplicação real é muito comum o uso de campos com máscaras previamente definidas. Além de facilitar a digitação, o uso de máscaras evita que o usuário digite caracteres indevidos, como, por exemplo, digitar uma letra num local onde deveria ser digitado um número. Em resumo, o uso de máscaras facilita, traz diversas vantagens e seu uso deve ser incentivado, mesmo em aplicações mais simples. Esta seção apresenta algumas das máscaras mais comuns que podem ser encontradas na maioria das aplicações.

Para que o conteúdo dos campos seja restrito a valores, número de caracteres e/ou formatos específicos, pode ser utilizada a classe MaskFormatter. Para criar uma máscara para digitação do código de endereçamento postal (CEP), por exemplo, podemos utilizar a sintaxe:

```
MaskFormatter msCep = new MaskFormatter("##.###-###");
```

O caractere "#" indica que o usuário pode fornecer um dígito numérico; outros caracteres são bloqueados. A classe MaskFormatter apenas cria uma máscara que será utilizada por outra classe, no caso a classe JFormattedTextField. Como o nome sugere, JFormattedTextField gera uma caixa de texto formatada, isto é, que suporta o uso de máscaras. Podemos criar um JFormattedTextField da seguinte forma:

```
JFormattedTextField tfCep = new JFormattedTextField(msCep);
```

Observe que a caixa tfCep foi criada usando a formatação definida em msCep, ou seja, no momento da digitação o usuário pode digitar apenas os valores numéricos contidos no CEP. Os outros caracteres presentes na máscara permanecerão constantes.

A Tabela 8.21 mostra um resumo dos métodos mais utilizados da classe JFormattedTextField.

Método	Função
getValue()	Retorna o último valor válido presente na máscara
setValue()	Define o valor a ser formatado, de acordo com o padrão atual de formatação
getFormatter()	Retorna o AbstractFormatter que é usado na formatação do valor atual
setFormatter()	Define o AbstractFormatter atual
invalidEdit()	Chamado quando o usuário insere um valor inválido
isEditValid()	Retorna true se o valor atual que está sendo editado é válido

Tabela 8.21 - Resumo dos métodos da classe JFormattedTextField.

Para exemplificar, vamos desenvolver uma aplicação que possui quatro campos (CPF, CNPJ, telefone e CEP) com máscaras diferentes. Observe o Exemplo 8.19.

Funcionalidades comentadas do Exemplo 8.19:

- **Linha 5:** importa a classe MaskFormatter do pacote "javax.swing.text".
- **Linha 8:** declara os objetos tfCpf, tfCnpj, tfTel, tfCep como sendo do tipo JFormattedTextField.
- **Linha 9:** declara os objetos msCpf, msCnpj, msTel, msCep como sendo do tipo MaskFormatter.
- **Linhas 19 a 22:** cria as máscaras msCpf, msCnpj, msTel, msCep contendo suas formatações: "###.###.###-##" para CPF, "##.###.###/####-##" para CNPJ, "(##)####-####" para telefone e "##.###-###" para CEP.
- **Linhas 27, 31, 35 e 39:** cria as caixas de texto com suas respectivas máscaras.
- **Linhas 58 a 70:** definem o código referente ao evento clique sobre o botão btMostrar. Ao clicar no botão, aparece o conteúdo das caixas formatadas e também o conteúdo referente ao CNPJ apenas com caracteres numéricos.
- **Linhas 65 a 67:** apresentam uma maneira de retirar todos os caracteres não numéricos presentes no conteúdo do CNPJ, substituindo-os por vazio.

```java
package cap08;
import java.awt.event.*;
import java.text.ParseException;
import javax.swing.*;
import javax.swing.text.MaskFormatter;
public class GuiMascara extends JPanel {
    private JLabel lbCpf, lbCnpj, lbTel, lbCep;
    private JFormattedTextField tfCpf, tfCnpj, tfTel, tfCep;
    private MaskFormatter msCpf, msCnpj, msTel, msCep;
    private JButton btMostrar;

    public GuiMascara() {
        inicializarComponentes();
        definirEventos();
    }

    private void inicializarComponentes() {
        try {
            msCpf = new MaskFormatter("###.###.###-##");
            msCnpj = new MaskFormatter("##.###.###/####-##");
            msTel = new MaskFormatter("(##)####-####");
            msCep = new MaskFormatter("##.###-###");
            setBounds(0, 0, 250, 220);
            setLayout(null);
            lbCpf = new JLabel("CPF:");
            lbCpf.setBounds(15, 20, 100, 20);
            tfCpf = new JFormattedTextField(msCpf);
            tfCpf.setBounds(50, 20, 100, 20);
            lbCnpj = new JLabel("CNPJ:");
            lbCnpj.setBounds(15, 50, 100, 20);
            tfCnpj = new JFormattedTextField(msCnpj);
            tfCnpj.setBounds(50, 50, 150, 20);
            lbTel = new JLabel("TEL:");
            lbTel.setBounds(15, 80, 100, 20);
            tfTel = new JFormattedTextField(msTel);
            tfTel.setBounds(50, 80, 100, 20);
            lbCep = new JLabel("CEP:");
            lbCep.setBounds(15, 110, 100, 20);
            tfCep = new JFormattedTextField(msCep);
            tfCep.setBounds(50, 110, 100, 20);
            btMostrar = new JButton("Mostrar");
            btMostrar.setBounds(15, 140, 100, 22);
            add(lbCnpj);
            add(lbTel);
            add(lbCep);
            add(tfCnpj);
            add(tfTel);
            add(tfCep);
            add(lbCpf);
            add(tfCpf);
            add(btMostrar);
        } catch (ParseException erro) {
            erro.printStackTrace();
        }
    }

    private void definirEventos() {
        btMostrar.addActionListener(new ActionListener() {
            public void actionPerformed(ActionEvent E) {
                JOptionPane.showMessageDialog(null,
                   tfCpf.getText() + "\n" + tfCnpj.getText() + "\n" +
                        tfTel.getText() + "\n" + tfCep.getText());
                JOptionPane.showMessageDialog(null, tfCpf.getValue());
                String cnpjSoNumeros = tfCnpj.getText();
                cnpjSoNumeros = cnpjSoNumeros.replace(".", "");
                cnpjSoNumeros = cnpjSoNumeros.replace("/", "");
                cnpjSoNumeros = cnpjSoNumeros.replace("-", "");
                JOptionPane.showMessageDialog(null, cnpjSoNumeros);
            }
        });
    }
}
```

Exemplo 8.19 - A classe GuiMascara.

Este capítulo apresentou os principais componentes visuais utilizados na criação de interfaces gráficas. Espera-se que o leitor tenha uma boa base para desenvolver e aprimorar suas aplicações.

Exercícios para Prática da Linguagem Java

1. Modifique o Exemplo 8.6, alterando os seguintes aspectos: a cor de fundo da janela para roxo, a frase da janela para "Java 7 - Ensino Didático", centralizada, com a fonte Arial Narrow na cor branca juntamente com o ícone "java.jpg" de acordo com a Figura 8.26.

Figura 8.26 - Tela de execução do exercício 8.1.

2. Faça um frame contendo três botões de rádio com o nome de três países diferentes. Assim que o usuário clicar em um botão de rádio, deve aparecer a foto da bandeira correspondente. Observe a Figura 8.27.

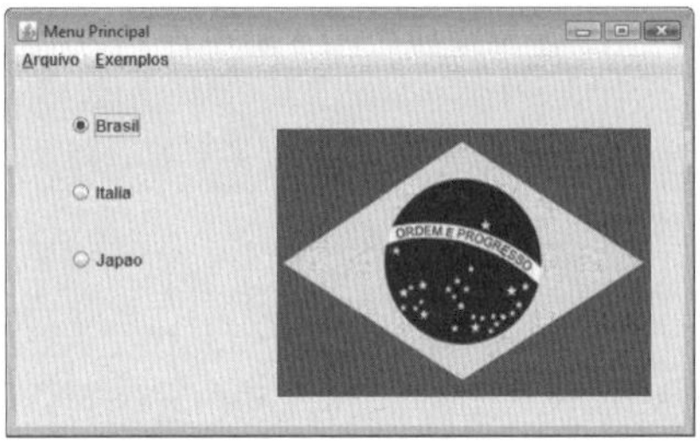

Figura 8.27 - Tela de execução do exercício 8.2.

3. Faça uma classe que simule a exclusão de um arquivo qualquer. Crie um botão Excluir. Ao ser pressionado, a classe deve abrir uma caixa de confirmação com a seguinte pergunta: "Deseja realmente excluir o arquivo?". Ao final, apresente em tela a escolha realizada pelo usuário.

4. Elabore um frame que simule o teclado de um telefone digital, de acordo com a Figura 8.28. A cada tecla pressionada o número é acumulado na caixa de texto. O botão Limpar apaga todos os números digitados.

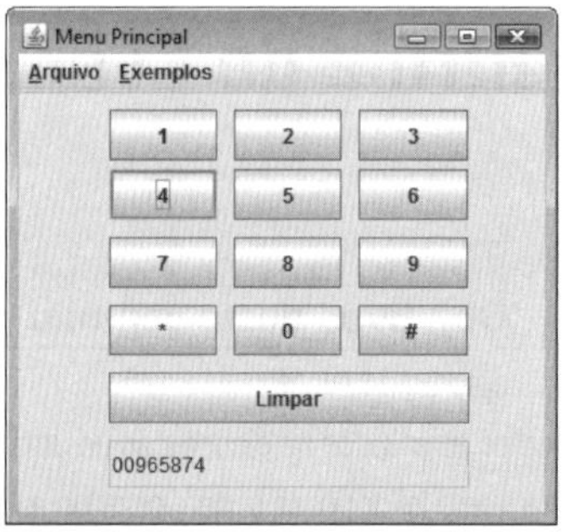

Figura 8.28 - Tela de execução do exercício 8.4.

5. Crie um frame contendo o *layout* apresentado na Figura 8.29. O funcionamento deve ser o seguinte: o usuário digita um valor numérico qualquer referente à venda e pode clicar nas caixas de verificação referentes aos impostos. Se a caixa do ICMS estiver marcada, deve aparecer o valor do ICMS correspondente, isto é, 18% do valor da venda. Da mesma forma, se a caixa do IPI estiver marcada, deve aparecer o valor do IPI correspondente (5%). A caixa Valor Total deve receber a soma de todos os valores, isto é, Valor da Venda + ICMS + IPI.

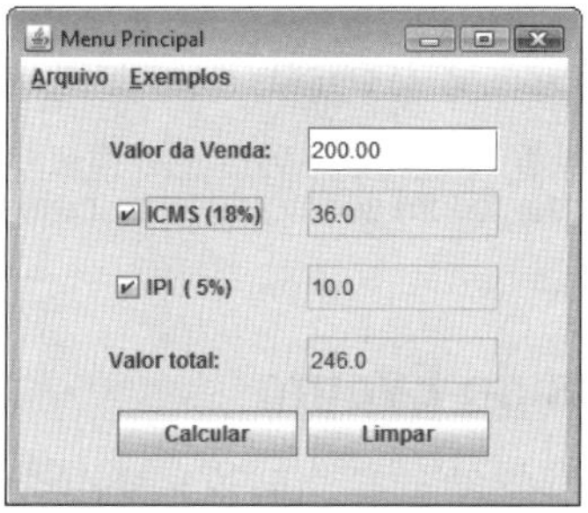

Figura 8.29 - Tela de execução do exercício 8.5.

Seu próximo passo

Este capítulo apresentou os principais aspectos envolvidos na criação de janelas por meio das classes do pacote swing. Apesar de tornar o aprendizado mais interessante, uma vez que o ambiente visual motiva, existem mais detalhes que devem ser considerados na elaboração de uma aplicação profissional. Um aspecto a ser observado na criação das interfaces do usuário refere-se aos eventos gerados pelo *mouse* e pelo teclado. Este capítulo abordou apenas alguns tipos de eventos, mas existem diversos outros que devem ser levados em conta e merecem atenção. O próximo capítulo descreve os principais eventos envolvidos na criação da interface gráfica do usuário.

9

Controle de Eventos

Objetivos deste capítulo

- Enumerar algumas classes receptoras de evento;
- Demonstrar os principais eventos envolvidos na elaboração de uma aplicação;
- Fornecer conhecimentos para que o leitor possa desenvolver uma GUI mais aprimorada;
- Apresentar as relações existentes entre as classes receptoras e seus métodos para tratamento dos eventos.

9.1 Definição

No capítulo anterior o leitor aprendeu a usar uma boa parte dos componentes disponíveis para a criação de GUI em Java. Apesar de todo o seu aspecto visual, apenas a distribuição dos objetos pela janela não é suficiente para criação de uma aplicação profissional. É preciso ter o controle de todas as ações que o usuário realize na janela. Este capítulo torna a interface com o usuário mais receptiva, reconhecendo diversos tipos de evento, não se limitando apenas ao simples clicar do *mouse*.

As classes do pacote swing tratam os eventos por meio de um conjunto de classes, chamadas de **receptores de evento**. Esses receptores podem ser incluídos na maioria dos objetos usados nas janelas da interface do usuário.

9.2 Classes Receptoras de Evento

Conforme apresentado no capítulo anterior, quando uma janela precisa gerar certo evento, é necessário implementar uma interface, que nada mais é do que uma classe receptora de eventos. Cada objeto (ou cada classe) pode implementar quantos receptores de evento forem necessários. Um botão, por exemplo, pode reconhecer quando o mouse é clicado, quando é solto, quando entra na área do botão, quando sai da área do botão e assim por diante.

Cada classe receptora de eventos trata um evento diferente. A Tabela 9.1 apresenta alguns dos principais eventos disponíveis do pacote swing que são tratados neste capítulo.

Evento	Descrição
ActionListener	Eventos de ação como o clique do *mouse* sobre um botão, conforme demonstrado até aqui.
AdjustmentListener	Eventos de ajuste gerados por um componente ajustado, por exemplo, quando o valor de uma barra de rolagem é mudado.
DocumentListener	Evento para receber notificações quando ocorre alguma mudança no documento.
FocusListener	Eventos de foco, gerados quando um componente recebe ou perde o foco, por exemplo, quando um campo texto recebe o foco.
ItemListener	Eventos gerados quando o item selecionado de uma lista é mudado, por exemplo, quando o usuário escolhe um item de um componente List ou Combo.

Tabela 9.1 (continua)

Evento	Descrição
KeyListener	Refere-se aos eventos do teclado, que ocorrem quando uma tecla é pressionada, quando é solta etc.
MouseListener	Refere-se aos eventos gerados pelo *mouse* quando é clicado, entra na área de um componente, sai da área do componente etc.
MouseMotionListener	Refere-se a eventos do *mouse*, gerados pela movimentação dele sobre um componente.
WindowListener	Refere-se a eventos de janela, gerados quando uma janela é maximizada, minimizada etc.
ComponentListener	Refere-se a qualquer componente de uma janela, gerado quando o componente torna-se visível, oculto, é movido ou redimensionado. Por exemplo, quando um botão é redimensionado, ou quando uma janela é oculta.

Tabela 9.1 - Algumas classes receptoras de evento do pacote swing.

Existe mais de uma maneira de registrar eventos para um objeto. Vamos seguir o mesmo padrão usado até o momento nos exemplos do capítulo 8, isto é, adicionar o método receptor do evento a cada objeto desejado. Por exemplo, para registrar um evento a uma caixa de texto, um código possível seria este:

```
tfCaixa1.addActionListener(new ActionListener(){ // ENTER pressionado
    public void actionPerformed(ActionEvent e){
        // Código do evento...
    }
});
```

Observe que o código do evento é executado quando o usuário pressiona a tecla ENTER sobre a caixa de texto tfCaixa1.

9.3 Métodos para Manipulação de Eventos

Para associar um evento a um objeto qualquer, é necessário utilizar um método. Alguns dos métodos mais comuns do pacote swing são apresentados na Tabela 9.2.

Método	Alguns componentes gráficos que podem usá-lo
addActionListener()	JButton, JCheckBox, JComboBox, JTextField e JRadioButton
addItemListener()	JButton, JCheckBox, JComboBox, JRadioButton
addDocumentListener()	JTexttField, JTextArea
addFocusListener()	Todos os componentes do swing
addAdjustmentListener()	JScrollBar
addMouseListener()	Todos os componentes do swing
addMouseMotionListener()	Todos os componentes do swing
addKeyListener()	Todos os componentes do swing
addWindowListener()	JWindow e JFrame
addComponentListener()	Todos os componentes do swing

Tabela 9.2 - Alguns métodos para registro de componentes do pacote swing.

Toda vez que uma classe implementa as interfaces receptoras de eventos, torna-se necessário declarar os métodos que realizarão o controle dos eventos. Da mesma forma que a classe **ActionListener** exige a declaração do método **actionPerformed**, cada interface exige a declaração de seus métodos. A Tabela 9.3 traz um resumo das interfaces e dos métodos que devem ser declarados quando forem implementados em uma classe.

Interface/Evento	Métodos a serem declarados	Disparados quando
ActionListener ActionEvent	actionPerformed	o mouse é clicado no componente, ou quando é pressionada a tecla Enter.
AdjustmentListener AdjustmentEvent	adjustmentValueChanged	o valor de um componente é alterado.
ComponentListener ComponentEvent	componentHidden componentMoved componentResized componentShown	um componente torna-se oculto; um componente é movido; um componente é redimensionado; um componente se torna visível.
DocumentListener DocumentEvent	insertUpdate removeUpdate changedUpdate	uma inserção é realizada no componente; uma remoção é realizada no componente; um atributo do componente é alterado.
FocusListener FocusEvent	focusGained focusLost	um componente recebe o foco; um componente perde o foco.
KeyListener KeyEvent	keyPressed keyReleased keyTyped	uma tecla é pressionada sobre um componente; uma tecla é solta sobre um componente; uma tecla Unicode, isto é, uma tecla que possui um código relacionado, é pressionada sobre um componente. As teclas SHIFT, ALT, CTRL, direcionais, Insert, Delete, teclas de função, entre outras, não executam esse método.
MouseListener MouseEvent	mousePressed mouseClicked mouseEntered mouseExited mouseReleased	o botão do mouse é pressionado sobre um componente; o botão do mouse é pressionado e solto sobre um componente; o ponteiro do mouse entra na área de um componente; o ponteiro do mouse sai da área de um componente; o mouse é solto sobre um componente.
MouseMotionListener MouseEvent	mouseMoved mouseDragged	o ponteiro do mouse se move sobre um componente; enquanto o ponteiro do mouse é arrastado sobre o componente.
WindowListener WindowEvent	windowClosing windowClosed windowActivated windowDeactivated windowIconified windowDeiconified windowOpened	a janela é fechada; após a janela ter sido fechada; a janela é ativada; a janela é desativada; a janela é minimizada; a janela é restaurada; a janela é aberta.

Tabela 9.3 - Métodos das interfaces para controle de eventos.

Os métodos demonstrados na Tabela 9.3 são executados quando um evento ocorre. Para os eventos do *mouse* (**MouseEvent**) e do teclado (**KeyEvent**), existem métodos que permitem verificar certas características da geração do evento. Por exemplo, é possível descobrir se foi dado um clique ou dois cliques no mouse (duplo clique).

A seguir, são descritos os principais métodos que atuam em conjunto com os eventos do mouse e do teclado. A sintaxe para sua utilização é **nome_do_evento.nome_do_método**.

Alguns métodos relacionados ao evento do mouse (**MouseEvent**):

- **int getClickCount**() → retorna o número de vezes que o mouse foi clicado.
- **int getX**()→ retorna a posição X do ponteiro do mouse sobre o componente.
- **int getY**() → retorna a posição Y do ponteiro do mouse sobre o componente.
- **boolean isPopupTrigger()**→ retorna verdadeiro se o evento gerado pelo mouse causa a abertura de um menu do tipo Popup.
- **boolean isAltDown()** → retorna verdadeiro se a tecla ALT estava pressionada quando o mouse foi clicado.
- **boolean isControlDown()** → retorna verdadeiro se a tecla CTRL estava pressionada quando o mouse foi clicado.
- **boolean isShiftDown()** → retorna verdadeiro se a tecla ALT estava pressionada quando o mouse foi clicado.

Alguns métodos relacionados ao evento do teclado (**KeyEvent**):

- **int getKeyChar()** → retorna o caractere associado com a tecla do evento.
- **int getKeyCode()** → retorna um número inteiro associado ao caractere gerado no evento.
- **boolean isAltDown()**, **boolean isControlDown()** e **boolean isShift Down()** → funciona da mesma forma que o descrito para o evento do mouse.

Para ilustrar o tratamento de eventos do pacote swing, é exibido um exemplo que implementa a grande maioria dos eventos apresentados. A tela gerada pelo Exemplo 9.1 é apresentada na Figura 9.1. Você pode interagir de diversas maneiras com a interface e visualizar o resultado na janela de prompt.

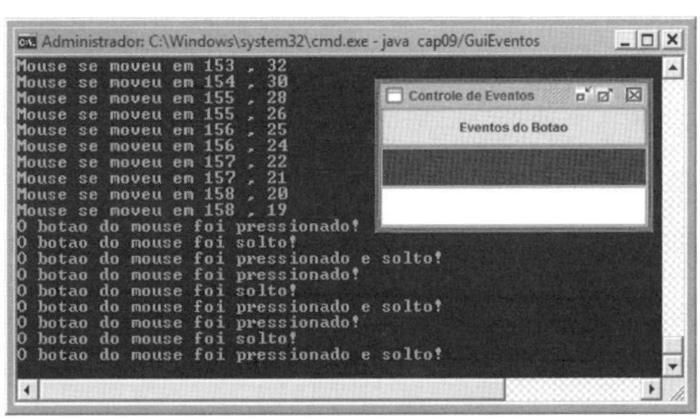

Figura 9.1 - A janela do Exemplo 9.1.

```
1  package cap09;
2  import java.awt.*;
3  import java.awt.event.*;
4  import javax.swing.*;
5  import javax.swing.event.*;
6  public class GuiEventos extends JFrame {
7      JButton btMudarCor;
8      JTextField tfCaixa1, tfCaixa2;
9      int posicaoEsquerda = 100, posicaoTopo = 100;
10
11     public static void main(String[] args) {
12         JFrame janela = new GuiEventos();
13         janela.addWindowListener(new WindowListener() {
14             public void windowOpened(WindowEvent e) {}
15             public void windowClosing(WindowEvent e) {}
16             public void windowClosed(WindowEvent e) {}
17             public void windowIconified(WindowEvent e) {
18                 System.out.println("A janela foi minimizada!");
19             }
20             public void windowDeiconified(WindowEvent e) {
21                 System.out.println("A janela foi restaurada!");
22             }
23             public void windowActivated(WindowEvent e) {}
24             public void windowDeactivated(WindowEvent e) {}
25         });
26         janela.addComponentListener(new ComponentListener() {
27             public void componentResized(ComponentEvent e) {
28                 System.out.println("A janela foi redimensionada!");
29             }
30             public void componentMoved(ComponentEvent e) {
31                 System.out.println("A janela foi movida!");
32             }
33             public void componentShown(ComponentEvent e) {
34                 System.out.println("A janela tornou-se visível!");
35             }
36             public void componentHidden(ComponentEvent e) {
37                 System.out.println("A janela tornou-se oculta!");
38             }
39         });
40         janela.setUndecorated(true);
41         janela.getRootPane().setWindowDecorationStyle(JRootPane.FRAME);
42         janela.setDefaultCloseOperation(JFrame.EXIT_ON_CLOSE);
43         janela.setVisible(true);
44     }
45
46     public GuiEventos() {
47         inicializarComponentes();
48         definirEventos();
49     }
50
51     public void inicializarComponentes() {
52         setTitle("Controle de Eventos");
53         setSize(250, 150);
54         setLocation(posicaoEsquerda, posicaoTopo);
55         setLayout(new GridLayout(3, 1));
56         btMudarCor = new JButton("Eventos do Botao");
57         tfCaixa1 = new JTextField();
58         tfCaixa2 = new JTextField();
59         btMudarCor.setBackground(Color.gray);
60         add(btMudarCor);
61         add(tfCaixa1);
62         add(tfCaixa2);
63     }
64
```

Exemplo 9.1 - A janela do Exemplo 9.1 (Listagem 1: linhas 1 a 64).

```
    public void definirEventos() {
        btMudarCor.addMouseListener(new MouseListener() {
            public void mouseClicked(MouseEvent e) {
                System.out.println("O botao do mouse foi pressionado e solto!");
            }
            public void mousePressed(MouseEvent e) {
                System.out.println("O botao do mouse foi pressionado!");
                tfCaixa1.setBackground(Color.red);
            }
            public void mouseReleased(MouseEvent e) {
                System.out.println("O botao do mouse foi solto!");
            }
            public void mouseEntered(MouseEvent e) {
                btMudarCor.setBackground(Color.yellow);
            }
            public void mouseExited(MouseEvent e) {
                btMudarCor.setBackground(Color.gray);
            }
        });
        btMudarCor.addMouseMotionListener(new MouseMotionListener() {
            public void mouseDragged(MouseEvent e) {
                System.out.println("Mouse foi arrastado em " + e.getX() + " , " + e.getY());
            }
            public void mouseMoved(MouseEvent e) {
                System.out.println("Mouse se moveu em " + e.getX() + " , " + e.getY());
            }
        });
        tfCaixa1.addKeyListener(new KeyListener() {
            public void keyTyped(KeyEvent e) {}
            public void keyPressed(KeyEvent e) {
                System.out.println(e.getKeyCode());
                if (e.getKeyCode() == 38) // seta direcional para cima
                    posicaoTopo = posicaoTopo - 5;
                if (e.getKeyCode() == 40) // seta direcional para baixo
                    posicaoTopo = posicaoTopo + 5;
                if (e.getKeyCode() == 37) // seta direcional para esquerda
                    posicaoEsquerda = posicaoEsquerda - 5;
                if (e.getKeyCode() == 39) // seta direcional para direita
                    posicaoEsquerda = posicaoEsquerda + 5;
                setLocation(posicaoEsquerda, posicaoTopo);
            }
            public void keyReleased(KeyEvent e) {}
        });
        tfCaixa2.addFocusListener(new FocusListener() {
            public void focusGained(FocusEvent e) {
                System.out.println("A caixa 2 recebeu o foco!");
            }
            public void focusLost(FocusEvent e) {
                System.out.println("A caixa 2 perdeu o foco");
            }
        });
        tfCaixa2.getDocument().addDocumentListener(new DocumentListener() {
            public void insertUpdate(DocumentEvent e) {
                System.out.println("Um caractere foi inserido!");
            }
            public void removeUpdate(DocumentEvent e) {
                System.out.println("Um caractere foi removido!");
            }
            public void changedUpdate(DocumentEvent e) {
                System.out.println("O conteúdo de um atributo mudou!");
            }
        });
    }
}
```

Exemplo 9.1 - A janela do Exemplo 9.1 (Listagem 2: linhas 65 a 128).

No Exemplo 9.1 existe uma série de eventos implementados. Em termos de usuário, a aplicação funciona da seguinte maneira:

- **Eventos da janela:** quando a janela é movida ou redimensionada, aparece uma mensagem correspondente; caso a janela seja maximizada ou restaurada, duas mensagens são enviadas em tela. Se a janela se tornar visível ou oculta, uma nova mensagem também é impressa.
- **Eventos do botão:** quando o usuário movimenta o ponteiro do *mouse* sobre o botão, ocorrem diversos eventos: ao entrar na área do botão, sua cor é mudada para amarelo; ao sair, sua cor volta para cinza; ao se movimentar sobre o botão, aparecem as coordenadas X e Y da localização do ponteiro; o mesmo ocorre quando o *mouse* é arrastado. Quando o *mouse* é clicado sobre o botão pela primeira vez, a cor da primeira caixa de texto é mudada para vermelho.
- **Eventos da primeira caixa de texto:** ao movimentar as setas direcionais, a janela é movida e uma mensagem é apresentada.
- **Eventos da segunda caixa de texto:** quando essa caixa recebe ou perde o foco, uma mensagem é enviada em tela. Quando um caractere é digitado, removido ou alterado, uma mensagem correspondente é apresentada.

Funcionalidades comentadas do Exemplo 9.1:

- **Linha 9:** define duas variáveis contendo os valores do posicionamento inicial que a janela terá na tela.
- **Linhas 13 a 25:** implementam todos os eventos que podem ser tratados por uma janela. Os métodos relativos a esses eventos estão descritos na Tabela 9.3.
- **Linhas 26 a 39:** implementam outros eventos relativos à janela, que verificam a movimentação da janela pela tela.
- **Linha 40:** contém o método **setUndecorated** que retira a decoração (o estilo) da janela. Quando esse método é definido como **true**, somente o "miolo" da janela fica visível. As bordas, título e botões desaparecem. Para entender melhor, comente a linha 41 e rode o exemplo novamente.
- **Linha 41:** como o método da linha anterior **setUndecorated** retirou o estilo da janela, o método **setWindowDecorationStyle** define o novo estilo. A constante usada no exemplo para definir o estilo foi JRootPane.**FRAME**. Esse estilo corresponde ao padrão usado pela JVM. Essa constante gera uma janela no formato padrão com os botões de minimizar, maximizar e encerrar. Outras variações podem ser alcançadas pelas constantes: NONE, COLOR_CHOOSER_DIALOG, ERROR_DIALOG, FILE_CHOOSER_DIALOG, INFORMATION_DIALOG, PLAIN_DIALOG, QUESTION_DIALOG, WARNING_DIALOG. Modifique essas constantes no exemplo e verifique os resultados.
- **Linha 42:** possui o método **setDefaultCloseOperation**, responsável por encerrar a aplicação quando a janela for fechada. A constante usada foi **EXIT_ON_CLOSE**. Outras constantes que podem ser usadas são: HIDE_ON_CLOSE (oculta a janela quando fechada), DO_NOTHING_ON_CLOSE (não faz nada, apenas desativa o botão de encerramento) e DISPOSE_ON_CLOSE (a janela desaparece e os recursos usados pela classe são liberados).
- **Linhas 66 a 91:** implementam o código referente aos eventos **MouseListener** e **MouseMotionListener**. Diversos métodos são implementados para permitir a interação do usuário por meio do *mouse*. O código presente nesses métodos é bastante simples e dispensa maiores comentários. Destaque para os métodos **mouseEntered** e mouseExited disparados quando o *mouse* entra e sai da área do botão.

- **Linhas 92 a 107:** adicionam o evento **KeyListener** ao campo tfCaixa1, isto é, quando uma tecla for pressionada sobre o campo tfCaixa1, os métodos que controlam esse evento (**keyPressed**, **keyReleased** e **keyTyped**) serão executados. No exemplo, foi implementado apenas o código referente ao método keyPressed para controlar a movimentação da janela pela tela. O método **getKeyCode** permite identificar o código da tecla pressionada. Observe que para cada tecla direcional pressionada, os valores da posição da janela são alterados.
- **Linha 104:** contém o método **setLocation** responsável por definir a posição atual da janela em relação à tela. Toda vez que uma seta direcional for pressionada no teclado (estando com o foco em tfCaixa1), a posição da janela será atualizada.
- **Linhas 108 a 115:** adicionam o evento **FocusListener** ao campo tfCaixa2, isto é, quando tfCaixa2 receber ou perder o foco, os métodos que controlam esse evento (**focusGained e focusLost**) são disparados e uma mensagem é enviada em tela.
- **Linhas 116 a 126:** adicionam o evento **DocumentListener** ao campo tfCaixa2, isto é, quando inserido, removido ou modificado um caractere em tfCaixa2, os métodos que controlam esse evento (**insertUpdate, removeUpdate e changedUpdate**) são executados e uma mensagem é enviada em tela.

Exercícios para Prática da Linguagem Java

1. Elabore um frame que funcione como uma pequena máquina de somar. O resultado da soma deve aparecer na caixa de texto "Soma" automaticamente no momento em que o usuário atualizar qualquer um dos números. Observe a Figura 9.2.

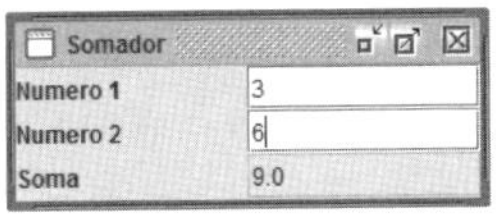

Figura 9.2 - Tela de execução do exercício 9.1.

2. Faça um frame contendo um botão com o texto "Fora". Quando o ponteiro do mouse estiver sobre o botão, o texto deve ser alterado para "Dentro". Da mesma forma, quando o ponteiro do mouse deixar a área do botão, o texto deve voltar para "Fora". Veja a Figura 9.3.

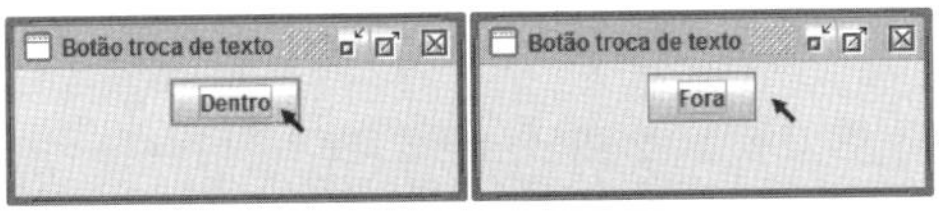

Figura 9.3 - Tela de execução do exercício 9.2.

3. Faça um frame contendo um texto e um botão. Ao pressionar o botão, o texto se torna oculto; pressionando novamente o botão, o texto torna-se visível. Veja a Figura 9.4.

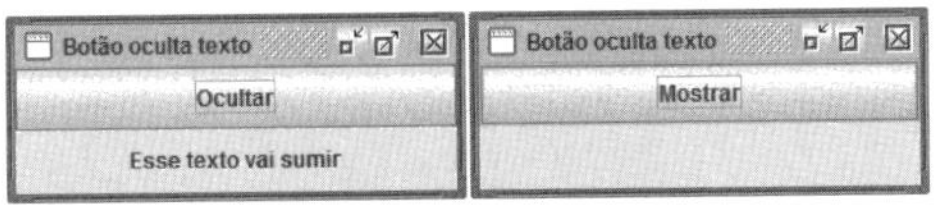

Figura 9.4 - Tela de execução do exercício 9.3.

4. Faça um frame contendo um botão que emita um beep quando o ponteiro do mouse entrar na área desse botão. Para emitir um beep utilize **Toolkit.getDefaultToolkit().beep();**.

5. Faça um frame contendo uma caixa de texto e um botão. Quando a caixa de texto tiver algum conteúdo, isto é, quando não estiver vazia, o botão é habilitado; caso contrário, o botão permanece desabilitado. Acompanhe a Figura 9.5.

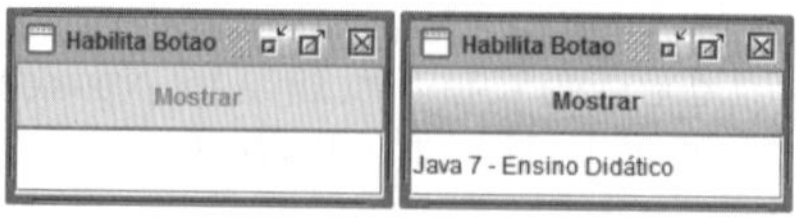

Figura 9.5 - Tela de execução do exercício 9.5.

Seu próximo passo

Este capítulo abordou os principais eventos relacionados ao desenvolvimento de aplicações em Java. Com os conhecimentos adquiridos nos capítulos 8 e 9 o leitor já é capaz de construir a maioria das aplicações, entretanto o maior uso da linguagem Java está voltado para a Internet e isso pressupõe sua execução em um *browser*. Esse enfoque da elaboração de aplicações que rodam a partir de um *browser* encontra-se no capítulo 12. O próximo capítulo destaca a manipulação de data e hora, itens muito utilizados na maioria das aplicações.

10

Manipulação de Data e Hora

Objetivos deste capítulo

- Demonstrar os principais métodos para o manuseio de data e hora;
- Fornecer subsídios para criar páginas que exibem mensagens de forma dinâmica;
- Simular a utilização de objetos do tipo data em páginas da web.

A manipulação de data e hora é interessante, pois como a linguagem Java é voltada à Internet, os recursos de data e hora devem ser suficientemente flexíveis para permitir sua manipulação em qualquer tipo de cultura nas mais diversas regiões do globo, uma vez que cada região pode possuir formatos e características diferentes. Um bom sistema deve funcionar perfeitamente, sem que sejam necessárias correções ou adaptações, em qualquer lugar do mundo, ou seja, um mesmo programa deve funcionar em qualquer lugar sem que seja necessário "mexer" no código. Por exemplo, no calendário usado em países árabes a quantidade de dias de um ano é diferente do calendário brasileiro (de origem romana).

A manipulação de data e hora pode confundir até um profissional mais experiente em Java, pois existem muitos detalhes envolvidos. Pelo fato de existir mais de uma dezena de classes diferentes para a manipulação de datas e horas, ocorre a repetição de métodos (com o mesmo nome) em classes diferentes e que funcionam também de forma distinta. As classes disponíveis para a manipulação de data e hora pertencem a diversos pacotes diferentes. A Tabela 10.1 apresenta os pacotes existentes até a versão 6 do Java. A partir da versão 7, novos pacotes e classes foram implementados na tentativa de eliminar bugs anteriores e fornecer um conjunto de classes mais estável aos desenvolvedores. Quando este livro foi escrito, o Java 7 ainda não incorporava alguns recursos de data e hora. Mesmo assim, no final deste capítulo vamos apresentar um exemplo que envolve o novo pacote para manipulação de datas e horas chamado "javax.time".

Pacote	Classes
java.util	Date, Calendar, GregorianCalendar, TimeZone, SimpleTimeZone
java.text	DateFormat, SimpleDateFormat, FormatSymbols
java.sql	Date, Time, Timestamp

Tabela 10.1 - Pacotes e classes para tratamento de data e hora até a versão 6 do Java.

Verifique na Tabela 10.1 que a classe Date existe em dois pacotes (util e sql), ambos com características e comportamentos diferentes. A seguir, acompanhe a utilização das classes java.util.Date, java.text.DateFormat, java.text.SimpleDateFormat e java.util.Calendar:

- **Date** (do pacote util): representa um instante no tempo, sem levar em consideração sua representação ou localização geográfica, com precisão de milissegundos.
- **DateFormat:** representa uma data com formato String de acordo com um determinado fuso horário e calendário.
- **SimpleDateFormat:** permite a especificação de diferentes formatos para a data.

- **Calendar:** representa um instante no tempo de acordo com um sistema particular de calendário e fuso horário.

Para declarar e inicializar um objeto do tipo data, a sintaxe pode ser:

```
Nome-da-classe <nome do objeto> = new Date();
```

As seções e os exemplos seguintes pretendem diferenciar as funcionalidades dessas classes.

10.1 Uso da Classe Date

Para declarar e inicializar um objeto a partir da classe Date, a sintaxe pode ser:

```
Date <nome do objeto> = new Date();
```

```
Exemplo: Date data = new Date();
```

Como você já sabe, o compilador compreende que "**data**" será um objeto declarado a partir da classe **Date** e, no caso, indica que "**data**" será inicializado com a data e hora atuais do sistema. Desta forma, o seguinte trecho de código pode ser usado para apresentar todas as informações em tela referentes à data e à hora. Lembre-se de que, para usar a classe Date, é necessário usar **import.java.util.Date**.

```
Date data = new Date();
JOptionPane.showMessageDialog(null,data);
```

Dissemos anteriormente que a classe Date representa um instante no tempo. Esse processo é realizado pelo método **getTime**. Para marcar o tempo, é considerado o número de milissegundos decorridos desde 1º de janeiro de 1970. Cada segundo possui 1.000 milissegundos, cada minuto possui 60 segundos, cada hora possui 60 minutos e cada dia possui 24 horas. Para saber o correspondente em dias, basta multiplicar 1.000 x 60 x 60 x 24, ou seja, cada dia corresponde a 86.400.000 milissegundos. Quando um objeto do tipo Date é criado, o número de milissegundos decorridos desde 1970 é armazenado no objeto e pode ser retornado pelo método getTime, que retorna um inteiro do tipo long que permite representar milissegundos decorridos por milhares de anos. Você deve ter percebido que o uso de getTime torna possível realizar o cálculo entre datas, bastando calcular a diferença entre os milissegundos. O Exemplo 10.1 apresenta algumas formas de utilização do método getTime da classe Date.

```
1  package cap10;
2  import java.awt.event.*;
3  import javax.swing.*;
4  import java.util.Date;
5  public class ManipulacaoDataHora extends JFrame {
6      private JTextArea taTexto;
7      private JButton btMostrar;
8      private Date agora;
9      final long MILI_SEGUNDOS_POR_DIA = 1000 * 60 * 60 * 24;
10
11     public static void main(String[] args) {
12         JFrame janela = new ManipulacaoDataHora();
13         janela.setDefaultCloseOperation(JFrame.EXIT_ON_CLOSE);
14         janela.setVisible(true);
15     }
16
17     public ManipulacaoDataHora(){
18         inicializarComponentes();
19         definirEventos();
20     }
21
22     public void inicializarComponentes() {
23         setTitle("Manipulação de Datas e Horas");
24         setBounds(100,100,300,200);
25         taTexto = new JTextArea();
26         btMostrar = new JButton("Mostrar");
27         add(taTexto,"Center");
28         add(btMostrar,"North");
29         agora = new Date();
30     }
31
32     public void definirEventos() {
33        btMostrar.addActionListener(new ActionListener() {
34            public void actionPerformed(ActionEvent e) {
35                 long tempo = agora.getTime();
36                 Date novaData = new Date(agora.getTime() + (MILI_SEGUNDOS_POR_DIA * 10));
37                 taTexto.setText("Milisegundos desde 1970: " + tempo +
38                   "\nDias: "  + tempo / MILI_SEGUNDOS_POR_DIA +
39                   "\nMeses: " + tempo / MILI_SEGUNDOS_POR_DIA / 30 +
40                   "\nAnos: "  + tempo / MILI_SEGUNDOS_POR_DIA / 365 +
41                   "\nData: " + novaData);
42            }
43        });
44     }
45 }
```

Exemplo 10.1 - Uso de getTime.

As funcionalidades do Exemplo 10.1 são:

- **Linha 9:** armazena o número de milissegundos equivalentes a um dia na constante de nome "MILI_SEGUNDOS_POR_DIA".
- **Linha 35:** a variável "tempo" recebe o número de milissegundos decorridos desde 1970 até o momento em que o objeto "agora" foi criado por meio do método getTime. Isso ocorre quando o botão Mostrar for pressionado pelo usuário.
- **Linha 36:** apresenta uma maneira de acrescentar dez dias a uma outra data já definida. Isso é feito somando a quantidade de milissegundos de uma data já criada e o número de milissegundos referente a dez dias. No exemplo, o objeto "novaData" recebe o que já está armazenado no objeto "agora" (**agora.getTime()**) + 10 dias (**MILI_SEGUNDOS_POR_DIA * 10**). A linha 41 mostra essa data em tela.

- **Linhas 37 a 41:** realizam a impressão de diversos valores, como a quantidade de milissegundos, a quantidade de dias, a quantidade de meses e de anos, todos esses valores decorridos desde 1970. Observe que o cálculo não é preciso, pois nem todos os meses possuem 30 dias, assim como nem todo ano possui 365 dias.

A Figura 10.1 apresenta os resultados obtidos com a execução do Exemplo 10.1.

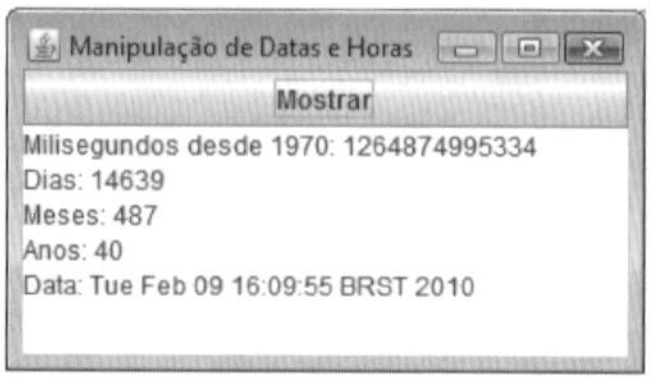

Figura 10.1 - Execução do Exemplo 10.1.

Observação

Apesar de o método getTime poder ser usado para realizar cálculos entre datas, alguns autores defendem a ideia de que ele pode gerar resultados imprecisos, principalmente quando a diferença entre datas é grande.

A Tabela 10.2 mostra alguns métodos da classe Date.

Método	Função	Retorno
after(Date d)	Verifica se a data é posterior à data presente em d.	boolean
before(Date d)	Verifica se a data é anterior à data presente em d.	boolean
equals(Date d)	Verifica se a data é igual à data presente em d.	boolean
getTime()	Fornece o número de milissegundos decorridos desde 1º de janeiro de 1970, 00:00:00.	long
setTime(long t)	Define no objeto Date o número de milissegundos armazenados em t.	void
toString()	Converte o objeto Date em tipo String.	String

Tabela 10.2 - Resumo dos métodos da classe Date.

10.2 Uso da Classe DateFormat

A classe Date, estudada no item anterior, não fornece um mecanismo de controle sobre a formatação de uma data e não permite converter uma string com informações sobre uma data em um objeto Date. Essas funções cabem à classe DateFormat que permite apresentar a data com diferentes formatações, dependendo das necessidades de utilização, tornando sua visualização mais agradável aos usuários. Diferentes países e usuários preferem visualizar a data com formatos diferentes. Um usuário norte-americano pode preferir ver "February 11, 2012", enquanto no Brasil as pessoas estão mais acostumadas a "11 de fevereiro de 2012" ou "11/02/2012". Além disso, DateFormat pode criar uma data a partir de uma string fornecida.

Ao criar um objeto a partir da classe DateFormat, ele conterá informação a respeito de um formato particular no qual a data será exibida.

Os próximos exemplos aproveitam a estrutura do Exemplo 10.1. **Em todos eles você deve alterar apenas o código referente ao botão btMostrar**. A cada exemplo, talvez seja necessário também acrescentar algum import específico à classe utilizada. Observe a listagem do botão btMostrar referente ao Exemplo 10.2:

```
33     public void definirEventos() {
34         btMostrar.addActionListener(new ActionListener() {
35             public void actionPerformed(ActionEvent e) {
36                 DateFormat dateFormat = DateFormat.getDateInstance(DateFormat.MEDIUM);
37                 taTexto.setText("Data Normal: " + agora +
38                   "\nData Formatada: " + dateFormat.format(agora));
39             }
40         });
41     }
42 }
```

Exemplo 10.2 - O uso do DateFormat.

Reforçando, adicione o import "java.text.DateFormat" ao Exemplo 10.1 e modifique o código do botão btMostrar de acordo com a listagem anterior. A seguir, salve a classe com um nome diferente para manter a versão anterior.

Funcionalidades comentadas do Exemplo 10.2:

- **Linha 36:** declara o objeto "dateFormat" do tipo DateFormat que será usado para formatar a data. Em seguida, define um formato por meio do método getDateInstance. Ao invocar o método getDateInstance, deve ser passado um número inteiro que define o estilo de formatação. Para facilitar o trabalho do programador, a classe DateFormat fornece algumas constantes definidas com nomes sugestivos, conforme indica o exemplo (SHORT, MEDIUM, LONG e FULL).

  Neste caso, utilizamos a constante MEDIUM da classe DateFormat que define o formato da data "dd/mm/yyyy", como, por exemplo, "09/02/2012". Você pode testar as demais formatações: SHORT (exemplo: 09/02/12), LONG (exemplo: 09 de Fevereiro de 2012) e FULL (exemplo: Quinta, 09 de Fevereiro de 2012).

- **Linha 38:** formata o conteúdo do objeto "agora" por meio do método format. A formatação aplicada depende da constante usada na criação do objeto do tipo DateFormat.

A Figura 10.2 mostra os resultados obtidos com a execução do Exemplo 10.2.

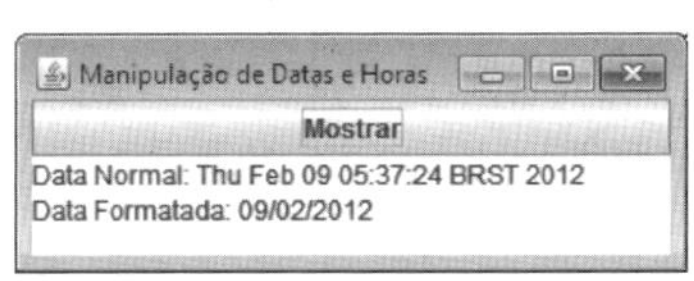

Figura 10.2 - Execução do Exemplo 10.2.

A Tabela 10.3 apresenta alguns métodos da classe DateFormat.

Método	Função	Retorno
format(Date d)	Formata a data em uma string de acordo com o estilo utilizado.	String
getInstance()	Retorna uma data e hora de acordo com o estilo SHORT.	DateFormat
getDateInstance()	Retorna uma data de acordo com o estilo de formatação local.	DateFormat
getTimeInstance()	Retorna um horário de acordo com o estilo de formatação local.	Date
parse(String s)	Converte a string s em tipo Date.	Date

Tabela 10.3 - Resumo dos métodos da classe DateFormat.

10.3 Uso da Classe SimpleDateFormat

A classe SimpleDateFormat permite criar formatos alternativos para a formatação de datas e horas, dependendo das necessidades do desenvolvedor, ou seja, essa classe possibilita expandir as capacidades da classe DateFormat. Para que o próprio desenvolvedor crie seu formato de data/hora, ele deve recorrer ao uso de um pattern.

As principais letras usadas para a criação de patterns estão na Tabela 10.4. A coluna **Caractere** contém a letra que pode ser usada na construção do pattern, a coluna **Descrição** apresenta o significado da utilização da letra, a coluna **Formato** contém o tipo de dado retornado por cada letra e a coluna **Exemplo** mostra um resultado típico de utilização das letras usadas no pattern.

Caractere	Descrição	Formato	Exemplos
G	designador de era	Texto	AD
y	ano	Year	2010
M	mês do ano	Month	July; 07
w	semana do ano	Number	15
W	semana do mês	Number	3
D	dia do ano	Number	234
d	dia do mês	Number	5
F	dia da semana no mês	Number	2
E	dia da semana	Text	Tuesday
a	am/pm	Text	PM
H	hora do dia (0-23)	Number	0
k	hora do dia (1-24)	Number	23
K	hora em am/pm (0-11)	Number	2
h	hora em am/pm (1-12)	Number	5
m	minuto da hora	Number	10
s	segundos do minuto	Number	30
S	milissegundos	Number	978
z	fuso horário	Text	BRST

Tabela 10.4 - Caracteres usados em patterns para data e hora.

As letras apresentadas na Tabela 10.4 permitem criar os mais diversos tipos de formatação, sejam numéricos ou textuais, dependendo da combinação de letras e das quantidades de cada letra usada. Observe que uma simples alteração do caractere de minúsculo para maiúsculo pode gerar um resultado totalmente diferente. Existem muitas combinações possíveis não citadas aqui.

O próximo exemplo mostra a utilização da classe SimpleDateFormat. Novamente lembramos que você deve usar como base o Exemplo 10.1. Edite a classe ManipulacaoDataHora, adicione a linha "**import java.text.SimpleDateFormat**" e altere apenas o código referente ao evento do botão btMostrar apresentado na listagem do Exemplo 10.3 seguinte. A seguir, salve a classe com outro nome para manter a original.

```
35      public void definirEventos() {
36          btMostrar.addActionListener(new ActionListener() {
35              public void actionPerformed(ActionEvent e) {
38                  String formato = "dd/MM/yyyy, hh:mm:ss";
39                  DateFormat dateFormat =  new SimpleDateFormat(formato);
40                  taTexto.setText("Data Normal: " + agora +
41                    "\nData Formatada: "  + dateFormat.format(agora));
42              }
43          });
44      }
45  }
```

Exemplo 10.3 - O uso do SimpleDateFormat.

Funcionalidades comentadas do Exemplo 10.3:

- **Linha 38:** declara a String "formato" com o pattern (modelo) a ser usado na formatação. Observe o significado do par de caracteres usados: **dd** (dois dígitos para o dia), **MM** (dois dígitos para o mês), **yyyy** (quatro dígitos para o ano), **hh** (hora), **mm** (minuto), **ss** (segundos). Você pode testar outros formatos, como **DD** (dia do ano), **mm** (minutos da hora), **yy** (ano com dois dígitos), **SS** (milissegundos), EEE (dia da semana), MMM (mês por extenso) e outras variações seguindo a Tabela 10.3.
- **Linha 39:** cria o objeto "dateFormat" do tipo DateFormat com o pattern definido na String "formato".
- **Linha 41:** formata o conteúdo do objeto "dateFormat" por meio do método format. A formatação aplicada depende do pattern usado na criação do objeto a partir da classe SimpleDateFormat.

A Figura 10.3 apresenta os resultados obtidos com a execução do Exemplo 10.3.

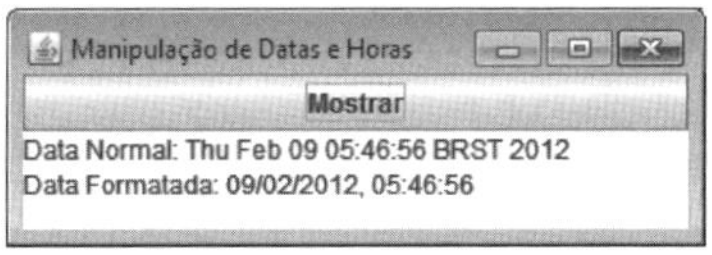

Figura 10.3 - Execução do Exemplo 10.3.

A Tabela 10.5 descreve alguns métodos da classe SimpleDateFormat.

Método	Função	Retorno
applyPattern (String p)	Aplica um pattern à data, conforme definido na String p.	void
toPattern()	Fornece o pattern que está sendo usado no formato da data.	String

Tabela 10.5 - Resumo dos métodos da classe Date.

10.4 Uso da Classe Calendar

A classe Calendar oferece mecanismos adequados para realização de cálculos com datas ou para identificação das propriedades de uma data, como, por exemplo, para identificar o dia da semana, o dia do mês etc. Para isso, a classe Calendar converte um tipo Date armazenado nela em uma série de campos. Ela possui métodos para recuperar (get) ou armazenar (set) os valores correspondentes a datas e horas, por meio de um argumento fornecido que identifica o campo a ser manipulado. Por exemplo, para recuperar o número do ano, pode ser usada a sintaxe **get(Calendar.YEAR)**. Neste caso, a sintaxe define que o campo a ser manipulado é o ano (YEAR) da data.

Os principais campos usados pela classe Calendar são mostrados na Tabela 10.6. A coluna **Campo** corresponde ao nome da propriedade usada por Calendar e a coluna **Descrição** apresenta um breve significado de cada campo.

Campo	Descrição (em valores inteiros)
DAY_OF_MONTH	Dia do mês (1 a 31).
DAY_OF_WEEK	Dia da semana (0=domingo, 6=sábado).
DAY_OF_WEEK_IN_MONTH	Semana do mês (1 a 5) corrente. Diferente em relação a WEEK_OF_MONTH porque considera apenas a semana cheia.
DAY_OF_YEAR	Dias decorridos no ano corrente.
HOUR	Hora do dia (manhã ou tarde) (0 a 11).
HOUR_OF_DAY	Hora do dia (0 a 23).
MILLISECOND	Milissegundos em relação ao segundo corrente.
MINUTE	Minutos em relação à hora corrente.
MONTH	Mês em relação ao ano corrente.
SECOND	Segundos em relação ao minuto corrente.
WEEK_OF_MONTH	Semana em relação ao mês corrente (1 a 5).
WEEK_OF_YEAR	Semana em relação ao ano corrente.
YEAR	Ano corrente.
JANUARY, FEBRUARY, MARCH, APRIL, MAY, JUNE, JULY, AUGUST, SEPTEMBER, OCTOBER, NOVEMBER, DECEMBER	Mês correspondente ao ano.
MONDAY, TUESDAY, WEDNESDAY, THURSDAY, FRIDAY, SATURDAY, SUNDAY.	Dia correspondente à semana.

Tabela 10.6 - Campos usados na classe Calendar.

O próximo exemplo mostra a utilização da classe Calendar. Novamente lembramos que você deve usar como base o Exemplo 10.1. Edite a classe ManipulacaoDataHora, adicione a linha "**import java.util.Calendar**" e altere apenas o código referente ao evento do botão btMostrar apresentado na listagem do Exemplo 10.4 seguinte. A seguir, salve a classe com outro nome para manter a original.

```
33      public void definirEventos() {
34          btMostrar.addActionListener(new ActionListener() {
35              public void actionPerformed(ActionEvent e) {
36                  Calendar calendario = Calendar.getInstance();
37                  calendario.setTime(agora);
38                  int dia = calendario.get(Calendar.DATE);
39                  int mes = calendario.get(Calendar.MONTH);
40                  int ano = calendario.get(Calendar.YEAR);
41                  int hora = calendario.get(Calendar.HOUR_OF_DAY);
42                  int minuto = calendario.get(Calendar.MINUTE);
43                  int segundo = calendario.get(Calendar.SECOND);
44                  int diaDaSemana = calendario.get(Calendar.DAY_OF_WEEK);
45                  String semana = "";
46                  if (diaDaSemana == Calendar.SATURDAY || diaDaSemana == Calendar.SUNDAY)
47                      semana = "Fim de Semana";
48                  else
49                      semana = "Dia util";
50                  taTexto.setText("Dia = " + dia +
51                    "\nMes = " + mes +
52                    "\nAno = " + ano +
53                    "\nHora = " + hora +
54                    "\nMinuto = " + minuto +
55                    "\nSegundo = " + segundo +
56                    "\nDia da semana = " + diaDaSemana +
57                    "\n" + semana
58                  );
59              }
60          });
61      }
62  }
```

Exemplo 10.4 - O uso da classe Calendar.

Funcionalidades comentadas do Exemplo 10.4:

- **Linha 36:** cria o objeto "calendário" a partir da classe Calendar e o inicializa com as configurações regionais do usuário.
- **Linha 37:** atribui ao objeto "calendário" o conteúdo (data e hora) armazenado no objeto "agora".
- **Linha 38:** recupera o número do dia armazenado no objeto "calendario" (o mesmo que o objeto "agora") por meio do método get(Calendar.**DATE**) e o atribui à variável "dia".
- **Linha 39:** recupera o número do mês armazenado no objeto "calendario" por meio do método get(Calendar.**MONTH**) e o atribui à variável "mes".
- **Linha 40:** recupera o número do ano armazenado no objeto "calendário" por meio do método get(Calendar.**YEAR**) e o atribui à variável "ano".
- **Linhas 41 a 43:** realizam os mesmos procedimentos descritos nas linhas 38 a 40, porém com a hora do dia (**HOUR_OF_DAY**), o minuto da hora (**MINUTE**) e o segundo do minuto (**SECOND**).
- **Linha 44:** armazena o dia da semana (**DAY_OF_WEEK**) na variável "diaDaSemana". Observe que domingo corresponde ao valor 1, segunda ao valor 2, sábado ao valor 7 etc.
- **Linha 46:** verifica se o dia da semana, recuperado na linha 44, corresponde a um final de semana (**SATURDAY** ou **SUNDAY**).

A Figura 10.4 apresenta os resultados obtidos com a execução do Exemplo 10.4.

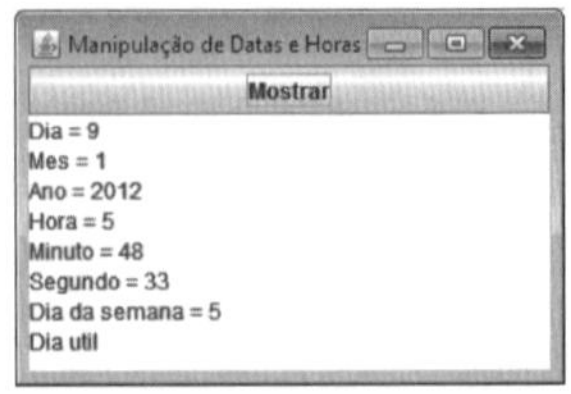

Figura 10.4 - Tela de execução do Exemplo 10.4.

As funcionalidades da classe Calendar permitem a criação de páginas que exibem informações de maneira dinâmica, dependendo da combinação de certas condições de data e hora. O Exemplo 10.5 retorna uma mensagem diferente, dependendo do momento em que a classe é executada. Imagine uma pessoa acessando um determinado site da Internet. Quando a página abre, uma saudação é mostrada de acordo com o horário em que foi acessada. Para testar, mantenha os imports da classe anterior e apenas altere o evento do botão btMostrar que aparece na listagem do Exemplo 10.1.

```
34        public void definirEventos() {
35            btMostrar.addActionListener(new ActionListener() {
36                public void actionPerformed(ActionEvent e) {
37                    DateFormat df = DateFormat.getDateInstance(DateFormat.MEDIUM);
38                    Calendar calendario = Calendar.getInstance();
39                    calendario.setTime(agora);
40                    int hora = calendario.get(Calendar.HOUR_OF_DAY);
41                    int minuto = calendario.get(Calendar.MINUTE);
42                    int segundo = calendario.get(Calendar.SECOND);
43                    String men = "Boa Noite!";
44                    if(hora<6) men = "Boa Madrugada!";
45                    else if(hora<12) men = "Bom Dia!";
46                          else if(hora<18) men = "Boa Tarde!";
47                    taTexto.setText("Data Atual " + df.format(agora) +
48                      "\nHora atual " + hora + "h:" + minuto + "m:" + segundo + "s" +
49                      "\n" + men
50                    );
51                }
52            });
53        }
54    }
```

Exemplo 10.5 - Mensagens dinâmicas.

O Exemplo 10.5 contém uma variável com o nome "**hora**" (linha 40), usada para controlar a hora em que o usuário acessa o aplicativo. Dependendo do horário de acesso, verificado com a estrutura **if else**, aparece uma mensagem na tela ("boa-madrugada", "bom-dia", "boa-tarde" ou "boa-noite"). O exemplo também recupera a data e hora atuais, cuja explicação foi descrita nos exemplos anteriores.

A Tabela 10.7 mostra alguns métodos da classe Calendar.

Método	Função	Retorno
add(int field, int valor)	Função aritmética para objetos Date que adiciona o valor inteiro ao campo (Field) determinado.	void
after(Object x)	Verifica se o tempo (data e hora) do objeto x (pode ser Calendar ou outro tipo) é superior ao armazenado no objeto Calendar.	boolean
before(Object x)	Idem ao anterior, porém verifica se o tempo é anterior ao objeto.	boolean
clear()	Zera o conteúdo de data e hora, armazenando 1º de janeiro de 1970 00:00:00.	void
getFirstDayOfWeek()	Fornece o primeiro dia da semana, dependendo da localidade.	int

Tabela 10.7 (continua)

Método	Função	Retorno
getTime()	Fornece o tempo corrente.	Date
getTimeMillis()	Fornece o tempo corrente em milissegundos.	long
roll()	Função aritmética para objetos Date aplicando o efeito de rolagem de datas. Verifique maiores detalhes na seção 10.5.	void
toString()	Fornece uma representação em formato String para a data armazenada.	String

Tabela 10.7 - Resumo dos métodos da classe Calendar.

10.5 Cálculos com Data

A classe Calendar, conforme citado, oferece mecanismos úteis para realização de cálculos com datas ou para identificação das propriedades de uma data, como, por exemplo, para identificar o dia da semana, o dia do mês em relação ao ano etc. O cálculo que envolve datas é muito comum em aplicações comerciais. Exemplos:

1. Um cliente compra um produto e realiza seu pagamento em seis vezes, a partir de uma data qualquer, de 20 em 20 dias. Como descobrir qual é a data decorrida após 20 dias de uma data?
2. Você quer descobrir quantos dias já viveu. Como é possível contar os dias, desde a data de seu nascimento até hoje?

```
    private void definirEventos() {
        btMostrar.addActionListener(new ActionListener() {
            public void actionPerformed(ActionEvent e) {
                DateFormat df = DateFormat.getDateInstance(DateFormat.MEDIUM);
                Calendar calendario1 = Calendar.getInstance();
                Calendar calendario2 = Calendar.getInstance();
                Calendar calendario3 = Calendar.getInstance();
                Calendar calendario4 = Calendar.getInstance();
                try {
                    Date data1 = df.parse("01/01/2010"); // pode gerar erro (ParseException)
                    calendario1.setTime(data1);
                    Date data2 = df.parse("01/03/2010");
                    calendario2.setTime(data2);
                    long diaData1 = calendario1.getTimeInMillis();
                    long diaData2 = calendario2.getTimeInMillis();
                    long dif = (diaData2 - diaData1) / MILI_SEGUNDOS_POR_DIA;
                    calendario2.add(Calendar.DAY_OF_YEAR,30);
                    Date trinta = calendario2.getTime();
                    Date data3 = df.parse("31/12/2009");
                    calendario3.setTime(data3);
                    calendario4.setTime(data3);
                    calendario3.add(Calendar.DAY_OF_YEAR,1);
                    calendario4.roll(Calendar.DAY_OF_YEAR,1);
                    Date dia1 = calendario3.getTime();
                    Date dia2 = calendario4.getTime();
                    taTexto.setText("Data 1 = " + df.format(data1) +
                        "\nData 2 = " + df.format(data2) +
                        "\nDiferenca de dias = " + (dif) +
                        "\n30 dias apos Data 2   = " + df.format(trinta) +
                        "\nDia primeiro com add  = " + df.format(dia1) +
                        "\nDia primeiro com roll = " + df.format(dia2)
                    );
                } catch (ParseException erro) {
                    JOptionPane.showMessageDialog(null, "Data Invalida " + erro.getErrorOffset());
                }
            }
        });
    }
}
```

Exemplo 10.6 - O uso da classe Calendar (cálculos com data).

Para resolver estas e diversas outras questões, a classe Calendar possui vários métodos, tais como **add()** e **roll()**, cujo funcionamento é discutido no Exemplo 10.6. Novamente lembramos que você deve usar como base o Exemplo 10.1. Edite a classe ManipulacaoDataHora, então adicione a linha "**import java.text.ParseException**" e altere apenas o código referente ao evento do botão btMostrar apresentado na listagem do Exemplo 10.6 seguinte. A seguir, salve a classe com outro nome para manter a original.

Funcionalidades comentadas do Exemplo 10.6:

- Como dissemos anteriormente, esse exemplo importa a classe ParseException. Como o nome sugere, trata-se de uma classe usada para controle de exceções. O exemplo converte um tipo String numa data. Esse processo de conversão pode gerar erro caso a data tenha um formato inadequado.

- **Linhas 44, 46 e 53:** realizam a conversão de tipo String em tipo Date pelo método **parse** da classe **DateFormat**. Essa conversão pode gerar erro. Por exemplo, se a String a ser convertida possuir o conteúdo igual a "01@01/2010", com o sinal de arroba (@) no lugar da barra (/), ocorre erro, uma vez que o caractere usado como separador de dia e mês está incorreto. Outros caracteres geram o mesmo erro. Por outro lado, se o conteúdo fosse igual a "33/01/2010", apesar de não existir o dia 33, os dias excedentes ao mês são adicionados automaticamente ao mês seguinte, fazendo com que a data passe a ser "02/02/2010". Como janeiro tem 31 dias, restam 33-31 dias, isto é, dois dias que serão adicionados à data (31/01/2010 + 2 dias = 02/02/2010).

- **Linhas 45, 47, 54 e 55:** ajustam os objetos do tipo Calendar com os valores inicializados nos objetos do tipo Date, isto é, com os valores de data e hora atribuídos quando os objetos foram inicializados.

- **Linhas 48 e 49:** utilizam o método **getTimeInMillis** da classe Calendar, o qual retorna o número (tipo long) de milissegundos decorridos desde 1970. Com isso a variável "diaData1" recebe o número de milissegundos decorridos de 1970 até a data "01/01/2010" e a variável "diaData2" recebe o número de milissegundos decorridos de 1970 até a data "01/03/2010". Assim é possível realizar o cálculo entre as datas.

- **Linha 50:** realiza o cálculo da diferença de dias entre as duas datas, subtraindo a quantidade de milissegundos armazenados nas duas datas e dividindo o resultado pelo número de milissegundos de um dia. A linha 62 apresenta essa diferença na tela.

- **Linha 51:** utiliza o método **add** da classe **Calendar**, o qual possui dois parâmetros, sendo o tipo de campo a ser manipulado e um valor inteiro que se refere à quantidade a ser adicionada (dependendo do tipo do primeiro parâmetro). No exemplo, o primeiro parâmetro (**Calendar.DAY_OF_YEAR**) indica que o campo é o dia do ano. Já o segundo parâmetro (30) determina que serão acrescentados 30 dias à data. Como o objeto "calendario2" mantém internamente a data "01/03/2010" e foi determinado para acrescentar 30 dias, a nova data armazenada passa a ser "31/03/2010".

- **Linha 52:** cria um objeto do tipo Date, chamado "trinta", com o conteúdo de milissegundos armazenados em "calendario2", isto é, a nova data armazenada no objeto "calendario2" é copiada para o objeto "trinta". A linha 63 apresenta a nova data na tela.

- **Linhas 56 e 57:** utilizam os métodos **add** e **roll**, cujo objetivo é mostrar a diferença entre eles. Ambos adicionam um dia à data "31/12/2009". O método add, conforme já apresentado, adiciona um dia à data e o resultado é "01/01/2010", como é de se esperar. No entanto, o resultado obtido com o método roll é "01/01/2009". Isso ocorre pelo fato de roll realizar o cálculo sem considerar os campos de maior grandeza. São exemplos: a hora tem maior grandeza que o minuto, o ano tem maior grandeza que o mês e assim por diante. Como no exemplo o campo calculado foi "DAY_OF_YEAR" (dia do ano), o campo de maior grandeza que este (no caso o ano) não é levado em consideração no cálculo, fazendo com que o ano permaneça inalterado.

- **Linhas 58 e 59:** criam os objetos "dia1" e "dia2" do tipo Data a partir do conteúdo armazenado nos objetos "caledario1" e "calendario2".
- As linhas seguintes imprimem os dados na caixa de diálogo.

A Figura 10.5 apresenta os resultados obtidos com a execução do Exemplo 10.6.

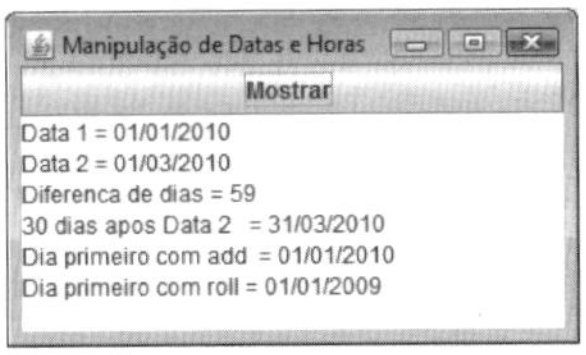

Figura 10.5 - Tela de execução do Exemplo 10.6.

10.6 JSR-310

Uma JSR (*Java Specification Request*) possui um grupo de trabalho cujo objetivo é estabelecer padrões para a linguagem Java. Os usuários participantes de uma JSR fazem sugestões de melhoria da linguagem, cujas propostas passam por revisões públicas antes de serem aceitas. Ao final do processo, a JSR gera documentos formais das especificações implementadas na plataforma Java. O objetivo é criar padrões aceitos e seguidos pelo mercado. Dentro desse contexto, surgiu a JSR-310 que se refere a API para manipulação de data e hora.

Desde o início do desenvolvimento do JDK 7 existia a preocupação de desenvolver uma API mais adequada para a manipulação de data e hora. No conjunto de classes presente até a versão 6, existe uma série de problemas que podem gerar resultados imprevisíveis em determinadas condições, além da necessidade de codificação (por parte do desenvolvedor das aplicações em Java) de diversas funções rotineiras para manipulação de data e hora. Na tentativa de resolver esses problemas, foi criada a JSR-310. Essa nova API busca trazer várias facilidades e corrigir problemas de versões anteriores e possui dezenas, talvez centenas, de classes e métodos. Nosso objetivo é apenas mostrar como usar a JRS-310 por meio de um exemplo simples.

No exemplo seguinte vamos utilizar os métodos plusDays, plusMinute e plusMonth presentes nas classes LocalDate e LocalTime. Antes de mais nada, é importante salientar que na época em que o livro foi escrito a JSR-310 ainda não se encontrava disponível no JDK da Oracle. Por este motivo, para testar o exemplo seguinte torna-se necessário incluir o pacote (arquivo .jar) que contém a API. Para isso, copie o arquivo "jsr-310.jar" (presente no site da Editora Érica) na pasta ext de seu java: "Java\jre7\lib\ext". Veja na Figura 10.6 o arquivo "jsr-310.jar" incluído na pasta; caso contrário, não será possível compilar o exemplo. Para garantir que o arquivo seja encontrado, é mais indicado copiá-lo também na pasta jre presente no jdk (jdk1.7.0_01\jre\lib\ext).

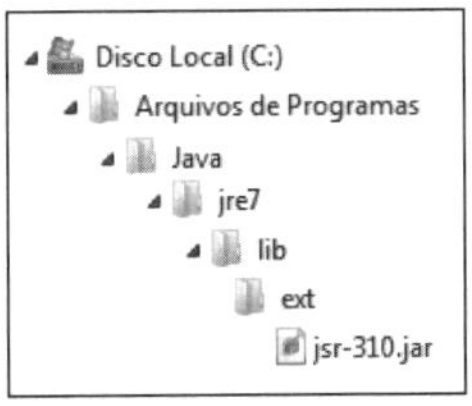

Figura 10.6 - Arquivo jsr-310.jar incluído na pasta ext.

Existem centenas de classes e métodos nessa nova API. A Tabela 10.8 apresenta comentários sobre algumas delas.

Classe	Comentários
Instant	Representa um ponto instantâneo na linha do tempo. Possui precisão de nanossegundos e 96 bits para armazenamento. Isso torna possível armazenar centenas de vezes uma data equivalente ao tempo de existência do universo.
Duration	Representa a duração entre dois instantes (criados com a classe Instant). Com isso é possível manipular o período a partir de dois instantes, um inicial e um final. Em outras palavras, um objeto Duration pode manipular a diferença entre dois instantes.
LocalDate	Representa campos de datas e contém métodos que implementam ações comuns, normalmente utilizadas nos sistemas. Suporta diversos tipos de cálculos envolvendo datas, poupando o desenvolvedor desse trabalho.
LocalTime e	Representa uma hora sem time zone (fuso horário).
LocalDateTime	Representa uma data e hora ao mesmo tempo. Isso torna possível integrar data e hora num só objeto. Ao alterar a hora de uma data, o sistema faz o cálculo de horas corretamente, incrementando ou decrementando não apenas o horário, mas a data, se for necessário. Por exemplo, se a data representada for dia 11 e subtrairmos 48 horas, o sistema retorna o dia 9. Isso não era possível usando as classes para manipulação de datas e horas até a versão 6 do Java.
Period	Representa um período de tempo qualquer, como, por exemplo, a duração de uma aula, de alguma reunião. Além da classe Period, existe uma classe para cada parte do período: Days, Minutes, Months, Seconds, Weeks, Years.

Tabela 10.8

No próximo exemplo, novamente vamos usar como base o Exemplo 10.1. Edite a classe ManipulacaoDataHora, adicione a linha "**import javax.time.calendar.***" e altere apenas o código referente ao evento do botão btMostrar apresentado na listagem do Exemplo 10.7 seguinte. A seguir, salve a classe com outro nome para manter a original.

```
29        private void definirEventos() {
30            btMostrar.addActionListener(new ActionListener() {
31                public void actionPerformed(ActionEvent e) {
32                    LocalDate data = LocalDate.date(2010, 2, 1);
33                    LocalTime hora = LocalTime.time(21, 29, 40);
34                    taTexto.setText("Data = " + data + "\n20 dias depois = " + data.plusDays(20) +
35                        "\nHora = " + hora + "\n10 minutos depois = " + hora.plusMinutes(10) +
36                        "\nMes = " + data.getMonthOfYear().getValue() +
37                        "\n15 meses depois = " + data.plusMonths(15));
38                }
39            });
40        }
41    }
```

Exemplo 10.7 - O uso da classe LocalDate.

Funcionalidades comentadas do Exemplo 10.7:

- **Linha 32:** cria o objeto "data" a partir da classe LocalDate e o inicializa com a seguinte data: 01 de Fevereiro de 2010.
- **Linha 33:** cria o objeto "hora" a partir da classe LocalTime e o inicializa com a hora "21:29:40".
- **Linha 34:** imprime em tela a data recebida e em seguida, 20 dias depois, por meio do método plusDays, que recebe a quantidade de dias a serem inseridos na data armazenada no objeto.

- **Linha 35:** imprime em tela a hora recebida e em seguida acrescenta dez minutos por meio do método plusMinutes. De forma semelhante ao método plusDays, esse método recebe a quantidade de minutos a serem inseridos na hora.
- **Linha 36:** por meio dos métodos getMonthOfYear (retorna o nome do mês em inglês) e getValue (retorna o número do mês) apresenta em tela o número do mês da data recebida.
- **Linha 37:** acrescenta 15 meses ao mês da data recebida por meio do método plusMonths, que recebe a quantidade de meses a serem inseridos na data armazenada no objeto.

A Figura 10.7 apresenta os resultados obtidos por meio da execução do Exemplo 10.7.

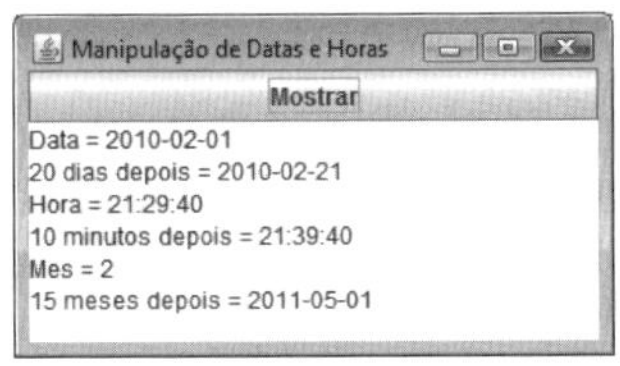

Figura 10.7 - Tela de execução do Exemplo 10.7.

Exercícios para Prática da Linguagem Java

1. Crie uma classe que imprima uma mensagem diferente em tela dependendo do dia da semana. Por exemplo: se for segunda-feira, "Aulas de matemática e física!"; se for terça-feira, "Aulas de ciência e biologia"; se for sábado ou domingo, "Final de semana" e assim por diante, de acordo com a Figura 10.8.

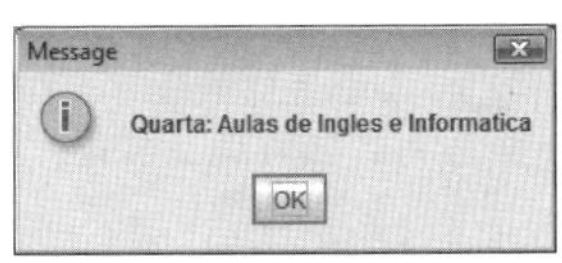

Figura 10.8 - Tela de execução do exercício 10.1.

2. Elabore uma classe que mostre na tela o dia atual no formato exibido na Figura 10.9.

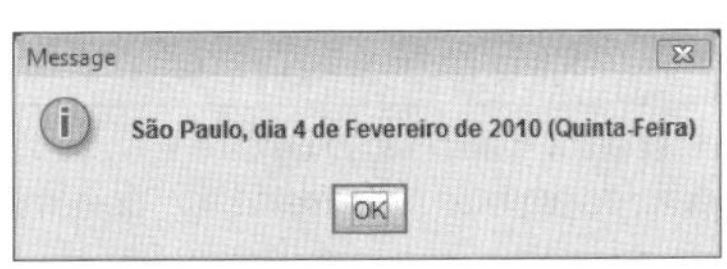

Figura 10.9 - Tela de execução do exercício 10.2.

3. O dono de uma loja necessita de um programa que calcule datas a prazo. A partir de uma data qualquer fornecida pelo usuário, calcule uma compra em três parcelas (30, 60 e 90 dias). O programa deve mostrar a data em que os cheques serão compensados. Para isso, utilize a classe LocalDate. Observe a Figura 10.10.

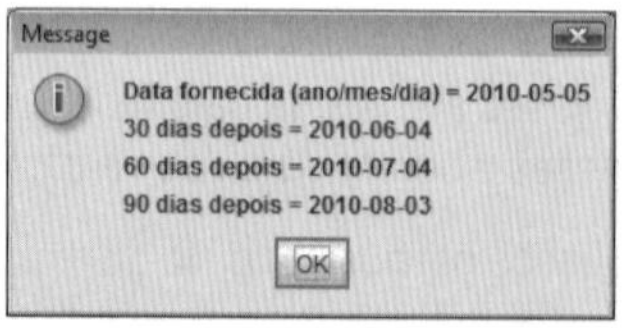

Figura 10.10 - Tela de execução do exercício 10.3.

4. Um parque de diversões quer informatizar o tempo de duração de espera para que as pessoas saibam o horário exato em que a próxima atração do parque irá começar. Faça uma classe que receba o horário em que a atração começou e calcule 45 minutos após esse horário. Para isso, utilize a classe LocalTime. Observe a Figura 10.11.

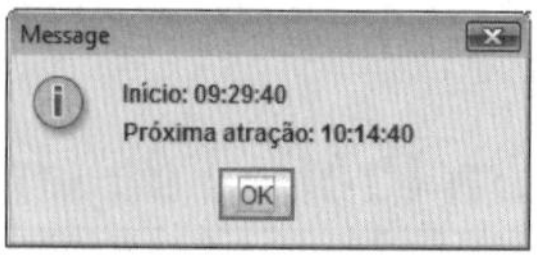

Figura 10.11 - Tela de execução do exercício 10.4.

5. Usando o método getTimeInMillis da classe Calendar, elabore uma classe que mostre na tela a idade aproximada de uma pessoa. A classe deve receber a data de nascimento e, baseada na data atual, calcular a quantidade de anos decorridos. A Figura 10.12 ilustra um exemplo da execução.

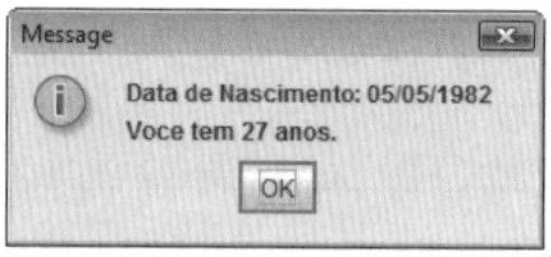

Figura 10.12 - Tela de execução do exercício 10.5.

Seu próximo passo

Este capítulo mostrou os métodos para a manipulação de data e hora existentes em Java. O próximo capítulo destaca a leitura e a gravação de arquivos no formato texto, item importante para muitas aplicações.

11

Tratamento de Arquivo Texto

Objetivos deste capítulo

- Demonstrar os passos necessários para o armazenamento de arquivos no formato texto;
- Demonstrar a importância do armazenamento e da recuperação de dados;
- Enumerar os aspectos fundamentais para a leitura e gravação em arquivos;
- Apresentar a utilização da classe FileDialog.

11.1 Definição

A grande maioria das aplicações necessita armazenar dados para manipulá-los posteriormente. Na prática, são poucas as aplicações que se limitam a armazenar dados apenas na memória durante o processo de execução, pois eles precisam ser recuperados a qualquer momento. Por este motivo devem ser usados os arquivos de dados, isto é, um conjunto de dados armazenado em uma memória secundária não volátil que pode ser recuperado pelo programa em qualquer instante. Inúmeras são as aplicações para o armazenamento de dados e sua utilização é praticamente obrigatória em qualquer site, salvo aqueles que são usados apenas para consulta de informações.

Para a manipulação de arquivos em Java, é necessária a utilização do pacote **java.io**. Os dados podem ser armazenados e recuperados pelo pacote java.io por intermédio de um sistema de comunicação denominado controle de fluxo (***Stream***), permitindo a manipulação de diferentes formatos de arquivo, entre eles txt, dat, gif etc. Este capítulo fornece alguns exemplos para o tratamento de arquivos texto.

11.2 Leitura e Gravação

Esta seção apresenta de forma prática o armazenamento e a recuperação de um arquivo texto. Existem diversas classes que podem ser usadas para realizar esse processo. A forma apresentada utiliza a classe **BufferedReader** para a leitura do arquivo e a classe **PrintWriter** para a gravação.

O Exemplo 11.1 demonstra o código necessário para a criação de um cadastro de pessoas, usando leitura e gravação em arquivo texto. O nome do arquivo é formado pelo "código da pessoa" + ".txt" e será armazenado na mesma pasta em que a classe estiver localizada.

```
package cap11;
import java.awt.*;
import java.awt.event.*;
import javax.swing.*;
import java.io.*;
public class CadastroComArquivoTexto extends JFrame {
    private JLabel label1, label2, label3;
    private JButton btAbrir, btGravar, btLimpar;
    private JTextField tfCodigo, tfNome, tfEmail;

    public static void main(String[] args) {
        JFrame frame = new CadastroComArquivoTexto();
        frame.setDefaultCloseOperation(JFrame.EXIT_ON_CLOSE);
        frame.setVisible(true);
    }

    public CadastroComArquivoTexto() {
        inicializarComponentes();
        definirEventos();
    }

    private void inicializarComponentes() {
        setTitle("Cadastro usando arquivo texto");
        setBounds(250, 50, 340, 160);
        setBackground(new Color(150, 150, 150));
        label1 = new JLabel("Codigo");
        label2 = new JLabel("Nome");
        label3 = new JLabel("Email");
        btAbrir = new JButton("Abrir");
        btGravar = new JButton("Gravar");
        btLimpar = new JButton("Limpar");
        tfCodigo = new JTextField();
        tfNome = new JTextField();
        tfEmail = new JTextField();
        setLayout(null);
        label1.setBounds(10, 15, 40, 20);
        label2.setBounds(10, 40, 45, 20);
        label3.setBounds(10, 65, 45, 20);
        btAbrir.setBounds(10, 100, 75, 20);
        btGravar.setBounds(95, 100, 75, 20);
        btLimpar.setBounds(180, 100, 75, 20);
        tfCodigo.setBounds(60, 15, 55, 20);
        tfNome.setBounds(60, 40, 255, 20);
        tfEmail.setBounds(60, 65, 255, 20);
        add(label1);
        add(label2);
        add(label3);
        add(btAbrir);
        add(btGravar);
        add(btLimpar);
        add(tfCodigo);
        add(tfNome);
        add(tfEmail);
    }
```

Exemplo 11.1 - A classe CadastroComArquivoTexto (Listagem 1 - linhas 1 a 54).

```
55
56      private void definirEventos() {
57          btLimpar.addActionListener(new ActionListener() {
58              public void actionPerformed(ActionEvent e) {
59                  tfCodigo.setText("");
60                  tfNome.setText("");
61                  tfEmail.setText("");
62              }
63          });
64          btGravar.addActionListener(new ActionListener() {
65              public void actionPerformed(ActionEvent e) {
66                  if (tfCodigo.getText().equals("")) {
67                      JOptionPane.showMessageDialog(null, "O codigo nao pode estar vazio!");
68                      tfCodigo.requestFocus();
69                  } else if (tfNome.getText().equals("")) {
70                      JOptionPane.showMessageDialog(null, "O nome nao pode estar vazio!");
71                      tfNome.requestFocus();
72                  } else if (tfEmail.getText().equals("")) {
73                      JOptionPane.showMessageDialog(null, "O email nao pode estar vazio!");
74                      tfEmail.requestFocus();
75                  } else {
76                      try {
77                          PrintWriter out = new PrintWriter(tfCodigo.getText() + ".txt");
78                          out.println(tfCodigo.getText());
79                          out.println(tfNome.getText());
80                          out.println(tfEmail.getText());
81                          out.close();
82                          JOptionPane.showMessageDialog(null, "Arquivo gravado com sucesso!");
83                      } catch (IOException erro) {
84                          JOptionPane.showMessageDialog(null, "Erro ao gravar no arquivo " + erro);
85                      }
86                  }
87              }
88          });
89          btAbrir.addActionListener(new ActionListener() {
90              public void actionPerformed(ActionEvent e) {
91                  try {
92                      String arq = JOptionPane.showInputDialog(null, "Forneca o codigo a abrir:");
93                      BufferedReader br = new BufferedReader(new FileReader(arq + ".txt"));
94                      tfCodigo.setText(br.readLine());
95                      tfNome.setText(br.readLine());
96                      tfEmail.setText(br.readLine());
97                      br.close();
98                  } catch (IOException erro) {
99                      JOptionPane.showMessageDialog(null, "Erro ao abrir o arquivo " + erro);
100                 }
101             }
102         });
103     }
104 }
```

Exemplo 11.1 - A classe CadastroComArquivoTexto (Listagem 2 - linhas 55 a 104).

O aplicativo do Exemplo 11.1 possui três botões, sendo um para abrir o arquivo texto, outro para gravar o arquivo texto e outro para limpar o conteúdo das caixas de texto, conforme apresenta a Figura 11.1. Ao pressionar o botão **Gravar**, o conteúdo das caixas de texto é armazenado num arquivo cujo nome é igual ao código da pessoa (mais a extensão .txt). Desta forma, cada pessoa cadastrada é armazenada num arquivo texto diferente, isto é, a pessoa de código "10" é armazenada no arquivo "10.txt", a pessoa de código "15" é armazenada no arquivo "15.txt" e assim sucessivamente. Ao pressionar o botão **Abrir**, ocorre o processo inverso, isto é, o conteúdo armazenado no arquivo, cujo código da pessoa deve ser fornecido pelo usuário, é copiado para as caixas de texto. Ao pressionar o botão **Limpar**, o conteúdo das caixas de texto tfCodigo, tfNome e tfEmail é apagado.

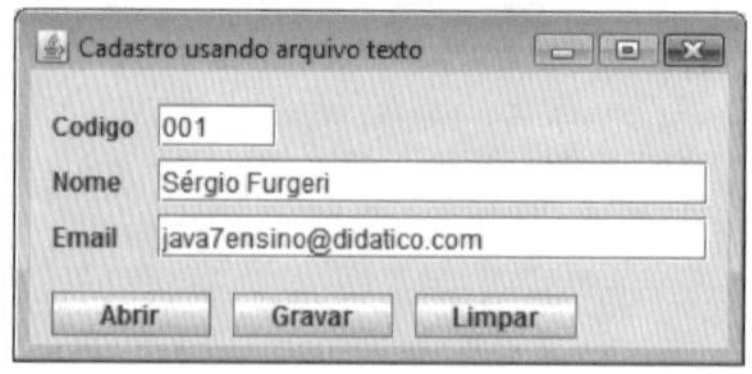

Figura 11.1 - O Exemplo 11.1 executado.

Funcionalidades comentadas do Exemplo 11.1:

- **Linha 5:** importa o pacote java.io necessário para a manipulação de arquivos de fluxo.
- **Linhas 66 a 75:** realizam a validação das caixas de texto ao pressionar o botão **Gravar**. Todas as caixas de texto precisam ter algum conteúdo; caso contrário, uma mensagem é enviada ao usuário, indicando a obrigatoriedade do preenchimento. Observe que as linhas 68, 71 e 74 possuem o método requestFocus, responsável por fornecer o foco (do cursor) à caixa de texto correspondente.
- **Linhas 76 a 86:** contêm o código necessário para a gravação do arquivo texto e são executadas quando o usuário pressiona o botão **Gravar**. A linha 77 contém a classe PrintWriter usada para criar o arquivo texto, cujo nome é o conteúdo da caixa de texto tfCodigo concatenado com a extensão ".txt". O arquivo a ser criado é controlado pelo objeto "out". Nas linhas 78 a 80 o objeto "out" realiza a gravação dos valores do código, nome e e-mail, cada um em uma linha diferente do arquivo texto por meio do método println que funciona da mesma forma que a impressão em tela, ou seja, ele faz com que cada dado gravado ocupe uma linha diferente do arquivo. Imagine que você está criando um arquivo texto por meio do bloco de notas e cada linha receberá um dado diferente. A linha 81 contém o método close responsável por fechar o arquivo. Os dados são efetivamente transferidos para o arquivo texto quando o objeto "out" é fechado. A linha 83 trata a exceção IOException gerada quando, por um motivo qualquer, não for possível realizar a gravação do arquivo. Em resumo, para o armazenamento de dados em um arquivo texto, é necessário: 1) criar um arquivo de fluxo para a saída de dados por meio da classe PrintWriter; 2) gravar os dados no arquivo por meio do método println; 3) fechar o arquivo gravado por meio do método close. Conforme citado anteriormente, podem existir outras variações para a gravação de arquivos no formato texto em Java, mas o princípio é o mesmo.
- **Linhas 91 a 100:** contêm o código necessário para a abertura e leitura de um arquivo texto e são executadas quando o usuário pressiona o botão **Abrir**. Na linha 93 o objeto "br" é criado a partir da classe **BufferedReader**. O objeto tenta abrir o arquivo cujo código foi solicitado ao usuário na linha 92. Caso haja sucesso na abertura do arquivo, o cursor fica posicionado na primeira linha do arquivo. Isso também ocorre quando um arquivo texto é aberto por meio do bloco de notas; experimente abrir um arquivo .txt com o bloco de notas e verifique que o cursor fica posicionado no primeiro caractere da primeira linha. As linhas 94 a 96 são responsáveis por ler o conteúdo do arquivo texto, linha a linha, por meio do método readLine, e armazená-lo nas caixas de texto correspondentes ao código, nome e e-mail. Cada vez que o método readLine é executado, uma linha do arquivo é lida e o cursor é posicionado automaticamente na próxima linha.

O Exemplo 11.2 seguinte apresenta uma aplicação que funciona como um editor de textos bem básico. Ele realiza a leitura ou a gravação de um arquivo texto qualquer, escolhido pelo usuário por meio da caixa de diálogo da classe **FileDialog**. Quando o usuário pressiona o botão **Gravar** ou **Abrir**, aparece uma caixa de diálogo semelhante à utilizada nos aplicativos do Windows. Com isso, torna-se possível escolher o arquivo que será lido ou gravado pela aplicação. O Exemplo 11.2 mostra também outras duas classes

(**FileWriter** e **FileReader**) que podem ser usadas para a manipulação de arquivos texto. O código do Exemplo 11.2 é apresentado em seguida e a Figura 11.2 mostra o exemplo executado.

```java
package cap11;
import java.awt.*;
import java.awt.event.*;
import javax.swing.*;
import java.io.*;
public class EditorDeTexto extends JFrame {
    private JLabel label1, label2;
    private JButton btGravar, btAbrir, btLimpar;
    private JTextField tfTexto;
    private TextArea taTexto;
    private FileDialog fdAbrir, fdSalvar;
    private String nomeDoArquivo;

    public static void main(String[] args) {
        JFrame frame = new EditorDeTexto();
        frame.setDefaultCloseOperation(JFrame.EXIT_ON_CLOSE);
        frame.setVisible(true);
    }

    public EditorDeTexto() {
        inicializarComponentes();
        definirEventos();
    }

    private void inicializarComponentes() {
        setTitle("Simples Editor de Texto");
        setLayout(null);
        setBounds(250, 50, 500, 300);
        setResizable(false);
        label1 = new JLabel("Texto a ser editado:");
        label1.setBounds (5,5,200,20);
        label2 = new JLabel("Status:");
        label2.setBounds (5,240,200,20);
        btGravar = new JButton("Gravar");
        btGravar.setBounds(200,210,100,25);
        btAbrir = new JButton("Abrir");
        btAbrir.setBounds(80,210,100,25);
        btLimpar = new JButton("Limpar");
        btLimpar.setBounds(320,210,100,25);
        tfTexto = new JTextField();
        tfTexto.setBounds(50,240,430,20);
        tfTexto.setEditable(false);
        taTexto = new TextArea();
        taTexto.setBounds(5,25,480,180);
        fdAbrir = new FileDialog(this, "Abrir arquivo", FileDialog.LOAD);
        fdSalvar = new FileDialog(this, "Salvar arquivo", FileDialog.SAVE);
        add(label1);
        add(label2);
        add(tfTexto);
        add(taTexto);
        add(btGravar);
        add(btAbrir);
        add(btLimpar);
    }
```

Exemplo 11.2 - A classe EditorDeTexto (Listagem 1 - linhas 1 a 54).

```java

    private void definirEventos() {
        btLimpar.addActionListener(new ActionListener() {
            public void actionPerformed(ActionEvent e) {
                taTexto.setText("");
                tfTexto.setText("");
            }
        });

        btGravar.addActionListener(new ActionListener() {
            public void actionPerformed(ActionEvent e) {
                try {
                    fdSalvar.setVisible(true);
                    if (fdSalvar.getFile() == null) {
                        return;
                    }
                    nomeDoArquivo = fdSalvar.getDirectory() + fdSalvar.getFile();
                    FileWriter out = new FileWriter(nomeDoArquivo);
                    out.write(taTexto.getText());
                    out.close();
                    tfTexto.setText("Arquivo gravado com sucesso !");
                } catch (IOException erro) {
                    tfTexto.setText("Erro ao gravar no arquivo! " + erro.toString());
                }
            }
        });

        btAbrir.addActionListener(new ActionListener() {
            public void actionPerformed(ActionEvent e) {
                try {
                    fdAbrir.setVisible(true);
                    if (fdAbrir.getFile() == null) {
                        return;
                    }
                    nomeDoArquivo = fdAbrir.getDirectory() + fdAbrir.getFile();
                    FileReader in = new FileReader(nomeDoArquivo);
                    String s = "";
                    int i = in.read();
                    while (i != -1) {
                        s = s + (char) i;
                        i = in.read();
                    }
                    taTexto.setText(s);
                    in.close();
                    tfTexto.setText("Arquivo aberto com sucesso !");
                } catch (IOException erro) {
                    tfTexto.setText("Erro ao abrir o arquivo! " + erro.toString());
                }
            }
        });
    }
}
```

Exemplo 11.2 - A classe EditorDeTexto (Listagem 2 - linhas 55 a 106).

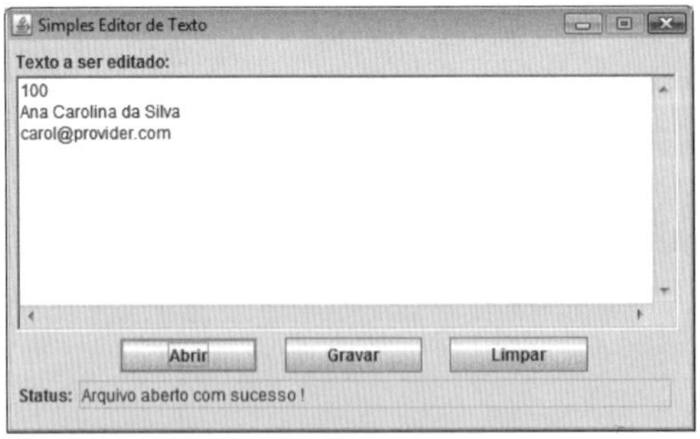

Figura 11.2 - O Exemplo 11.2 executado.

Funcionalidades comentadas do Exemplo 11.2:

- **Linha 11:** declara dois objetos (fdAbrir e fdSalvar) da classe FileDialog, usada na criação de caixas de diálogo para manipulação de arquivos.
- **Linha 45:** inicializa o objeto fdAbrir como uma caixa de diálogo com o título **Abrir arquivo** para a leitura de arquivos (**FileDialog.LOAD**).
- **Linha 46:** inicializa o objeto fdSalvar como uma caixa de diálogo com o título **Salvar arquivo** para a gravação de arquivos (**FileDialog.SAVE**).
- **Linha 67:** invoca a abertura da caixa de diálogo de gravação passando "true" ao método setVisible.
- **Linhas 68 a 70:** no momento de realizar a gravação do arquivo, é aberta uma caixa de diálogo. Para descobrir o arquivo escolhido pelo usuário, é utilizado o método **getFile**. Caso o usuário não tenha escolhido nenhum arquivo, ou se pressionou o botão Cancelar da caixa de diálogo, o método getFile retorna **null**, o que provoca o encerramento do método actionPerformed por meio de **return** e, consequentemente, a não gravação do arquivo. Caso contrário, o caminho e o nome do arquivo são armazenados na variável nomeDoArquivo pelos métodos **getDirectory** e **getFile**, conforme a linha 71.
- **Linhas 72 a 74:** contêm o código necessário para a gravação do arquivo texto. Na linha 72 é inicializado **out** como um objeto da classe **FileWriter**, apontando para a variável nomeDoArquivo que contém o arquivo escolhido, ou digitado pelo usuário. Na linha 73 todo o conteúdo do objeto taTexto é armazenado no arquivo pelo método **write**. Na linha 74 o arquivo é fechado.
- **Linha 85:** invoca a abertura da caixa de diálogo de leitura enviando "true" ao método **setVisible**.
- **Linhas 86 a 88:** idênticas às linhas 68 a 70, com exceção de que elas são executadas quando o usuário pressionar o botão Abrir.
- **Linha 90:** inicializa **in** como um objeto da classe **FileReader** apontando para a variável nomeDoArquivo que contém o arquivo escolhido ou digitado pelo usuário.
- **Linhas 92 a 96:** realizam a leitura de todo o arquivo texto e o armazenam na variável **s**. No processo de leitura de um arquivo usando a classe **FileReader**, por meio do método **read**, cada caractere é lido como um valor inteiro. Quando o final do arquivo for encontrado, é retornado o valor –1. Na linha 92 lê-se o primeiro caractere do arquivo por meio do método **read**. Na linha 93 é verificado se o ponteiro já se encontra no final do arquivo, ou seja, enquanto **i** for diferente de –1, o arquivo é lido caractere a caractere (linha 95). Na linha 94, cada caractere é lido e convertido no tipo char, sendo acumulado na String **s**. Desta forma, realiza-se o processo de leitura do primeiro ao último caractere do arquivo texto escolhido.
- **Linha 97:** o arquivo armazenado na variável **s** é copiado no TextArea "**taTexto**".

Apesar de simples, os Exemplos 11.1 e 11.2 representam os aspectos mais importantes na manipulação de arquivos texto e devem servir como início de aprendizado dos operadores de fluxo. Existem outros formatos de arquivo que podem ser manipulados em Java, mas não apresentados.

Exercícios para Prática da Linguagem Java

1. Crie uma classe que funcione como um detetive. Todas as ações do usuário devem ser registradas em arquivo texto, isto é, cada vez que o usuário pressionar um botão essa ação deve ser registrada. Observe a Figura 11.3 e o resultado esperado no arquivo texto.

Figura 11.3 - Tela de execução do exercício 11.1.

O arquivo texto deve ficar semelhante a:

```
Sat Feb 11 15:33:04 BRST 2012 Botão Abrir Pressionado

Sat Feb 11 15:33:05 BRST 2012 Botão Gravar Pressionado

Sat Feb 11 15:33:06 BRST 2012 Botão Limpar Pressionado

Sat Feb 11 15:33:07 BRST 2012 Botão Gravar Pressionado
```

2. Faça uma classe que simule uma votação eleitoral. O usuário escolhe um candidato da lista e seu voto é acumulado num arquivo texto. A classe deve possuir um botão para votar e um para encerrar. Veja a Figura 11.4.

3. Faça uma classe para apurar os votos do arquivo do exercício anterior, isto é, que permita consultar a quantidade de votos que cada candidato possui no momento. Observe a Figura 11.5.

Figura 11.4 - Tela de execução do exercício 11.2.

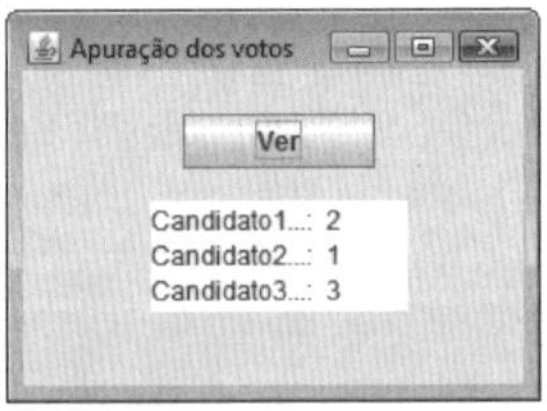

Figura 11.5 - Tela de execução do exercício 11.3.

Próximos passos

O próximo capítulo demonstra como realizar a manipulação de banco de dados por meio de aplicações. No capítulo 13 aprenderemos a construção de aplicações que podem ser executadas na Internet por meio de um browser, conhecidas como Applets. Já o capítulo 14 encerra os estudos com a criação de Servlets no acesso a banco de dados.

12

Manipulação de Banco de Dados com Java

Objetivos deste capítulo

- Demonstrar os fundamentos básicos para a manipulação de banco de dados com Java;
- Apresentar as técnicas para navegação em registros;
- Apresentar a sintaxe de comandos SQL usados em Java.
- Apresentar a utilização da classe FileDialog.

12.1 Definição

A linguagem Java possui classes que permitem a conexão com um banco de dados, as quais fazem parte do pacote JDBC (*Java Database Connectivity*), uma API (*Aplication Program Interface*) que permite a comunicação com diversos Sistemas Gerenciadores de Bancos de Dados, como Oracle, MySQL, SQL Server, PostgreSQL, entre outros. Existe também a possibilidade de se utilizar um banco de dados relacional open source chamado Java DB, um banco criado a partir do projeto Apache Derby. Independentemente do banco de dados usado, a linguagem padrão para manipulação dos dados é a SQL (*Structured Query Language*).

Existe ainda a possibilidade de manipular bancos de dados por meio de frameworks, sem a necessidade de conhecer a linguagem SQL, no entanto o processo de instalação e configuração desses ambientes nem sempre é uma tarefa trivial, fato que pode gerar muitas dúvidas aos leitores. No momento, o framework mais difundido e usado é o Hibernate, mas devido à simplicidade do processo, vamos nos concentrar no uso da linguagem SQL para acessar o banco de dados.

Seja qual for o Sistema Gerenciador de Banco de Dados usado, os passos básicos necessários para a manipulação de banco de dados por meio de uma aplicação são os seguintes:

1. A criação do banco de dados.
2. A inclusão do driver a ser usado para a conexão ao banco de dados.
3. A definição do endereço (URL) da localização do banco de dados que será incluído na aplicação.
4. A criação da aplicação Java propriamente dita para acessar os dados.

Para ilustrar todo o processo, será criada uma pequena aplicação que realiza a leitura de uma tabela armazenada no banco de dados MySQL. Neste ponto consideramos que o leitor já possui certo conhecimento em banco de dados, envolvendo a criação e a manipulação de tabelas. Pode-se também consultar o apêndice A que contém informações a respeito da criação do banco de dados usando o MySQL. Os procedimentos são muito parecidos, mesmo considerando diferentes versões do MySQL.

12.2 A Criação do Banco de Dados

Os procedimentos seguintes consideram as etapas básicas para a criação do banco de dados por meio do MySQL. Caso haja alguma dúvida, consulte a seção 1.3 do apêndice A. Realize os procedimentos seguintes:

1. Abra o MySQL a partir do botão Iniciar: Iniciar/Todos os Programas/ MySQL/MySQL Command Line Client. Forneça a senha do MySQL.
2. Crie um banco de dados com o nome banco: *create database banco;*.
3. Crie uma tabela com o nome filmes usando a sintaxe em SQL seguinte: *create table filmes (codigo varchar(5) primary key, titulo varchar(35), genero varchar(8), produtora varchar(15), datacompra date);*.

   Ao ser criada, a tabela deve ter a estrutura apresentada na Tabela 12.1.

Nome do campo	Tipo de dados	Tamanho
CODIGO (PK)	Varchar	5
TITULO	Varchar	35
GENERO	Varchar	8
PRODUTORA	Varchar	15
DATACOMPRA	Date	

Tabela 12.1 - Tabela de filmes.

Os procedimentos anteriores criaram um banco de dados com uma tabela vazia no MySQL. Este será o banco de dados manipulado pela aplicação Java descrita no item 12.4.

Observação

Para que seja possível consultar os dados da tabela, obviamente o banco de dados deve ser preenchido, isto é, diversos filmes devem ser cadastrados. O leitor pode escolher entre cadastrar seus próprios filmes ou acessar o site da Editora Érica e realizar o *download* de um banco de dados no formato MySQL fornecido com este livro, que já possui milhares de filmes cadastrados. Para que o banco seja reconhecido em seu MySQL, é necessário inseri-lo na pasta "data", que armazena todas as bases de dados do MySQL. Em nosso caso, o nome da pasta deve ser "banco" (esse nome será usado em nossas classes - veja a linha 8 do Exemplo 12.2 e também a linha 6 do Exemplo 12.3). Dependendo do Sistema Operacional que estiver utilizando, a pasta "data" do MySQL pode estar num local diferente. No Windows 7, por exemplo, o endereço padrão de sua localização é "C:\ProgramData\MySQL\MySQL Server 5.5". Para saber a localização exata da pasta do MySQL, consulte o conteúdo da variável "datadir" localizado no arquivo "my.cnf" (por padrão, esse arquivo está em "C:\Arquivos de programas\MySQL\MySQL Server 5.5").

12.3 A Definição do Driver para Conexão

Para acessar um banco de dados por meio de Java, é necessário carregar um *driver* específico do banco de dados (o driver nada mais é do que uma classe em Java). Existem diferentes versões para os *drivers*, mesmo considerando o mesmo fabricante. Na maioria dos casos, é necessário baixar o *driver* de um site da Internet e adicionar o seu caminho à variável de ambiente CLASSPATH, ou ainda fazer o mesmo processo que fizemos com a JSR-310 da Oracle: copiar o driver mysql-conector-java-5.1.8-bin.jar (disponível no site da Editora) na pasta "ext" de seu diretório Java: "java\jre7\lib\ext". Para garantir que o pacote seja encontrado em tempo de desenvolvimento, copie esse mesmo arquivo na pasta do jdk: "jdk1.7.0_01\jre\

lib\ext". As principais IDEs de desenvolvimento (Netbeans e Eclipse) já integram o driver de conexão ao MySQL em suas bibliotecas. O apêndice A mostra como adicionar o driver do MySQL usando o Netbeans.

A seguir é apresentado o código a ser adicionado ao programa Java para o carregamento do *driver*, considerando diversos tipos de bancos de dados, ou seja, dependendo do banco a ser acessado, é necessário carregar um *driver* diferente. Em Java, o *driver* é carregado na memória por meio da sintaxe **Class.forName**("pacote.nome-do-driver").

- **No Access**

```
Class.forName("sun.jdbc.odbc.JdbcOdbcDriver");
```

- **No MySQL**

```
Class.forName("com.mysql.jdbc.Driver");
```

- **No Oracle**

```
Class.forName("oracle.jdbc.driver.OracleDriver");
```

- **No Microsoft SQL Server 2000**

```
Class.forName("com.microsoft.jdbc.sqlserver.SQLServerDriver");
```

- **No Microsoft SQL Server 2005/2008**

```
Class.forName("com.microsoft.sqlserver.jdbc.SQLServerDriver");
```

- **No Sysbase**

```
Class.forName("com.sybase.jdbc2.jdbc.SybDriver");
```

- **No PostgreSQL**

```
Class.forName("org.postgresql.Driver");
```

- **No DB2/Neon**

```
Class.forName("com.neon.jdbc.Driver");
```

12.4 A Criação da Aplicação em Java

Conforme citado anteriormente, para criar uma aplicação que realiza a manipulação de banco de dados, é necessário incluir instruções no programa para carregar um *driver* de comunicação com o banco de dados, neste caso com o MySQL. Para facilitar a compreensão, a manipulação do banco de dados será executada em duas partes. A primeira vai realizar apenas a conexão com o banco e a segunda, a manipulação do banco em si.

12.4.1 A Conexão com o Banco de Dados

Ao executar o programa do Exemplo 12.1, é enviada uma mensagem indicando o sucesso ou não da conexão ao banco de dados.

```
1  package cap12;
2  import java.sql.*;
3  import javax.swing.*;
4
5  public class Conecta {
6      public static void main(String[] args) {
7          final String DRIVER = "com.mysql.jdbc.Driver";
8          final String URL = "jdbc:mysql://localhost:3306/mysql";
9          try {
10             Class.forName(DRIVER);
11             Connection connection = DriverManager.getConnection(URL, "root", "123");
12             JOptionPane.showMessageDialog(null, "Conexao realizada com sucesso");
13             connection.close();
14         }
15         catch (ClassNotFoundException erro) {
16             JOptionPane.showMessageDialog(null, "Driver JDBC-ODBC nao encontrado!\n"
17                                             + erro.toString());
18         }
19         catch (SQLException erro) {
20             JOptionPane.showMessageDialog(null, "Problemas na conexao com a fonte de dados\n"
21                                             + erro.toString());
22         }
23     }
24 }
```

Exemplo 12.1 - A classe Conecta.java.

Funcionalidades comentadas do Exemplo 12.1:

- **Linha 2:** importa as classes do pacote sql necessárias à manipulação do banco de dados por meio dos comandos SQL.
- **Linha 7:** contém a declaração de uma String do tipo final, isto é, uma constante chamada DRIVER que contém o nome do *driver* que será usado para a conexão ao banco de dados.
- **Linha 8:** possui a declaração da constante URL contendo outros parâmetros necessários à conexão do banco de dados: "jdbc:mysql" (padrão para o MySQL), o endereço onde o banco está localizado (localhost), a porta de comunicação do MySQL (3306) e nome do banco de dados (no caso, mysql, um banco exemplo da própria instalação).

  De forma geral, a estrutura de uma URL contém:

  - **driver-da-oracle:** trata-se do driver jdbc, responsável por fazer a conexão ao banco de dados.
  - **driver-de-terceiros:** varia em função do banco de dados a ser conectado. Pode ser odbc, mysql, oracle, sqlserver, postgresql etc.
  - **caminho-da-fonte-de-dados:** trata-se do *path* em que a fonte de dados está localizada. Quando o arquivo é local, o endereço não é obrigatório. Normalmente o caminho inclui nome de servidores, como, por exemplo, //localhost ou //servidor-da-empresa.
  - **porta:** logo após o caminho pode ser definida uma porta de comunicação, como, por exemplo, //localhost:**3306**/ ou //servidor-da-empresa:**1433**/.
  - **Nome do Banco de dados:** no exemplo anterior o nome do banco de dados foi mysql.
- **Linha 10:** carrega o *driver* que será usado pela aplicação Java para realizar a comunicação com o banco de dados, no caso declarado na linha 7. Observe que Class.forName está inserido em um bloco *try-catch*. Caso o *driver* não possa ser carregado (provavelmente por não ter sido localizado na máquina), ocorre a exceção **ClassNotFoundException** (linha 15) que envia uma mensagem de alerta (linha 16).

- **Linha 11:** estabelece uma conexão por meio do objeto "connection" usando a String url definida na linha 8. Essa linha também está inserida em um bloco *try-catch*. Caso a conexão não possa ser realizada por qualquer motivo, ocorre a exceção **SQLException** (linha 19) que envia uma mensagem de alerta (linha 20). Outros dados necessários à conexão são **login** e **senha**. No caso do login, o padrão do MySQL é root, no entanto outros usuários podem ser inseridos no MySQL. A senha é definida no momento da instalação do MySQL e também pode ser diferente, dependendo do banco de dados. De qualquer forma, caso um (ou mais) desses três valores (nome do banco, login ou senha) esteja incorreto, gera o erro controlado na linha 19.
- Caso a conexão seja realizada com sucesso na linha 11, a execução do programa segue normalmente na linha 12 que envia a mensagem indicando o sucesso da conexão.
- **Linha 13:** contém o método **close()** que encerra a conexão criada.

O Exemplo 12.1 demonstrou apenas como estabelecer uma conexão com o banco de dados. O próximo passo é realizar uma consulta ao banco de dados por intermédio de instruções SQL.

12.4.2 A Consulta ao Banco de Dados por meio da Linguagem SQL

Uma maneira possível de acessar um banco de dados em Java é por meio da linguagem SQL. Esta é uma forma simples de manipular dados usando a linguagem Java. Em aplicações mais robustas é comum utilizar *frameworks* específicos que ocultam detalhes das operações em banco de dados. Na época em que o livro foi escrito, um dos *frameworks* mais usados era o Hibernate (http://www.hibernate.org/), cuja descrição ultrapassa os objetivos desta obra. Assim, dadas a simplicidade e a popularidade, será usada a linguagem SQL em diversos exemplos que envolvem o acesso a banco de dados.

O Exemplo 12.2 acrescenta código ao exemplo anterior, 12.1, mantendo os códigos para a conexão ao banco de dados, demonstrando os procedimentos necessários para realizar a consulta por meio de comandos em SQL. O exemplo utiliza o banco de dados com a tabela de Filmes preenchida (de acordo com o banco de dados localizado no site da Editora Érica). O Exemplo 12.2 fornece como resultado uma tela com a relação de filmes que possuem código superior a 03120 e inferior a 03140, de acordo com as instruções SQL. O exemplo parte do princípio de que o leitor possui algum conhecimento em SQL, uma vez que seu estudo não é objetivo deste livro, mas sim demonstrar como usar instruções em SQL em uma aplicação Java.

As funcionalidades do Exemplo 12.2 são:

- **Linha 12:** cria o *script* de comandos em SQL que será usado na consulta ao banco de dados e o armazena na String "sql". Um ponto a observar é o uso do caractere de interrogação (?), que será substituído por parâmetros durante a execução da classe. A seguir vamos explicar melhor isso.
- **Linha 14:** cria um objeto chamado statement a partir da interface PreparedStatement que possibilita a execução de um *script* SQL pela conexão realizada com o banco de dados, chamada connection.
- **Linhas 15 e 16:** cada um dos parâmetros usados no script em SQL deve ser passado ao objeto statement por meio de métodos apropriados. Existem diversos métodos que podem ser usados, dependendo do tipo de valor a ser enviado ao statement, por exemplo: setInt, setDouble, setString etc. No caso, os dois parâmetros são do tipo String, já que a tabela de Filmes possui o atributo "código" do tipo texto, isto é, String. Desta forma, para passar um valor do tipo String deve ser usado o método setString e assim por diante. Na linha 15, usamos os parâmetros 1 (referente à primeira interrogação da linha 13) e "03120" (referente ao conteúdo que será colo-

cado no lugar do caractere de interrogação). Na linha 16, usamos os parâmetros 2 (referente à segunda interrogação da linha 13) e "03140" (referente ao conteúdo que será colocado no lugar do caractere de interrogação). Você verá que o caractere de interrogação será muito usado em diversos exemplos, isto é, sempre que for necessário passar um valor para um script em SQL. Assim, a instrução SQL definida nas linhas 12 e 13 será transformada em SELECT codigo, titulo FROM Filmes WHERE codigo > '03120' and codigo < '03140' ORDER BY codigo. As palavras destacadas em maiúsculas fazem parte da sintaxe em SQL, mas podem ser escritas em minúsculas também, não há diferença.

```
1  package cap12;
2  import java.sql.*;
3  import javax.swing.*;
4
5  public class ConsultaFilmes {
6      public static void main(String[] args) {
7          final String DRIVER = "com.mysql.jdbc.Driver";
8          final String URL = "jdbc:mysql://localhost:3306/banco";
9          try {
10             Class.forName(DRIVER);
11             Connection connection = DriverManager.getConnection(URL, "root", "123");
12             String sql = "SELECT codigo, titulo FROM Filmes WHERE codigo" +
13                          " > ? AND codigo < ? ORDER BY codigo";
14             PreparedStatement statement = connection.prepareStatement(sql);
15             statement.setString(1, "03120");
16             statement.setString(2, "03140");
17             ResultSet resultSet = statement.executeQuery();
18             System.out.println("CODIGO   TITULO");
19             System.out.println("------   ------------------------------------------");
20             while (resultSet.next()) {
21                 String codigo = resultSet.getString("codigo");
22                 String titulo = resultSet.getString("titulo");
23                 System.out.println(codigo + "    " + titulo);
24             }
25             resultSet.close();
26             statement.close();
27             connection.close();
28         }
29         catch (ClassNotFoundException erro) {
30             JOptionPane.showMessageDialog(null, "Driver nao encontrado!\n"
31                                           + erro.toString());
32         }
33         catch (SQLException erro) {
34             JOptionPane.showMessageDialog(null, "Problemas na conexao com a fonte de dados\n"
35                                           + erro.toString());
36         }
37     }
38 }
```

Exemplo 12.2 - A classe ConsultaFilmes.java.

- **Linha 17:** cria um objeto chamado resultSet a partir da interface ResultSet. Como o próprio nome sugere, resultSet será usado para armazenar o resultado gerado pelo *script* SQL por meio do método executeQuery. Pode-se dizer que o objeto resultSet armazena o resultado da ação efetuada pelo *script* SQL. O *script* SQL significa: selecione (**SELECT**) os campos código (**codigo**) e título (**titulo**) da tabela de filmes (**FROM Filmes**) em que (**WHERE**) o código do filme seja maior que 03120 (**codigo > ?**) e menor que 03140 (**código < ?**) ordenados pelo código do filme (**ORDER BY codigo**). O resultado do *script* SQL é armazenado no objeto resultSet com o formato de uma tabela contendo linhas e colunas (registros), relativo à tabela em que a consulta é realizada. No caso, o objeto resultSet armazena registros referentes à tabela de Filmes.

- **Linha 20:** realiza a varredura de todos os registros armazenados no objeto resultSet usando while(resultSet.**next**()), isto é, o *loop* é executado enquanto existirem registros no objeto resultSet. Desta forma, todos os registros do objeto resultSet são varridos e os dados armazenados são recuperados pelo método getString (linhas 21 e 22).
- **Linha 21:** a String "codigo" recebe o conteúdo armazenado no atributo "codigo" da tabela de Filmes pelo método getString.
- **Linha 22:** a String "titulo" recebe o conteúdo armazenado no atributo "titulo" da tabela de Filmes pelo método getString.
- Apesar de a tabela de Filmes usada no exemplo possuir diversos atributos, apenas dois deles foram usados (codigo e titulo). Em uma aplicação que utiliza *scripts* em SQL existe essa flexibilidade, em que o desenvolvedor passa a ter um leque de opções para a realização de consultas.

Observe na Figura 12.1 a listagem de filmes obtida com a execução do Exemplo 12.2.

Figura 12.1 - Tela de execução do Exemplo 12.2.

12.4.3 Criação de uma Classe Genérica para Conexão ao Banco

Apesar de os Exemplos 12.1 e 12.2 funcionarem corretamente, eles não utilizam as melhores práticas de programação. De acordo com os fundamentos da orientação a objetos, o ideal é desenvolver sistemas reaproveitando códigos de programação. No caso, a melhor solução é desenvolver uma classe genérica para conexão ao banco de dados. Desta forma, sempre que uma classe necessitar de conexão ao banco de dados, ela pode utilizar os serviços dessa classe. A listagem seguinte apresenta uma classe chamada BD.java.

```
1  package cap12;
2  import java.sql.*;
3  public class BD {
4      public Connection connection = null;
5      private final String DRIVER = "com.mysql.jdbc.Driver";
6      private final String DBNAME = "banco";
7      private final String URL = "jdbc:mysql://localhost:3306/" + DBNAME;
8      private final String LOGIN = "root";
9      private final String SENHA = "123";
10     /**
11      * metodo que faz conexao com o banco de dados
12      * retorna true se houve sucesso, ou false em caso negativo
13      */
14     public boolean getConnection() {
15         try {
16             Class.forName(DRIVER);
17             connection = DriverManager.getConnection(URL, LOGIN, SENHA);
18             System.out.println("Conectou");
19             return true;
20         }
21         catch (ClassNotFoundException erro) {
22             System.out.println("Driver nao encontrado " + erro.toString());
23             return false;
24         }
25         catch (SQLException erro) {
26             System.out.println("Falha ao conectar " + erro.toString());
27             return false;
28         }
29     }
30     public void close() {
31         try {
32             connection.close();
33             System.out.println("Desconectou");
34         }
35         catch (SQLException erro) {}
36     }
37 }
```

Exemplo 12.3 - BD.java (classe genérica para acesso a banco de dados).

As funcionalidades da classe BD.java são:

- **Linha 4:** contém a declaração do objeto público connection que pode ser utilizado por outras classes.
- **Linhas 5 a 9:** contêm todas as constantes já citadas anteriormente e que são usadas para realizar a conexão com o banco de dados.
- **Linha 14:** possui a definição de um método getConnection, que realiza a conexão ao banco de dados definido na linha 6 e retorna true caso a conexão seja realizada com sucesso, ou false caso a conexão falhe.
- **Linhas 15 a 29:** contêm instruções já comentadas em exemplos anteriores.
- **Linha 30:** contém a definição de um método chamado close que realiza o encerramento do objeto connection. Essa operação também pode gerar um erro, por isso deve ser inserida dentro da estrutura try-catch.

A classe BD.java será usada em todos os exemplos seguintes deste capítulo, portanto ela deve estar no mesmo pacote do exemplo corrente, no caso o pacote cap12. No próximo exemplo (ConsultaFilmesComBD) utilizamos a classe BD.java para fazer a conexão com o banco, simplificando o código do Exemplo 12.2.

```
1  package cap12;
2  import java.sql.*;
3  public class ConsultaFilmesComBD {
4      public static void main(String[] args) {
5          BD bd = new BD();
6          if (bd.getConnection()){ // Conexao OK
7              try {
8                  String sql = "SELECT codigo, titulo FROM Filmes WHERE codigo>? AND codigo<?" +
9                          " ORDER BY codigo";
10                 PreparedStatement statement = bd.connection.prepareStatement(sql);
11                 statement.setString(1, "03120");
12                 statement.setString(2, "03140");
13                 ResultSet resultSet = statement.executeQuery();
14                 System.out.println("CODIGO    TITULO");
15                 System.out.println("------    ----------------------------------------");
16                 while (resultSet.next()) {
17                     String codigo = resultSet.getString("codigo");
18                     String titulo = resultSet.getString("titulo");
19                     System.out.println(codigo + "     " + titulo);
20                 }
21                  resultSet.close();
22                 statement.close();
23                 bd.close();
24             }
25             catch (SQLException erro) {
26                  System.out.println(erro.toString());
27             }
28         }
29         else
30             System.out.println("Erro ao conectar!");
31     }
32 }
```

Exemplo 12.4 - ConsultaFilmesComBD.

As funcionalidades da classe ConsultaFilmesComBD.java são:

- **Linha 5:** declara e cria o objeto "bd" a partir da classe "BD".
- **Linha 6:** chama o método getConnection para realizar a conexão ao banco de dados. Como já dissemos, caso a conexão seja realizada com sucesso, o método getConnection retorna true, o que faz com que o comando condicional if seja verdadeiro e a execução do programa prossiga a partir da linha 8. Caso contrário, isto é, se houver falha na conexão, ele retorna false e é executada a instrução else da linha 29.
- O restante das funcionalidades já foi explicado no Exemplo 12.2.

12.4.4 Outros Exemplos de Instruções em SQL

Este item apresenta alguns exemplos de sintaxe de instruções SQL que podem ser usadas num programa desenvolvido em Java para consulta a banco de dados.

Para que o leitor possa praticar as instruções em SQL expostas, é fornecido um exemplo (Consulta SQL.java) que recebe o comando em um campo texto e demonstra o resultado da pesquisa numa grade criada a partir da classe JTable. A tela de execução do exemplo ConsultaSQL é apresentada na Figura 12.2. O usuário digita uma instrução SQL na primeira caixa de texto e pressiona o botão Executar. Todas as instruções apresentadas apontam para a tabela de Filmes, a qual possui muitos registros, servindo aos objetivos. O código do exemplo ConsultaSQL é apresentado em seguida. Não se esqueça de que, para executá-lo, são necessários a classe BD.java e o banco de dados no formato MySQL disponível no site da Editora.

```java
package cap12;
import java.sql.*;
import javax.swing.*;
import javax.swing.table.*;
import java.awt.event.*;
public class ConsultaSQL extends JFrame {
    private JLabel label1;
    private JTextField tfSQL;
    private JButton btExecutar;
    private JScrollPane scrollTable;
    private JTable table;
    private BD bd;
    private PreparedStatement statement;
    private ResultSet resultSet;

    public static void main(String args[]) {
        JFrame frame = new ConsultaSQL();
        frame.setDefaultCloseOperation(JFrame.EXIT_ON_CLOSE);
        frame.setVisible(true);
    }
    public ConsultaSQL() {
        inicializarComponentes();
        definirEventos();
    }
    public void inicializarComponentes() {
        setLayout(null);
        setTitle("Aprendendo consultas com SQL");
        setBounds(200, 200, 600, 500);
        setResizable(false);
        label1 = new JLabel("Digite o comando SQL:");
        label1.setBounds(50, 10, 200, 25);
        tfSQL = new JTextField(50);
        tfSQL.setBounds(50, 35, 500, 25);
        btExecutar = new JButton("Executar");
        btExecutar.setBounds(50, 70, 100, 25);
        scrollTable = new JScrollPane();
        scrollTable.setBounds(50, 100, 500, 300);
        add(scrollTable);
        add(label1);
        add(tfSQL);
        add(btExecutar);
        bd = new BD();
    }
```

Exemplo 12.5 - ConsultaSQL (Listagem 1 - linhas 1 a 43).

```
    private void definirEventos() {
        btExecutar.addActionListener(new ActionListener() {
            public void actionPerformed(ActionEvent e) {
                if (tfSQL.getText().equals("")) {
                    return;
                }
                try {
                    if (!bd.getConnection()) {
                        JOptionPane.showMessageDialog(null, "Falha na conexao, o sistema sera fechado!");
                        System.exit(0);
                    }
                    statement = bd.connection.prepareStatement(tfSQL.getText());
                    resultSet = statement.executeQuery();
                    DefaultTableModel tableModel = new DefaultTableModel(
                        new String[]{},0) {
                    };
                    int qtdeColunas = resultSet.getMetaData().getColumnCount();
                    for (int indice = 1; indice <=qtdeColunas ; indice++)
                        tableModel.addColumn(resultSet.getMetaData().getColumnName(indice));

                    table = new JTable(tableModel);
                    DefaultTableModel dtm = (DefaultTableModel) table.getModel();

                    while (resultSet.next()) {
                        try {
                            String[] dados = new String[qtdeColunas];
                            for (int i = 1; i <= qtdeColunas; i++) {
                                dados[i-1] = resultSet.getString(i);
                            }
                            dtm.addRow(dados);
                            System.out.println();
                        }
                        catch (SQLException erro) {
                        }
                        scrollTable.setViewportView(table);
                    }
                    resultSet.close();
                    statement.close();
                    bd.close();
                }
                catch (Exception erro) {
                    JOptionPane.showMessageDialog(null, "Comando SQL invalido !" + erro.toString());
                }
            }
        });
    }
}
```

Exemplo 12.5 - ConsultaSQL (Listagem 2 - linhas 44 a 90).

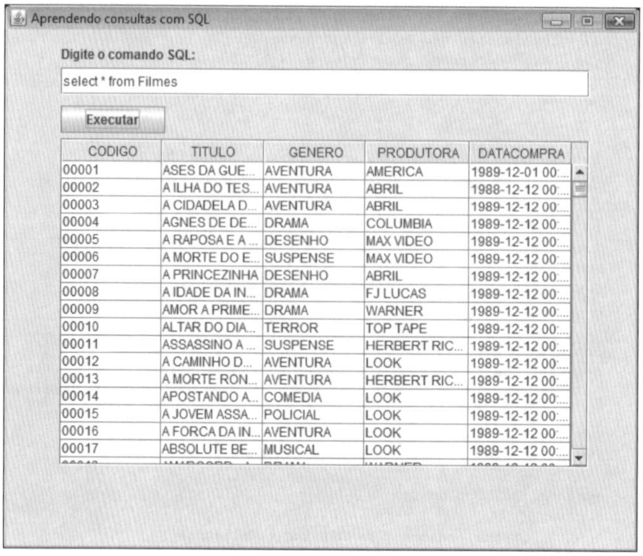

Figura 12.2 - O exemplo NavegaFilmes em execução.

A seguir, veja alguns exemplos de *script* em SQL que podem ser digitados no ConsultaSQL e seus resultados correspondentes, sempre se referindo à tabela de Filmes do banco de dados, para que o leitor possa compreender melhor os resultados apresentados.

- **Select * from filmes** → seleciona todos os campos (*) da tabela de Filmes.
- **Select * from filmes order by genero** → seleciona todos os campos (*) da tabela de Filmes, ordenados pelo gênero do filme.
- **Select titulo, genero from filmes where genero='AVENTURA'** → seleciona os campos título e gênero da tabela de Filmes de todos os filmes do gênero AVENTURA.
- **Select titulo from filmes where genero='COMEDIA'** → seleciona os títulos de todos os filmes do gênero COMEDIA.
- **Select * from filmes where genero='INFANTIL' or genero='DESENHO'** → seleciona todos os campos da tabela de Filmes em que o gênero seja INFANTIL ou DESENHO.
- **Select * from filmes where genero='DESENHO' and year(datacompra)>'1991'** → seleciona todos os campos da tabela de Filmes em que o gênero seja DESENHO e o ano da data de compra seja maior do que 1991.
- **Select * from filmes where datacompra > "1994-05-12"**→ seleciona todos os campos da tabela de Filmes em que a data de compra seja superior a 12-05-1994.
- **Select * from filmes where datacompra>"1990-05-15" and datacompra < "1990-05-31"**→ seleciona todos os campos da tabela de Filmes em que o filme tenha sido comprado na segunda quinzena de maio de1990.
- **Select titulo, datacompra from filmes where month(datacompra)=10** → seleciona o título e a data de compra dos filmes da tabela de Filmes em que o mês de compra seja outubro (10).
- **Select * from filmes where month(datacompra)=10 and day(datacompra)=4** → seleciona todos os campos da tabela de Filmes em que o dia de compra seja 4 de outubro.

- **Select codigo,titulo from filmes where titulo like 'Z%'** → seleciona o código e o título dos filmes da tabela de Filmes em que o título do filme inicia com a letra Z.
- **Select codigo,titulo from filmes where titulo like '%DAY%'** → seleciona o código e o título dos filmes da tabela de Filmes em que o título do filme possua a palavra DAY em qualquer posição.
- **Select codigo,titulo from filmes order by titulo desc** → seleciona código e título dos filmes da tabela de Filmes dispostos em ordem decrescente.
- **Select distinct titulo from filmes** → mostra todos os títulos dos filmes sem repetição (distinct).

12.5 Movimentação em Registros e Recuperação de Conteúdo

Como já citado anteriormente, a interface PreparedStatement é usada para enviar instruções SQL para bancos de dados e o resultado é armazenado e manipulado por meio de um objeto do tipo ResultSet. Os dados ficam armazenados no ResultSet como se fossem uma tabela, permitindo navegar pelas linhas, isto é, realizar operações como próximo, anterior, primeiro, último etc. Isso ficará mais claro no próximo exemplo.

Considere a seguinte declaração:

```
ResultSet rs = statement.executeQuery();
```

O objeto "rs", criado a partir de ResultSet, recebe o resultado da execução da instrução SQL, isto é, recebe todos os registros de uma determinada tabela selecionados por meio da instrução SQL. Além disso, "rs" suportará diversas operações (métodos), dentre as quais destacamos:

- **rs.first()** → posiciona o ponteiro no primeiro registro.
- **rs.last()** → posiciona o ponteiro no último registro.
- **rs.next()** → coloca o ponteiro no próximo registro.
- **rs.previous()** → posiciona o ponteiro no registro anterior.
- **rs.absolute(5)** → coloca o ponteiro na quinta posição a partir do primeiro registro.
- **rs.absolute(-5)** → coloca o ponteiro na quinta posição anterior a partir do último registro. Se o objeto rs tiver 100 linhas, o ponteiro é posicionado na linha 96.
- **rs.relative(5)** → coloca o ponteiro na quinta posição posterior à posição atual. Se o ponteiro estiver na posição 10, então relative(5) faz com que se posicione em 15.
- **rs.relative(-5)** → coloca o ponteiro na quinta posição anterior à atual. Se o ponteiro estiver na posição 15, então relative(-5) faz com que ele se posicione em 10.
- **rs.beforeFirst()** → posiciona o ponteiro antes do início do primeiro registro, ou seja, força o ponteiro a se posicionar no início do objeto, como se fosse o início de um arquivo (BOF).
- **rs.afterLast()** → coloca o ponteiro depois do último registro, ou seja, força-o a se posicionar no fim do objeto, como se fosse o fim de um arquivo (EOF).
- **rs.isBeforeFirst()** → usado para verificar se o ponteiro está no início dos registros, como, por exemplo, if (rs.isBeforeFirst()).
- **rs.isAfterLast()** → usado para verificar se o ponteiro está no final dos registros, como, por exemplo, if (rs.isAfterLast()).

Os exemplos anteriores deste capítulo apresentaram o método **getString**, responsável por recuperar um dado do tipo String armazenado no objeto ResultSet. Como existem diversos formatos de dados, existem também vários métodos que podem ser usados de acordo com o tipo de dado armazenado. Os métodos são: **getByte**, **getShort**, **getInt**, **getLong**, **getFloat**, **getDouble**, **getBigDecimal**, **getBoolean**, **getString**, **getBytes**, **getDate**, **getTime**, **getTimestamp**, **getAsciiStream**, **getUnicodeStream**, **getBinaryStream**, **getObject**. Cabe ao desenvolvedor escolher o tipo mais apropriado de acordo com o dado a ser recuperado.

12.5.1 Criação de uma Aplicação para Navegação em Registros

Este item apresenta uma aplicação que implementa as definições discutidas nos parágrafos anteriores. O Exemplo 12.3 manipula toda a tabela de Filmes do banco de dados **Banco**, criando um ambiente gráfico para o usuário (GUI) em que existem os tradicionais botões de navegação, que movimentam os registros para frente, para trás, para o primeiro e para o último. Além destes, também é inserido um botão para pular dez registros adiante e outro para voltar dez registros, conforme apresenta a Figura 12.3.

Figura 12.3 - O Exemplo 12.6 em execução.

O código do Exemplo 12.6 é mostrado em seguida. Não se esqueça de que é necessário utilizar a classe BD.java.

```
package cap12;
import java.sql.*;
import javax.swing.*;
import java.awt.*;
import java.awt.event.*;
public class NavegaFilmes extends JFrame {
    private JLabel label1, label2, label3, label4, label5;
    private JButton btProximo, btAnterior, btPrimeiro, btUltimo, btMais10, btMenos10, btSair;
    private JTextField tfCodigo, tfTitulo, tfGenero, tfProdutora, tfDatcom;
    private BD bd;
    private PreparedStatement statement;
    private ResultSet resultSet;

    public static void main(String args[]) {
        JFrame frame = new NavegaFilmes();
        frame.setDefaultCloseOperation(JFrame.EXIT_ON_CLOSE);
        frame.setVisible(true);
    }

    public NavegaFilmes() {
        inicializarComponentes();
        definirEventos();
    }

```

Exemplo 12.6 - A classe NavegaFilmes.java (Listagem 1 - linhas 1 a 24).

```java
25      private void inicializarComponentes() {
26          setLayout(new FlowLayout(FlowLayout.LEFT));
27          label1 = new JLabel("Codigo ");
28          label2 = new JLabel("Titulo");
29          label3 = new JLabel("Genero");
30          label4 = new JLabel("Produtora");
31          label5 = new JLabel("Data de Compra   ");
32          tfCodigo = new JTextField(10);
33          tfTitulo = new JTextField(35);
34          tfGenero = new JTextField(10);
35          tfProdutora = new JTextField(15);
36          tfDatcom = new JTextField(8);
37          btProximo = new JButton(null,new ImageIcon("proximo.gif"));
38          btProximo.setToolTipText("Próximo");
39          btAnterior = new JButton(null,new ImageIcon("anterior.gif"));
40          btAnterior.setToolTipText("Anterior");
41          btPrimeiro = new JButton(null,new ImageIcon("primeiro.gif"));
42          btPrimeiro.setToolTipText("Primeiro");
43          btUltimo = new JButton(null,new ImageIcon("ultimo.gif"));
44          btUltimo.setToolTipText("Ultimo");
45          btMais10 = new JButton(null,new ImageIcon("mais.png"));
46          btMais10.setToolTipText("+10");
47          btMenos10 = new JButton(null,new ImageIcon("menos.png"));
48          btMenos10.setToolTipText("-10");
49          btSair = new JButton(null,new ImageIcon("sair.png"));
50          btSair.setToolTipText("Sair");
51          add(label1);
52          add(tfCodigo);
53          add(label2);
54          add(tfTitulo);
55          add(label3);
56          add(tfGenero);
57          add(label4);
58          add(tfProdutora);
59          add(label5);
60          add(tfDatcom);
61          add(btPrimeiro);
62          add(btAnterior);
63          add(btProximo);
64          add(btUltimo);
65          add(btMais10);
66          add(btMenos10);
67          add(btSair);
68          setTitle("Navegando na tabela de Filmes");
69          setBounds(200, 400, 620, 120);
70          setResizable(false);
71          bd = new BD();
72          if (!bd.getConnection()) {
73              JOptionPane.showMessageDialog(null, "Falha ao conectar, o sistema sera fechado!");
74              System.exit(0);
75          }
76          carregaTabela();
77          atualizaCampos();
78      }
79
```

Exemplo 12.6 - A classe NavegaFilmes.java (Listagem 2 - linhas 25 a 79).

```java
80      private void definirEventos() {
81          btProximo.addActionListener(new ActionListener() {
82              public void actionPerformed(ActionEvent e) {
83                  try {
84                      resultSet.next();
85                      atualizaCampos();
86                  } catch (SQLException erro) {}
87              }
88          });
89          btAnterior.addActionListener(new ActionListener() {
90              public void actionPerformed(ActionEvent e){
91                  try {
92                      resultSet.previous();
93                      atualizaCampos();
94                  } catch (SQLException erro) {}
95              }
96          });
97          btPrimeiro.addActionListener(new ActionListener() {
98              public void actionPerformed(ActionEvent e){
99                  try {
100                     resultSet.first();
101                     atualizaCampos();
102                 } catch (SQLException erro) {}
103             }
104         });
105         btUltimo.addActionListener(new ActionListener() {
106             public void actionPerformed(ActionEvent e){
107                 try {
108                     resultSet.last();
109                     atualizaCampos();
110                 } catch (SQLException erro) {}
111             }
112         });
113         btMais10.addActionListener(new ActionListener() {
114             public void actionPerformed(ActionEvent e){
115                 try {
116                     resultSet.relative(10);
117                     atualizaCampos();
118                 } catch (SQLException erro) {}
119             }
120         });
121         btMenos10.addActionListener(new ActionListener() {
122             public void actionPerformed(ActionEvent e){
123                 try {
124                     if (resultSet.getRow()>10)
125                         resultSet.relative(-10);
126                     else
127                         resultSet.first();
128                     atualizaCampos();
129                 } catch (SQLException erro) {}
130             }
131         });
132         btSair.addActionListener(new ActionListener() {
133             public void actionPerformed(ActionEvent e){
134                 try{
135                     resultSet.close();
136                     statement.close();
137                 }
138                 catch(SQLException erro){
139                 }
140                 bd.close();
141                 System.exit(0);
142             }
143         });
144
145     }
```

Exemplo 12.6 - A classe NavegaFilmes.java (Listagem 3 - linhas 80 a 145).

```
146     public void carregaTabela() {
147         String sql = "select * from filmes";
148         try {
149             statement = bd.connection.prepareStatement(sql);
150             resultSet = statement.executeQuery();
151         } catch (SQLException erro) {
152             JOptionPane.showMessageDialog(null, "Erro! " + erro.toString());
153         }
154     }
155
156     public void atualizaCampos() {
157         try {
158             if (resultSet.isAfterLast()) {
159                 resultSet.last();
160             }
161             if (resultSet.isBeforeFirst()) {
162                 resultSet.first();
163             }
164             tfCodigo.setText(resultSet.getString("codigo"));
165             tfTitulo.setText(resultSet.getString("titulo"));
166             tfGenero.setText(resultSet.getString("genero"));
167             tfProdutora.setText(resultSet.getString("produtora"));
168             tfDatcom.setText("" + resultSet.getDate("datacompra"));
169
170         } catch (SQLException erro) {}
171     }
172 }
```

Exemplo 12.6 - A classe NavegaFilmes.java (Listagem 4 - linhas 146 a 172).

Funcionalidades comentadas do Exemplo 12.6:

- **Linha 72:** tenta realizar a conexão ao banco de dados por meio do método getConnection. Se não for possível realizar a conexão, o programa será encerrado pela linha 74.
- **Linha 76:** invoca o método carregaTabela que carrega todos os registros da tabela de Filmes no objeto resultSet.
- **Linha 77:** invoca o método atualizaCampos que é invocado em vários pontos do código. Sua função é atualizar as caixas de texto da interface gráfica a partir da posição do objeto resultSet.
- **Linhas 81 a 88:** definem o evento para o botão btProximo. Quando o usuário pressionar esse botão, aparecerá nas caixas de texto da interface o conteúdo do próximo registro. Para executar essa ação é usado o método next (linha 84) do objeto resultSet.
- **Linhas 89 a 96:** definem o evento para o botão btAnterior. Quando o usuário pressioná-lo, aparecerá nas caixas de texto da interface o conteúdo do registro anterior. Para executar essa ação é usado o método previous (linha 92) do objeto resultSet.
- **Linhas 97 a 104:** indicam o evento para o botão btPrimeiro. Quando o usuário pressionar esse botão, aparecerá nas caixas de texto da interface o conteúdo do primeiro registro da tabela. Para executar essa ação é usado o método first (linha 100) do objeto resultSet.
- **Linhas 105 a 112:** especificam o evento para o botão btUltimo. Quando o usuário pressioná-lo, aparecerá nas caixas de texto da interface o conteúdo do último registro da tabela. Para executar essa ação é usado o método last (linha 108) do objeto resultSet.
- **Linhas 113 a 120:** definem o evento para o botão btMais10. Quando o usuário pressionar esse botão, aparecerá nas caixas de texto da interface o conteúdo do décimo registro posterior ao

registro corrente. Para executar essa ação é usado o método relative (linha 116) com o conteúdo 10. Isso faz com que o ponteiro do resultSet se movimente dez registros à frente.

- **Linhas 121 a 131:** indicam o evento para o botão btMenos10. Quando o usuário pressioná-lo, aparecerá nas caixas de texto da interface o conteúdo do décimo registro anterior ao registro corrente. Para executar essa ação é usado o método relative (linha 125) com o conteúdo -10. Isso faz com que o ponteiro do resultSet se movimente dez registros para trás. A linha 124 verifica se a posição atual do cursor é maior que 10. Isso é necessário para evitar que o valor do ponteiro seja < 0 e haja problemas de apresentação em tela do conteúdo do registro; se o ponteiro for posicionado antes da posição 0 (-8, por exemplo), o conteúdo das caixas de texto ficará em branco. Para compreender melhor, comente a linha 124 e execute a classe. A seguir pressione o botão Próximo duas vezes e depois o botão Menos10. Observe que o conteúdo das caixas de texto fica em branco. Para evitar este problema, a linha 127 força o posicionamento do ponteiro no primeiro registro.
- **Linhas 132 a 143:** definem o evento para o botão btSair e realizam o fechamento dos objetos usados na manipulação do banco de dados.
- **Linhas 146 a 154:** carregam o objeto resultSet com todos os registros existentes na tabela de Filmes por meio do *script* **select * from filmes** (linha 147). Após a execução da linha 150 o objeto resultSet contém todos os registros da tabela de Filmes.
- **Linhas 156 a 171:** contêm as declarações do método **atualizaCampos**, responsável por copiar o conteúdo armazenado no registro do objeto resultSet para as caixas de texto do formulário. A linha 158 é usada para realizar o reposicionamento do ponteiro, caso ele ultrapasse o último registro (**isAfterLast**). Isso ocorre, por exemplo, quando o usuário está visualizando o último registro da tabela e pressiona o botão btProximo. Como não existe próximo após o último registro, o ponteiro fica posicionado após a última linha da tabela. Se isso ocorrer, o usuário não verá nenhum conteúdo nas caixas de texto, já que não existe o que ser exibido. Por este motivo, quando o ponteiro se posicionar após a última linha, é necessário fazer com que ele retorne para a última linha, conforme definido na linha 159 (método last). O mesmo processo, porém para o primeiro registro, é controlado pelas linhas 161 (**isBeforeFirst**) e 162 (método first). As linhas 164 a 168 copiam o conteúdo do registro do objeto resultSet para as caixas de texto.

12.6 Criação de uma Aplicação de Cadastro

A primeira coisa que todos desejam (e necessitam) é criar uma aplicação de cadastro. A seguir apresentamos um exemplo mais bem elaborado, seguindo o paradigma da orientação a objetos. Trata-se de um cadastro de filmes que utiliza três classes (mais a classe BD). Observe na Figura 12.4 o diagrama de classes correspondente ao exemplo.

Pelo diagrama de classes da Figura 12.4 podemos observar que a classe GuiCadastroFilmes (nossa tela) utiliza a classe FilmesDAO que, por sua vez, utiliza as outras duas classes (Filmes e BD). Vamos descrever resumidamente a função de cada classe.

- **BD:** já usada em diversos exemplos anteriores e responsável pela conexão ao banco de dados.
- **Filmes:** contém os atributos escolhidos para a tabela de Filmes, os quais são os mesmos presentes na tabela de Filmes. Todos os atributos são privados e por isso necessitam dos métodos get/set que não aparecem na figura.

- **FilmesDAO:** possui diversos atributos e dois métodos. O método "localizar" é responsável por pesquisar um filme no banco de dados a partir do código. Já o método "atualizar" realiza operações de inclusão, alteração ou exclusão na tabela de Filmes.
- **GuiCadastroFilmes:** trata-se do frame usado para realizar a interação com o usuário, isto é, trata-se da tela que o usuário utilizará para realizar todas as operações pertinentes ao cadastro.

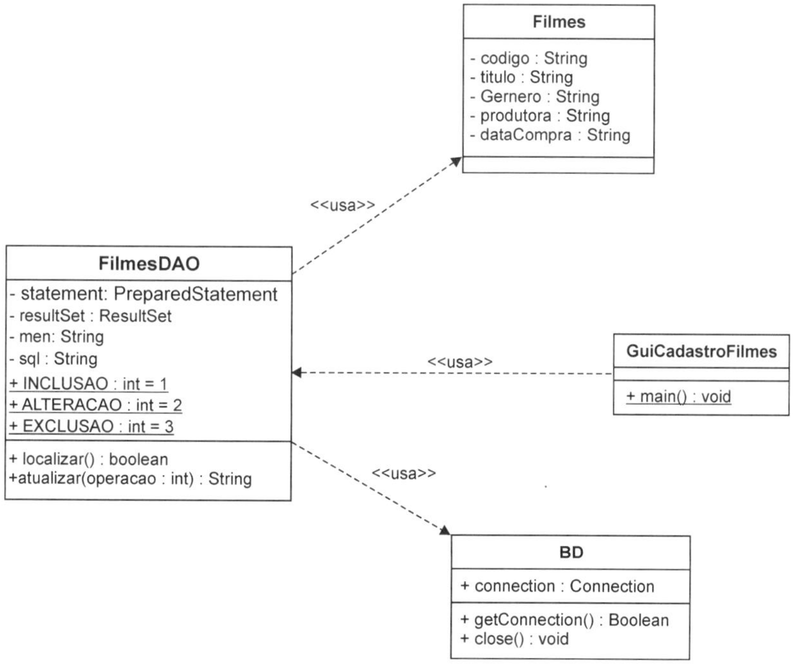

Figura 12.4 - Classes usadas no Exemplo 12.7.

Maiores detalhes serão fornecidos juntamente com a listagem do código de cada classe. Este exemplo abrange as principais funções exigidas em uma aplicação comercial, contemplando inserção, exclusão, atualização e localização de registros na tabela. A aplicação do Exemplo 12.7 pode ser visualizada na Figura 12.5. Ela funciona da seguinte maneira:

Ao rodar a aplicação, os campos aparecem em branco, os botões Novo e Localizar ficam disponíveis (habilitados) e os demais botões ficam indisponíveis. Dependendo da ação executada, isto é, do botão pressionado, os botões assumem estados diferentes. Isso é necessário para restringir a ação do usuário, dependendo do processo executado no momento. As diversas funções disponíveis para o usuário podem ser assim descritas:

- Para **localizar** um determinado filme, o usuário digita o código no campo correspondente e pressiona o botão Localizar. Caso o filme esteja cadastrado, ele é apresentado automaticamente nas caixas de texto do formulário; caso contrário, uma mensagem informa que o filme não foi encontrado no cadastro.
- Para **inserir** um filme, o usuário pressiona o botão Novo para que os campos sejam limpos, digita os dados sobre o filme nas caixas de texto e pressiona o botão Gravar.
- Para **cancelar** qualquer operação, o usuário pode pressionar o botão Cancelar.
- Para **excluir** um determinado filme, o usuário preenche a caixa de texto referente ao código e pressiona o botão Excluir.

- Para **atualizar** os dados de um filme, o usuário localiza o filme desejado, altera os dados presentes nas caixas de texto e pressiona o botão Alterar.
- Para **encerrar** a aplicação, o usuário pressiona o botão Sair.

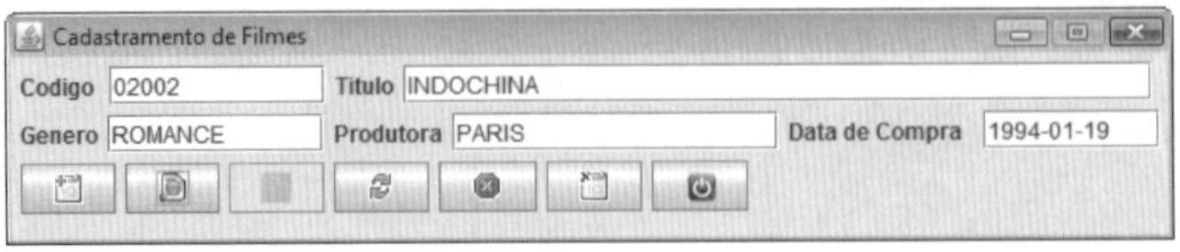

Figura 12.5 - Execução do Exemplo 12.7.

A seguir é apresentada a listagem da classe Filmes do Exemplo 12.7.

```
1  package cap12;
2  public class Filmes {
3      private String codigo, titulo, genero, produtora, dataCompra;
4      public String getCodigo() {
5          return codigo;
6      }
7      public void setCodigo(String codigo) {
8          this.codigo = codigo;
9      }
10     public String getDataCompra() {
11         return dataCompra;
12     }
13     public void setDataCompra(String dataCompra) {
14         this.dataCompra = dataCompra;
15     }
16     public String getGenero() {
17         return genero;
18     }
19     public void setGenero(String genero) {
20         this.genero = genero;
21     }
22     public String getProdutora() {
23         return produtora;
24     }
25     public void setProdutora(String produtora) {
26         this.produtora = produtora;
27     }
28     public String getTitulo() {
29         return titulo;
30     }
31     public void setTitulo(String titulo) {
32         this.titulo = titulo;
33     }
34 }
```

Exemplo 12.7 - A classe Filmes.java.

Funcionalidades comentadas da classe Filmes do Exemplo 12.7:

- A classe Filmes contém apenas os atributos correspondentes às colunas da tabela de Filmes do banco de dados e os métodos get e set para acessar e definir o valor desses atributos.
- **Linha 3:** são criados os atributos da classe Filme. Todos os atributos foram definidos com visibilidade privada, exigindo a presença dos métodos get e set para manipulação do conteúdo a partir de outras classes.
- **Linhas 4, 10, 16, 22 e 28:** indicam os métodos get para ler o valor de cada atributo.
- **Linhas 7, 13,19, 25 e 31:** definem os métodos set para armazenar o valor de cada atributo.

```
package cap12;
import java.sql.*;
public class FilmesDAO {
    public Filmes filme;
    public BD bd;
    private PreparedStatement statement;
    private ResultSet resultSet;
    private String men, sql;
    public static final byte INCLUSAO = 1;
    public static final byte ALTERACAO = 2;
    public static final byte EXCLUSAO = 3;

    public FilmesDAO() {
        bd = new BD();
        filme = new Filmes();
    }

    public boolean localizar() {
        sql = "select * from filmes where codigo = ?";
        try{
            statement = bd.connection.prepareStatement(sql);
            statement.setString(1, filme.getCodigo());
            resultSet = statement.executeQuery();
            resultSet.first();
            filme.setCodigo(resultSet.getString(1));
            filme.setTitulo(resultSet.getString(2));
            filme.setGenero(resultSet.getString(3));
            filme.setProdutora(resultSet.getString(4));
            filme.setDataCompra(""+resultSet.getDate(5));
            return true;
        }
        catch (SQLException erro) {
            return false;
        }
    }
    public String atualizar(int operacao) {
        men = "Operacao realizada com sucesso!";
        try {
            if (operacao==INCLUSAO){
                sql = "insert into filmes values (?,?,?,?,?)";
                statement = bd.connection.prepareStatement(sql);
                statement.setString(1, filme.getCodigo());
                statement.setString(2, filme.getTitulo());
                statement.setString(3, filme.getGenero());
                statement.setString(4, filme.getProdutora());
                statement.setString(5, filme.getDataCompra());
            }
            else if (operacao==ALTERACAO){
                sql = "update filmes set titulo = ?, genero = ?, produtora = ?, " +
                      "datacompra = ? where codigo = ?";
                statement = bd.connection.prepareStatement(sql);
                statement.setString(5, filme.getCodigo());
                statement.setString(1, filme.getTitulo());
                statement.setString(2, filme.getGenero());
                statement.setString(3, filme.getProdutora());
                statement.setString(4, filme.getDataCompra());
            }
            else if (operacao==EXCLUSAO){
                sql = "delete from filmes where codigo = ?";
                statement = bd.connection.prepareStatement(sql);
                statement.setString(1, filme.getCodigo());
            }
            if (statement.executeUpdate() == 0)
                men = "Falha na operacao!";
        }
        catch (SQLException erro) {
            men = "Falha na operacao " + erro.toString();
        }
        return men;
    }
}
```

Exemplo 12.7 - A classe FilmesDAO.java.

Funcionalidades comentadas da classe FilmesDAO do Exemplo 12.7:

- Essa classe possui dois métodos, um para localizar um filme a partir de seu código e outro para executar instruções de manutenção na tabela, isto é, operações de inclusão, alteração e exclusão.
- **Linha 4:** declara um objeto chamado "filme" que será criado a partir da classe Filmes, isto é, a classe FilmesDAO utilizará a os serviços oferecidos pela classe Filme.
- **Linha 5:** similar à linha anterior, considerando o objeto "bd".
- **Linhas 9 a 11:** declaram diversas constantes estáticas que permitem identificar a operação a ser realizada pelo método "atualizar", por exemplo, se receber o parâmetro de número 1, significa que será realizada a operação de inclusão e assim respectivamente.
- **Linha 18:** declara o método "localizar" responsável por procurar um determinado filme a partir do código. Esse método retorna um tipo booleano para informar se o filme foi encontrado (true) ou não (false).
- **Linha 19:** define as instruções em SQL a serem executadas. O código do filme a ser localizado é inserido no lugar do caractere de interrogação (linha 22).
- **Linhas 23 a 29:** executa a busca pelo filme. Caso ele seja encontrado, o objeto resultSet contém uma linha (um registro) e o método first (linha 24) posiciona o ponteiro no primeiro (e único) registro. As linhas 25 a 29 transferem o conteúdo do filme localizado para o objeto "filme" e a linha 30 retorna true, informando que o filme foi encontrado. Caso o filme não seja encontrado, o trecho a partir da linha 24 gera um erro que faz com que a execução passe para a linha 32 e, consequentemente, executa a linha 33 retornando false, ou seja, indicando que o filme não foi localizado.
- **Linha 36:** declara o método "atualizar", responsável por executar uma instrução SQL de ação (inclusão, alteração e exclusão).
- **Linhas 39 a 47:** operação de inclusão. Recebem o comando SQL da linha 40 responsável por capturar os valores presentes no objeto filmes e o inserem na tabela Filme.
- **Linhas 48 a 57:** operação de alteração. Recebe o comando SQL da linha 49 responsável por alterar um registro já existente na tabela, cujo conteúdo está armazenado no objeto "filmes".
- **Linhas 58 a 62:** operação de exclusão. Por meio do comando SQL da linha 58 realiza a exclusão do registro da tabela filmes cujo código está armazenado no objeto "filmes".

```java
package cap12;
import javax.swing.*;
import java.awt.event.*;
import java.awt.*;
class GuiCadastroFilmes extends JFrame {
    JLabel label1, label2, label3, label4, label5;
    JButton btGravar, btAlterar, btExcluir, btNovo, btLocalizar, btCancelar, btSair;
    static JTextField tfCodigo, tfTitulo, tfGenero, tfProdutora, tfDataCompra;
    private FilmesDAO filmes;

    public static void main(String args[]) {
        JFrame janela = new GuiCadastroFilmes();
        janela.setDefaultCloseOperation(JFrame.EXIT_ON_CLOSE);
        janela.setVisible(true);
    }
    public GuiCadastroFilmes() {
        inicializarComponentes();
        definirEventos();
    }
    private void inicializarComponentes() {
        setLayout(new FlowLayout(FlowLayout.LEFT));
        setTitle("Cadastramento de Filmes");
        setBounds(200, 100, 610, 120);
        label1 = new JLabel("Codigo ");
        label2 = new JLabel("Titulo");
        label3 = new JLabel("Genero");
        label4 = new JLabel("Produtora");
        label5 = new JLabel("Data de Compra  ");
        tfCodigo = new JTextField(10);
        tfTitulo = new JTextField(35);
        tfGenero = new JTextField(10);
        tfProdutora = new JTextField(15);
        tfDataCompra = new JTextField(8);
        btGravar = new JButton(null,new ImageIcon("gravar.gif"));
        btGravar.setToolTipText("Gravar");
        btAlterar = new JButton(null,new ImageIcon("alterar.gif"));
        btAlterar.setToolTipText("Alterar");
        btExcluir = new JButton(null,new ImageIcon("excluir.gif"));
        btExcluir.setToolTipText("Excluir");
        btLocalizar = new JButton(null,new ImageIcon("localizar.png"));
        btLocalizar.setToolTipText("Localizar");
        btNovo = new JButton(null,new ImageIcon("novo.gif"));
        btNovo.setToolTipText("Novo");
        btCancelar = new JButton(null,new ImageIcon("cancelar.gif"));
        btCancelar.setToolTipText("Cancelar");
        btSair = new JButton(null,new ImageIcon("sair.png"));
        btSair.setToolTipText("Sair");
        add(label1);
        add(tfCodigo);
        add(label2);
        add(tfTitulo);
        add(label3);
        add(tfGenero);
        add(label4);
        add(tfProdutora);
        add(label5);
        add(tfDataCompra);
        add(btNovo);
        add(btLocalizar);
        add(btGravar);
        add(btAlterar);
        add(btExcluir);
        add(btCancelar);
        add(btSair);
        setResizable(false);
        setBotoes(true, true, false, false, false, false);
        filmes = new FilmesDAO();
        if (!filmes.bd.getConnection()) {
            JOptionPane.showMessageDialog(null, "Falha na conexao, o sistema sera fechado!");
            System.exit(0);
        }
    }
```

Exemplo 12.7 - A classe GuiCadastroFilmes.java (Listagem 1 - linhas 1 a 72).

```java
    private void definirEventos() {
        btSair.addActionListener(new ActionListener() {
            public void actionPerformed(ActionEvent e) {
                filmes.bd.close();
                System.exit(0);
            }
        });
        btNovo.addActionListener(new ActionListener() {
            public void actionPerformed(ActionEvent e) {
            limpaCampos();
            setBotoes(false, false, true, false, false, true);
            }
        });
        btCancelar.addActionListener(new ActionListener() {
            public void actionPerformed(ActionEvent e) {
            limpaCampos();
            }
        });
        btGravar.addActionListener(new ActionListener() {
            public void actionPerformed(ActionEvent e) {
               if(tfCodigo.getText().equals("")){
                   JOptionPane.showMessageDialog(null, "O código não pode ser vazio!");
                   tfCodigo.requestFocus();
                   return;
               }
               if(tfTitulo.getText().equals("")){
                   JOptionPane.showMessageDialog(null, "O titulo não pode ser vazio!");
                   tfTitulo.requestFocus();
                   return;
               }
               if(tfGenero.getText().equals("")){
                   JOptionPane.showMessageDialog(null, "O genero não pode ser vazio!");
                   tfGenero.requestFocus();
                   return;
               }
               if(tfProdutora.getText().equals("")){
                   JOptionPane.showMessageDialog(null, "A produtora não pode ser vazia!");
                   tfProdutora.requestFocus();
                   return;
               }
               if(tfDataCompra.getText().equals("")){
                   JOptionPane.showMessageDialog(null, "A data de compra não pode ser vazia!");
                   tfDataCompra.requestFocus();
                   return;
               }
               filmes.filme.setCodigo(tfCodigo.getText());
               filmes.filme.setTitulo(tfTitulo.getText());
               filmes.filme.setGenero(tfGenero.getText());
               filmes.filme.setProdutora(tfProdutora.getText());
               filmes.filme.setDataCompra(tfDataCompra.getText());
               JOptionPane.showMessageDialog(null, filmes.atualizar(FilmesDAO.INCLUSAO));
               limpaCampos();
            }
        });
```

Exemplo 12.7 - A classe GuiCadastroFilmes.java (Listagem 2 - linhas 73 a 126).

```
        btAlterar.addActionListener(new ActionListener() {
            public void actionPerformed(ActionEvent e) {
                filmes.filme.setCodigo(tfCodigo.getText());
                filmes.filme.setTitulo(tfTitulo.getText());
                filmes.filme.setGenero(tfGenero.getText());
                filmes.filme.setProdutora(tfProdutora.getText());
                filmes.filme.setDataCompra(tfDataCompra.getText());
                JOptionPane.showMessageDialog(null, filmes.atualizar(FilmesDAO.ALTERACAO));
                limpaCampos();
            }
        });
        btExcluir.addActionListener(new ActionListener() {
            public void actionPerformed(ActionEvent e) {
                filmes.filme.setCodigo(tfCodigo.getText());
                filmes.localizar();
                int n = JOptionPane.showConfirmDialog(null, filmes.filme.getTitulo(),
                        " Excluir o Filme? ", JOptionPane.YES_NO_OPTION);
                if (n == JOptionPane.YES_OPTION){
                    JOptionPane.showMessageDialog(null, filmes.atualizar(FilmesDAO.EXCLUSAO));
                    limpaCampos();
                }
            }
        });
        btLocalizar.addActionListener(new ActionListener() {
            public void actionPerformed(ActionEvent e) {
                atualizaCampos();
            }
        });
    }
    public void limpaCampos() {
        tfCodigo.setText("");
        tfTitulo.setText("");
        tfGenero.setText("");
        tfProdutora.setText("");
        tfDataCompra.setText("");
        tfCodigo.requestFocus();
        setBotoes(true, true, false, false, false, false);
    }
    public void atualizaCampos() {
            filmes.filme.setCodigo(tfCodigo.getText());
            if(filmes.localizar()){
                tfCodigo.setText(filmes.filme.getCodigo());
                tfTitulo.setText(filmes.filme.getTitulo());
                tfGenero.setText(filmes.filme.getGenero());
                tfProdutora.setText(filmes.filme.getProdutora());
                tfDataCompra.setText(filmes.filme.getDataCompra());
                setBotoes(true, true, false, true, true, true);
            }
            else{
                JOptionPane.showMessageDialog(null, "Filme não encontrado!");
                limpaCampos();
            }
    }
    public void setBotoes(boolean bNovo, boolean bLocalizar, boolean bGravar,
            boolean bAlterar, boolean bExcluir, boolean bCancelar) {
        btNovo.setEnabled(bNovo);
        btLocalizar.setEnabled(bLocalizar);
        btGravar.setEnabled(bGravar);
        btAlterar.setEnabled(bAlterar);
        btExcluir.setEnabled(bExcluir);
        btCancelar.setEnabled(bCancelar);
    }
}
```

Exemplo 12.7 - A classe GuiCadastroFilmes.java (Listagem 3 - linhas 127 a 189).

Funcionalidades comentadas da classe GuiCadastroFilmes do Exemplo 12.7:

- **Linha 9:** observe que GuiCadastroFilmes utiliza a classe FilmesDAO explicada anteriormente.
- **Linha 67:** cria o objeto "filmes" a partir da classe FilmesDAO que será usado em muitos pontos da classe.
- **Linha 68:** tenta realizar a conexão com o banco de dados e, caso não seja possível, encerra a aplicação na linha 70.
- **Linhas 73 a 125:** definem todos os eventos da interface com o usuário.
- **Linhas 74 a 79:** definem o código para o botão Sair. Esse trecho se encarrega de fechar a conexão com o banco de dados (linha 76) e a aplicação (linha 77).
- **Linhas 80 a 85:** definem o código para o botão Novo. Esse trecho chama o método limparCampos (linha 82), responsável por limpar o conteúdo das caixas de texto, e define o estado dos botões da aplicação por meio do método setBotoes (linha 83).
- **Linhas 86 a 90:** indicam o código para o botão Cancelar. Esse trecho se encarrega de chamar o método limparCampos e com isso cancelar qualquer operação realizada no momento.
- **Linhas 91 a 126:** definem o código para o botão Gravar. Esse trecho se encarrega de duas funções: verificar se todos os campos da interface gráfica estão preenchidos e gravar os dados na tabela de Filmes. As linhas 92 a 117 fazem a validação dos campos. Caso algum deles não esteja preenchido, é emitida uma mensagem e o foco é atribuído à caixa de texto correspondente. As linhas 118 a 122 se encarregam de copiar os conteúdos das caixas de texto da interface do usuário para os atributos do objeto "filme", que é um dos atributos do objeto "filmes". A linha 123 chama o método "atualizar", indicando que uma inclusão deve ser realizada a partir dos dados armazenados no objeto "filme". Essa mesma linha é responsável por imprimir uma mensagem em tela referente ao resultado da inclusão do filme, em seguida (linha 124) é executado o método limpaCampos.
- **Linhas 127 a 137:** definem o código para o botão Alterar. Esse trecho se encarrega de atualizar a tabela de Filmes a partir dos dados armazenados no objeto "filme". As linhas 129 a 133 armazenam o conteúdo das caixas de texto nos atributos do objeto "filme". A linha 134 invoca o método "atualizar" e indica que deve ser realizada uma alteração na tabela de Filmes, em seguida (linha 135) é executado o método limpaCampos.
- **Linhas 138 a 149:** determinam o código para o botão Excluir. Esse trecho se encarrega de excluir um registro da tabela de Filmes a partir do conteúdo armazenado no atributo "codigo" do objeto "filme". É emitida uma mensagem ao usuário (linhas 142 e 143) perguntando se ele realmente deseja excluir o registro. Se a resposta for positiva, o programa executa a operação de exclusão pelo método "atualizar" (linha 145), em seguida (linha 146) é executado o método limpaCampos.
- **Linhas 156 a 164:** definem o código para o método limpaCampos, que se encarrega de limpar ("") o conteúdo de todos os TextFields da interface gráfica. A linha 162 solicita o foco para o TextField "tfCodigo" e a linha 163 define o estado dos botões.
- **Linhas 165 a 179:** indicam o código para o método atualizaCampos, que se encarrega de definir o código do filme a ser localizado a partir do conteúdo da caixa tfCodigo (linha 166), chamar o método "localizar" (linha 167) e copiar o conteúdo dos atributos do objeto filme para as caixas de texto da interface gráfica (linhas 168 a 172). Conforme citamos anteriormente, o método "localizar" da classe FilmesDAO localiza o filme no banco de dados e preenche o conteúdo do objeto a partir do filme encontrado. A linha 173 redefine o estado dos botões.

- **Linhas 180 a 188:** definem o código para o método setBotoes, que recebe seis parâmetros do tipo booleano para estabelecer o estado dos botões Novo, Localizar, Gravar, Alterar, Excluir e Cancelar. Se o parâmetro passado for true, o botão correspondente é habilitado; se o parâmetro passado for false, o botão fica desabilitado.

Este foi o exemplo mais complexo, todavia o mais bem elaborado apresentado até o momento. Ele foi concebido numa arquitetura em camadas, uma maneira bastante atual de desenvolver software. A arquitetura mais usada atualmente é a MVC (*Model View Controler*). Não temos como objetivo discutir a arquitetura em camadas neste livro. De qualquer forma, é importante que o leitor se conscientize da importância de desenvolver software com uma arquitetura similar à apresentada no Exemplo 12.7.

Exercícios para Prática da Linguagem Java

1. Faça uma classe contendo um cadastro de produtos, seguindo os mesmos procedimentos apresentados no Exemplo 12.7. Utilize os campos código, nome e preço. Você deve seguir todos os passos desde a criação do banco de dados. Veja a Figura 12.6.

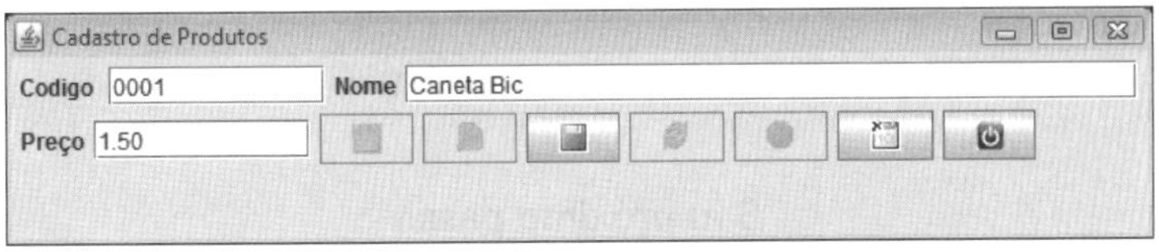

Figura 12.6 - Tela de execução do exercício 12.1.

2. Faça uma aplicação em Java que leia um arquivo texto no formato seguinte e adicione registros à tabela de Filmes usada nos exemplos deste capítulo. A aplicação deve ler os filmes armazenados no arquivo backup.txt e gravar os registros na tabela de Filmes.

```
F0001#A Princesa e o Sapo#Desenho#Disney#2009-01-15
F0002#Toy Store 3 3D# Animação#DisneyPixar#2010-04-01
F0003#Avatar# Ação# Fox Film#2009-12-18
F0004#The Last House on the Left#Suspense#Universal Pictures#2009-03-13
```

3. Faça uma aplicação em Java que apresente em uma grade (use o JTable) a relação de filmes usada nos exemplos deste capítulo. Veja a Figura 12.7.

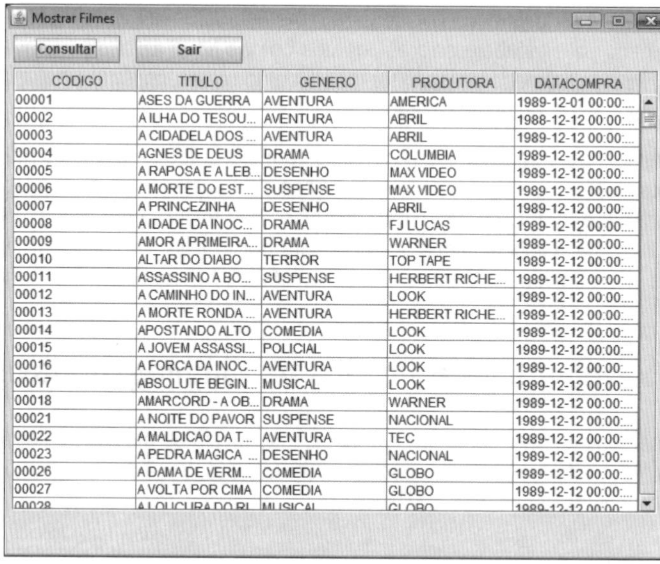

CODIGO	TITULO	GENERO	PRODUTORA	DATACOMPRA
00001	ASES DA GUERRA	AVENTURA	AMERICA	1989-12-01 00:00:...
00002	A ILHA DO TESOU...	AVENTURA	ABRIL	1988-12-12 00:00:...
00003	A CIDADELA DOS ...	AVENTURA	ABRIL	1989-12-12 00:00:...
00004	AGNES DE DEUS	DRAMA	COLUMBIA	1989-12-12 00:00:...
00005	A RAPOSA E A LEB...	DESENHO	MAX VIDEO	1989-12-12 00:00:...
00006	A MORTE DO EST...	SUSPENSE	MAX VIDEO	1989-12-12 00:00:...
00007	A PRINCEZINHA	DESENHO	ABRIL	1989-12-12 00:00:...
00008	A IDADE DA INOC...	DRAMA	FJ LUCAS	1989-12-12 00:00:...
00009	AMOR A PRIMEIRA...	DRAMA	WARNER	1989-12-12 00:00:...
00010	ALTAR DO DIABO	TERROR	TOP TAPE	1989-12-12 00:00:...
00011	ASSASSINO A BO...	SUSPENSE	HERBERT RICHE...	1989-12-12 00:00:...
00012	A CAMINHO DO IN...	AVENTURA	LOOK	1989-12-12 00:00:...
00013	A MORTE RONDA ...	AVENTURA	HERBERT RICHE...	1989-12-12 00:00:...
00014	APOSTANDO ALTO	COMEDIA	LOOK	1989-12-12 00:00:...
00015	A JOVEM ASSASSI...	POLICIAL	LOOK	1989-12-12 00:00:...
00016	A FORCA DA INOC...	AVENTURA	LOOK	1989-12-12 00:00:...
00017	ABSOLUTE BEGIN...	MUSICAL	LOOK	1989-12-12 00:00:...
00018	AMARCORD - A OB...	DRAMA	WARNER	1989-12-12 00:00:...
00021	A NOITE DO PAVOR	SUSPENSE	NACIONAL	1989-12-12 00:00:...
00022	A MALDICAO DA T...	AVENTURA	TEC	1989-12-12 00:00:...
00023	A PEDRA MAGICA ...	DESENHO	NACIONAL	1989-12-12 00:00:...
00026	A DAMA DE VERM...	COMEDIA	GLOBO	1989-12-12 00:00:...
00027	A VOLTA POR CIMA	COMEDIA	GLOBO	1989-12-12 00:00:...
00028	A LOUCURA DO RI...	MUSICAL	GLOBO	1989-12-12 00:00:...

Figura 12.7 - Grade com a tabela de Filmes.

Seu próximo passo

Este capítulo abordou os procedimentos necessários para a manipulação de banco de dados em Java por meio de *scripts* SQL. Destacou também as técnicas usadas para a manipulação de conteúdo e navegação em registros. O próximo passo é a criação de aplicações que rodam no ambiente da Internet, isto é, que podem ser executadas a partir de um browser. Você aprenderá a criação de Applets e verá as diferenças existentes em relação às aplicações.

13

Criação de Applets Java

Objetivos deste capítulo

- Demonstrar os fundamentos básicos para a criação de aplicações que podem ser executadas na Internet;
- Conceituar e mostrar o funcionamento das Applets;
- Apresentar as diferenças básicas entre aplicações convencionais e Applets;
- Demonstrar as restrições das Applets e o que pode ser feito para diminuí-las;
- Demonstrar a comunicação entre uma página HTML e uma Applet pela passagem de parâmetros.

13.1 Definição

Até este ponto do livro, nenhuma das aplicações elaboradas foi construída para ser usada na Internet. Um tipo de aplicação em Java com essa finalidade é chamado de Applet, inserido em uma página HTML que pode ser executada pelo browser. Desta forma, é possível inserir uma Applet em uma página HTML como se fosse uma figura, que pode ser incluída em qualquer região da tela. As Applets são compiladas da mesma forma que uma aplicação comum.

A Figura 13.1 apresenta uma Applet inserida na página HTML de uma casa lotérica genérica. A Applet é usada para gerar cartões aleatórios para clientes que desejam arriscar a sorte *on-line*. Com o uso de Applets é possível criar as mais variadas aplicações. Elas são consideradas aplicações clientes porque rodam na máquina do usuário e não no servidor remoto. Quando um usuário acessa uma página que contém uma Applet, ela é totalmente copiada na máquina do usuário para que possa ser executada e, dependendo da velocidade da transmissão de dados, isso pode ser um inconveniente (atualmente isso está deixando de ser um problema, visto a evolução da velocidade de transmissão). Outra desvantagem do uso da Applet é a obrigatoriedade de possuir a máquina virtual instalada.

A Applet possui grande semelhança com as aplicações, pois praticamente todos os componentes gráficos podem ser utilizados da mesma forma. Veja a Figura 13.1. São aplicações especiais que se distinguem por possuírem um modo particular de funcionamento definido pelo seu ciclo de vida.

O ciclo de vida de uma Applet é constituído por métodos invocados de acordo com certas ações que ocorrem durante sua execução. Sendo assim, diferentes métodos podem ser executados na Applet como se fossem eventos disparados pelas ações do usuário. Em seguida é apresentado o ciclo de vida de uma Applet.

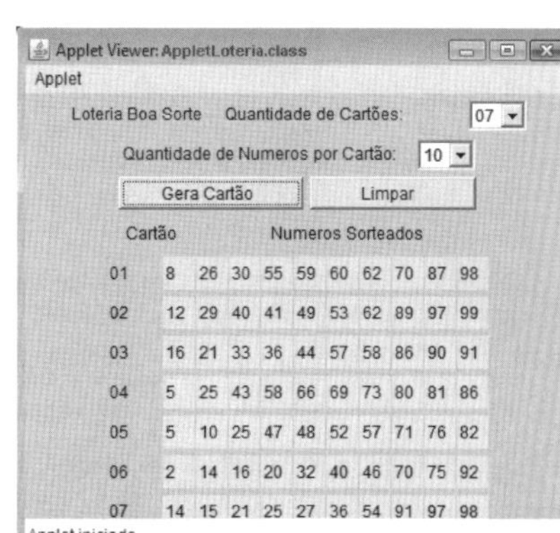

Figura 13.1 - Applet para uma casa lotérica.

O ciclo de vida de uma Applet é formado por seis estágios distintos:

- **Instanciação:** ocorre no momento em que a Applet é criada. Exemplo: **public class Applet01 extends Applet**. Observe que, enquanto uma aplicação convencional estende a classe Frame ou JFrame, uma Applet estende a classe **Applet** ou **JApplet**.
- **Inicialização:** contém o método **init()** que é invocado após o processo de criação da Applet, utilizado pelos navegadores para iniciar a execução da Applet. Geralmente é utilizado para a adição dos componentes para a criação da GUI (*Graphical User Interface*) da mesma forma que ocorre com o método construtor das aplicações convencionais. Ele é executado apenas uma vez, quando a Applet é inicializada.
- **Início:** contém o método **start()**, executado toda vez que a Applet se torna visível na tela do browser. Por exemplo, toda vez que a Applet é minimizada na tela, torna-se oculta. Ao ser restaurada, tornando-se visível, é executado esse método.
- **Parada:** contém o método **stop()** chamado toda vez que a Applet se torna invisível. Por exemplo, quando a Applet é minimizada na tela.
- **Atualização:** contém o método **paint()** chamado toda vez que a Applet necessita atualizar sua exibição na tela (janela redimensionada, minimizada, maximizada etc.).
- **Finalização:** contém o método **destroy()** chamado quando a Applet é descarregada da página. Com isso são liberados todos os recursos de memória utilizados durante sua execução.

Ao elaborar uma Applet, não é preciso utilizar todos os métodos citados. Isso é opcional, dependendo das necessidades da aplicação. Outra característica própria da Applet se refere à necessidade de elaboração de um arquivo HTML que vai invocá-la. As Applets não são executadas pelo interpretador Java, como foi feito até aqui com as aplicações. A seção 13.2 apresenta as formas de execução das Applets.

Para demonstrar os conceitos apresentados, será analisado o código do Exemplo 13.1 que contempla os seis estágios do ciclo de vida da Applet. Não se preocupe ainda em fazer a aplicação rodar, porque antes é necessário criar o arquivo HTML que vai invocar a Applet, como explicado no parágrafo anterior. Passemos à análise do código do Exemplo 13.1.

```
package cap13;
import java.applet.Applet;
import java.awt.*;
public class IniciaApplet extends Applet {
    private int cont = 1;
    private TextField tfTexto;
    public void init() {
        tfTexto = new TextField(40);
        add(tfTexto);
    }
    public void start() {
        System.out.println("Iniciando...");
    }
    public void stop() {
        System.out.println("Parando...");
    }
    public void destroy() {
        System.out.println("Destruindo a Applet...");
    }
    public void paint(Graphics g) {
        tfTexto.setText("Atualizou " + cont + " vezes");
        cont++;
    }
}
```

Exemplo 13.1 - A classe IniciaApplet.

A Figura 13.2 apresenta a tela de execução da Applet do Exemplo 13.1 por meio da ferramenta Appletviewer do kit JDK. Sua utilização é detalhada na seção 13.2.

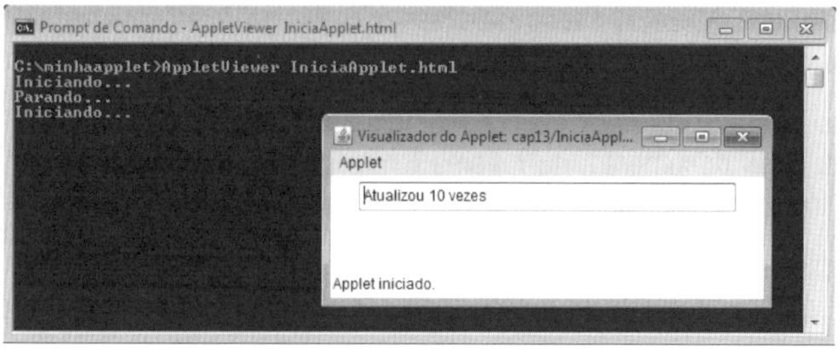

Figura 13.2 - O Exemplo 13.1 executado no AppletViewer.

Funcionalidades comentadas do Exemplo 13.1:

- **Linha 2:** importa a classe Applet do pacote "java.applet".
- **Linha 7:** contém o método "**init**" de inicialização da Applet, invocado no momento em que a Applet é carregada. Normalmente, esse método contém todos os procedimentos necessários para a elaboração da interface do usuário. Observe a semelhança existente em relação à elaboração de uma janela usando a classe JFrame. Esse método é executado apenas uma vez quando a Applet for carregada.
- **Linha 11:** contém o método "**start**", invocado toda vez que a Applet se torna visível na tela, imprimindo uma mensagem na janela de prompt (linha 12). Para que essa mensagem seja emitida, basta minimizar a janela do AppletViewer e maximizá-la novamente.
- **Linha 14:** contém o método "**stop**", invocado toda vez que a Applet se torna oculta na tela, enviando uma mensagem na janela de prompt (linha 15). Para que essa mensagem seja emitida, basta minimizar a janela do Appletviewer.
- **Linha 17:** contém o método "**destroy**", invocado quando a Applet for encerrada, enviando uma mensagem na janela de prompt (linha 18). Para que essa mensagem seja emitida, basta fechar a janela do Appletviewer.
- **Linha 20:** contém o método "**paint**", invocado toda vez que a Applet é redimensionada pelo Appletviewer, enviando uma mensagem na caixa texto "tfTexto" a cada atualização (linha 21). Para que essa mensagem seja emitida, basta redimensionar a janela do Appletviewer. Possui um contador (linha 22) para tornar mais claro o processo de execução desse método. A classe Graphics que aparece como parâmetro pode ser utilizada para definir certas características da janela em tempo de execução, possibilitando repintar a janela de acordo com certas condições.

13.2 Como Executar uma Applet

Uma Applet pode ser executada de duas formas: por meio de um browser ou de uma ferramenta especializada nesse processo, como é o caso do Appletviewer da Sun. Didaticamente, é melhor executar as Applets com o Appletviewer, pois nem sempre o browser é totalmente compatível com as instruções utilizadas. Além disso, o carregamento da Applet é mais rápido pelo Appletviewer. Desta forma, em tempo de desenvolvimento o Appletviewer é mais indicado, entretanto, após encerrar o desenvolvimento da Applet, é interessante verificar se sua execução ocorre de maneira satisfatória pelo browser. Na verdade, seria interessante executar a Applet em diferentes navegadores.

O Exemplo 13.1, em especial, não funciona de maneira apropriada pelo browser porque algumas mensagens devem ser enviadas à janela de prompt e o browser não possui suporte para isso, porém o exemplo é importante para que o leitor reconheça de maneira mais clara todo o ciclo de vida de uma Applet. Evidentemente, quando uma Applet é criada para ser utilizada na Internet, obrigatoriamente ela deve ser executada plenamente pelo browser, senão seu uso torna-se inviável ou, dependendo do caso, impossível.

O primeiro passo necessário para executar uma Applet se refere à elaboração de um documento HTML que a invocará. Esse documento, da mesma forma que um programa em Java, pode ser criado a partir de um editor de textos convencional, pois ele é composto apenas de conteúdo de texto puro.

O código do documento HTML seguinte pode ser usado para carregar a Applet do Exemplo 13.1. Da mesma forma que um programa em Java, a numeração das linhas deve ser desconsiderada na elaboração do arquivo.

Para carregar a Applet, o código seguinte deve ser salvo numa pasta anterior ao pacote "cap13" na qual estão armazenados os arquivos .class (na pasta onde o pacote está armazenado), de preferência com o mesmo nome da Applet (porém com extensão .HTML) para facilitar a organização, apesar de esse procedimento não ser obrigatório. Não se esqueça de compilar o arquivo IniciaApplet.java para que ele gere o arquivo ".class" (dentro da pasta cap13). Reforçando, os arquivos HTML que carregam as Applets devem sempre ser armazenados na mesma pasta em que se encontra a pasta referente ao pacote. Observe o Exemplo 13.2 e o local correto, Figura 13.3, onde os arquivos devem estar armazenados (na pasta Java7):

```
1  <HTML><HEAD><TITLE>Estudo das Applets</TITLE></HEAD>
2  <BODY>
3      <APPLET code="cap13/IniciaApplet.class" width=350 height=200></APPLET>
4  </BODY>
5  </HTML>
```

Exemplo 13.2 - O arquivo IniciaApplet.html.

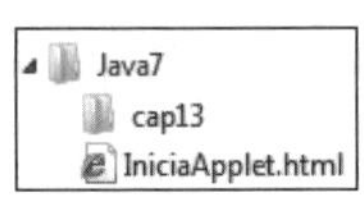

Figura 13.3 - Local onde devem ser armazenados os arquivos .html.

Depois de digitado e salvo o arquivo IniciaApplet.html, basta carregá-lo pelo Appletviewer. Esse arquivo contém o código mínimo necessário para que a Applet seja carregada. Para isso abra a janela de prompt na pasta em que os arquivos estão gravados e digite o comando **Appletviewer IniciaApplet.html**.

Esse comando chama o Appletviewer e carrega o documento HTML que contém a Applet.

Mesmo que o leitor não possua conhecimentos de HTML, sua compreensão não representa problemas, uma vez que os exemplos serão extremamente simples. Os aspectos mais importantes do arquivo HTML em questão são:

- **Linha 1: <HTML>** → uma *tag* que indica que o documento em questão é um HTML. Apesar de não ser obrigatório, seu uso é apropriado, uma vez que facilita a compreensão. O fato de a *tag* estar descrita com maiúsculas é mera escolha, apenas para destavar as *tags* em HTML, pois não existe a sensibilidade de caixa.
- **Linha 2:** contém a *tag* **<BODY>** usada para identificar o início do corpo do documento, isto é, o conteúdo do arquivo HTML.

- **Linha 3:** contém a *tag* <**APPLET**> usada para inserir o nome da Applet que será carregada, além de possibilitar a definição de outras características, conforme será demonstrado adiante. A *tag* <**APPLET**> envolve todas as informações sobre a Applet. O atributo **code** define o nome da Applet que será carregada pelo documento. É importante salientar que o nome apontado pelo atributo **code** deve corresponder exatamente ao nome da Applet (extensão .class). Esse nome também possui sensibilidade a maiúsculas/minúsculas, e caso não corresponda exatamente ao nome da Applet, ela não é carregada. O atributo **width** define a largura da janela ocupada pela Applet e **height** define a altura da janela ocupada pela Applet. Esses três atributos são obrigatórios e representam as características mais simples que uma Applet pode conter. Na seção 13.4 é apresentada a tag <OBJECT> que desempenha um papel semelhante à tag <APPLET>. Ao final da linha aparece a *tag* de encerramento </APPLET>. Por padronização, toda *tag* de abertura deve possuir sua correspondente de encerramento, apesar de nem sempre ser obrigatório.
- **Linhas 4 e 5:** contêm as *tags* de encerramento </BODY> e </HTML>.

Em todos os exemplos que usarem Applets deve existir um arquivo em HTML correspondente; caso contrário, não é possível verificar a execução da Applet.

13.3 Diferenças Básicas entre Applets e Aplicações

Do ponto de vista conceitual talvez seja até um erro diferenciar Applets de aplicações, uma vez que Applet também é uma aplicação. O aspecto que diferencia esses dois tipos de aplicação é que uma é desenvolvida para ser executada pelo interpretador da linguagem, como feito até agora, e outra é desenvolvida para ser executada pela Internet (as Applets). O termo Applet chega até a ser confuso, uma vez que algumas bibliografias descrevem-no no masculino (referindo-se a um programa) e outras no feminino (como uma aplicação). Obviamente, o fato de considerar a Applet ou o Applet não tem nenhuma importância, pois o que vale é saber elaborar essas aplicações.

As principais diferenças da Applet em relação às aplicações convencionais que estendem a classe Frame são:

- É preciso importar a classe Applet inserindo a diretiva de compilação **import java.applet.Applet** no topo do programa. Essa diretiva é necessária quando a Applet é criada com base nas classes do pacote AWT, isto é, quando ela estender a classe Applet. Caso a Applet criada estenda a classe JApplet do pacote *Swing,* essa diretiva não é necessária.
- É necessário substituir **extends Frame** por **extends Applet**.
- Normalmente não existe o método principal **public static void main(String args[])**, apesar de ser possível a criação de Applets como se fossem aplicações convencionais.
- As características da janela são definidas no método de inicialização da Applet (**public void init()**) em vez de serem definidas no método construtor.
- Não existe a necessidade de implementar um trecho de código para realizar o fechamento da janela em que a Applet está rodando, uma vez que esse processo é controlado pelo browser quando ele é fechado ou quando o usuário muda de site.
- Não há necessidade de utilizar **setSize** (ou setBounds), pois a dimensão da janela da Applet é controlada pelo documento HTML por meio dos atributos **width e height**, como mostra a Tabela 13.1.

- Não há necessidade de utilizar **setTitle**, uma vez que o título da janela do browser é definido pelo documento HTML. Da mesma forma não é preciso definir **setLocation** (ou setBounds), pois a localização da Applet também é controlada pelo documento HTML.
- O método **setResizable** não é reconhecido pela Applet, porque não é possível redimensionar manualmente a área ocupada pela Applet na janela do browser.
- A Applet não é executada pelo interpretador java. Ela é executada pelo browser ou pelo aplicativo Appletviewer da Sun e necessita estar em um documento HTML. Sendo assim, deve ser criado um arquivo HTML que chama a Applet.

A Tabela 13.1 apresenta os principais atributos que podem ser usados na *tag* <APPLET> para definir certas características ou parâmetros para uma Applet.

Atributo	Descrição
archive	Aponta para um arquivo java compactado (.jar)
alt	Define uma mensagem alternativa que pode ser mostrada quando o ponteiro do *mouse* estaciona sobre a Applet
align	Define o alinhamento para a Applet. Pode assumir os valores top, bottom, left, right ou middle
code	Aponta para o nome da Applet que será carregada
codebase	Aponta para um endereço padrão para os arquivos de classe Java
height	Define a altura em *pixels* ocupada pela Applet
hspace	Estabelece a margem horizontal da Applet em pixels
vspace	Define a margem vertical da Applet em pixels
width	Define a largura em pixels ocupada pela Applet

Tabela 13.1 - Atributos mais usados na tag APPLET.

Para dar maior clareza à elaboração de Applets, vamos criar uma classe chamada Calculadora.java em Applet. Observe o código do Exemplo 13.3.

Ao analisar o código do Exemplo 13.3, é possível perceber as seguintes alterações em relação às aplicações elaboradas a partir do capítulo 8:

- Foi utilizado **extends JApplet**.
- O método **main** foi retirado.
- O método construtor foi substituído por **public void init**().
- Foram retirados os métodos **setTitle**, **setSize** e **setLocation**.

```java
package cap13;
import java.awt.*;
import java.awt.event.*;
import javax.swing.*;
public class CalculadoraComApplet extends JApplet{
    private float n1,n2;
    JLabel lbNum1, lbNum2, lbTotal;
    JButton btSomar, btSubtrair, btMultiplicar, btDividir, btLimpar;
    JTextField tfNum1, tfNum2, tfTotal;

    public void init() {
        inicializarComponentes();
        definirEventos();
    }

    private void inicializarComponentes() {
        setLayout(new GridLayout(3, 4));
        lbNum1 = new JLabel("Num.1");
        lbNum1.setForeground(Color.black);
        lbNum1.setFont(new Font("", Font.BOLD, 14));
        lbNum2 = new JLabel("Num.2");
        lbNum2.setForeground(Color.black);
        lbNum2.setFont(lbNum1.getFont());
        lbTotal = new JLabel("Total");
        lbTotal.setFont(lbNum1.getFont());
        btSomar = new JButton("+");
        btSubtrair = new JButton("-");
        btMultiplicar = new JButton("x");
        btDividir = new JButton("/");
        btLimpar = new JButton("Limpar");
        btLimpar.setBackground(Color.black);
        btLimpar.setForeground(Color.white);
        tfNum1 = new JTextField();
        tfNum2 = new JTextField();
        tfTotal = new JTextField();
        tfTotal.setEditable(false);
        add(lbNum1); add(tfNum1); add(btSomar);
        add(btSubtrair); add(lbNum2); add(tfNum2);
        add(btMultiplicar); add(btDividir); add(lbTotal);
        add(tfTotal); add(btLimpar);
    }

    private void definirEventos() {
        btLimpar.addActionListener(new ActionListener() {
            public void actionPerformed(ActionEvent e) {
                tfNum1.setText(""); tfNum2.setText(""); tfTotal.setText("");
            }
        });
        btSomar.addActionListener(new ActionListener() {
            public void actionPerformed(ActionEvent e) {
                calcular(1);
            }
        });
        btSubtrair.addActionListener(new ActionListener() {
            public void actionPerformed(ActionEvent e) {
                calcular(2);
            }
        });
        btMultiplicar.addActionListener(new ActionListener() {
            public void actionPerformed(ActionEvent e) {
                calcular(3);
            }
        });
        btDividir.addActionListener(new ActionListener() {
            public void actionPerformed(ActionEvent e) {
                calcular(4);
            }
        });
    }

    public void calcular(int operacao) {
        try {
            n1 = Float.parseFloat(tfNum1.getText());
            n2 = Float.parseFloat(tfNum2.getText());
            if (operacao==1) tfTotal.setText("" + (n1 + n2));
            else if (operacao==2) tfTotal.setText("" + (n1 - n2));
            else if (operacao==3) tfTotal.setText("" + (n1 * n2));
            else if (operacao==4) tfTotal.setText("" + (n1 / n2));
        } catch (NumberFormatException erro) {
            tfTotal.setText("Erro\n" + erro.toString());
        }
    }
```

Exemplo 13.3 - Listagem da classe CalculadoraComApplet.

Funcionalidades comentadas do Exemplo 13.3:

- **Linhas 26 a 30:** inicializam os cinco botões utilizados na aplicação.
- **Linhas 33 a 35:** inicializam as caixas de texto em branco, isto é, as caixas de texto aparecem sem nenhum texto. A caixa de texto pode ser inicializada com um texto default, se for necessário, por exemplo: tfNum1 = new JTextField ("Linguagem Java").
- **Linha 36:** contém a declaração tfTotal.setEditable(false). Esse recurso é utilizado para que a caixa de texto, no caso tfTotal, não possa ser alterada pelo usuário. É uma forma de fazer com que a caixa de texto seja somente leitura.
- **Linhas 37 a 40:** adicionam todos os objetos à janela, exatamente na ordem em que aparecem. Essas linhas aparecem com mais de uma instrução. Isso não representa nenhum problema, pois ao encontrar o sinal de ponto e vírgula (;), o compilador reconhece que a linha foi encerrada e todas as instruções à direita serão consideradas uma nova linha.
- **Linhas 44 a 48:** contêm as instruções para o botão Limpar em que todas as caixas de texto são limpas por meio do método "setText".
- **Linhas 49 a 53:** contêm as instruções para o botão Somar. A linha 51 chama o método "calcular" enviando o valor 1 (que indica que deve ser realizada uma operação de soma).
- **Linhas 54 a 58:** contêm as instruções para o botão Subtrair. A linha 56 chama o método "calcular" enviando o valor 2 (que indica que deve ser realizada uma operação de subtração).
- **Linhas 59 a 63:** contêm as instruções para o botão Multiplicar. A linha 61 chama o método "calcular" enviando o valor 3 (que indica que deve ser realizada uma operação de multiplicação).
- **Linhas 64 a 68:** contêm as instruções para o botão Dividir. A linha 66 chama o método "calcular" enviando o valor 4 (que indica que deve ser realizada uma operação de divisão).
- **Linhas 73 a 74:** realizam a conversão dos valores digitados em valores numéricos, uma vez que o conteúdo de um objeto JTextField é um texto e não pode ser usado diretamente para a realização de cálculos matemáticos. Caso haja algum erro de conversão, no caso de o usuário não ter digitado um valor numérico, uma mensagem de erro aparece no campo tfTotal (linha 80).
- **Linha 75:** tfTotal.setText("" + (n1 / n2))→. Essa linha demonstra como é simples a conversão de número em texto por meio de "" + (n1/n2), ou seja, o resultado da operação é concatenado com um texto vazio. Quando um número é concatenado com um texto, o resultado final transforma-se em texto.
- **Linhas 76, 77 e 78:** realizam o mesmo processo da linha 75, porém efetuam uma operação diferente, dependendo da escolha do usuário.

Você já sabe que para ler o conteúdo de um campo texto, utiliza-se o método **getText** e para armazenar algo no campo texto, usa-se o método **setText**.

Basicamente, estes são os pontos principais a serem modificados na elaboração de uma Applet, conforme apresentado anteriormente. Da mesma forma que o Exemplo 13.1, é necessário criar um documento HTML para carregar a Applet de acordo com o código seguinte:

```
<HTML><HEAD><TITLE>Estudo das Applets</TITLE></HEAD>
<BODY>
    <APPLET code="cap13/CalculadoraComApplet.class" width=350 height=200></APPLET>
</BODY>
</HTML>
```

Exemplo 13.4 - O arquivo CalculadoraComApplet.html.

Então, ao carregar o arquivo de CalculadoraComApplet.html pelo aplicativo Appletviewer, surge a tela da Figura 13.4.

Da mesma forma realizada com o Exemplo 9.4, qualquer aplicação apresentada a partir do capítulo 8 pode ser convertida em uma Applet.

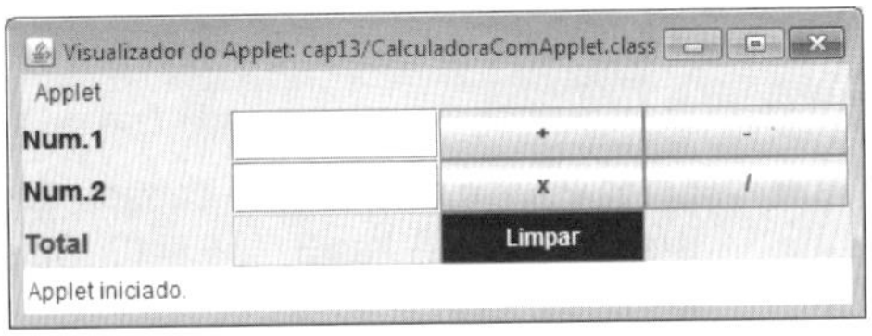

Figura 13.4 - O Exemplo 13.3 executado no AppletViewer.

13.4 Visualização da Applet no Browser

Para visualizar uma Applet em um browser qualquer, é necessário ter instalado na máquina o JRE (*Java Runtime Environment*) da Oracle, disponível no endereço http://www.oracle.com/technetwork/java/javase/downloads/index.html. Quando este livro foi escrito, a versão do JRE era a 7.

Por falta de padronização no desenvolvimento dos browsers, o arquivo HTML mostrado no item anterior pode não funcionar corretamente. Outra forma de criar o arquivo, compatível com a padronização da XHTML (*eXtensible HyperText Markup Language*), é usando *tag* <OBJECT> em vez da <APPLET>. Vamos apresentar um arquivo HTML usando a tag <OBJECT>.

Observação

A criação e a utilização de Applets em Java exigem cuidados especiais. Por exemplo, suponha que você desenvolva uma Applet e esteja usando o JDK na versão 1.7. Quando essa Applet for carregada no browser, ele deve fornecer suporte para a mesma versão (JRE 7). Se o browser utilizar uma versão anterior àquela usada no desenvolvimento, a Applet pode não ser carregada. Um recurso possível para corrigir este problema é compilar a Applet usando uma versão anterior do Java. Por exemplo: javac CalculadoraComApplet.java **-target** 1.6. Com isso a Applet é compilada considerando a versão 1.6.

A listagem seguinte é compatível com a maioria dos *browsers* com suporte a XHTML. Salve essa listagem com extensão HTML (CalculadoraComApplet_a.HTML) e tente carregar a Applet do Exemplo 13.2 no browser. Dependendo do Sistema Operacional que você estiver utilizando (e também do controle de segurança), o browser impede a página de executar o script. Basta clicar com o mouse na mensagem de bloqueio para liberar o carregamento do arquivo.

```
<HTML>
<!--[if !IE]>-->
<OBJECT classid="java:cap13/CalculadoraComApplet.class"
        type="application/x-java-applet"
        height="70" width="300">
  <!--<![endif]-->
  <OBJECT classid="clsid:8AD9C840-044E-11D1-B3E9-00805F499D93"
          height="70"
          width="300" >
      <PARAM name="code" value="cap13/CalculadoraComApplet" />
  </OBJECT>
<!--[if !IE]>-->
</OBJECT>
<!--<![endif]-->
</HTML>
```

Exemplo 13.5 - O arquivo CalculadoraComApplet_a.html.

Como dissemos, este código é genérico e serve para a maioria dos *browsers*. Ele funciona da seguinte maneira:

- **Linha 2:** se o browser que carregar o arquivo **não** for o *Microsoft Internet Explorer* (**if !IE**), são executadas as linhas 3, 4, 5 e 13. Ou seja, quando o browser não for o IE, pode ser usado somente o código:

```
<OBJECT classid="java:cap13/CalculadoraComApplet.class"
        type="application/x-java-applet"
        height="70" width="300">
</OBJECT>
```

  Os itens que variam de acordo com a aplicação são **CalculadoraComApplet.class** (o nome da Applet definido pelo atributo classid), **height** (a altura que a Applet ocupará na tela) e **width** (a largura que a Applet ocupará na tela).

- **Linhas 7 a 11:** são executadas quando o browser que carregar o arquivo for o *Microsoft Internet Explorer*.

```
<OBJECT classid="clsid:8AD9C840-044E-11D1-B3E9-00805F499D93"
        height="70"
        width="300" >
    <PARAM name="code" value="cap13/CalculadoraComApplet" />
</OBJECT>
```

Os atributos da tag <OBJECT> utilizados no arquivo anterior são: **classid** (contém um código identificador que força o browser a utilizar a versão mais recente do *plug-in* Java instalado na máquina), **height** (a altura que a Applet ocupará na tela) e **width** (a largura que a Applet ocupará na tela). Já a tag <PARAM> contém o atributo **value** cujo conteúdo é o nome do pacote seguido pelo nome da classe (CalculadoraComApplet).

Ao carregar o arquivo CalculadoraComApplet_a.html por meio do browser, é apresentada a tela da Figura 13.5. O carregamento dessa página foi testado nos browsers Internet Explorer, Mozilla Firefox e Google Chrome. Não podemos afirmar que o mesmo código funcionará para todos os tipos de browser.

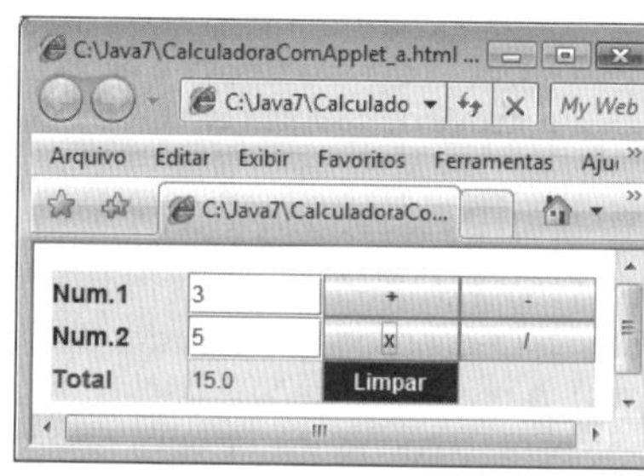

Figura 13.5 - O Exemplo 13.2 em execução no Internet Explorer.

13.5 Redirecionamento de Páginas

Uma Applet pode ser usada para possibilitar o redirecionamento de páginas, carregando outras páginas da web automaticamente. Por exemplo, suponha que o endereço de uma página era http://www.minhapagina.com.br e mudou para http://www.outrapagina.com.br. Uma Applet pode ser inserida no primeiro endereço para redirecionar o usuário para o novo endereço, quando o antigo for acessado.

O Exemplo 13.6 mostra o código para a construção de uma Applet usada para fazer o redirecionamento automático de uma página.

```java
1 package cap13;
2 import java.net.*;
3 import java.applet.Applet;
4 public class RedirecionaPagina extends Applet {
5     public void init() {
6         try {
7             URL endereco = new URL("http://www.outroendereco.com.br");
8             getAppletContext().showDocument(endereco);
9             // getAppletContext().showDocument(endereco,"_blank");
10        }
11        catch (Exception erro) {
12            getAppletContext().showStatus("Erro ao carregar o Endereço\n" + erro.toString());
13        }
14    }
15 }
```

Exemplo 13.6 - A classe RedirecionaPagina.

Ao carregar a Applet do Exemplo 13.6, o browser faz a carga da página http://www.outroendereco.com.br, apontada pela Applet. As funcionalidades comentadas desse exemplo são:

- **Linha 2:** importa as classes necessárias para a utilização da classe URL.
- **Linha 7:** cria o objeto "endereco" cujo conteúdo será um endereço da Internet. A utilização de um objeto do tipo URL exige um bloco *try-catch*, uma vez que um endereço pode ser malformado, isto é, não ser formatado adequadamente, gerando uma exceção que deve ser tratada em tempo de execução.
- **Linha 8:** mostra o documento cujo endereço está armazenado no objeto "endereco". Esse documento pode ser apresentado na janela ativa do browser, substituindo o documento atual pelo novo, ou em outra janela, como descrito na linha 9.

Esse exemplo deve ser carregado pelo arquivo RedirecionaPagina.HTML seguinte:

```html
<HTML>
<!--[if !IE]>-->
<OBJECT classid="java:cap13/RedirecionaPagina.class"
        type="application/x-java-applet"
        height="100" width="100">
  <!--<![endif]-->
  <OBJECT classid="clsid:8AD9C840-044E-11D1-B3E9-00805F499D93"
          height="100"
          width="100" >
     <PARAM name="code" value="cap13/RedirecionaPagina" />
  </OBJECT>
<!--[if !IE]>-->
</OBJECT>
<!--<![endif]-->
</HTML>
```

Exemplo 13.7 - O arquivo RedirecionaPagina.html.

Existem outras possibilidades do redirecionamento de páginas com o uso de Applets, como, por exemplo, a elaboração de uma Applet que atua como um tipo de "Favoritos". O usuário escolhe o nome do site que deseja visitar e a Applet realiza o carregamento da página, isto é, faz o direcionamento do usuário de acordo com uma senha de entrada no site. Dependendo da senha digitada, o usuário terá acesso a uma determinada área do *site*. O exemplo RedirecionaPaginaComSenha apresenta uma Applet que recebe uma senha e, dependendo da senha digitada, redireciona o usuário para um endereço diferente. Se a senha digitada não existir, o usuário é direcionado para uma página que contém uma mensagem de erro.

```java
package cap13;
import java.awt.FlowLayout;
import java.net.*;
import javax.swing.*;
import java.awt.event.*;
public class RedirecionaPaginaComSenha extends JApplet {
    private JLabel lbSenha;
    private JPasswordField t1;
    private JButton b1;

    public void init() {
        inicializarComponentes();
        definirEventos();
    }

    public void inicializarComponentes() {
        setLayout(new FlowLayout());
        lbSenha = new JLabel("Senha: ");
        t1 = new JPasswordField(10);
        t1.setEchoChar('*');
        b1 = new JButton("Entrar");
        add(lbSenha);
        add(t1);
        add(b1);
    }

    public void definirEventos() {
        b1.addActionListener(new ActionListener() {
            public void actionPerformed(ActionEvent e) {
                redirecionar();
            }
        });
        t1.addActionListener(new ActionListener() {
            public void actionPerformed(ActionEvent e) {
                redirecionar();
            }
        });
    }

    public void redirecionar() {
        try {
            String site = "http://www.minhapagina.com.br/erro.html";
            String senha = String.valueOf(t1.getPassword());
            if (senha.equals("SENHA01")) {
                site = "http://www.minhapagina.com.br/pagina1.html";
            } else if (senha.equals("SENHA02")) {
                site = "http://www.minhapagina.com.br/pagina2.html";
            } else if (senha.equals("SENHA03")) {
                site = "http://www.minhapagina.com.br/pagina3.html";
            }
            URL endereco = new URL(site);
            getAppletContext().showDocument(endereco, "_blank");
        } catch (Exception erro) {
            getAppletContext().showStatus("Erro ao carregar o URL\n" + erro.toString());
        }
    }
}
```

Exemplo 13.8 - A classe RedirecionaPaginaComSenha.

Da mesma forma que o exemplo anterior, o Exemplo 13.8 deve ser carregado pelo arquivo RedirecionaPaginaComSenha.HTML seguinte:

```
<HTML>
<!--[if !IE]>-->
<OBJECT classid="java:cap13/RedirecionaPaginaComSenha.class"
        type="application/x-java-applet"
        height="50" width="350">
  <!--<![endif]-->
  <OBJECT classid="clsid:8AD9C840-044E-11D1-B3E9-00805F499D93"
          height="50"
          width="350" >
     <PARAM name="code" value="cap13/RedirecionaPaginaComSenha" />
  </OBJECT>
<!--[if !IE]>-->
</OBJECT>
<!--<![endif]-->
</HTML>
```

Exemplo 13.9 - O arquivo RedirecionaPaginaComSenha.html.

A Figura 13.6 exibe a tela de resultado no momento em que o Exemplo 13.8 é carregado.

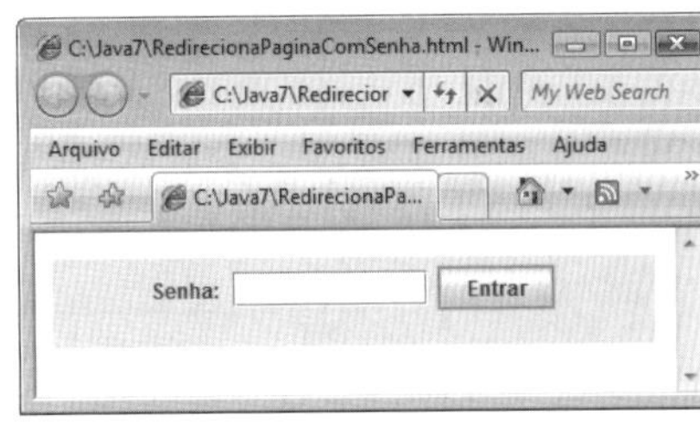

Figura 13.6 - O Exemplo 13.8 em execução.

13.6 Passagem de Parâmetros

Uma Applet pode receber dados provenientes da própria página em que ela está inserida. Esses dados recebidos podem ser usados, por exemplo, para determinar as características físicas da Applet (formatação) ou usados em cálculos internos, ou em qualquer outra função que se faça necessária. Suponha que o governo desenvolveu uma Applet para cálculo do imposto sobre veículos (IPVA) que pode ser copiada para qualquer site, isto é, qualquer empresa pode copiar a Applet e inseri-la em seu site para que seus clientes possam utilizá-la. Cada empresa pode desejar personalizar a Applet de acordo com sua página. Por exemplo, uma determinada empresa pode desejar que a Applet possua a cor laranja de fundo, outra azul, outra verde e assim por diante. Desta forma, cada empresa pode personalizar sua Applet passando como parâmetro a cor de fundo desejada.

Para o envio de valores por meio de parâmetros em arquivos HTML, é utilizada a *tag* **<PARAM>**, que deve ser inserida entre as tags **<APPLET>** de abertura e encerramento, no formato seguinte:

```
<APPLET ...>
    <PARAM name="Nome_do_Parâmetro" value="Valor_do_Parâmetro">
</APPLET>
```

O mesmo procedimento é válido para a tag **<OBJECT>**:

```
<OBJECT ...>
    <PARAM name="Nome_do_Parâmetro" value="Valor_do_Parâmetro">
</OBJECT>
```

Os atributos **name** e **value** são os mesmos para todos os tipos de browser. A função de cada um deles é:

- **name:** contém o nome do parâmetro que pode ser comparado ao nome de uma variável. Ele deve ser idêntico nos dois arquivos envolvidos, isto é, no documento HTML e na Applet. Esse nome também possui sensibilidade de caixa, por isso muito cuidado.
- **value:** possui o conteúdo do parâmetro, isto é, o valor do parâmetro. É similar ao conteúdo de uma variável.

Para cada parâmetro enviado deve existir uma *tag* <PARAM> correspondente. Para o recebimento de parâmetros por meio de uma Applet, é utilizado o método getParameter no formato seguinte:

```
String parametro = getParameter("Nome do Parâmetro");
```

O método getParameter sempre retorna um valor do tipo *String*. Conforme já dito, o nome do parâmetro deve ser idêntico ao usado no documento HTML, para que a comunicação seja realizada.

Para dar maior clareza, veja o código seguinte do arquivoPassagemDeParametro.html usado para transmitir dados para a Applet do Exemplo 13.11.

```
<HTML>
<!--[if !IE]>-->
<OBJECT classid="java:cap13/PassagemDeParametro.class"
        type="application/x-java-applet"
        height="120" width="300">
       <PARAM name = "CorDeFundo"   value = "FF0000">
       <PARAM name = "CorDoBotao"   value = "00FF00">
       <PARAM name = "TextoDoBotao" value = "0000FF">
  <!--<![endif]-->
  <OBJECT classid="clsid:8AD9C840-044E-11D1-B3E9-00805F499D93"
          height="120"
          width="300" >
     <PARAM name = "code" value="cap13/PassagemDeParametro" />
       <PARAM name = "CorDeFundo"   value = "FF0000">
       <PARAM name = "CorDoBotao"   value = "00FF00">
       <PARAM name = "TextoDoBotao" value = "0000FF">
  </OBJECT>
<!--[if !IE]>-->
</OBJECT>
<!--<![endif]-->
</HTML>
```

Exemplo 13.10 - Exemplo PassagemDeParametro.html.

O arquivo PassagemDeParametro.html define três nomes de parâmetro, sendo CorDeFundo, CodDoBotao e TextoDoBotao, junto com um valor correspondente a cada um. O conteúdo dos parâmetros se refere ao código RGB em hexadecimal que será usado na definição das cores da Applet. Ao elaborar a Applet, os nomes dos parâmetros usados devem ser exatamente iguais aos definidos na página HTML, conforme frisado anteriormente. Observe o código seguinte da Applet PassagemDeParametro.

Funcionalidades comentadas do Exemplo 13.11:

- **Linhas 13 a 15:** os parâmetros recebidos pelo método "getParameter" são transferidos para as variáveis corFundo, corBotao e textoBotao. O conteúdo desses parâmetros é apresentado nas caixas de texto correpondentes nas linhas 25 a 27, ou seja, as caixas de texto recebem os valores dos parâmetros transferidos do arquivo HTML para a Applet.

- **Linha 28:** define a cor de fundo da primeira caixa de texto usando o parâmetro **CorDeFundo**. A conversão em número inteiro por meio de **Integer.parseInt(corFundo,16)** se deve ao fato de que ela será realizada com um número hexadecimal, por isso o número 16 dentro dos parênteses. Isso pode ser interpretado da seguinte forma: converta em inteiro o número hexadecimal armazenado na variável "corFundo". As linhas 29 a 32 possuem a mesma função, definindo as cores do botão e do texto do botão.

Experimente alterar o conteúdo dos parâmetros no documento HTML e recarregar a Applet para verificar as mudanças ocorridas.

```
1   package cap13;
2   import java.awt.*;
3   import javax.swing.*;
4   public class PassagemDeParametro extends JApplet {
5       private JLabel lbCorFundo, lbCorBotoes, lbCorTexto;
6       private JButton bt1, bt2;
7       private JTextField tfFundo, tfCorBotao, tfTextoBotao;
8       private String corFundo, corBotao, textoBotao;
9       public void init() {
10         inicializarComponentes();
11      }
12      private void inicializarComponentes() {
13          corFundo = getParameter("CorDeFundo");
14          corBotao = getParameter("CorDoBotao");
15          textoBotao = getParameter("TextoDoBotao");
16          lbCorFundo = new JLabel("Cor de Fundo:");
17          lbCorFundo.setForeground(Color.black);
18          lbCorBotoes = new JLabel("Cor dos Botoes:");
19          lbCorBotoes.setForeground(Color.black);
20          lbCorTexto = new JLabel("Cor do Texto do Botao:");
21          lbCorTexto.setForeground(Color.black);
22          setLayout(new GridLayout(4, 2));
23          bt1 = new JButton("Botao 1");
24          bt2 = new JButton("Botao 2");
25          tfFundo = new JTextField(corFundo);
26          tfCorBotao = new JTextField(corBotao);
27          tfTextoBotao = new JTextField(textoBotao);
28          tfFundo.setBackground(new Color(Integer.parseInt(corFundo, 16)));
29          bt1.setBackground(new Color(Integer.parseInt(corBotao, 16)));
30          bt2.setBackground(new Color(Integer.parseInt(corBotao, 16)));
31          bt1.setForeground(new Color(Integer.parseInt(textoBotao, 16)));
32          bt2.setForeground(new Color(Integer.parseInt(textoBotao, 16)));
33          add(lbCorFundo);  add(tfFundo);  add(lbCorBotoes);  add(tfCorBotao);
34          add(lbCorTexto);  add(tfTextoBotao); add(bt1);  add(bt2);
35      }
36  }
```

Exemplo 13.11 - A classe PassagemDeParametro.

A Figura 13.7 exibe a tela de resultado do carregamento do arquivo PassagemDeParametro.html.

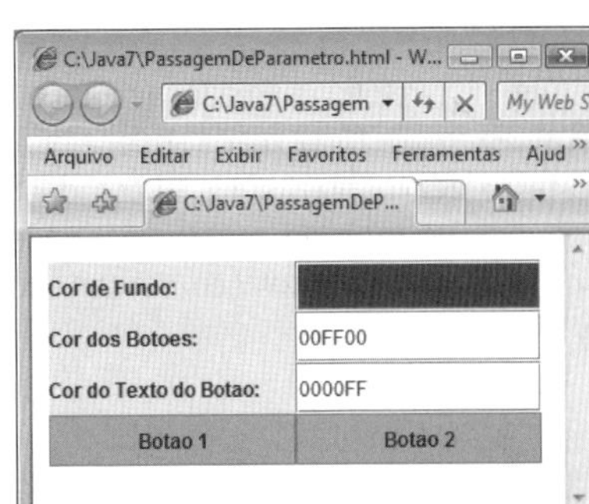

Figura 13.7 - O Exemplo 13.5 em execução.

13.7 Restrições das Applets

As Applets foram planejadas para serem carregadas de um site remoto e então executadas localmente. Desta forma, para evitar que Applets criadas por pessoas sem ética danifiquem o sistema local em que são executadas, isto é, atuem como um vírus, acessando informações sigilosas, alterando ou ainda apagando dados armazenados no sistema, foram impostas algumas restrições a seu funcionamento.

As Applets são executadas pelo browser e monitoradas por um gerenciador de segurança chamado **Applet *security manager***, que lança uma interrupção do tipo *SecurityException* caso a Applet viole alguma das regras de segurança impostas. Como a Applet é monitorada durante sua execução, é comum dizer que as Applets operam dentro de uma caixa de areia, algo que impossibilita que elas saiam de seu raio de atuação. Esse modelo é conhecido como ***the sandbox model***.

As tarefas que as Applets podem realizar sem nenhum tipo de restrição são: exibir imagens, executar sons, processar o acionamento do teclado, do mouse e se comunicar com o computador *host* de onde foram carregadas. Por outro lado, as Applets estão sujeitas a diversas restrições, tais como: não podem executar programas localmente instalados, não podem se comunicar com outros *hosts* exceto de onde a Applet foi carregada, não podem ler e escrever no sistema de arquivos local e não podem obter informações do sistema em que operam, exceto sobre a JVM. Isso quer dizer que não é possível, pelo menos da forma padrão, elaborar uma Applet capaz de armazenar dados em um arquivo, e isso pode limitar demais as aplicações.

É bastante nítido o aumento de restrições de Applets executadas por *download* quando comparadas com a execução de aplicações comuns escritas em Java. Evidentemente, este livro não aborda todos os aspectos de segurança envolvidos na criação de aplicações, pois este assunto é extremamente vasto.

O item seguinte apresenta o que pode ser feito para diminuir as restrições das Applets, uma vez que isso muitas vezes se faz necessário. Para retirar essas restrições, pode ser criado um arquivo de política (*policy file*), o qual é demonstrado em seguida.

13.7.1 Criação do Policy File

Policy File é um arquivo que contém dados referentes ao grau de atuação de uma Applet, definindo as ações que ela pode realizar no sistema. Para criar o *Policy File,* é usada uma ferramenta fornecida pela Sun junto com o Kit de desenvolvimento JDK.

Para a criação do arquivo que controla o acesso das Applets, pode ser usado qualquer editor de textos comum, entretanto, para que o aprendizado da sintaxe não seja necessário, a Sun projetou uma ferramenta para a criação desses arquivos. Trata-se da ***Policytool***, executada diretamente na janela de prompt. Antes de iniciar a manipulação da *Policytool*, vamos criar uma Applet em um diretório padrão de trabalho para simplificar os processos e facilitar o entendimento.

Crie um diretório chamado minhaapplet no disco C (c:\minhaapplet). Digite e compile nesse diretório a Applet do Exemplo 13.12 (não esqueça que o arquivo .class deve ficar dentro do pacote cap13) e o arquivo ManipulaTextoComApplet.html, ambos demonstrados em seguida. A Applet em questão será usada para criar um arquivo texto de acordo com dados fornecidos pelo usuário. Como uma Applet, originalmente, é proibida de realizar a gravação em um arquivo, é necessário usar a ferramenta *Policytool* para criar um *Policy File*.

```java
package cap13;
import java.awt.*;
import java.awt.event.*;
import java.io.*;
import javax.swing.*;
public class ManipulaTextoComApplet extends JApplet {
    private JLabel lbTexto;
    private JButton btGravar, btLer, btLimpar;
    private JTextArea taTexto;
    private JScrollPane scrollPane1;
    private String arquivo = "c:/minhaapplet/arq.txt";

    public void init() {
        inicializarComponentes();
        definirEventos();
    }

    private void inicializarComponentes() {
        setLayout(new FlowLayout());
        lbTexto = new JLabel("Texto a ser editado:");
        btGravar = new JButton("Gravar");
        btLer = new JButton("Ler");
        btLimpar = new JButton("Limpar");
        taTexto = new JTextArea(8, 60);
        scrollPane1 = new JScrollPane(taTexto);
        add(lbTexto);
        add(scrollPane1);
        add(btGravar);
        add(btLer);
        add(btLimpar);
    }

    private void definirEventos() {
        btLimpar.addActionListener(new ActionListener() {
            public void actionPerformed(ActionEvent e) {
                taTexto.setText("");
            }
        });
        btGravar.addActionListener(new ActionListener() {
            public void actionPerformed(ActionEvent e) {
                try {
                    PrintWriter out = new PrintWriter(arquivo);
                    out.println(taTexto.getText());
                    out.close();
                } catch (IOException erro) {
                   taTexto.append("Erro\n" + erro.toString());
                }
            }
        });
        btLer.addActionListener(new ActionListener() {
            public void actionPerformed(ActionEvent e) {
                try {
                    BufferedReader br = new BufferedReader(new FileReader(arquivo));
                    taTexto.setText("");
                    String linha = "";
                    while ((linha = br.readLine()) != null) {
                        taTexto.append(linha + "\n");
                    }
                    br.close();
                } catch (IOException erro) {
                    taTexto.setText("Erro\n" + erro.toString());
                }
            }
        });
    }
}
```

Exemplo 13.12 - A classe ManipulaTextoComApplet.

```
<HTML>
<APPLET code="cap13/ManipulaTextoComApplet.class" width=700 height=200>
</APPLET>
</HTML>
```

Exemplo 13.13 - O arquivo ManipulaTextoComApplet.html.

O Exemplo 13.12 se refere a uma Applet que realiza a leitura e a gravação em um arquivo texto. O arquivo ManipulaTextoComApplet.html é o responsável por carregar a Applet com a ferramenta Appletviewer.

Agora vamos realizar os procedimentos necessários para que a Applet possa acessar o arquivo. Inicialmente, vamos rodar a aplicação *Policytool*. Para executá-la, abra a janela de prompt e digite:

```
Policytool
```

Ao executar a ferramenta, surge a tela apresentada na Figura 13.8.

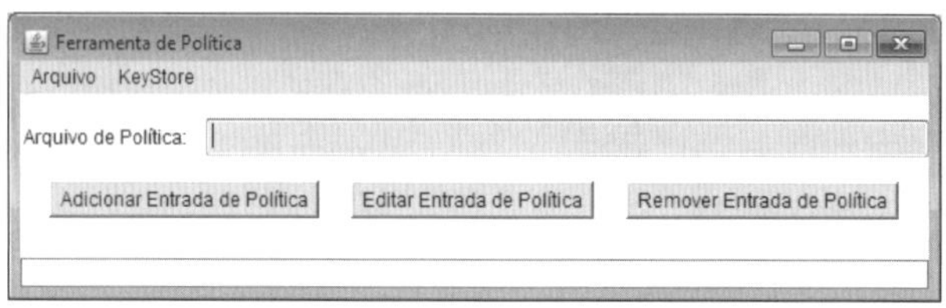

Figura 13.8 - Tela de abertura da ferramenta Policytool.

Ao iniciar a ferramenta pela primeira vez, provavelmente ela envia uma mensagem alertando não ter encontrado o arquivo *policy default*, que normalmente fica armazenado na pasta *Windows*. Para criar um arquivo de *policy*, clique no botão **Adicionar Entrada de Política**. Aparece outra tela com os campos:

- **CodeBase:** representa o diretório em que o arquivo de *policy* está armazenado. Digite → **file:/c:/minhaapplet/**. Este é o diretório que criamos anteriormente, no qual está localizado o arquivo ManipulaTextoComApplet.class que receberá autorização para acessar o arquivo arq.txt.
- ***SignedBy*:** representa um apontamento para um arquivo de assinatura que pode ser usado como chave para criptografia. Essa opção se refere a outros níveis de segurança e não é abordada neste livro.

Para prosseguir, pressione o botão ***Adicionar Permissão***. Aparece a tela da Figura 13.8, na qual devem ser feitas as configurações apontadas:

- No **campo *Permissão*** escolha **File Permission** →. Existem diversos tipos de permissão que podem ser escolhidos e definem quais ações a Applet pode realizar. A escolha de "File Permission" indica que a Applet possui permissões referentes à manipulação de arquivos e as ações que podem ser realizadas são definidas no campo ***Ações***.
- No campo ***Nome do Alvo*** digite **c:/minhaapplet/arq.txt**. Esse campo contém o nome do arquivo em que as ações a serem definidas no campo ***Ações*** podem ser realizadas. Deve ser observado que o endereço digitado em *Nome do Alvo* deve corresponder à localização definida no programa-fonte Java. Veja a linha 11 do Exemplo 13.12.

Figura 13.9 - Configuração do arquivo de policy.

- No campo *Ações* escolha ***read***, ***write***, ***delete***, ***execute*** (uma opção de cada vez). Isso define que a Applet pode ler, escrever, deletar e executar o arquivo definido no campo *Nome do Alvo* (arq.txt).

A seguir, pressione o botão **OK** e na tela surge **Concluído**. Nesse ponto o arquivo de *policy* está completo; só falta ser salvo. No menu ***Arquivo*** escolha ***Salvar Como***, localize o diretório **c:\minhaapplet**, coloque **meu_policy** no nome do arquivo e pressione o botão **Salvar**. Uma mensagem apontando o sucesso da gravação deve aparecer. Pressione o botão OK.

Com isso foi criado um arquivo de *policy* com as seguintes informações: a Applet localizada no diretório c:\minhaapplet\ (poderia ser um site) possui permissão para ler, gravar, deletar e executar um arquivo chamado arq.txt, localizado na mesma pasta. O código gerado pela *policytool* para o arquivo criado é mostrado em seguida.

```
/* AUTOMATICALLY GENERATED ON Sat Nov 05 12:13:21 BRST 2011*/
/* DO NOT EDIT */

grant codeBase "file:/c:/minhaapplet/" {
  permission java.io.FilePermission "c:/minhaapplet/arq.txt", "read, write,
delete, execute";
};
```

Neste ponto já é possível executar a Applet por meio do aplicativo Appletviewer, digitando a seguinte linha de comando que contém um apontamento para o *policy* file criado:

```
AppletViewer -J-Djava.security.policy=meu_policy ManipulaTextoComApplet.html
```

Veja na Figura 13.10 o Exemplo 13.12 executado pela ferramenta Appletviewer.

Mesmo com todos os procedimentos realizados, ainda não é possível executar a Applet a partir de um browser. Para isso, outros procedimentos devem ser executados, de acordo com as descrições seguintes:

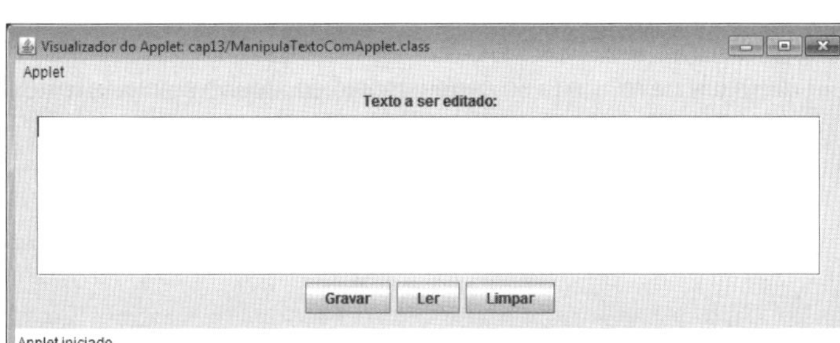

Figura 13.10 - Exemplo 13.12 em execução pelo Appletviewer.

1. O arquivo ManipulaTextoComApplet.html deve ser modificado conforme a listagem seguinte (ManipulaTextoComApplet _a.html).

```
<HTML>
<!--[if !IE]>-->
<OBJECT classid="java:cap13/ManipulaTextoComApplet.class"
        type="application/x-java-applet"
        width=700 height=200>
  <!--<![endif]-->
  <OBJECT classid="clsid:8AD9C840-044E-11D1-B3E9-00805F499D93"
          width=700 height=200>
     <PARAM name = "code" value="cap13/ManipulaTextoComApplet" />
  </OBJECT>
<!--[if !IE]>-->
</OBJECT>
<!--<![endif]-->
</HTML>
```

Exemplo 13.14 - ManipulaTextoComApplet _a.html

Com isso já é possível visualizar a interface do Exemplo 13.12 sendo carregada pelo browser, entretanto ele ainda não está pronto para operar, pois não será possível acessar o arquivo "arq.txt" pela Applet.

2. Para manipular arquivos com o browser, é necessário alterar o arquivo que contém as propriedades de segurança do sistema. Esse arquivo está no diretório "C:\Arquivos de programas\Java\jre7\lib\security" e seu nome é java.security.

3. Localize o arquivo java.security em sua máquina e abra-o com um editor de texto qualquer (WordPad, por exemplo). Localize a linha policy.url.2=file:${user.home}/ .java.policy). Depois dela insira a linha policy.url.3=file:/c:/minhaapplet/meu_policy.

   Desta forma, um trecho do arquivo java.security fica assim:

```
policy.url.1=file:${java.home}/lib/security/java.policy
policy.url.2=file:${user.home}/.java.policy
policy.url.3=file:/C:/minhaapplet/meu_policy
```

Neste ponto o sistema já está configurado corretamente para permitir que o browser manipule o arquivo texto. É importante observar que, provavelmente, nem todos os usuários do Sistema Operacional terão permissão para alterar o arquivo java.security, isto é, ao tentar gravar o arquivo, será apresentada uma mensagem informando que o usuário atual não tem permissão para realizar a gravação. Se este for o caso, é necessário alterar as propriedades do arquivo java.security. Um caminho possível para realizar esse processo no WIndows é: selecione o arquivo java.security pelo Windows Explorer, pressione o botão direito do mouse e escolha Propriedades; selecione a guia Segurança e pressione o botão Editar, selecione seu usuário Windows e marque a caixa de seleção referente à permissão de controle total. Isso fará com que você tenha permissão para gravar as alterações no arquivo java.security.

A Figura 13.11 exibe a tela de resultado do carregamento do arquivo ManipulaTextoComApplet_a.html.

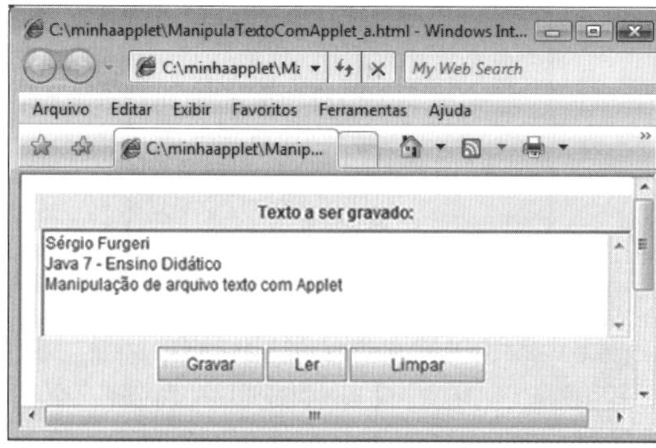

Figura 13.11 - O Exemplo 13.12 em execução pelo Internet Explorer.

Cuidado

Preste muita atenção no nome do arquivo de *policy*, sua correta localização e configuração. Se alguns dos pontos descritos não forem seguidos corretamente, provavelmente o browser não conseguirá manipular o arquivo. Dependendo do sistema operacional e do tipo de segurança implementado, é possível que outros procedimentos sejam necessários para que o browser possa ler e gravar em arquivos. Os sistemas operacionais testados nesse exemplo foram Windows XP e Windows Vista e 7. Os browsers testados nesse exemplo foram o Internet Explorer e o Google Chrome.

13.8 Considerações Finais sobre as Applets

Praticamente todos os exemplos do livro fornecidos até aqui podem ser transformados em Applets. Como uma Applet deve ser carregada pela Internet, quanto menor seu tamanho mais rápido ela é carregada. Apesar de ser possível a elaboração de qualquer tipo de aplicação a partir de uma Applet, nem sempre é viável sua utilização, visto as restrições apresentadas com a demora de seu carregamento, obviamente dependendo de seu tamanho e tipo de acesso a Internet utilizado.

Fornecemos apenas uma visão geral do funcionamento das Applets. Por meio delas é possível a criação de diversos tipos de aplicação, tais como teclado virtual para sites de banco, chats, software para gerenciamento de redes, entre outras.

Voltaremos a falar de Applets no capítulo seguinte que trata da criação de aplicações cliente/servidor, em que existe a comunicação entre uma aplicação cliente (a Applet) e uma aplicação servidora (a *Servlet*).

Exercícios para Prática da Linguagem Java

1. Elabore uma Applet que simule um teclado virtual, mas que possua apenas o teclado numérico (0 a 9). Veja a Figura 13.12.

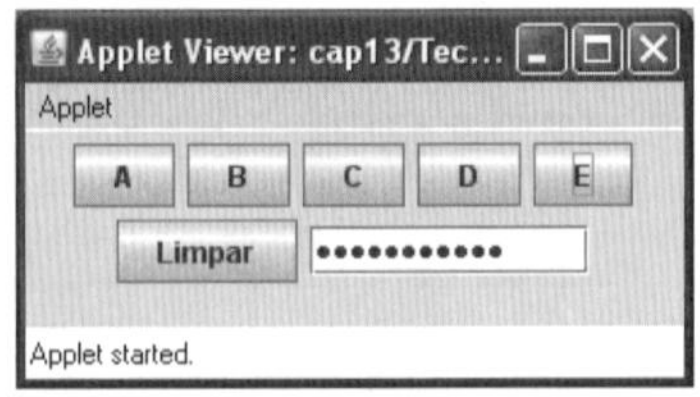

Figura 13.12 - Tela de execução do exercício 13.1.

2. Crie uma Applet que calcule o valor do IMC (Índice de Massa Corporal), conforme exercício 3 do capítulo 2. Se o índice da pessoa estiver "ideal", a mensagem deve aparecer em azul; caso contrário, em vermelho. Veja a Figura 13.13.

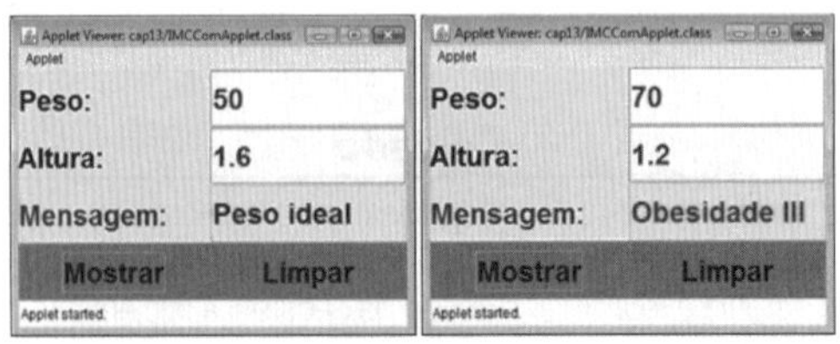

Figura 13.13 - Tela de execução do exercício 13.2.

3. Crie uma Applet que contenha duas caixas de texto (nome e email) e um botão (validar). Ao pressionar o botão validar, a Applet verifica se as caixas de texto possuem conteúdo. Em caso positivo, emite a mensagem "campos preenchidos"; em caso negativo, "campos com conteúdo incompleto". Observe a Figura 13.14.

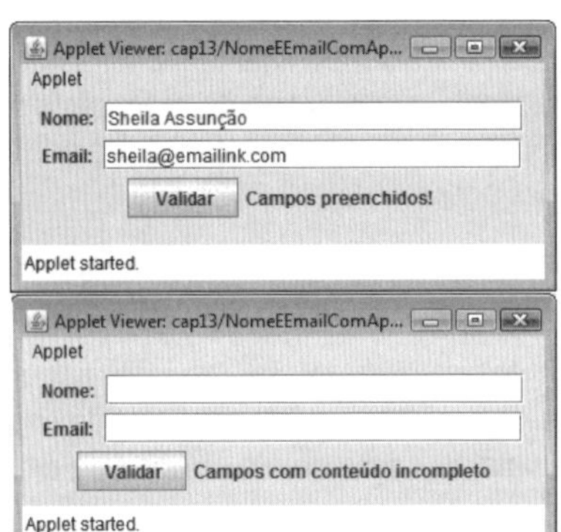

Figura 13.14 - Tela de execução do exercício 13.3.

Seu próximo passo

Neste ponto o leitor já possui conhecimento para elaborar aplicações que podem ser executadas a partir de um browser. O capítulo 14 mostra como acessar banco de dados remotamente por meio de uma página web, isto é, vamos criar aplicações do tipo cliente/servidor.

14

Criação de Servlets

Objetivos deste capítulo

- Demonstrar os fundamentos básicos para a criação de aplicações cliente/servidor;
- Introduzir a utilização do servidor Apache Tomcat;
- Demonstrar a criação de Servlets;
- Mostrar alguns exemplos práticos de aplicações cliente/servidor para a Internet;
- Demonstrar o que deve ser feito para duas aplicações "conversarem" entre si.

14.1 Definição

Este capítulo apresenta a utilização de Servlets, módulos de *software* compilados (objetos) que ficam armazenados em um servidor Java. Os servidores Java são referenciados também como *contêineres* de aplicações Java. Para que uma Servlet seja executada, é necessária a utilização de um servidor Java. Por este motivo, é preciso tê-lo em sua máquina, cujo processo de instalação é demonstrado no item 14.2.

Uma Servlet pode, por exemplo, ser responsável por receber dados (parâmetros) vindos de um formulário em HTML, ou de uma Applet Java, e atualizar um banco de dados. Antes do advento das Servlets, as aplicações que rodavam no lado do servidor eram as chamadas CGI (*Common Gateway Interface*). As Servlets Java começaram a conquistar o mercado por causa de uma série de vantagens sobre as aplicações CGI. Mesmo assim, ainda é possível encontrar *sites* que utilizam esse recurso. Existem ainda outras aplicações instaladas em servidores, desenvolvidas por outras linguagens de programação, que desempenham papéis semelhantes às Servlets Java.

As Servlets são para os servidores o que as Applets são para os browsers, ou seja, da mesma forma que a Applet necessita do browser para ser executada, a Servlet necessita do servidor Java.

A Figura 14.1 ilustra a comunicação existente entre uma Applet e uma Servlet.

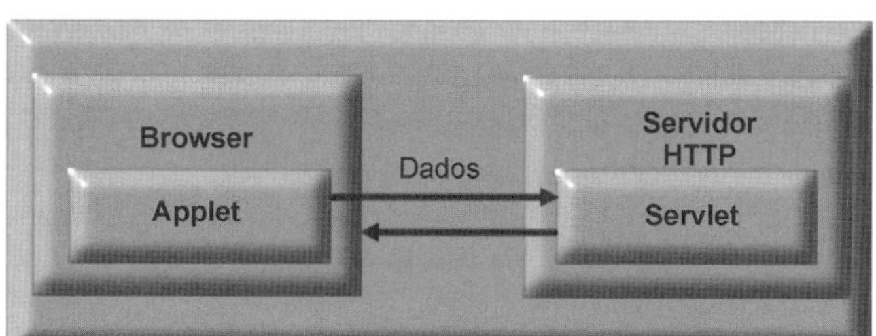

Figura 14.1 - A comunicação Servlet X Applet.

Conforme pode ser observado na Figura 14.1, o processo de comunicação entre uma Applet e uma Servlet é realizado em locais diferentes e em máquinas distintas, uma vez que a Servlet está instalada em um servidor remoto na Internet e a Applet pode rodar em um browser em qualquer computador.

Felizmente, para que se possa estudar "em casa" essa comunicação, é possível instalar um servidor web na máquina local em que o próprio browser é executado. Esse recurso facilita muito o aprendizado, pois é possível um mesmo computador atuar como cliente e servidor. O mais interessante ainda é o fato de que é possível simular uma aplicação real sem mesmo estar conectado à Internet.

No estudo deste capítulo é descrito o uso do servidor **Apache Tomcat**. O leitor precisa instalar o servidor na máquina para que os exemplos sejam executados. A seção 14.2 apresenta o processo de instalação. Na prática do mercado, o Apache Tomcat é um dos mais usados, podendo ser usado na execução de Servlets e páginas JSP (*JavaServer Pages*), mas abordaremos apenas a execução de Servlets. Outros servidores Java bastante usados são Glassfish e JBoss.

14.2 A Instalação do Apache Tomcat

Quando este livro foi escrito, o Apache Tomcat estava na versão 7.0.22 e encontrava-se disponível no endereço http://tomcat.apache.org/download-70.cgi. A Figura 14.2 ilustra as opções de *download* disponíveis. No caso, foi utilizada a opção destacada: *Windows Service Installer.*

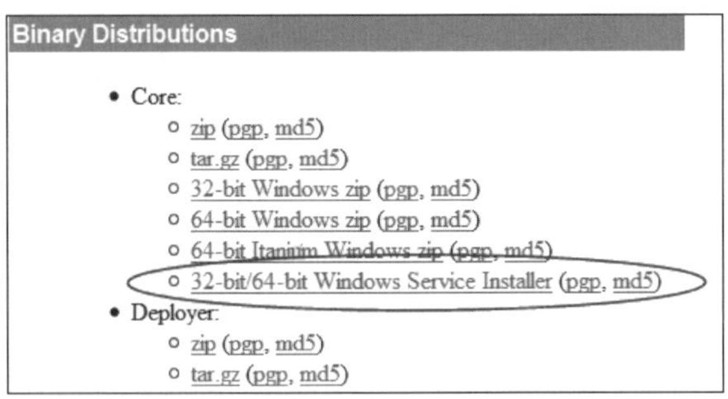

Figura 14.2 - Opções de *download* do Tomcat.

Ao fazer o *download* dessa opção, é carregado o arquivo **apache-tomcat-7.0.22.exe**. Dê um duplo clique nesse arquivo para iniciar o processo de instalação e aceite as configurações *default* em todas as telas apresentadas. O Tomcat é instalado no diretório "C:\Arquivos de programas\Apache Software Foundation\Tomcat 7.0", o qual é conhecido como CATALINA_HOME.

Para que uma Servlet seja executada, é necessário que o Tomcat seja inicializado. Se você instalou o Tomcat com todas as opções default, isso já deve ter ocorrido; caso contrário, para inicializar o Tomcat, faça o seguinte:

- Acesse o menu Iniciar do Windows.
- Clique no item "Todos os programas".
- Clique no item "Apache Tomcat 7.0".
- Clique no item "Monitor Tomcat". No Windows 7 talvez seja necessário clicar com o botão direito do mouse e clicar na opção "Executar como administrador".

Surge o ícone do Tomcat na barra de *status* do *Windows*, localizada no canto inferior direito da tela. O ícone mostraomcat está em execução. Caso seja necessário, pressione o botão direito sobre o ícone e escolha "*Start service*" para inicializar o Tomcat. Surge uma janela com o título "*Apache Commons Daemon Service Manager*" que apresenta o processo de inicialização do servidor. Quando a janela fechar, o Tomcat estará pronto para ser usado. Observe que o ícone muda de estilo, agora com um triângulo verde representando o Tomcat em execução. Lembramos que dependendo do SO que você estiver utilizando, essas etapas podem variar.

Uma vez que o Apache Tomcat esteja inicializado, abra uma janela do browser e digite o endereço **http://localhost:8080**. Deve aparecer a janela de abertura do Tomcat. Se isso não ocorrer, o processo de inicialização deve ter falhado. Tente inicializar o Tomcat novamente. Outra forma de acessar o servidor é por meio do endereço **http://127.0.0.1:8080**. Esses dois endereços citados se referem ao endereço IP do servidor local. Quando o servidor é instalado, ele nomeia um endereço local com esse número de IP. Em todas as aplicações executadas neste capítulo, um desses endereços deve ser utilizado. O 8080 é o número da porta local de comunicação com o servidor. Da mesma forma que o endereço IP, em todas as aplicações executadas localmente esse número deve ser utilizado.

Se for necessário parar o Tomcat, os passos são praticamente os mesmos da inicialização, isto é, colocar o botão direito sobre o ícone do Tomcat e selecionar "*Stop service*".

14.3 A Criação da Aplicação

Para criar uma aplicação web e disponibilizá-la no Tomcat, existe a necessidade de seguir um conjunto de passos e realizar uma série de configurações. Qualquer erro nesse processo pode comprometer o funcionamento da aplicação e "desanimar" o leitor quanto a sua execução. Atualmente, esse processo é feito automaticamente pelas IDEs de desenvolvimento (Eclipse, NetBeans, entre outras) que, além de automatizarem o processo, ajudam a evitar erros, aumentando a produtividade. Sendo assim, achamos mais conveniente disponibilizar os exemplos deste capítulo em um arquivo chamado "cap14.war". Ele contém toda a estrutura necessária para a criação do contexto web (um conjunto de pastas) de nossa aplicação, além das configurações necessárias para o ambiente. O leitor pode baixar o arquivo "cap14.war" do site da Editora Érica.

Neste ponto o Tomcat já deve estar instalado e funcionando corretamente. Observe os procedimentos seguintes:

1. Baixe o arquivo "cap14.war" do site da Editora Érica e o copie na pasta "webapps".
2. Inicialize o Tomcat (se ele ainda não estiver inicializado).
3. Aguarde alguns segundos e verifique que, automaticamente, o Tomcat descompacta o arquivo "cap14.war" e cria um conjunto de pastas e arquivos, semelhante ao apresentado na Figura 14.3.
4. Com isso já é possível testar todos os exemplos que serão descritos neste capítulo. Por exemplo, abra o browser e então digite o endereço http://localhost:8080/cap14/pessoa.html. Isso deve fazer com que o formulário referente ao arquivo "pessoa.html" apareça em tela.

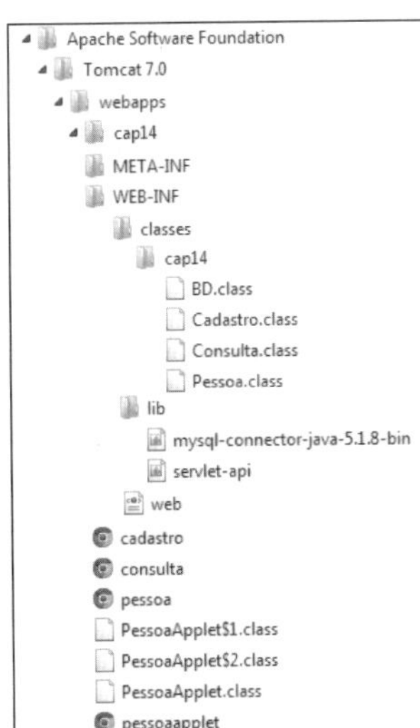

Figura 14.3 - Estrutura de pastas da aplicação web.

Vamos fornecer uma visão geral do conjunto de pastas e arquivos criados para que o leitor possa entender o papel de cada elemento. Apresentamos neste momento apenas uma breve descrição de cada um deles, no entanto eles serão mais detalhados nas seções deste capítulo.

- A pasta "webapps" é a principal em que são armazenados todos os projetos (sites) do Tomcat. Apesar de ser possível criar outra pasta para tal propósito, vamos seguir o padrão recomendado para facilitar os estudos.
- A pasta "cap14" se refere ao caminho principal para acesso ao site que estamos desenvolvendo. Ela contém toda a estrutura de nosso site e todos os arquivos necessários ao funcionamento da aplicação. Para carregar os arquivos do site devemos indicar esse caminho na URL do browser, por exemplo, http://localhost:8080/**cap14**/cadastro.html. Veja que ela é a primeira pasta a ser inserida na URL após o endereço da porta.
- Os arquivos "cadastro.html", "consulta.html" e "pessoa.html" são formulários usados para coleta de dados e envio ao servidor. Já o arquivo "pessoaapplet.html" será responsável por carregar uma Applet chamada "PessoaApplet".
- Os arquivos do tipo ".class" se referem a uma Applet Java já compilada que será usada para envio de dados ao servidor.
- A pasta "WEB-INF" contém o arquivo "web.xml", as pastas "lib" e "classes". O arquivo "web.xml" possui a função de registrar todas as servlets usadas num determinado projeto. No caso teremos três Servlets. Mais à frente serão fornecidos maiores detalhes a respeito.
- Na pasta "classes" estão armazenadas todas as classes Java usadas na aplicação. Neste caso, dentro da pasta "classes" existe o pacote "cap14" que contém todas as classes. "BD" é a classe para conexão ao banco de dados, "Cadastro" se refere à Servlet responsável por realizar o cadastramento de um filme, "Consulta" se refere à Servlet que pesquisa a existência de um determinado filme e "Pessoa" se refere à Servlet responsável por armazenar os dados de uma pessoa num arquivo texto.
- A pasta "lib" manipula todos os pacotes em Java que serão usados na aplicação. Neste caso estão armazenados os arquivos para conexão ao banco de dados MySQL e a API para manipulação de Servlets.

A estrutura apresentada na Figura 14.3 se refere apenas a uma estrutura de um contexto web que vamos utilizar no exemplo, mas ela poderia conter ainda outras pastas e arquivos adicionais. Deste ponto em diante vamos considerar a criação e a descrição de todos os arquivos usados no exemplo.

14.4 Aplicação Cliente

A aplicação cliente pode ser uma página HTML ou uma Applet. Inicialmente demonstraremos a comunicação de um formulário escrito em HTML com a Servlet. Normalmente, para enviar dados a um servidor remoto na Internet, são usados os formulários. Os procedimentos realizados neste item para a criação dos formulários serão apenas citados, pois o objetivo do livro não é ensinar HTML. São abordados apenas os aspectos relevantes à comunicação com a aplicação servidora.

Será criado um arquivo HTML que simula o cadastramento de uma pessoa, permitindo a digitação de quatro dados: nome, sexo, profissão e área de interesse. Esses dados são enviados ao servidor que se responsabiliza pelo tratamento adequado deles. Para que esses dados sejam recebidos, é necessário que o arquivo HTML possua um apontamento indicando para onde os dados serão enviados. Isso é definido na propriedade **action** da *tag* <form>.

Outro ponto importante é o nome dos dados a serem enviados. Cada dado enviado necessita estar atrelado a um nome como se fosse o de uma variável de programa. Esse nome é definido pela propriedade **name** dos objetos. No exemplo, o campo "nome" é identificado pela palavra **nome**, o campo "sexo" pela palavra **sexo** e assim por diante. O nome dessas palavras é extremamente importante, pois serão usados internamente no código da Servlet. Para evitar problemas de comunicação entre a aplicação cliente e a servidora, vamos padronizar esses nomes usando letras minúsculas.

A seguir é apresentado o código do arquivo "pessoa.html".

```
1  <html>
2      <head><meta http-equiv="Content-Type" content="text/html; charset=ISO-8859-1">
3          <title>Passagem de valores a aplicacao servidora </title></head>
4      <body>
5          <form action="http://localhost:8080/cap14/Pessoa">
6              <b>Nome:</b>
7              <input type="text" size="25" name="nome"><br><br>
8              <b>Sexo:</b>
9              <input type="radio" name="sexo" value="M">Masculino
10             <input type="radio" name="sexo" value="F">Feminino<br><br>
11             <b>Profissão:</b>
12             <select name="profissao">
13                 <option value="Analista">Analista de Sistemas</option>
14                 <option value="Professor">Professor</option>
15                 <option value="Programador">Programador</option>
16             </select><br><br>
17             <b>Áreas de Interesse:</b><br>
18             <input type="checkbox" name="banco" value="Banco de Dados">Banco de Dados<br>
19             <input type="checkbox" name="programacao" value="Programacao">Programação de computadores<br>
20             <input type="checkbox" name="redes" value="Redes de Computadores">Redes de Computadores<br><br>
21             <input type="submit" value="Enviar">
22             <input type="reset" value="Limpar">
23         </form>
24     </body>
25 </html>
```

Exemplo 14.1 - O arquivo pessoa.html.

Para carregar o arquivo pessoa.html no browser, digite o endereço http://localhost:8080/cap14/pessoa.html. Quando esse arquivo for carregado, aparece no browser a tela da Figura 14.4. Lembre-se de que o servidor deve estar "no ar". Ao pressionar o botão Enviar, os dados digitados são enviados à aplicação servidora no endereço definido pela propriedade action presente na linha 5 do arquivo HTML. Observe que a parte final de action contém "/cap14" (a pasta principal do site) e "/Pessoa" (o apelido da Servlet que criaremos em seguida).

O próximo passo será visualizar a comunicação entre as aplicações cliente e servidora.

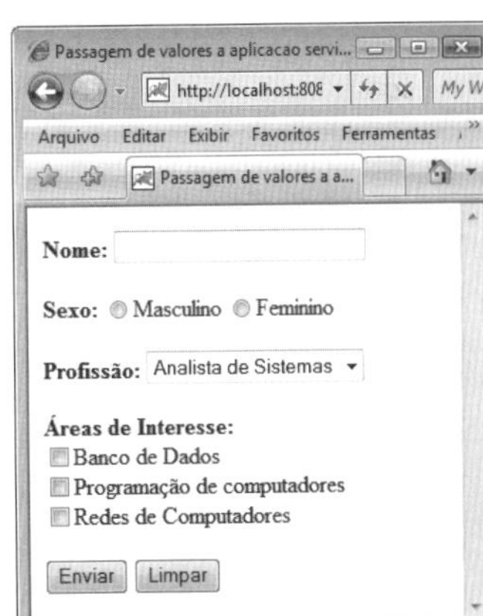

Figura 14.4 - A aplicação cliente.

14.5 Aplicação Servidora

A aplicação servidora é responsável por receber os dados do formulário do item anterior, armazená-los em um arquivo texto e emitir uma mensagem ao usuário, gerando uma nova página em HTML, indicando o sucesso ou não do recebimento dos dados. Antes de examinar seu código, é importante considerar o seguinte. Para que a Servlet possa ser compilada, é necessário utilizar o arquivo **servlet-api.jar**, pois a classe que criaremos depende de classes existentes nesse pacote. Para que o processo de compilação possa ser executado pelo prompt existem duas possibilidades: 1) copiar esse arquivo na pasta "jdk1.7.0_01\jre\lib\ext " da instalação do JDK, ou 2) definir o caminho do arquivo na variável "classpath". O processo mais fácil é realizar a cópia do arquivo, então vamos lá:

- Copie o arquivo "servlet-api.jar" localizado na pasta `C:\Arquivos de programas\Apache Software Foundation\Tomcat 7.0\lib\`.
- Cole o arquivo "servlet-api.jar" na pasta " java\jdk1.7.0_01\jre\lib\ext ".

Toda Servlet deve ser registrada num arquivo de configuração localizado na pasta "WEB-INF"; trata-se do arquivo "web.xml". Ele informa ao Tomcat todas as Servlets existentes no site. Em outras palavras, para que a Servlet possa rodar no servidor, ela precisa estar registrada no arquivo "web.xml".

Reforçando, o arquivo "web.xml" deve ser armazenado na pasta `cap14\WEB-INF`. O código do arquivo "web.xml" apresentado em seguida contém apenas o trecho correspondente ao registro da Servlet "Pessoa". O arquivo "web.xml" final (até o final do capítulo) possui também dados referentes às Servlets "Cadastro" e "Consulta" que ainda serão apresentadas.

```
1  <?xml version="1.0" encoding="UTF-8"?>
2  <web-app id="WebApp_ID" version="2.4" xmlns="http://java.sun.com/xml/ns/j2ee"
3  xmlns:xsi="http://www.w3.org/2001/XMLSchema-instance"
4  xsi:schemaLocation="http://java.sun.com/xml/ns/j2ee http://java.sun.com/xml/ns/j2ee/web-app_2_4.xsd">
5      <display-name>cap14</display-name>
6      <servlet>
7          <description>Minha primeira Servlet</description>
8          <display-name>Pessoa</display-name>
9          <servlet-name>Pessoa</servlet-name>
10         <servlet-class>cap14.Pessoa</servlet-class>
11     </servlet>
12     <servlet-mapping>
13         <servlet-name>Pessoa</servlet-name>
14         <url-pattern>/Pessoa</url-pattern>
15     </servlet-mapping>
16 </web-app>
```

Exemplo 14.2 - O arquivo web.xml.

Funcionalidades do arquivo "web.xml":

- **Linhas 7 e 8:** contém os marcadores (*tags*) <display-name> e <description> que permitem realizar uma descrição sobre a Servlet.
- **Linhas 6 a 11:** fazem uma descrição das características essenciais da Servlet registrada no Tomcat por meio do marcador <servlet>.
- **Linha 9:** define o nome lógico da Servlet por meio do marcador <servlet-name>. O nome lógico é um apelido que será usado para fazer uma ligação (mapeamento) com o nome físico da Servlet. No caso foi colocada a palavra "Pessoa", mas poderia ser qualquer outra, ou mesmo um conjunto de palavras.
- **Linha 10:** define o nome físico da Servlet por meio no marcador <servlet-class>. Esse marcador contém o nome do arquivo .class. No caso foi definido o nome "cap14.Pessoa", isto é, o mesmo pacote e nome com o qual a Servlet foi criada.
- **Linhas 12 a 15:** realizam o mapeamento da Servlet, isto é, fazem a ligação do nome físico da Servlet a um endereço web por meio do marcador <servlet-mapping>.

- **Linha 13:** contém a mesma descrição da linha 9, isto é, define novamente o nome lógico da Servlet (apelido).

- **Linha 14:** indica o endereço web por meio do marcador <url-pattern>, Este é o endereço que será para chamar a Servlet. Se você digitar: http://localhost:8080/cap14/Pessoa no browser, a Servlet Pessoa é carregada. Observe que foi definido que a palavra "Pessoa" se refere ao endereço lógico da Servlet que neste caso é o mesmo nome da Servlet, mas isso não é necessário, pois o nome da Servlet pode ser completamente diferente de seu apelido.

O código da Servlet "Pessoa.java" pode ser observado em seguida. A Servlet é uma classe em Java e deve ser encarada como uma classe qualquer que o leitor criou durante todo o livro, isto é, ela deve ser digitada e compilada da mesma forma como nos exemplos anteriores.

Onde devo salvar a Servlet?

Todas as Servlets (arquivo **.class**) exemplificadas neste capítulo devem ser salvas na pasta `C:\Arquivos de programas\ Apache Software Foundation\Tomcat 7.0\webapps\cap14\WEB-INF\classes\cap14`. Como já citado, a pasta "cap14" no final do caminho se refere ao nome do pacote que armazena as classes (usado na estrutura da Figura 14.3).

As funcionalidades da Servlet Pessoa.java são:

- **Linha 3:** importa o pacote de classes necessárias para a criação de Servlets. Se por algum problema essas classes não forem localizadas durante o processo de compilação, verifique se você copiou "servlet-api.jar" na pasta " java\jdk1.7.0_01\jre\lib\ext ".

- **Linha 4:** toda Servlet deve estender a classe HttpServlet da mesma forma que um formulário do pacote swing estende a classe JFrame e as Applets estendem a classe Applet.

- **Linha 5**: possui a declaração do método "doGet" responsável por receber os dados provenientes da página HTML. O método doGet possui dois parâmetros HttpServletRequest para realizar o tratamento dos dados de entrada da Servlet, isto é, dos dados recebidos, e HttpServletResponse para o tratamento dos dados de saída da Servlet, isto é, dos dados que serão retornados pela Servlet.

- **Linhas 6 a 11:** recebem os parâmetros provenientes da página HTML pelo método "getParameter" do objeto "req" (um objeto de entrada da classe HttpServletRequest). Observe que o nome dos parâmetros recebidos deve corresponder aos nomes definidos no documento HTML(o valor da propriedade name dos objetos). As variáveis do tipo String "nome", "sexo", "profissão", "banco", "programacao" e "redes" recebem o conteúdo fornecido pelo usuário no formulário HTML.

- **Linhas 12 a 37:** são responsáveis por utilizar os dados recebidos do formulário para a criação de um arquivo texto (pessoa.txt).

- **Linhas 38 a 50:** utilizam os dados recebidos do formulário para a criação de um documento HTML de retorno do usuário, ou seja, depois que o usuário enviar os dados, ele recebe uma tela de retorno indicando o recebimento dos dados, conforme ilustra a Figura 14.5. Caso haja algum problema com o recebimento, aparece outra tela informando o ocorrido, segundo as linhas 51 a 61.

```java
package cap14;
import java.io.*;
import javax.servlet.http.*;
public class Pessoa extends HttpServlet {
    public void doGet(HttpServletRequest req, HttpServletResponse res) {
        String nome = req.getParameter("nome");
        String sexo = req.getParameter("sexo");
        String profissao = req.getParameter("profissao");
        String banco = req.getParameter("banco");
        String programacao = req.getParameter("programacao");
        String redes = req.getParameter("redes");
        if (banco == null) {
            banco = "";
        }
        if (programacao == null) {
            programacao = "";
        }
        if (redes == null) {
            redes = "";
        }
        try {
            PrintWriter out = new PrintWriter(new FileWriter("c:/pessoa.txt"));
            out.println("Nome: " + nome);
            out.println("Sexo: " + sexo);
            out.println("Profissao: " + profissao);
            out.println("Áreas de interesse: ");
            String areas = "";
            if (!banco.equals("")) {
                areas += "Banco de Dados, ";
            }
            if (!programacao.equals("")) {
                areas += "Programação de Computadores, ";
            }
            if (!redes.equals("")) {
                areas += "Redes de Computadores, ";
            }
            out.close();
            PrintStream tela = new PrintStream(res.getOutputStream());
            tela.println("<html><head>");
            tela.println("<meta http-equiv='Content-Type'content='text/html; charset=ISO-8859-1'>");
            tela.println("<title>Criação de Servlets</title>");
            tela.println("</head><body>");
            tela.println("Obrigado, suas informações foram gravadas com sucesso!");
            tela.println("<br><P>");
            tela.println("<b> Nome       : </b>" + nome + "<br>");
            tela.println("<b> Sexo       : </b>" + sexo + "<br>");
            tela.println("<b> Profissao  : </b>" + profissao + "<br>");
            tela.println("<b> Áreas de interesse  : </b>" + areas + "<br>");
            tela.println("</body></html>");
        }
        catch (IOException erro1) {
            try {
                PrintStream tela = new PrintStream(res.getOutputStream());
                tela.println("<html><body>");
                tela.println("Erro! Não foi possível receber os dados enviados");
                tela.println("<br><p>Tente novamente mais tarde");
                tela.println("</body></html>");
            }
            catch (IOException erro2) {
            }
        }
    }
}
```

Exemplo 14.3 - O arquivo Pessoa.java.

Como você pode observar na Figura 14.5, depois de criada e compilada a aplicação servidora Pessoa.class, ela deve ser copiada na pasta do servidor (`WEB-INF\classes\cap14`) para que possa ser executada. Na verdade isso já foi feito por meio do arquivo "cap14.war" citado no início do capítulo.

Os procedimentos descritos até aqui permitiram a elaboração de uma aplicação cliente/servidor, evidentemente de maneira bem simples, mas na prática é isto que ocorre: uma aplicação grande é formada por pequenas aplicações. O próximo passo é a elaboração de uma Applet cliente que tem a mesma função do documento HTML cliente, ou seja, enviar dados que serão tratados pela Servlet.

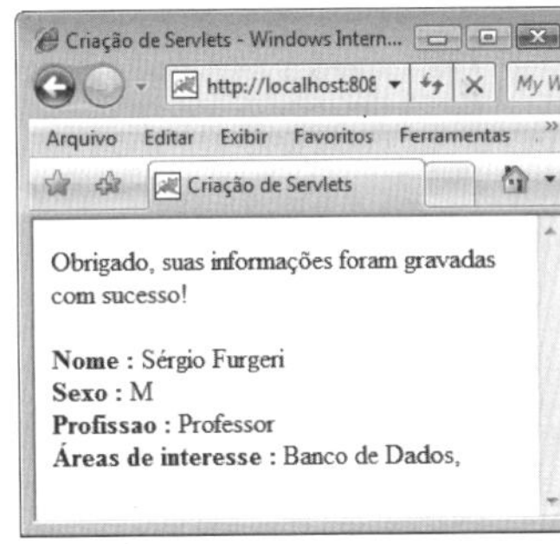

Figura 14.5 - A tela de resposta criada pela Servlet Pessoa no Tomcat.

14.6 A Criação de uma Applet Cliente

Este item apresenta a criação de uma Applet cliente que envia dados para a aplicação servidora, da mesma forma que o documento HTML demonstrado no item 14.4.

A Applet possui algumas vantagens em relação ao formulário HTML, principalmente no que se refere à validação dos dados envolvidos, além de possibilitar a criação de uma GUI muito mais amigável e atraente, entretanto, para carregar a Applet no browser, é necessário muito mais tempo de processamento em relação a um documento HTML. Desta forma, cabe ao desenvolvedor escolher a melhor opção, dependendo das necessidades do sistema envolvido.

A seguir, é apresentado o exemplo PessoaApplet. Lembre-se de que para carregar essa Applet é necessário um arquivo HTML que a invoca. Como a Applet não foi inserida em nenhum pacote, ela deve ser armazenada na mesma pasta em que o arquivo HTML estiver localizado, ou seja, ambos (.class e HTML) serão armazenados na pasta principal do site, a pasta "cap14". Os códigos envolvidos, tanto da elaboração do arquivo HTML quanto da Applet, são apresentados em seguida.

```
<html>
    <head><meta http-equiv="Content-Type" content="text/html; charset=ISO-8859-1">
        <title>Criação de uma Applet Cliente</title></head>
    <!--[if !IE]>-->
    <object classid="java:PessoaApplet.class"
            type="application/x-java-applet"
            height="250" width="350">
        <!--<![endif]-->
        <object classid="clsid:8AD9C840-044E-11D1-B3E9-00805F499D93"
                height="250" width="350" >
            <param name="code" value="PessoaApplet" />
        </object>
        <!--[if !IE]>-->
    </object>
    <!--<![endif]-->
</html>
```

Exemplo 14.4 - O arquivo pessoaapplet.html.

```java
import java.net.*;
import java.awt.event.*;
import javax.swing.*;
public class PessoaApplet extends JApplet {
    private JTextField tfNome, tfProfissao;
    private JLabel label1, label2, label3, label4;
    private JButton btGravar, btLimpar;
    private JRadioButton rbMasculino, rbFeminino;
    private JCheckBox ckBanco, ckProgramacao, ckRedes;
    private ButtonGroup bgSexo;
    public void init() {
        inicializarComponentes();
        definirEventos();
    }
    public void inicializarComponentes() {
        label1 = new JLabel("Nome");
        label1.setBounds(5, 5, 100, 20);
        label2 = new JLabel("Profissao");
        label2.setBounds(5, 50, 100, 20);
        label3 = new JLabel("Sexo:");
        label3.setBounds(5, 95, 100, 20);
        label4 = new JLabel("Areas de Interesse:");
        label4.setBounds(5, 160, 200, 20);
        tfNome = new JTextField();
        tfNome.setBounds(5, 25, 300, 20);
        tfProfissao = new JTextField(30);
        tfProfissao.setBounds(5, 70, 300, 20);
        setLayout(null);
        btGravar = new JButton("Gravar");
        btGravar.setBounds(210, 190, 100, 20);
        btLimpar = new JButton("Limpar");
        btLimpar.setBounds(210, 220, 100, 20);
        rbMasculino = new JRadioButton("Masculino");
        rbMasculino.setBounds(5, 115, 100, 20);
        rbMasculino.setSelected(true);
        rbFeminino = new JRadioButton("Feminino");
        rbFeminino.setBounds(5, 135, 100, 20);
        bgSexo = new ButtonGroup();
        bgSexo.add(rbMasculino);
        bgSexo.add(rbFeminino);
        ckBanco = new JCheckBox("Banco de Dados");
        ckBanco.setBounds(5, 180, 200, 20);
        ckProgramacao = new JCheckBox("Programacao");
        ckProgramacao.setBounds(5, 200, 200, 20);
        ckRedes = new JCheckBox("Redes de Computadores");
        ckRedes.setBounds(5, 220, 200, 20);
        add(label1);
        add(tfNome);
        add(label2);
        add(tfProfissao);
        add(label3);
        add(rbMasculino);
        add(rbFeminino);
        add(label4);
        add(ckBanco);
        add(ckProgramacao);
        add(ckRedes);
        add(btGravar);
        add(btLimpar);
    }
```

Exemplo 14.5 - O arquivo PessoaApplet.java (Listagem 1 - linhas 1 a 60).

```
61      public void definirEventos() {
62          btGravar.addActionListener(new ActionListener() {
63              public void actionPerformed(ActionEvent e) {
64                  try {
65                      String sexo = "Masculino";
66                      if (rbFeminino.isSelected()) {
67                          sexo = "Feminino";
68                      }
69                      String banco = "", redes = "", programacao = "";
70                      if (ckBanco.isSelected()) {
71                          banco = "Banco de dados";
72                      }
73                      if (ckProgramacao.isSelected()) {
74                          programacao = "Programacao de Computadores";
75                      }
76                      if (ckRedes.isSelected()) {
77                          redes = "Redes de Computadores";
78                      }
79                      String param = "nome=" + tfNome.getText() +
80                              "&profissao=" + tfProfissao.getText() +
81                              "&sexo=" + sexo +
82                              "&banco=" + banco +
83                              "&programacao=" + programacao +
84                              "&redes=" + redes;
85                      URL end = new URL("http://localhost:8080/cap14/Pessoa?" + param);
86                      getAppletContext().showDocument(end);
87                  }
88                  catch (Exception erro) {
89                      tfNome.setText("Ocoreu um erro\n" + erro.toString());
90                  }
91              }
92          });
93          btLimpar.addActionListener(new ActionListener() {
94              public void actionPerformed(ActionEvent e) {
95                  tfNome.setText("");
96                  tfProfissao.setText("");
97                  rbMasculino.setSelected(true);
98                  ckBanco.setSelected(false);
99                  ckProgramacao.setSelected(false);
100                 ckRedes.setSelected(false);
101             }
102         });
103     }
104 }
```

Exemplo 14.5 - O arquivo PessoaApplet.java (Listagem 2 - linhas 61 a 104).

Funcionalidades comentadas da classe PessoaApplet são:

- Da mesma forma que ocorre em um formulário HTML, para enviar dados à aplicação servidora, é necessário definir os parâmetros enviados e seus respectivos conteúdos. Todos os parâmetros devem ser enviados de uma só vez.

- **Linhas 79 a 84:** criam uma String chamada "**param**" que contém todos os parâmetros a serem enviados à aplicação servidora no seguinte formato: **nome-do-parâmetro = conteúdo-do-parâmetro**. Observe o parâmetro nome: **"nome=" + tfNome.getText()**, em que **tfNome.getText()** se refere ao conteúdo que o usuário digita no campo "nome". Observe também que cada parâmetro é separado pelo caractere "&".

- **Linha 85:** cria um objeto do tipo URL chamado "**end**" que será usado para carregar a página do servidor, enviando a String "**param**" ao respectivo endereço URL. O endereço apontado deve corresponder ao endereço da localização da Servlet, da mesma forma realizada com o documento HTML do item 14.4. A Servlet invocada também é a mesma do formulário HTML, ou seja, a Servlet Pessoa. A criação de URLs e seus respectivos carregamentos foram abordados anteriormente.

- Linha 86: invoca o carregamento da página definida no objeto "end" por meio do método "showDocument".

Uma vez carregada pelo browser, só falta digitar os dados e pressionar o botão **Gravar** para enviar os dados. Não se esqueça de colocar o servidor "no ar" para que os dados sejam enviados à aplicação servidora. A tela de carregamento da Applet (aplicação cliente) aparece na Figura 14.6, já a tela de resposta é a mesma exibida na Figura 14.5, uma vez que a aplicação servidora é a mesma; o que mudou foi apenas a aplicação cliente.

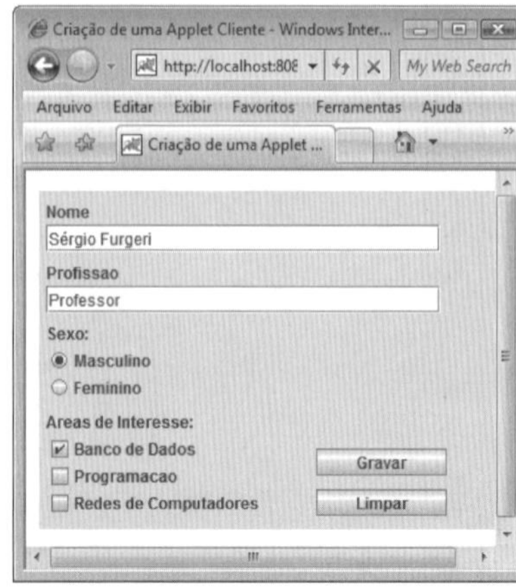

Figura 14.6 - A execução do exemplo PessoaApplet.

Essa aplicação foi testada pelos browsers Internet Explorer e Firefox. Não podemos garantir que a Applet PessoaApplet será carregada corretamente por outros browsers. Apesar de os exemplos terem sido feitos localmente, nada impede de instalar o servidor em uma máquina remota para acessar a Servlet. Basta que o número do IP da máquina servidora seja inserido na aplicação cliente.

14.7 Cadastramento a Distância

Este item apresenta o exemplo de uma aplicação cliente/servidor para realizar o cadastramento de um filme, isto é, acessando um computador remoto de qualquer local da Internet. Na prática, a aplicação cliente pode se localizar em qualquer parte da Internet e a aplicação servidora deve estar em um computador em que o servidor Java estiver instalado. No caso, o banco de dados fica na mesma máquina da aplicação servidora, mas também poderia estar localizado em outra máquina qualquer.

A Figura 14.7 demonstra um esboço da comunicação existente entre as diversas partes da aplicação. Um usuário insere dados referentes ao filme em um formulário HTML e os envia para a aplicação servidora que se encarrega de cadastrar o filme no banco de dados. Este exemplo trata-se de uma aplicação bem típica da Internet. Apesar de na prática as aplicações cliente e servidora estarem em locais distintos, tudo será feito em uma mesma máquina, da mesma forma realizada nos exemplos anteriores.

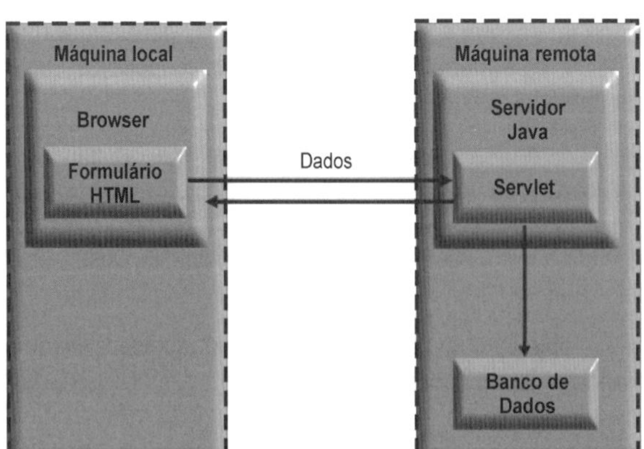

Figura 14.7 - As diferentes partes da aplicação.

Vamos aos passos necessários para elaborar essa aplicação. O primeiro passo é criar a página HTML que contém o formulário para cadastramento. O código HTML da aplicação cliente é apresentado em seguida. Esse arquivo deve ser salvo com o nome **cadastro.html** na pasta "C:\Arquivos de programas\Apache Software Foundation\Tomcat 7.0\webapps**cap14"**. Para carregar o arquivo no browser, forneça o endereço http://localhost:8080/cap14/cadastro.html.

```
1  <html>
2      <head>
3          <meta http-equiv="Content-Type" content="text/html; charset=ISO-8859-1">
4          <title>Cadastramento de Filmes</title>
5      </head>
6      <body>
7          <form action="http://localhost:8080/cap14/Cadastro" method="get">
8              <b>Entre com os dados do filme:</b><br>
9              <table>
10                 <tr>
11                     <td><b>Código:</b></td><td><input type="text" size="5" name="codigo"></td>
12                 </tr>
13                 <tr>
14                     <td><b>Titulo:</b></td><td><input type="text" size="40" name="titulo"></td>
15                 </tr>
16                 <tr>
17                     <td><b>Gênero:</b></td><td><input type="text" size="15" name="genero"></td>
18                 </tr>
19                 <tr>
20                     <td><b>Produtora:</b></td><td><input type="text" size="25" name="produtora"></td>
21                 </tr>
22                 <tr>
23                     <td><b>Data de Compra:</b></td><td><input type="text" size="10" name="data"></td>
24                 </tr>
25             </table>
26             <br>
27             <input type=submit value="Enviar">
28             <input type=reset value="Limpar">
29         </form>
30     </body>
31 </html>
```

Exemplo 14.6 - O arquivo cadastro.html.

Observe que a propriedade **action** da *tag* <form> (linha 7) aponta para a Servlet Cadastro. A Figura 14.8 exibe a tela de execução da aplicação cliente por meio do browser. Usamos novamente a tabela de Filmes para facilitar o trabalho, uma vez que ela já foi criada no capítulo 12.

Na página cadastro.html o usuário fornece conteúdo em todos os campos do formulário e pressiona o botão **Enviar**. Os dados são enviados à aplicação servidora, elaborada em seguida.

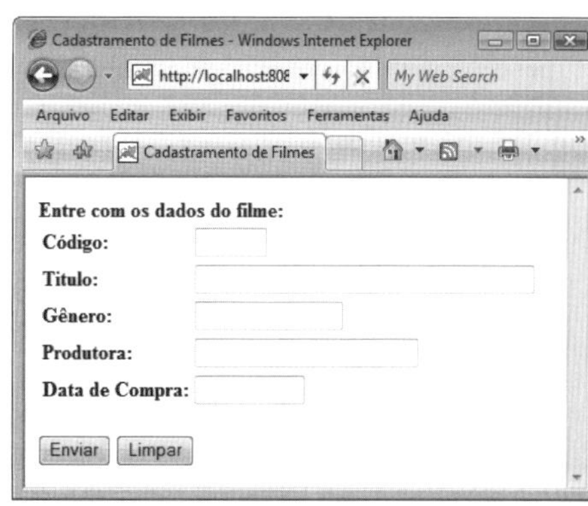

Figura 14.8 - A aplicação cliente cadastro.html.

Vamos à criação da aplicação servidora. O código-fonte da aplicação Cadastro.java é apresentado no Exemplo 14.7. Essa aplicação só funciona se o banco de dados "banco" e a classe "BD.java" usados no capítulo 12 tiverem sido criados. Se o leitor tiver dúvidas, veja a estrutura de pastas e arquivos apresentada na Figura 14.3.

```
package cap14;
import java.io.*;
import java.sql.PreparedStatement;
import java.sql.SQLException;
import javax.servlet.http.*;
public class Cadastro extends HttpServlet {
    private PrintStream tela = null;
    private PreparedStatement statement;
    private String men = "Dados armazenados com sucesso!";
    public void doGet(HttpServletRequest req, HttpServletResponse res) {
        BD bd = new BD();
        try {
            tela = new PrintStream(res.getOutputStream());
            String codigo = req.getParameter("codigo");
            String titulo = req.getParameter("titulo");
            String genero = req.getParameter("genero");
            String produtora = req.getParameter("produtora");
            String data = req.getParameter("data");
            if (!codigo.equals("") && !titulo.equals("") && !genero.equals("")
                                  && !produtora.equals("") && !data.equals("")) {
                if (bd.getConnection()) {
                    String sql = "INSERT INTO Filmes VALUES (?,?,?,?,?)";
                    statement = bd.connection.prepareStatement(sql);
                    statement.setString(1, codigo);
                    statement.setString(2, titulo);
                    statement.setString(3, genero);
                    statement.setString(4, produtora);
                    statement.setString(5, data);
                    if (statement.executeUpdate() == 0) {
                        men = "Falha na gravação, verifique se o código do Filme ja existe!";
                    }
                    bd.close();
                }
                else {
                    men = "Falha na conexão ao banco de dados!";
                }
            }
            else {
                men = "Dados incompletos, verifique o preenchimento dos campos.";
            }
        }
        catch (IOException erro) {
            erro.printStackTrace();
        }
        catch (SQLException erro) {
            erro.printStackTrace();
        }
        tela.println("<html><body bgcolor='beige'>");
        tela.println(men);
        tela.println("<a href='cadastro.html'>voltar</a>");
        tela.println("</body></html>");
    }
}
```

Exemplo 14.7 - A classe Cadastro.java.

Caso algum campo deixe de ser preenchido, a Servlet envia uma mensagem de alerta e o filme não é cadastrado. Caso o código do filme a ser cadastrado já exista, é emitida uma mensagem de aviso e o filme não é cadastrado. Caso todos os campos estejam preenchidos e o código a ser cadastrado não exista, o filme é cadastrado normalmente.

Não se esqueça de que é necessário também registrar a Servlet no arquivo "web.xml". O trecho seguinte ilustra esse processo. Você pode inserir esse trecho em seu arquivo "web.xml", apresentado anteriormente. Isso faz com que as duas Servlets sejam registradas no mesmo arquivo "web.xml".

```
<servlet>
    <description></description>
    <display-name>Cadastro</display-name>
    <servlet-name>Cadastro</servlet-name>
    <servlet-class>cap14.Cadastro</servlet-class>
</servlet>
<servlet-mapping>
    <servlet-name>Cadastro</servlet-name>
    <url-pattern>/Cadastro</url-pattern>
</servlet-mapping>
```

Trecho do arquivo web.xml.

14.8 Consulta a Distância

Este item apresenta o exemplo de uma aplicação cliente/servidor para realizar uma determinada consulta. Imagine o site de uma locadora de vídeo em que o cliente deseja saber se existe um determinado filme disponível no acervo da loja, ou os lançamentos adquiridos no mês de janeiro. Existem muitos tipos de consulta que podem ser realizados. Para simplificar os procedimentos em termos de codificação, será exemplificada uma aplicação na qual o usuário digita o código do filme e o sistema verifica se ele existe. Os procedimentos a serem desenvolvidos são praticamente os mesmos do exemplo anterior.

O primeiro passo é criar a página HTML que contém formulário para consulta. O código HTML da aplicação cliente é apresentado no Exemplo 14.8. O nome do arquivo é **consulta.html** e deve ser armazenado na pasta "C:\Arquivos de programas\Apache Software Foundation\Tomcat 7.0\webapps**cap14"**. Para carregar o arquivo, forneça o seguinte endereço no browser: http://localhost:8080/cap14/consulta.html.

O código e a tela da página consulta.html são demonstrados em seguida.

```
1  <html>
2      <head>
3          <meta http-equiv="Content-Type" content="text/html; charset=ISO-8859-1">
4          <title>Consulta de Filmes</title>
5      </head>
6      <body>
7          <form action="http://localhost:8080/cap14/Consulta">
8              <b>Forneça o código do filme a ser pesquisado:</b>
9              <input type="text" size="5" name="codigo">
10             <br><br>
11             <input type="submit" value="Pesquisar">
12             <input type="reset" value="Limpar">
13         </form>
14     </body>
15 </html>
```

Exemplo 14.8 - O arquivo consulta.html.

Observe que a propriedade **action** da *tag* <form> (linha 7) aponta para a Servlet Consulta. A Figura 14.9 apresenta a tela de execução da aplicação cliente por meio do browser.

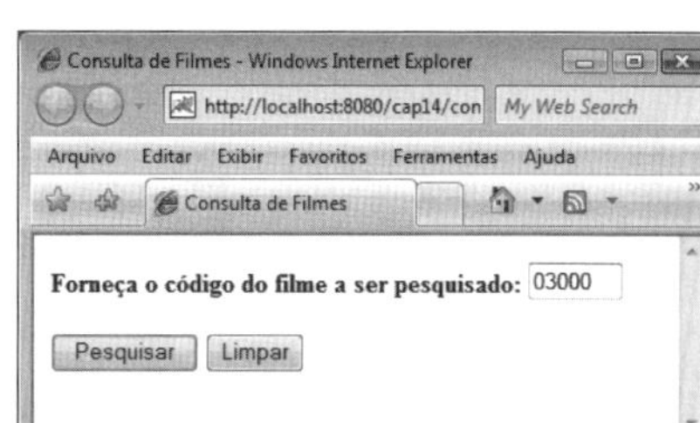

Figura 14.9 - A aplicação cliente consulta.html.

Essa aplicação cliente funciona da seguinte maneira: o usuário digita o código do filme que deseja consultar e pressiona o botão **Pesquisar**. Caso o código do filme a ser consultado exista, seus dados são apresentados na tela por meio da aplicação servidora; caso contrário, é enviada uma mensagem indicando que o filme não foi encontrado.

O passo seguinte se refere à criação da aplicação servidora. Lembramos novamente que a aplicação só funciona se o banco de dados e a classe BD.java, criados no capítulo 12, tiverem sido criados. A aplicação servidora Consulta.java é demonstrada no Exemplo 14.9.

```
package cap14;
import java.sql.*;
import java.io.*;
import javax.servlet.http.*;
public class Consulta extends HttpServlet {
    private PrintStream tela = null;
    private PreparedStatement statement;
    private ResultSet resultSet;
    public void doGet(HttpServletRequest req, HttpServletResponse res) {
        String codigo = req.getParameter("codigo");
        BD bd = new BD();
        try {
            tela = new PrintStream(res.getOutputStream());
            tela.println("<html><body>");
            if (bd.getConnection()) {
                String sql = "select * from Filmes where codigo = ?";
                statement = bd.connection.prepareStatement(sql);
                statement.setString(1, codigo);
                resultSet = statement.executeQuery();
                if (resultSet.next()) {
                    String nome = resultSet.getString("titulo");
                    String genero = resultSet.getString("genero");
                    String produtora = resultSet.getString("produtora");
                    String data = "" + resultSet.getDate("datacompra");
                    tela.println("FILME LOCALIZADO:<br>");
                    tela.println("<br>Código..........: <b>" + codigo + "</b>");
                    tela.println("<br>Nome............: <b>" + nome + "</b>");
                    tela.println("<br>Gênero..........: <b>" + genero + "</b>");
                    tela.println("<br>Produtora.......: <b>" + produtora + "</b>");
                    tela.println("<br>Data de Compra...: <b>" + data + "</b>");
                }
                else {
                    tela.println("Filme não localizado!");
                }
                bd.close();
            }
            else {
                tela.println("Falha na conexão ao banco de dados!");
            }
        }
        catch (IOException erro) {
            erro.printStackTrace();
        }
        catch (SQLException erro) {
            erro.printStackTrace();
        }
        tela.println("</body></html>");
    }
}
```

Exemplo 14.9 - A classe Consulta.java.

Lembramos também que é preciso adicionar o código seguinte ao arquivo "web.xml" para registrar a servlet Consulta.

```
<servlet>
    <description></description>
    <display-name>Consulta</display-name>
    <servlet-name>Consulta</servlet-name>
    <servlet-class>cap14.Consulta</servlet-class>
</servlet>
<servlet-mapping>
    <servlet-name>Consulta</servlet-name>
    <url-pattern>/Consulta</url-pattern>
</servlet-mapping>
```

Trecho do arquivo web.xml.

A Figura 14.10 mostra uma tela de resultado na qual o usuário pesquisou a existência do filme de código 03000. Apesar da simplicidade das aplicações apresentadas neste capítulo, o leitor deve ter tido uma boa ideia do funcionamento de aplicações do tipo cliente/servidor em Java.

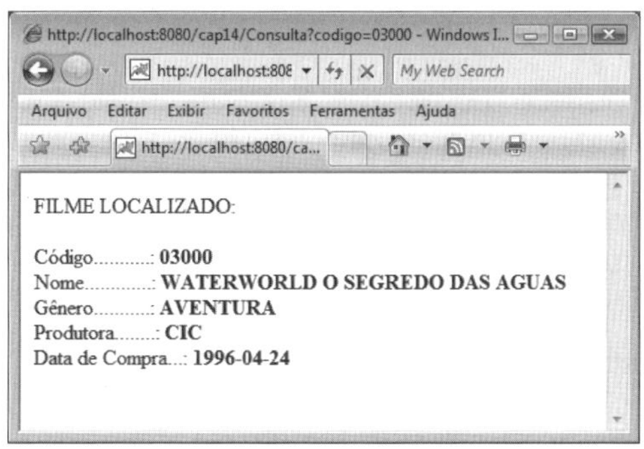

Figura 14.10 - Resultado de uma pesquisa usando o servidor Tomcat.

Exercícios para Prática da Linguagem Java

1. Elabore uma aplicação cliente/servidor em que o usuário envia o gênero do filme para ser pesquisado. A classe da aplicação servidora deve emitir em tela todos os filmes existentes que possuem o gênero enviado ordenados por título do filme.

2. Elabore uma aplicação cliente/servidor em que o usuário fornece o código do filme e a Servlet realiza a cópia desse filme numa outra tabela do banco de dados chamada filmes_temp. Essa tabela deve ser criada no MySQL usando o script seguinte:

```
create table filmes_temp (
  codigo varchar(5),
  titulo varchar(50),
  genero varchar(8),
  produtora varchar(15),
  datacompra date
);
```

3. Elabore uma classe para uma aplicação do tipo cliente/servidor em que o usuário envia o código do filme e a aplicação servidora realiza sua exclusão.

A

NetBeans e MySQL

Objetivos deste apêndice

- Fornecer uma visão geral de uma das principais ferramentas de desenvolvimento em Java: a IDE NetBeans;
- Apresentar uma introdução ao uso do sistema gerenciador de banco de dados MySQL;
- Demonstrar os elementos fundamentais envolvidos no desenvolvimento de um projeto para ambiente Internet.

NetBeans é uma IDE (*Integrated Development Environment*), isto é, um ambiente integrado para o desenvolvimento de aplicações Java. Este apêndice apresenta uma breve introdução de algumas das funcionalidades da ferramenta que podem ajudar na execução dos exemplos constantes no livro. O estudo completo dessa IDE, envolvendo todas as suas características e funcionalidades, demandaria mais de um livro para ser executado. Sendo assim, são apresentados apenas os seguintes, pertinentes à elaboração do projeto abordado.

Este apêndice não mostra a descrição do funcionamento das classes e outros arquivos usados no projeto. Ele demonstra apenas a sequência de passos para criação e execução do projeto. Espera-se que isso ajude o leitor a se ambientar com a utilização do NetBeans. Apesar de pequeno, contempla a base de conhecimento necessária para criar aplicações Java por meio do NetBeans.

Quando este livro foi escrito, o NetBeans estava na versão 7.0.1. Provavelmente o leitor vai usar uma versão mais recente. Mas isso não deve representar nenhum problema, já que as funcionalidades básicas devem permanecer as mesmas e o leitor não terá dificuldade em manipular a ferramenta. Outro aspecto importante se refere à inclusão do JDK. O NetBeans possui diversas distribuições, algumas com o JDK embutido e outras não, o que não faz diferença, uma vez que o processo de instalação do JDK já foi realizado no capítulo 1.

A.1 Download e Instalação do NetBeans

O NetBeans é uma ferramenta gratuita que pode ser baixada de https://netbeans.org/downloads/. Ao entrar no site, são apresentadas várias opções de *download*, como pode ser visto na Figura A.1.

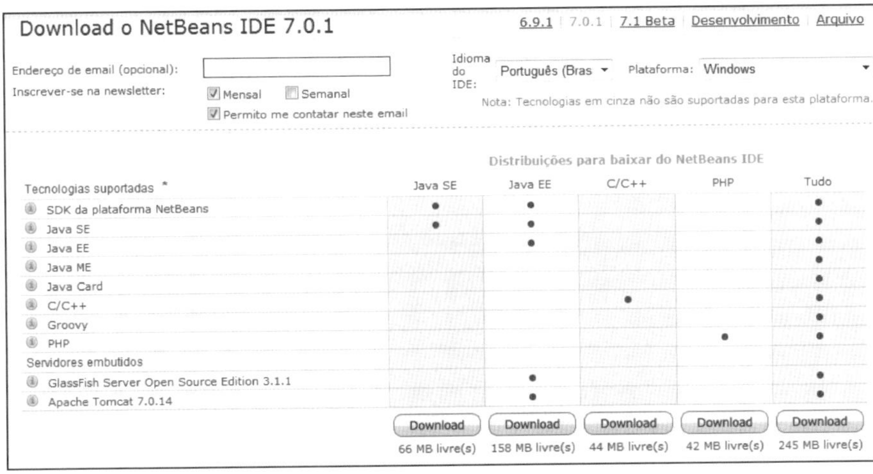

Figura A.1 - Opções de download do NetBeans.

Veja que é possível escolher o idioma da ferramenta, a plataforma em que a IDE será executada e também o tipo distribuição que inclui várias tecnologias (Java SE, JavaFX, Java Web e EE, Java ME, Ruby, C/C++, Groovy, PHP e os diversos servidores embutidos). Neste caso específico estamos utilizando a distribuição mais completa (última coluna), mas o leitor pode escolher uma outra distribuição, desde que ofereça suporte às tecnologias Java utilizadas no livro (no caso a terceira coluna da tabela).

Baixado o arquivo, você deve clicar duas vezes nele para iniciar o processo de instalação. A seguir é apresentado o processo de instalação considerando a versão 7.0.1 do NetBeans. Siga os procedimentos:

1. Localize o arquivo do NetBeans que você baixou e dê duplo clique nele para iniciar a instalação.
2. A primeira janela é a de boas-vindas; ela permite selecionar os servidores que serão instalados em conjunto com o NetBeans. Mantenha os servidores selecionados por padrão (Glassfish e Apache Tomcat) e pressione o botão Próximo.
3. A próxima janela sugere a leitura do contrato de licença. Selecione o botão Eu aceito os termos no contrato de licença e pressione o botão Próximo. A próxima janela sugere outro contrato de licença, agora para o JUnit (usado em testes de classes Java). Selecione a opção desejada e pressione o botão Próximo.
4. A próxima janela, mostrada na Figura A.2, permite escolher o diretório de instalação e definir a localização do JDK. Se os caminhos estiverem corretos, pressione o botão Próximo; caso contrário, selecione o novo caminho por meio do botão Procurar. O caminho da localização do JDK é necessário por ser um requisito para o NetBeans. Apesar de ser uma IDE para desenvolvimento Java, o NetBeans necessita do JDK para compilar e executar as classes. Conforme já citado, a instalação do NetBeans pode vir com o JDK embutido ou não, de qualquer forma o JDK é essencial.

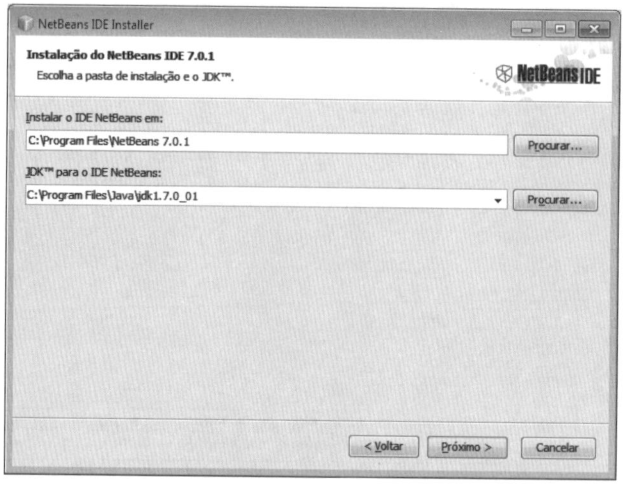

Figura A.2 - Caminho de instalação do NetBeans.

5. Nas duas próximas janelas, conforme a Figura A.3, é configurada a instalação dos servidores Glassfish e Apache Tomcat. Assim como na tela anterior, para cada janela deve ser definido o caminho de instalação dos servidores e pressionado o botão Próximo.

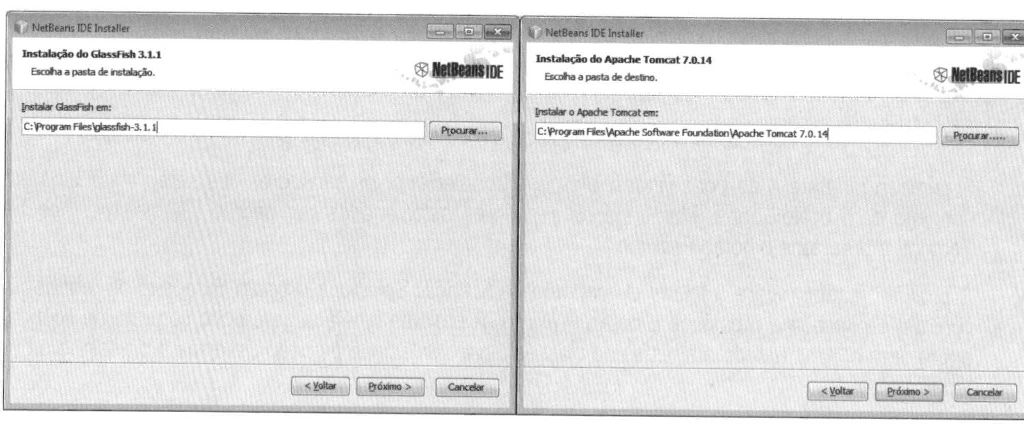

Figura A.3 - Instalação do Servidor Sun GlassFish.

6. A próxima janela apresenta um resumo de todas as escolhas definidas pelo usuário. Pressione o botão Instalar.

7. Ao terminar o processo de instalação, aparece uma janela com o título Instalação concluída, conforme a Figura A.4. Essa janela sugere que você contribua para o projeto NetBeans. Para nossos objetivos, essa opção não será necessária, por isso desmarcamos a caixa referente a isso. Caso o leitor deseje receber informações sobre futuras versões do NetBeans e outros itens relacionados, mantenha a opção marcada.

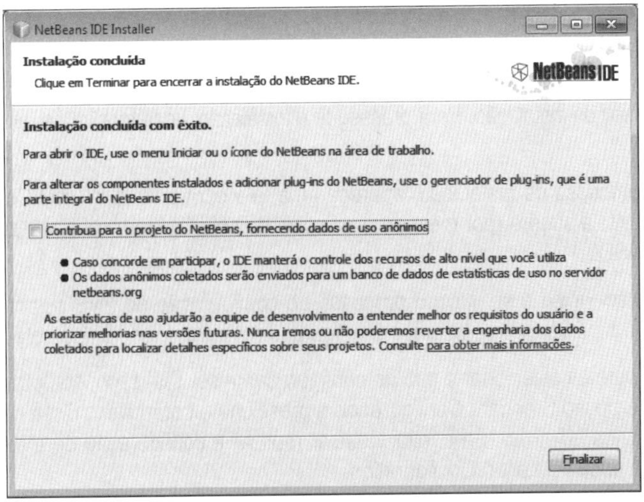

Figura A.4 - Final do processo de instalação.

8. Pressione o botão Finalizar para encerrar a instalação.

   Antes de iniciarmos um projeto pelo NetBeans vamos realizar a instalação do sistema gerenciador de banco de dados MySQL, ferramenta fundamental para nossos objetivos, já que o projeto prevê acesso a banco de dados.

A.2 Download e Instalação do MySQL

Vamos iniciar pelo *download* e instalação do MySQL, um dos produtos pertencentes a Sun e um dos sistemas gerenciadores de banco de dados mais indicados e usados mundialmente, visto sua alta performance, além de ser *opensource*. O MySQL possui duas versões atualmente, a *MySQL Community Server* (Licença GPL, designada para o software livre) e a *MySQL Enterprise Subscription* (proprietária e com custo). Evidentemente, apenas com fins didáticos utilizaremos a versão livre.

Para realizar o processo de *download* do MySQL, abra seu navegador Internet, então visite o site http://www.mysql.com/downloads/mysql/, selecione a plataforma e pressione o botão *download* correspondente. Conforme citado, vamos trabalhar com a versão livre (*MySQL Community Server*). O MySQL está disponível em diversas plataformas (Windows, Linux, Mac etc.). Escolha o link referente à plataforma que você usa em sua máquina e realize o *download*. Quando este livro foi escrito, o *MySQL Community Server* estava na versão 5.5.17.

Quando o processo de *download* encerrar, você recebe em sua máquina um arquivo com o nome parecido com "mysql-5.5.17-win32", dependendo da plataforma e da versão atual do MySQL. A seguir, apresentamos o processo de instalação do MySQL considerando a plataforma Windows. Siga os passos:

1. Localize o arquivo do MySQL que você baixou e dê duplo clique nele para iniciar a instalação.
2. O Windows pergunta se você realmente deseja executar a instalação do software; pressione o botão Executar.
3. A primeira tela da instalação é a de boas-vindas (Welcome); simplesmente pressione o botão Next.
4. A próxima tela permite escolher o tipo de instalação desejado; mantenha a seleção padrão (Typical) e pressione o botão Next.

5. A próxima tela apenas solicita a confirmação do início da instalação; pressione o botão Install. O processo de instalação é iniciado. Nas telas seguintes, mantenha as seleções padrão definidas pelo processo pressionando o botão Next em todas elas. O Windows pode fazer algumas solicitações sobre permissões durante o processo de instalação. Para prosseguir a instalação, você terá de permitir que o MySQL altere seu sistema.

6. Ao terminar o processo de instalação, aparece uma tela com o título Wizard Completed, conforme a Figura A.5. Essa tela sugere (por meio de uma caixa de seleção) que você realize o processo de configuração do MySQL.

7. Pressione o botão Finish e se inicia o processo de configuração do MySQL por meio de uma janela contendo o título *MySQL Server Instance Configuration Wizard*. Pressione o botão Next.

8. A próxima tela permite selecionar o tipo de configuração a ser realizado, conforme apresenta a Figura A.6. Selecione a opção Standard Configuration e pressione o botão Next. Essa opção de configuração é suficiente para os objetivos. Se o leitor desejar realizar a configuração de maneira mais detalhada, pode escolher a opção Detailed Configuration.

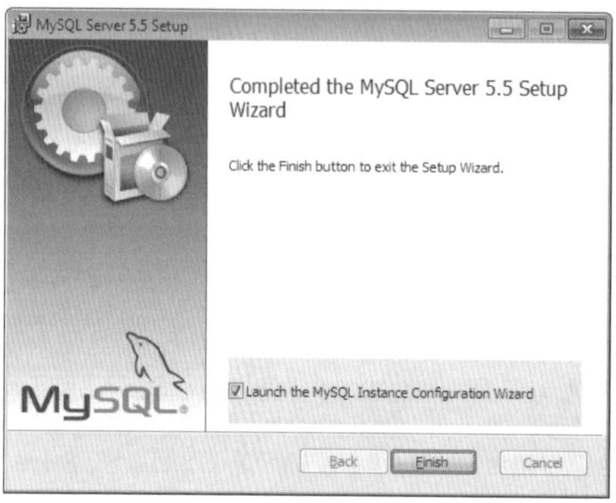

Figura A.5 - Final da instalação do MySQL.

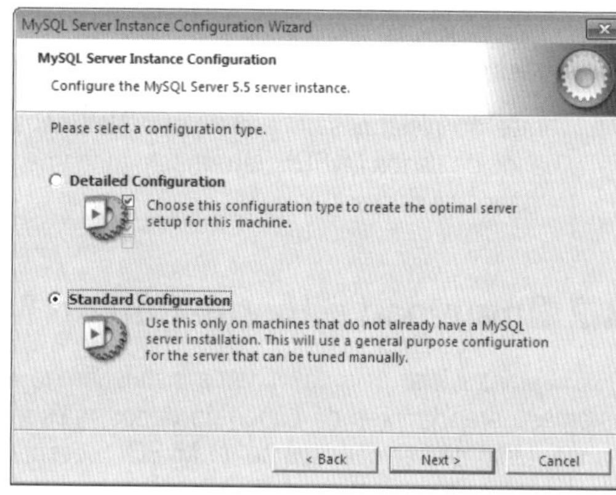

Figura A.6 - Escolha do tipo de configuração.

9. Após pressionar a opção Next surge a janela mostrada na Figura A.7.

10. Mantenha todas as configurações padrão e pressione o botão Next novamente. A próxima janela solicita que você defina a senha principal para acesso ao MySQL, conforme mostra a Figura A.8. No caso definimos uma senha extremamente simples: "123" (sem as aspas). É importante que o leitor guarde a senha escolhida em algum local porque ela será necessária mais à frente quando elaborarmos a aplicação em Java.

11. Na próxima janela pressione o botão Execute para o MySQL executar todas as ações escolhidas no processo de configuração. Se tudo estiver correto, surge a janela da Figura A.9 indicando o sucesso do processo. Se houver algum problema durante o processo de instalação ou configuração, repita os procedimentos apresentados.

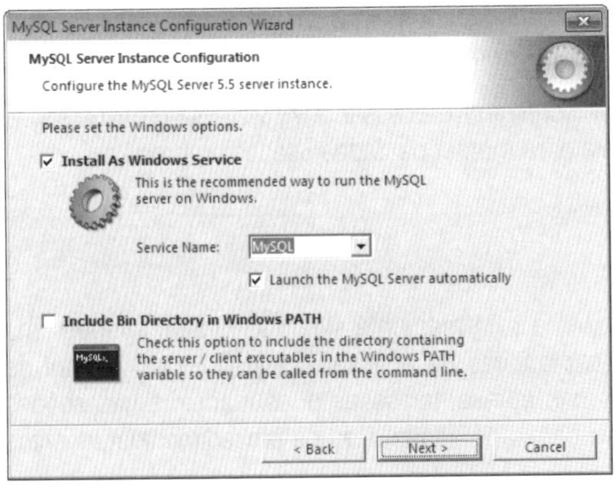

Figura A.7 - Detalhes sobre o serviço MySQL.

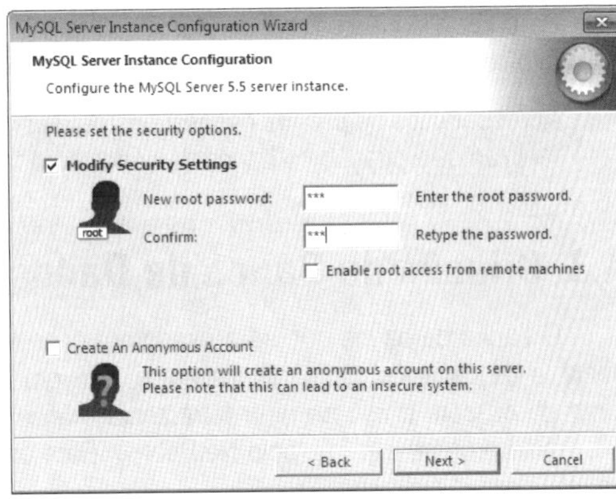

Figura A.8 - Definição da senha de root.

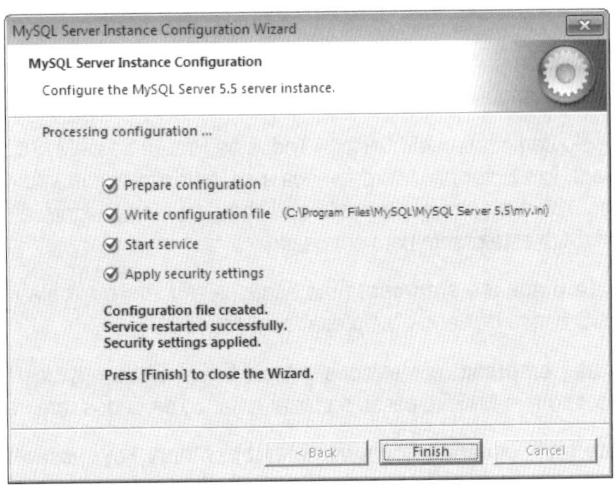

Figura A.9 - Final do processo de configuração do MySQL.

12. Neste ponto já deve ser possível acessar o MySQL. Vamos fazer isso no modo "linha de comando" do Windows. Para isso acompanhe o caminho seguinte: botão Iniciar - Todos os programas - MySQL - MySQL Server 5.5 - MySQL Command Line Client. Isso faz a abertura de uma janela de prompt solicitando a senha (Enter Password). Ao digitar a senha definida durante o processo de configuração do MySQL (em nosso caso a senha 123), surge a janela da Figura A.10. Observe que estamos acessando o MySQL pelo prompt de comando, mas existem ferramentas gráficas para realizar isso, tais como MySQL Administrator, MySQL Query Browser, MySQL Front. Para os objetivos usaremos o NetBeans para manipular o MySQL.

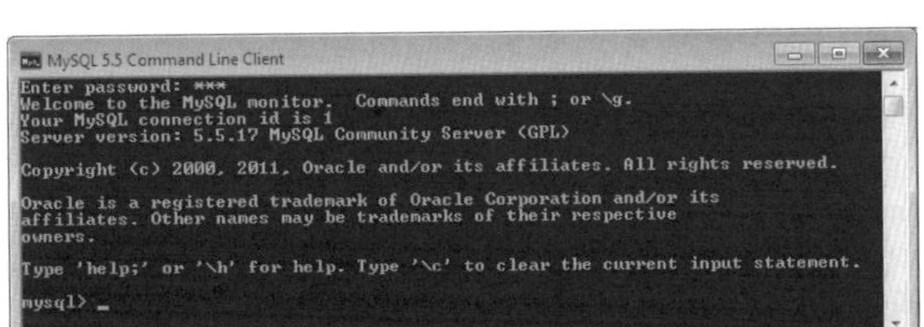

Figura A.10 - Acesso ao MySQL pelo prompt de comando.

13. Para visualizar os bancos de dados já armazenados no MySQL e que fazem parte da instalação, digite o comando "show databases;" (sem as aspas). Aparece uma lista dos bancos de dados disponíveis.

    Apresentamos os passos necessários para instalar, configurar e acessar o MySQL. Na próxima seção realizamos a criação do banco de dados e da tabela para manter os dados usados no projeto.

A.3 Criação do Banco de Dados

O banco de dados que será usado em nosso projeto é extremamente simples; contém apenas uma tabela, a de usuários. Como já dissemos, existem duas maneiras de acessar o MySQL, pelo *prompt* de comando ou com o uso de uma ferramenta gráfica. Vamos apresentar essas duas maneiras nas seções A.3.1 (pelo *prompt*) e A.3.2 (pelo NetBeans). Para criar o banco de dados, siga os procedimentos descritos em uma dessas duas seções.

A.3.1 Por meio do Prompt de Comando

O acesso por meio do prompt é a maneira mais simples de manipular o MySQL, a forma padrão desde as primeiras versões da ferramenta. Para manipular o MySQL desse modo, siga os procedimentos:

1. Acesse o MySQL pelo caminho: botão Iniciar - Todos os Programas - MySQL - MySQL 5.5 - MySQL Command Line Client. Em *Enter password* forneça a senha definida durante o processo de instalação do MySQL, no caso 123. Se aparecer **mysql>** na linha de *prompt*, significa que a senha foi digitada corretamente e o MySQL está pronto para ser usado.
2. Digite o script **create database empresa;** (não esqueça o ponto e vírgula no final da linha) e pressione a tecla Enter. O banco de dados "empresa" será criado.
3. Digite o comando **use empresa;** e pressione a tecla Enter. Deve aparecer a mensagem Database changed. Isso faz com que o MySQL passe a utilizar o banco de dados "empresa".
4. Digite o script **create table usuarios (login varchar(35) primary key, password varchar(35));** e pressione a tecla Enter. Deve aparecer a mensagem Query OK. Isso faz com que seja criada uma tabela com o nome "usuários" contendo duas colunas (login e password), com o tamanho de 35 caracteres cada uma. Esse tamanho parece grande, mas é necessário porque os conteúdos do login e do password serão criptografados antes de serem armazenados no banco. Além disso, o script também define o login como sendo chave primária para que não possam ser cadastrados dois logins iguais.
5. Para confirmar que a tabela foi criada, digite o comando **show tables;** e pressione a tecla Enter. Com isso o banco de dados está pronto para ser usado. Você também pode visualizar o conteúdo da tabela por meio do script **select * from usuarios**. Obviamente, nesse momento ainda não existe nenhum usuário cadastrado e o resultado da execução do script será vazio.

A.3.2 Por meio do NetBeans

Esta seção realiza exatamente o mesmo processo da seção anterior, porém apresenta a manipulação do banco de dados por meio do NetBeans. Se você já criou o banco de dados e a tabela de acordo com a seção anterior, sugerimos que exclua os dois antes de prosseguir nesta seção, pois não será possível criar o mesmo banco de dados, tampouco a mesma tabela dentro do mesmo banco. Para excluir o banco de dados empresa e, consequentemente, a tabela usuario, acesse o MySQL pelo prompt, conforme apresentado na seção anterior, e digite **drop database empresa;**. Isso exclui o banco de dados e você pode criá-lo novamente nesta seção.

Para acessar o MySQL por meio do NetBeans, acompanhe os procedimentos seguintes:

1. Clique no botão Iniciar do Windows e selecione NetBeans e NetBeans IDE. Ao abrir o NetBeans, clique na aba Serviços (localizada na janela esquerda e parte superior).
2. Selecione o item Banco de dados, pressione o botão direito do mouse sobre ele e escolha Registrar servidor MySQL... . Surge a janela mostrada na Figura A.11, então defina todas as configurações e pressione o botão OK.
3. Ao pressionar o botão OK, aparece o item (chamado de nó) Servidor MySQL na janela de serviços do NetBeans contendo os bancos de dados atuais armazenados no MySQL. Isso pode ser visto na Figura A.12. No caso o MySQL já está iniciado e conectado, mas dependendo da máquina em que o leitor realizar esse processo, talvez seja necessário efetuar a conexão. Se for este o caso, pressione o botão direito do mouse sobre o nó Servidor MySQL e escolha Conectar (ou iniciar, se o MySQL não tiver iniciado automaticamente).

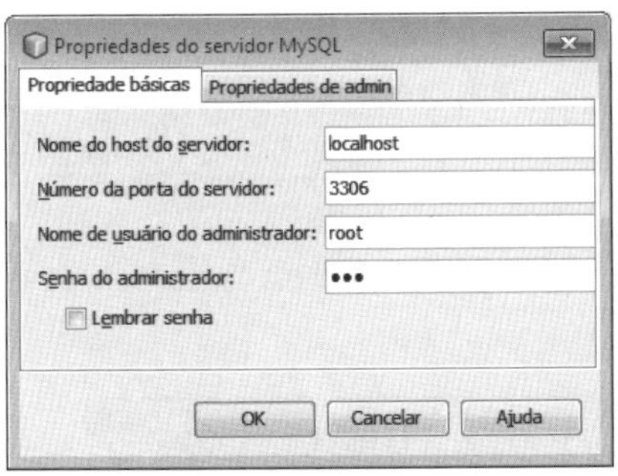

Figura A.11 - Registro do MySQL no NetBeans.

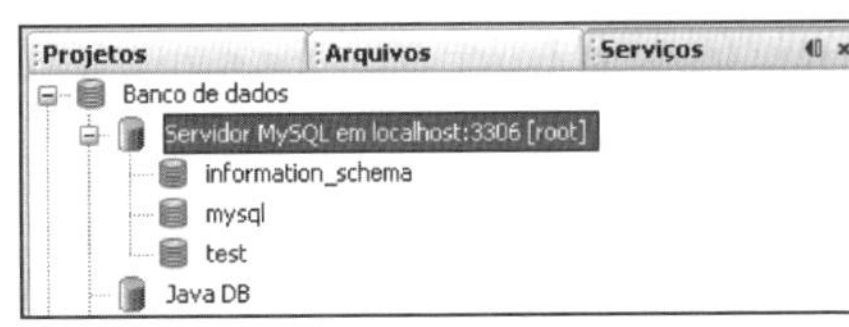

Figura A.12 - O nó do servidor MySQL registrado.

4. Neste ponto já é possível manipular bancos de dados armazenados no MySQL por meio do NetBeans. Vamos iniciar criando um banco de dados.
5. Para criar um banco de dados, selecione o nó Servidor MySQL (na aba de serviços), clique com o botão direito nele e escolha a opção Criar Banco de Dados..., conforme a Figura A.13.

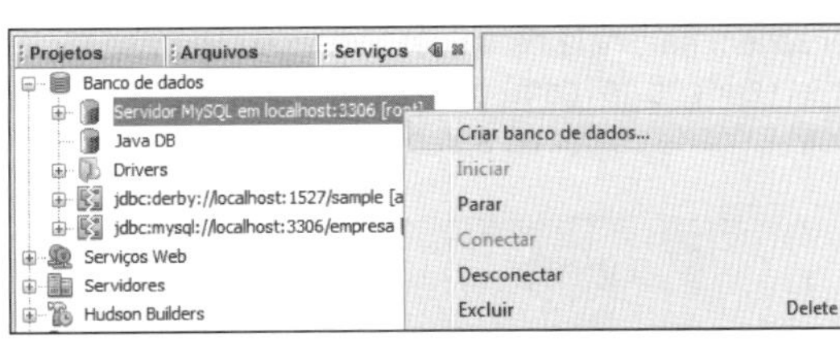

Figura A.13 - Opção Criar banco de dados.

Em seguida, uma caixa de diálogo se abre pedindo o nome do banco de dados, Figura A.14. Digite o nome empresa e clique no botão OK.

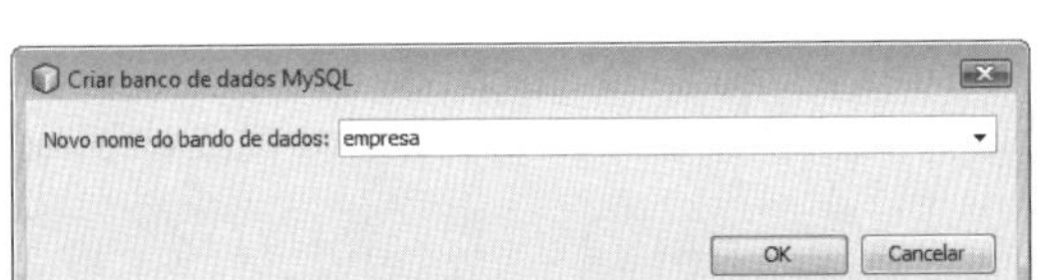

Figura A.14 - Caixa de diálogo Criar banco de dados MySQL.

A partir daí é possível visualizar o banco de dados "empresa" no nó do Servidor MySQL, Figura A.15.

1. Após a criação do banco de dados, passamos para a criação da tabela "usuários". Essa tabela terá apenas os campos login e password. Clique com o botão direito do mouse em Tabelas abaixo do nó da conexão "empresa" e escolha a opção Executar comando. Observe a Figura A.16. É aberta a janela do Editor SQL do NetBeans.

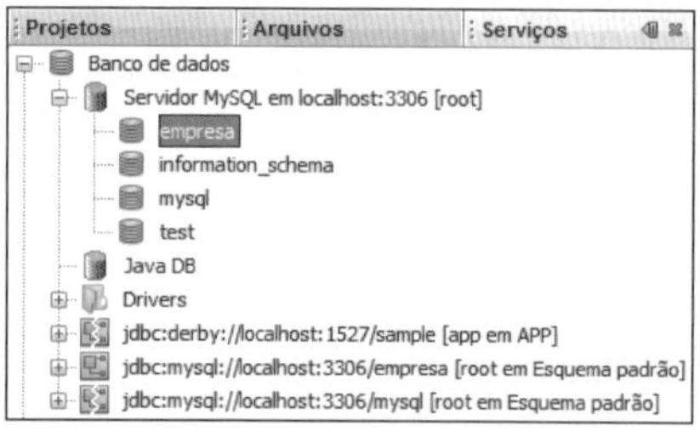

Figura A.15 - O banco de dados "empresa" criado no MySQL.

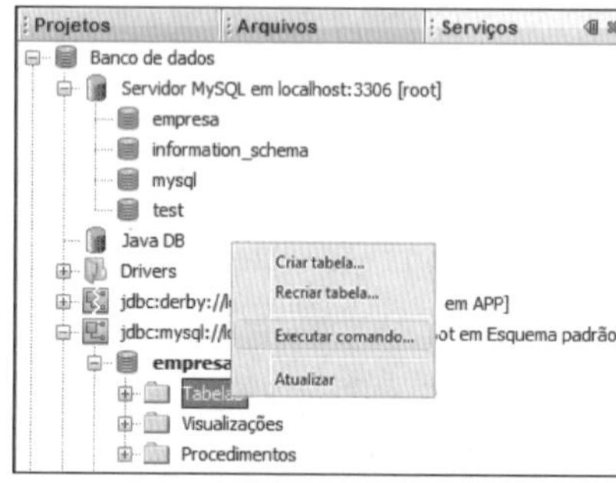

Figura A.16 - Passo inicial para criação de uma tabela por meio do Editor SQL.

Na janela do Editor SQL que surge, digite o script para a criação da tabela "usuarios". Observe a Figura A.17.

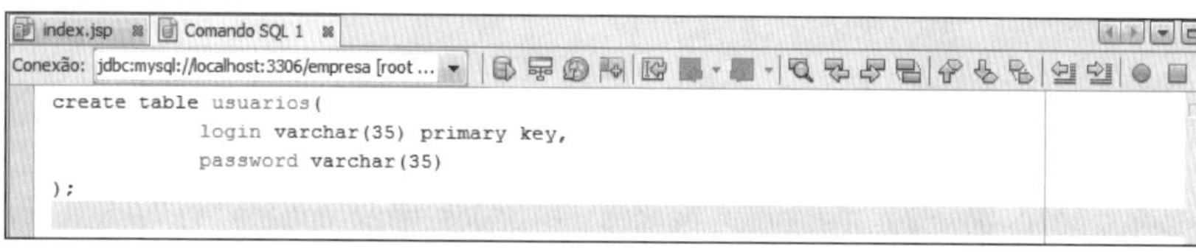

Figura A.17 - Script para criação da tabela "usuarios".

2. Clique com o botão direito no editor SQL (onde o script foi escrito) e escolha a opção Rodar instrução. Se o código do script foi digitado corretamente (veja se você não se esqueceu de nenhum caractere), recebe a seguinte mensagem na janela de saída: *Execução finalizada após 0 s, 0 erro(s) encontrado.* Caso contrário, reveja seu código com cuidado e tente novamente. Após a execução desse script a tabela "usuarios" é criada conforme apresenta a Figura A.18.

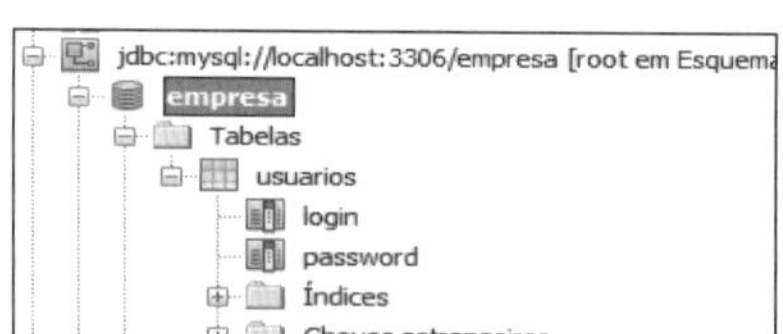

Figura A.18 - A tabela "usuarios" criada.

Esses procedimentos simples permitiram a criação do banco de dados e da tabela que será usada no projeto. A seção seguinte apresenta os passos necessários para elaboração do projeto por meio do NetBeans.

A.4 Criação de um Projeto

As aplicações Java são armazenadas em locais específicos chamados de projetos. Seja qual for o tipo de tecnologia usado (Java Web, JavaEE, JavaME etc.), existe a necessidade de criar um projeto para abrigar todos os arquivos envolvidos na solução. Vamos considerar a criação de um projeto Java Web relativamente simples usando banco de dados MySQL, mas que servirá para apresentar as funcionalidades básicas do NetBeans. Nosso pequeno projeto contempla o uso de classes em Java, de páginas em HTML e JSP.

Para criar o projeto, acompanhe os procedimentos seguintes:

1. Abra o NetBeans e no menu Arquivo escolha Novo projeto..., selecione a categoria Java Web, em Projetos selecione Aplicação Web. Veja a Figura A.19.

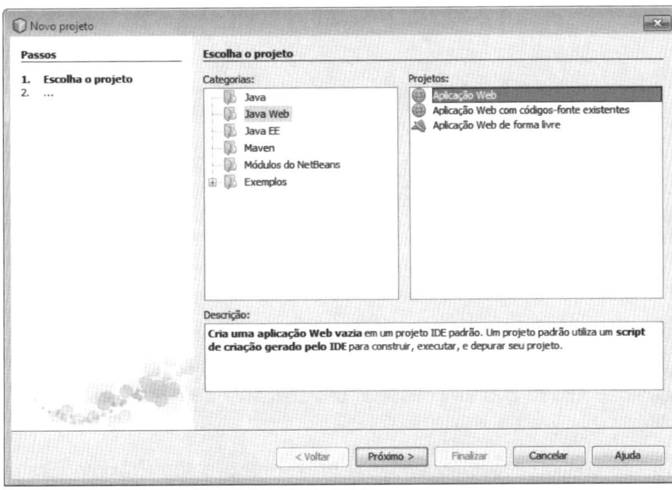

Figura A.19 - Criação de um projeto Java Web no NetBeans.

2. Pressione o botão Próximo. Após alguns instantes surge a janela da Figura A.20 que permite definir o nome do projeto, sua localização e outras configurações. Em Nome do Projeto digite **login**. Mantenha o restante das configurações conforme definido pelo NetBeans.

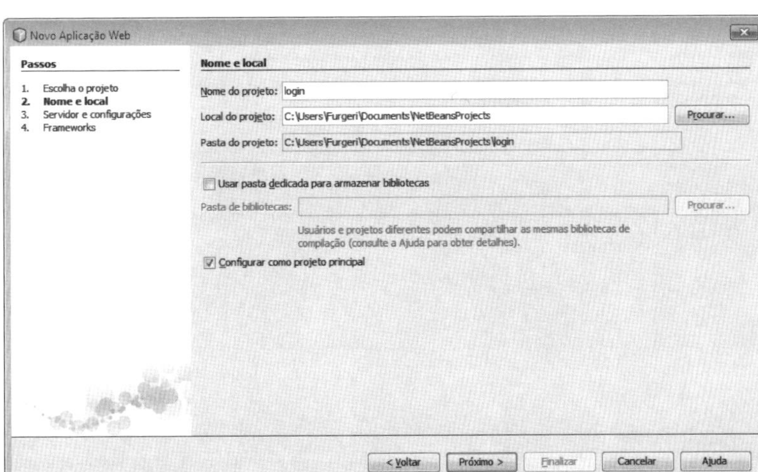

Figura A.20 - Definição do nome e da localização do projeto.

3. Pressione o botão Próximo. Surge a janela da Figura A.21 que permite definir o servidor Web que será usado no projeto.

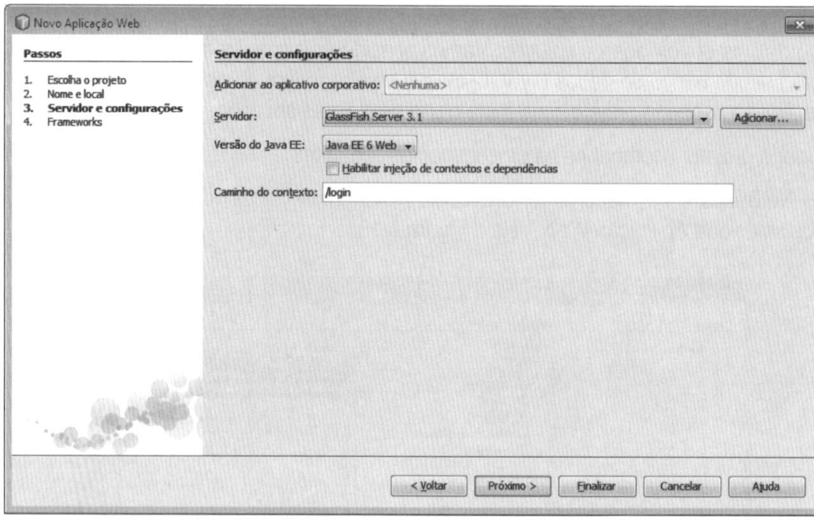

Figura A.21 - Configuração do servidor a ser usado no projeto.

Seria possível definir outro servidor, como o TomCat, por exemplo. Isso seria feito por meio do botão Adicionar... . No entanto, vamos manter as configurações sugeridas, isto é, vamos utilizar o servidor Glassfish. Você já aprendeu que é necessário um container Java para abrigar aplicações que rodam no ambiente Web.

4. Mantenha todas as configurações sugeridas e pressione o botão Próximo. Surge uma nova janela, como mostra a Figura A.22, a qual permite a escolha de diversos *frameworks* que podem ser usados no projeto. Como não utilizaremos nenhum *framework*, apenas pressione o botão Finalizar. O projeto é criado e o NetBeans apresenta diversas janelas, cada qual com sua utilidade. O conteúdo das principais janelas é descrito a seguir.

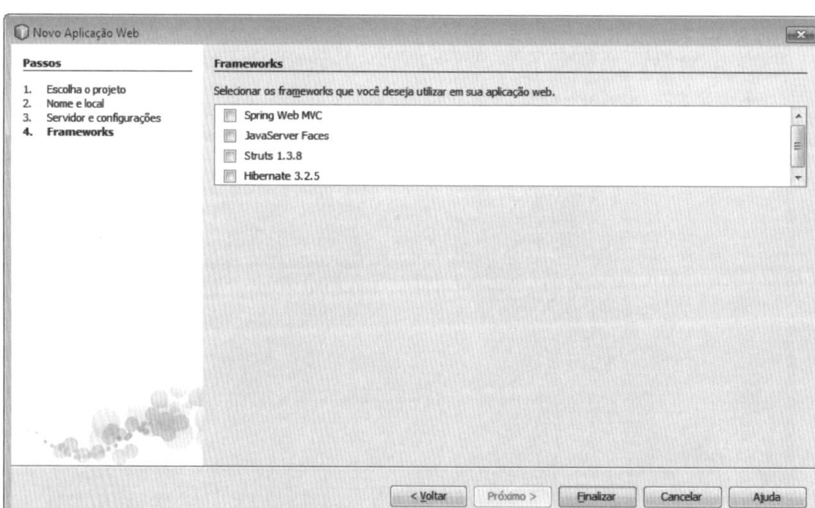

Figura A.22 - Escolha de frameworks.

Janela do Projeto

A janela mostrada na Figura A.23 contém as pastas e arquivos do projeto. Veja toda a estrutura do projeto que o NetBeans criou automaticamente. Nessas pastas são armazenados todos os arquivos referentes ao projeto, incluindo arquivos de configurações, páginas Web, classes em Java, bibliotecas etc.

Janela do Editor

A janela mostrada na Figura A.24 apresenta o editor de código do NetBeans. Todos os arquivos manipulados pelo projeto podem ser criados e editados por meio dessa janela. Arquivos comuns editados nessa janela são classes Java, páginas JSP, Servlets, arquivos em formato texto, entre outros tipos. No caso, o editor está apresentando o código-fonte do arquivo "index.jsp", gerado automaticamente quando o projeto foi criado.

Figura A.23 - Os arquivos do projeto.

Figura A.24 - Editor do código-fonte.

Janela do Navegador

A janela exibida na Figura A.25 mostra a estrutura dos arquivos que são abertos pelo editor do NetBeans. No caso, a janela apresenta a estrutura da página "index.jsp" que está sendo editada no momento. O navegador permite ao desenvolvedor o acesso rápido a qualquer parte do arquivo que está sendo editado. Por exemplo, ao dar um duplo clique no elemento "title", o editor localiza imediatamente esse elemento no código-fonte.

Criado o projeto, já é possível executá-lo. Vá até o menu Executar do NetBeans e escolha Executar Projeto Principal... (ou simplesmente pressione a tecla F6). É iniciado o processo de *deployment* do projeto e, após alguns instantes, é aberto o navegador (o *browser* instalado em sua máquina) com uma página contendo a mensagem Hello World, conforme mostra a Figura A.26. Ela apresenta o carregamento do arquivo "index.jsp" criado pelo NetBeans durante a execução do projeto.

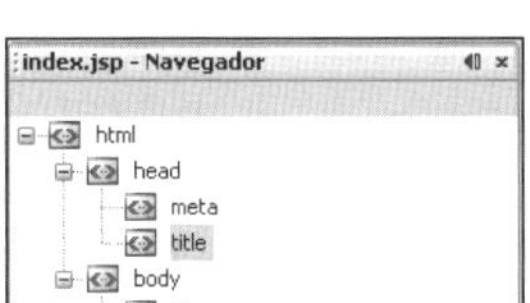

Figura A.25 - A estrutura do arquivo index.jsp.

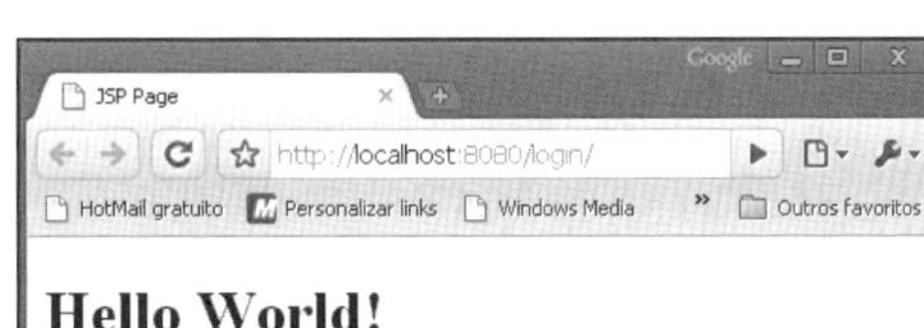

Figura A.26 - Arquivo index.jsp apresentado no navegador Chrome.

O endereço http://localhost:8080/login/ apresentado na barra de endereços do navegador pode ser assim definido:

- **localhost:** endereço local do servidor Glassfish; pode ser substituído por 127.0.0.1.
- **8080:** número da porta de comunicação do servidor.
- **login:** endereço do site definido durante a criação do projeto pelo NetBeans.

Neste ponto o projeto foi criado e já está preparado para ser usado em ambiente Internet. Na próxima seção vamos adicionar os diversos arquivos usados em nosso projeto.

A.5 Adição dos Arquivos ao Projeto

Para adicionar as classes e outros arquivos usados no projeto você precisa fazer o *download* do material disponibilizado no site da Editora Érica. A tabela seguinte apresenta a relação dos arquivos a serem usados e um resumo da função de cada um deles no projeto. A Figura A.27 mostra a janela do NetBeans com todos os arquivos que serão adicionados ao projeto.

Arquivos e suas Funções no Projeto

- **abresessao.jsp:** página em JSP responsável por abrir uma sessão de usuário no site.
- **index.jsp:** arquivo que simula a página principal de um site.
- **login.html:** página em HTML que contém o formulário em que o usuário digita seus dados para login.
- **verificasessao.jsp:** página em JSP responsável por verificar se a sessão do usuário está aberta.
- **BD.java:** classe usada para realizar a conexão ao banco de dados.
- **Criptografia.java:** classe usada para realizar a criptografia do login e da senha que são armazenados na tabela de usuários do banco.
- **Usuario.java**: classe que mantém apenas os atributos privados "login" e "password" e seus métodos get e set correspondentes.
- **UsuarioDAO.java**: classe responsável por fazer a inclusão e a exclusão de usuários armazenados na tabela do MySQL. Permite também a validação de usuários para o processo de login.

Principais arquivos do projeto login

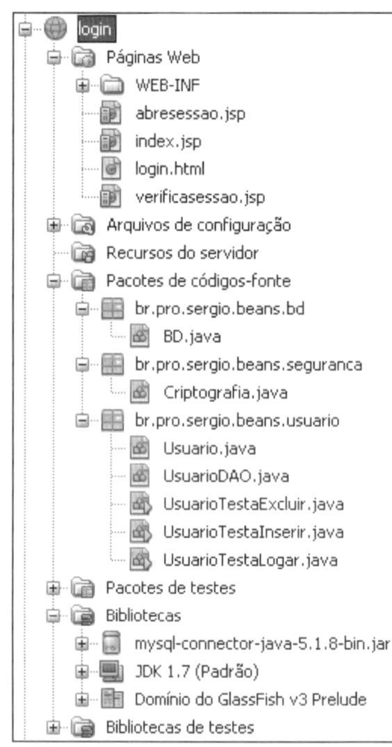

Figura A.27 - A estrutura do projeto login.

- **UsuarioTestaExcluir.java:** classe usada para realizar o teste da exclusão de usuários.
- **UsuarioTestaInserir.java:** classe usada para realizar o teste da inclusão de usuários.
- **UsuarioTestaLogar.java:** classe que faz o teste do login de usuários.
- **mysql-connector:** driver usado para a conexão do Java ao MySQL.

Vamos iniciar a produção de nosso projeto adicionando classes em Java. Faremos isso passo a passo para que o leitor possa compreender todo o processo. As funcionalidades do projeto serão inseridas e testadas, uma a uma, por isso siga atentamente as instruções fornecidas.

Acompanhe os procedimentos seguintes:

1. O primeiro passo é realizar o *download* dos arquivos que serão usados no projeto. Acesse o site da Editora Érica conforme explicado no início do livro, baixe os arquivos e instale-os em sua máquina.

2. Como você já aprendeu, as classes em Java devem ser adicionadas em pacotes. Na aba Projetos da janela Explorer do NetBeans, clique com o botão direito na pasta Pacotes de códigos-fonte e escolha a opção Novo/Pacote Java. Veja a Figura A.28.

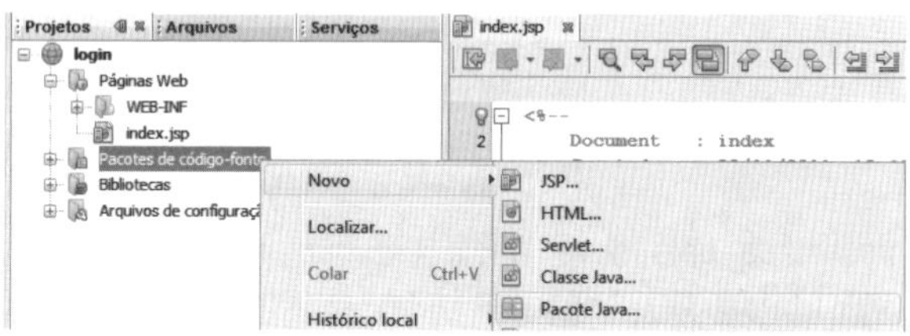

Figura A.28 - Criação do pacote de código-fonte.

3. Em seguida, é aberta uma tela em que você precisa fornecer o nome do pacote. Em nosso caso, digite o nome "br.pro.sergio.beans.bd" e clique no botão Finalizar. Veja a Figura A.29.

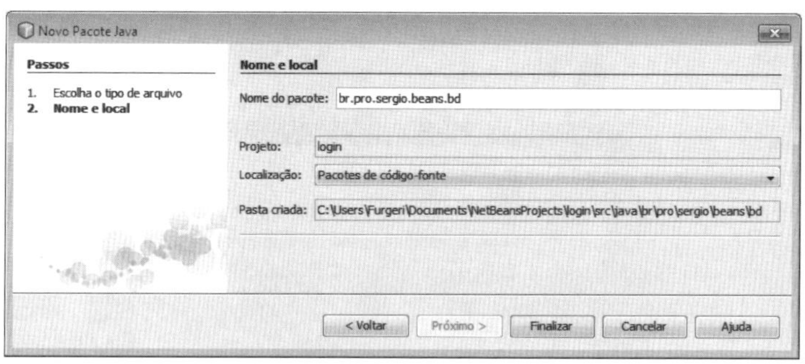

Figura A.29 - Criação do pacote "br.pro.sergio.beans.bd".

4. Vamos criar a classe BD em nosso pacote. Selecione o pacote criado e, com o botão direito do mouse, selecione Novo e a seguir Classe Java... . Na janela que surge, em Nome da classe digite BD e pressione o botão Finalizar. Isso faz com que a classe seja criada.

5. O procedimento anterior foi descrito apenas para demonstração da criação de uma classe por meio do NetBeans, pois a classe BD já está pronta e disponível no site da Editora Érica. Desta forma, podemos excluir a classe BD criada. Para isso, selecione a classe e pressione a tecla Del do teclado e, em seguida, o botão OK.

6. Agora vamos adicionar a classe BD.java ao projeto. Para isso copie a classe (Ctrl + C) e a cole (Ctrl + V) dentro do pacote "br.pro.sergio.beans.bd", conforme apresenta a Figura A.30.

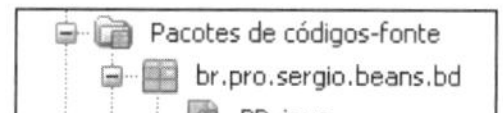

Figura A.30 - A classe BD adicionada ao projeto.

7. Para que o projeto faça a conexão ao banco de dados, devemos adicionar o driver JDBC à pasta das bibliotecas. O nome do driver que faz essa conexão é "mysql-connector-java-5.1.8". Na aba projetos, clique com o botão direito em nosso projeto (login) e selecione a opção Propriedades. Em seguida, selecione a categoria Bibliotecas e a opção Adicionar JAR/Pasta. Veja a Figura A.31.

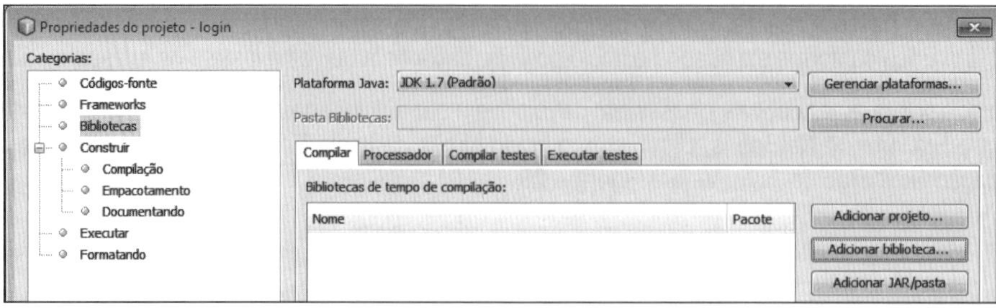

Figura A.31 - Adição de um arquivo JAR ao projeto.

8. Em seguida é apresentada uma nova janela em que você deve localizar o arquivo conector (mysql-connector-java-5.1.8-bin.jar); clique em Open. O conector aparece na janela, como mostra a Figura A.32. Clique no botão OK.

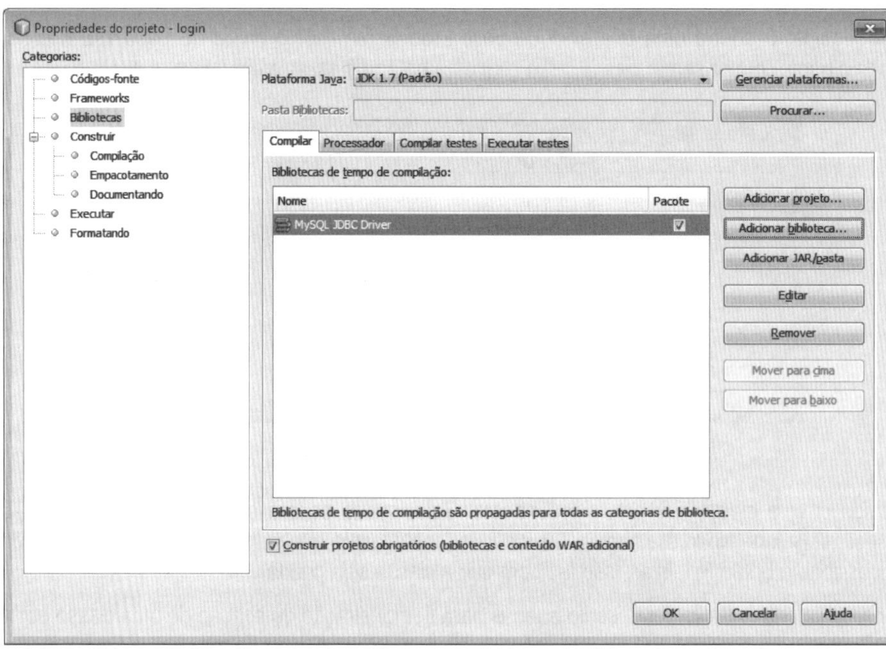

Figura A.32 - O conector do MySQL adicionado ao projeto.

9. Neste ponto já é possível executar a classe BD para verificar se a conexão com o banco de dados "empresa" está correta. Selecione a classe BD.java e pressione as teclas Shift+ F6. Isso faz com que a classe BD seja executada. Se tudo estiver correto, na aba Saída aparecem as mensagens Conectou e Desconectou. Observe a Figura A.33. Isso indica que a classe BD conseguiu se conectar ao banco de dados "empresa" e desconectar-se com sucesso. Analise o código da classe BD e veja que ela já possui todas as configurações necessárias para se conectar ao banco de dados "empresa".

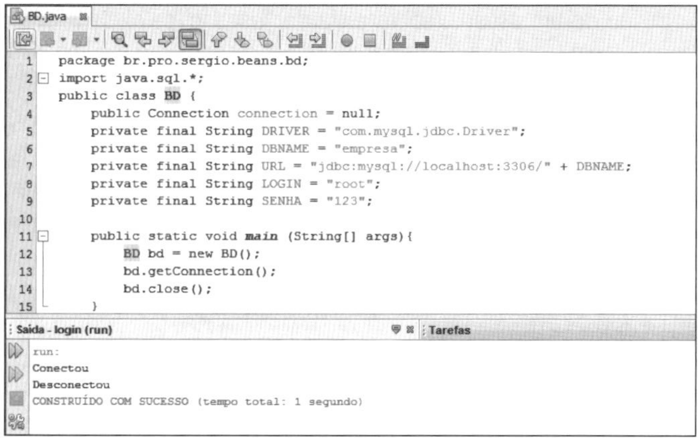

Figura A.33 - Conexão ao banco de dados executada com sucesso.

10. O próximo passo se refere à inclusão da classe Criptografia.java, responsável por realizar a criptografia dos dados (login e password) que serão inseridos na tabela usuarios. Da mesma forma que adicionamos a classe BD.java ao pacote "br.pro.sergio.beans.bd", adicionaremos a classe Criptografia a um novo pacote chamado "br.pro.sergio.beans.seguranca". Crie esse pacote conforme a Figura A.34.

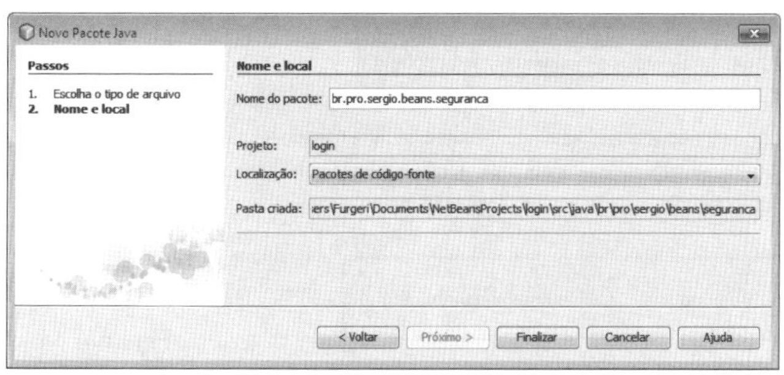

Figura A.34 - Criação do Pacote de código-fonte "br.pro.sergio.beans.seguranca".

11. Localize a classe Criptografia.java, copie e cole no novo pacote conforme a Figura A.35.

12. O próximo passo é adicionar a classe Usuário ao pacote "br.pro.sergio.beans.usuario". Crie um pacote com esse nome. Siga as mesmas instruções da criação de pacotes descrita anteriormente, localize a classe Usuario.java, copie e cole no pacote, conforme apresenta a Figura A.36. Repita o processo para a classe "UsuarioDAO.java"; ela deve ser adicionada ao mesmo pacote.

13. Vamos incluir as classes que permitem incluir, logar e excluir um usuário. Primeiro testaremos uma inserção de usuário. Localize a classe UsuarioTestaInserir.java, copie e cole no pacote "br.pro.sergio.beans.usuario", conforme apresenta a Figura A.37.

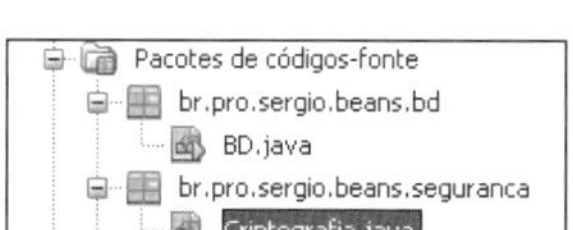

Figura A.35 - A classe Criptografia adicionada ao projeto.

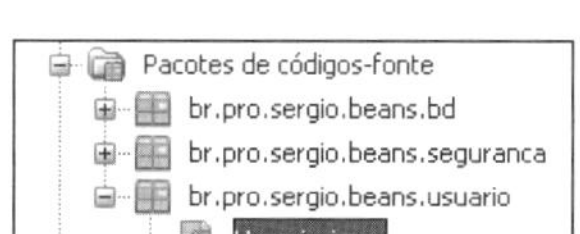

Figura A.36 - A classe Usuario adicionada ao projeto.

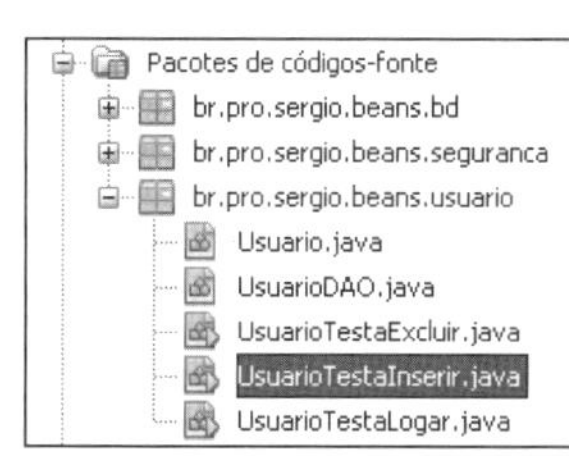

Figura A.37 - A classe Usuario

14. Para testar a inclusão de um usuário, sobre a classe "UsuarioTestaInserir.java" pressione as teclas Shift + F6, forneça o login (no mínimo seis caracteres) e a senha (no mínimo seis caracteres). Observe a Figura A.38.

15. Conforme dito anteriormente, após a inserção dos dados do usuário no projeto, os dados são criptografados e armazenados na tabela "usuarios" do banco de dados. Para visualizar esse conteúdo criptografado, acesse o Editor SQL do NetBeans e digite o seguinte script: **select * from usuarios**. Execute esse script pressionando as teclas Ctrl+Shift+E. São apresentados todos os usuários cadastrados, em nosso caso apenas um. Observe as Figuras A.39 e A.40.

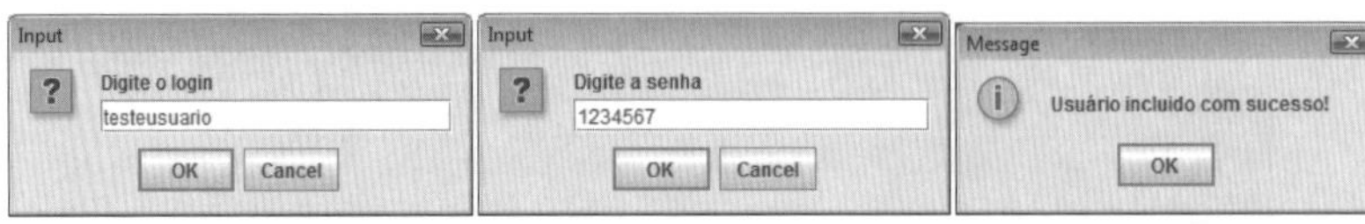

Figura A.38 - Caixas de mensagem para inserção de um usuário.

16. Nosso próximo passo se refere ao teste do login, que verifica se um determinado usuário está cadastrado no banco de dados. Mais à frente será criada uma página em HTML simulando o processo de login do usuário em um site. Localize a classe UsuarioTestaLogar.java, copie e cole no pacote "br.pro.sergio.beans.usuario" de acordo com a Figura A.41.

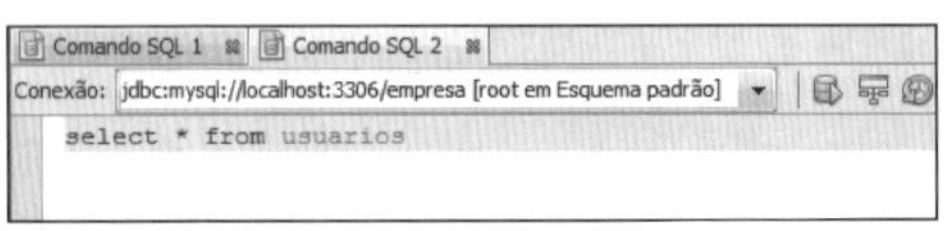

Figura A.39 - Script em SQL para seleção de usuários.

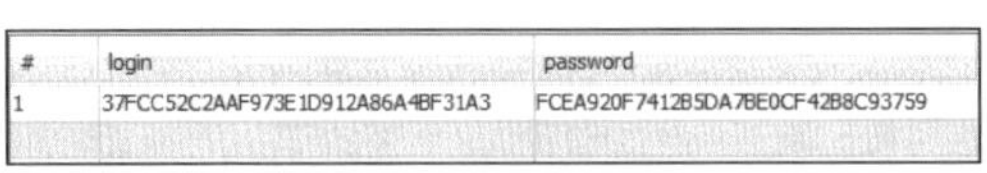

Figura A.40 - O registro inserido.

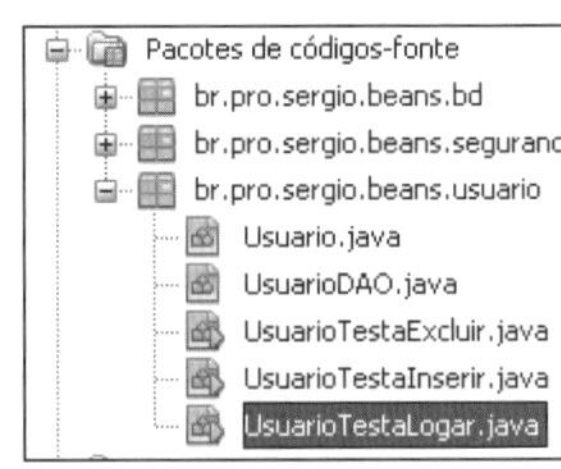

Figura A.41 - A classe Usuario TestaLogar adicionada ao projeto.

17. Para executar a classe UsuarioTestaLogar.java pressione as teclas Shift + F6, forneça os dados de login e senha e verifique o resultado. Forneça valores válidos e inválidos para verificar o funcionamento.

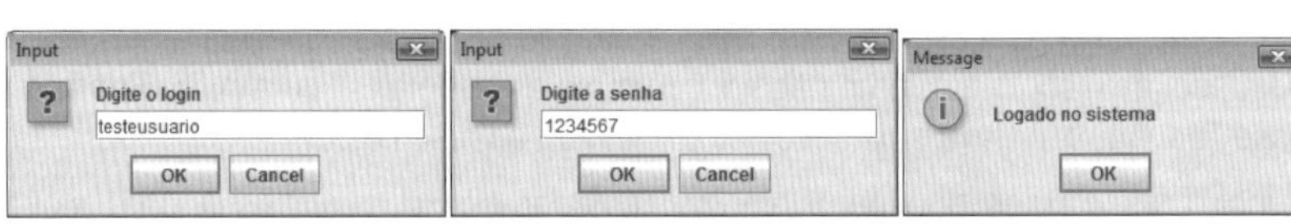

Figura A.42 - Caixas de mensagem para login do usuário.

18. O próximo passo é verificar a exclusão de um usuário. O procedimento é o mesmo descrito anteriormente para fazer a inclusão e o login de um usuário. Localize a classe UsuarioTestaExluir.java, copie e cole-a dentro do pacote "br.pro.sergio.beans.usuario", conforme apresenta a Figura A.43.

19. Para executar a classe UsuarioTestaExcluir.java pressione as teclas Shift + F6, forneça o login e verifique o resultado. Forneça valores válidos e inválidos para verificar o funcionamento. Veja a Figura A.44.

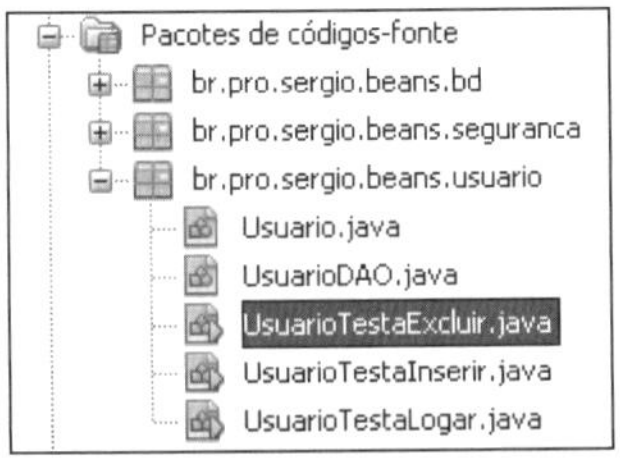

Figura A.43 - A classe Usuario TestaExcluir adicionada ao projeto.

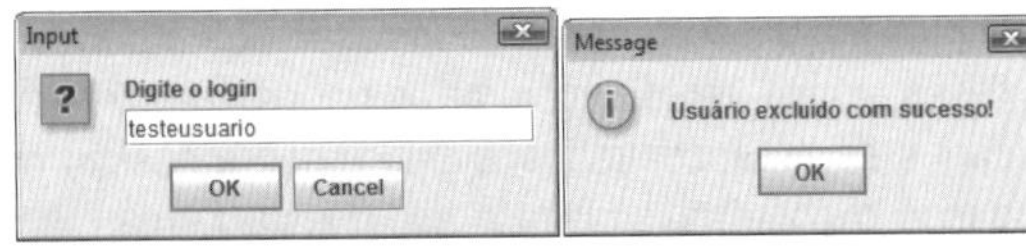

Figura A.44 - Caixas de mensagem para exclusão do usuário.

20. A partir deste ponto iniciamos a inclusão dos arquivos Web, que utilizam as classes Java adicionadas anteriormente ao projeto. Vamos começar adicionando os arquivos "login.html" e "abresessao.jsp". Enquanto a página "login.html" abre um formulário para permitir que o usuário forneça seus dados de login, a página "abresessao.jsp" recebe esses dados, verifica se eles são válidos, isto é, se estão gravados no banco de dados (isso é feito por meio da classe "Usuario.java") e abre uma sessão para o usuário no site.

21. Localize o arquivo "login.html", copie e cole no pacote Páginas Web, conforme a Figura A.45.

22. Localize o arquivo "abresessão.jsp", copie e cole no pacote Páginas Web, conforme apresenta a Figura A.46.

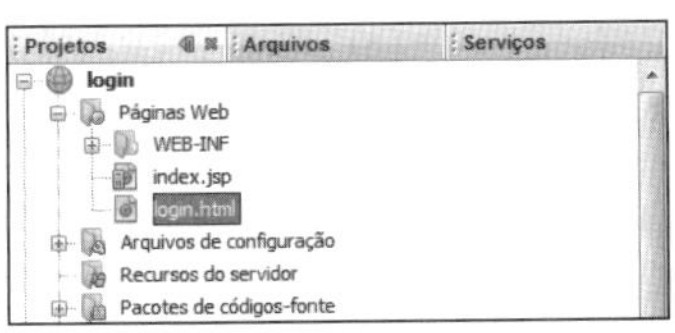

Figura A.45 - O arquivo "login.html" adicionado ao projeto.

Figura A.46 - O arquivo "abresessao.jsp" adicionado ao projeto.

23. Para executar os arquivos clique em "login.html" e pressione as teclas Shift+F6. Após verificar o arquivo, o NetBeans automaticamente abre o *browser* de sua máquina, Figura A.47.

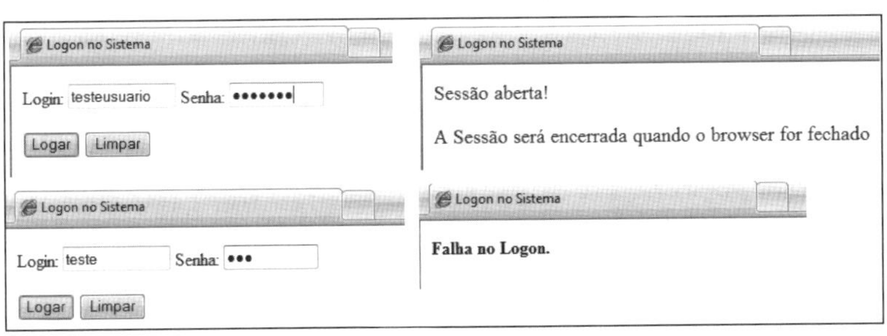

Figura A.47 - A execução do arquivo login.html.

Existe uma comunicação entre as páginas "login.html" e "abresessao.jsp", isto é, a página "login.html" submete os dados para a página "abresessao.jsp" que possui o método **getParameter()**. Este captura o valor digitado em "p_login" e "p_password", campos presentes em "login.html", fazendo sua validação ao banco de dados por intermédio da classe "UsuarioDAO.java", adicionada anteriormente ao projeto. Se os dados retornados forem verdadeiros, isto é, se forem encontrados no banco de dados, a sessão será aberta por meio de **session.putValue()**, um método já depreciado, mas que serve a nossos objetivos. Neste exemplo, a sessão está armazenando o login do usuário (criptografado) e a data/hora do acesso. Enquanto o navegador estiver aberto, a sessão continua a reconhecer o usuário e ele pode navegar pelo site com sua identificação reconhecida. Assim que o usuário fechar o navegador, a sessão expira.

1. O próximo passo consiste na inclusão dos arquivos "verificasessao.jsp" e "index.jsp". A página "verificasessao.jsp" tenta encontrar os dados armazenados por meio da página "abresessao.jsp". Caso os dados sejam encontrados, significa que a sessão está aberta, ou seja, o usuário já realizou sua validação e pode navegar pelo site. Desta forma, caso a sessão esteja aberta, a página "index.jsp" é chamada, simulando que o usuário está sendo direcionado para a página principal do site.
2. Localize o arquivo "verificasessao.jsp", copie e cole no pacote Páginas Web, conforme a Figura A.48.
3. Antes de localizar o arquivo "index.jsp", exclua o arquivo index.jsp já existente em sua pasta Páginas Web (clique com o botão direito em index.jsp e selecione excluir). Localize o novo arquivo "index.jsp" (presente no *download* do projeto), copie e cole no pacote Páginas Web, conforme a Figura A.49.

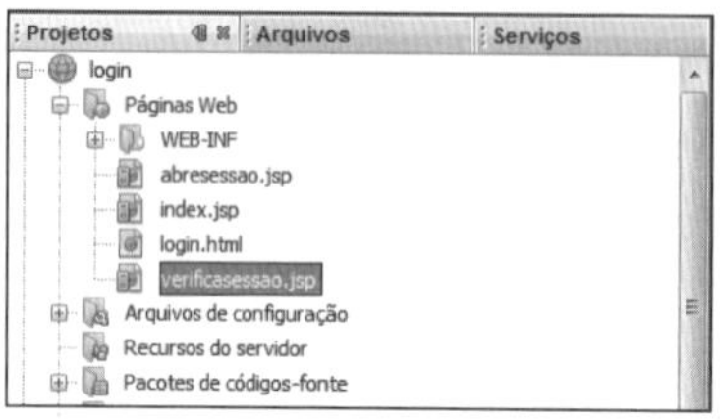

Figura A.48 - O arquivo "verificasessao.jsp" adicionado ao projeto.

Figura A.49 - O arquivo "index.jsp" adicionado ao projeto.

4. Execute o arquivo "login.html" (pressione Shift+F6 sobre ele) realizando o processo de login normalmente. Mantenha o *browser* aberto após confirmar os dados do login e execute o arquivo "verificasessao.jsp" (pode ser na mesma janela ou em outra janela do *browser*), então receberá a seguinte mensagem: Sessão encontrada! (veja a parte superior da Figura A.50). Se você fechar o *browser* mesmo após ter realizado o login e depois executar o arquivo "verificasessao.jsp", receberá a seguinte mensagem: A sessão expirou. Vá para a página de login novamente !! (veja a parte inferior Figura A.50).

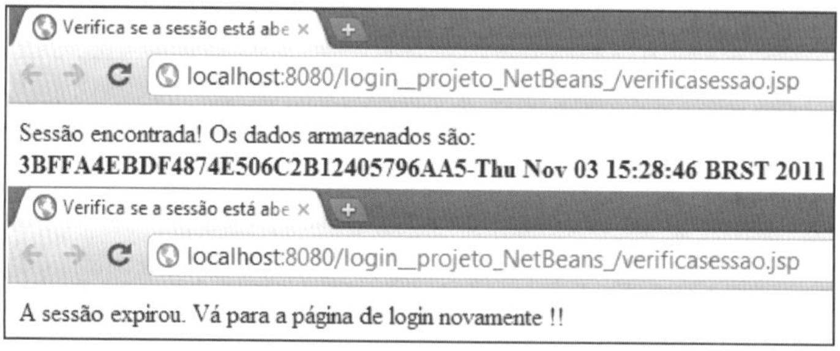

Figura A.50 - A execução dos arquivos index.jsp e verificasessao.jsp

Com isso terminamos nosso pequeno projeto. Ele pode servir como base para projetos maiores, pois praticamente qualquer aplicação na Web necessita de um processo de validação do usuário contendo login e senha. O usuário pode aprimorar o projeto adicionando mais páginas em JSP, Servlets etc.

Como dissemos no início deste apêndice, a utilização do NetBeans pode representar um longo caminho a seguir. Apresentamos apenas os passos iniciais que demonstraram a criação de uma pequena aplicação para a Internet. Cabe ao leitor buscar maiores informações para aprimorar-se no desenvolvimento de aplicações usando essa poderosa ferramenta.

Bibliografia

DEITEL, H. M.; DEITEL, P. J. **Java Como Programar**. 6. ed. São Paulo: Pearson Prentice-Hall, 2005.

FILHO, R. R. **Desenvolva Aplicativos com Java 2**. São Paulo: Érica, 2005.

FRANKLINT, K. **Java EE 5 - *Guia Prático - Scriptlets, Servlets e JavaBeans***. São Paulo: Érica, 2006.

HORSTMANN, C. **Conceitos de Computação com o Essencial de Java**. 3. ed. Porto Alegre: Bookman, 2005.

MORGAN, M. **Java 2 Para Programadores Profissionais**. Rio de Janeiro: Ciência Moderna, 2000.

NIEMEYER, P.; KNUDSEN, J. **Learning Java.** O'Reilly, 2005.

SIERRA, K.; BATES, B. **Head First Java.** 2. ed. O'Reilly, 2005.

THE JAVA TUTORIAL. Sun Microsystems, 2012. Disponível a partir do endereço http://docs.oracle.com/javase/tutorial/.

Consulta a sites (novembro de 2011)

Java World: http://www.javaworld.com/
JavaRanch: http://www.javaranch.com/
Portal Java e GUJ (Brasil): http://www.guj.com/
Oracle: http://www.oracle.com/us/technologies/java/overview/index.html
http://www.oracle.com/technetwork/java/index.html
http://www.oracle.com/technetwork/java/javaee/overview/index.html

Marcas Registradas

Índice Remissivo

M

N

O

P

R

S

T

V

W